勇士专诸赤条条献上鲈鱼，那鱼还在龇牙咧嘴呢

大将军司马穰苴最后一刻，在孙武手心里，意味深长地画了个“䷗”

伍子胥来访孙武，恨不得见。问及帛女，帛女随手丢下一枝莲蓬

公孙尼子弹琴，灵魂出窍

孙子杀妃以正军纪，吓煞了后宫佳丽

夫概道：我要叫你真疼！看夫概如何吩咐你这王妃！

五将军死谏

奇人对弈，缩于袖间。只凭眼色，那些棋子便跳跃厮杀

阖闾大叫："寡人要听蝉叫！让天下的蝉，都给寡人叫起来！"

被棍棒打得稀烂的伍子胥，在囚笼里哇哇大叫

夫差命孙武赤脚踩着荆棘，来来回回地走

帛女一狠心，把剑插入了腹中

将军孙武指挥黑的羊和白的羊，排阵作战

孫子大傳

韩静霆——著

金城出版社
GOLD WALL PRESS
·北京·

图书在版编目（CIP）数据

孙子大传 / 韩静霆著. —北京：金城出版社，2019.5
ISBN 978-7-5155-1837-4

Ⅰ. ①孙… Ⅱ. ①韩… Ⅲ. ①传记文学—中国—当代 Ⅳ. ①I25

中国版本图书馆CIP数据核字（2019）第041309号

孙子大传

作　　者　韩静霆
责任编辑　刘　晖　李凯丽
开　　本　710毫米×1000毫米　1/16
印　　张　32.5
字　　数　500千字
版　　次　2019年5月第1版
印　　次　2019年5月第1次印刷
印　　刷　三河市百盛印装有限公司
书　　号　ISBN 978-7-5155-1837-4
定　　价　69.00元

出版发行　**金城出版社**　北京市朝阳区利泽东二路3号　邮编：100102
发 行 部　（010）64210030
编 辑 部　（010）88637126
总 编 室　（010）64228516
网　　址　http://www.jccb.com.cn
电子邮箱　jinchengchuban@163.com
法律顾问　北京市安理律师事务所　（电话）18911105819

目录
Contents

第一部 1

第二部 159

第三部 249

第四部 379

尾声 479

我写孙武
——第一版后记 489

第一部

一

公子光决心要在这个闷热的黄昏把胞兄吴王僚杀掉。这个阴谋，整整筹划了三年。临到刺杀计划要实施了，公子光却心惊肉跳地忐忑起来。他开始怀疑那事先与伍子胥商量了上百遍的周密计划不够周密，兀自在考虑万一刺杀失败，该从哪儿逃走？逃到哪儿才安全？伍子胥不管怎么劝说“请公子放心”，怎么说“万无一失”，都不行。他还是急得心惊肉跳，连上眼皮也蹦跶起来了。他在准备接待吴王的厅堂里毫无目的地转来转去，像无头的苍蝇。一会儿，到厨房去看看，看看准备引诱王僚受死的最后的晚宴准备得怎样；一会儿，又钻到地道里去看看武士们是否已经埋伏停当，冲杀出来是否会迅速。武士们都是反复筛选的亡命徒，都是没结婚的“黄瓜郎”，精壮汉子，脸上都涂了炭。见公子光钻进地道，一张张黑脸伸过来，全都劝公子宽心，只要那王僚到公子府上来，一定叫王僚竖着进来，横着出去，决不会给王僚留一个全尸。说得公子光激动得不住地点头。从地道里退出来，公子光身上的粘汗透了衣衫，赶紧去换，换衣服的时候，因为心里躁，手连袖子都找不着了。

这是公元前五百一十五年，春夏之交，在吴国都城姑苏。

这是一个憋闷得人要发疯的黄昏啊！

吴王僚乘坐八匹雄马驾的车，从王宫出来，直奔公子光府邸。并不是因为预感，而是因为预谋：王僚离开王宫之前，穿了三层棠銕之甲，并且带上了锋利无比的磬郢之剑。身为一国之君，他总想拿点儿什么把柄，除掉公子光，除了心头这个隐患。他早已发现公子光在他面前的眼神不对，表情不自然，而且也知道这位胞弟网罗了伍子胥，策划于密室，不除终究是个祸害。再说，此时此刻，吴国军队正在前方打仗，楚国名将欲宛，把吴军团团围困在楚国的霍山。有消息说，吴军的后路已经被切断，全军覆没仅仅是时间的问题了。偏偏善战的公子光，推说舞剑伤了腿，似乎眼睁睁要看着吴国倾覆。对此，吴王僚气得咬牙切齿，真是不杀公子光，心潮难平。今日，公子光请他共进晚宴，他毫不犹疑地接受了邀请，命令王宫卫队两百徒卒随同前往，全副武装去“赴宴”。

吴王僚自己也奇怪；像他这般身经百战，曾经在战死的军士堆里爬来爬去的勇士；像他这样敢于拍着脑门子阵前叫喊“头掉了，多一个血窟窿”的凶神，今天是怎么了？他的手有点儿发抖，穿在身上的犀甲，竟然险些割了自己的手。这可未必是好兆头，他自言自语。昨天，他也这样自说自话来着。昨天，吴王僚一不小心，左脚踩了右脚，险些踩了一个跟头。自己踩自己，当然不是好兆头。难道这是预示兄弟间就要同室操戈，就要“血拼”吗？其实，他正在处心积虑地等待和寻找“血拼”的机会，只要剑上见了公子光的血，一切就完事大吉了！他下意识地回头望了望两百随行的徒卒。他用严厉的目光训诫武装徒卒“跟紧”，转回头来，他尽量面无表情。他嘴里叨咕，“赴宴就是赴宴，赴宴当然就是赴宴！”

夕阳在这条东西走向的街市上流淌，乱纷纷一阵人声喧哗之后，刚刚还在市街之上叫卖菜蔬的，行乞的，嬉戏的，能逃回家的迅速逃窜，来得及紧闭门窗的忙着紧闭了门窗，剩下些白发老翁和妇孺儿童，忙不迭地匍匐在地。人们都感觉到了吴王出行充满杀气，且不说吴王僚的长脸阴沉着，手一直紧攥着剑柄，单看从王宫到公子光府邸，每隔十步就布了一名神情紧张的徒卒，就知道这不是去吃饭谈天，明明是去火并！

公子光的门人伍子胥，这时精神在极度亢奋之中。他的脸赤红如血，三十岁的壮汉，头发却全白了。他的父亲和兄长都无端地被楚平王杀死，伍氏门中，只有他一个人只身逃离楚国。那时候，前途渺茫，后有追兵，在闯过昭关的时候，这个血性汉子，一夜焦虑，白了少年头！他怀揣着君子报仇、十年积蓄之志，知道要报楚平王杀父弑兄之仇，必须依靠一国之兵。他是个对事情一眼便能攫住结果，为了那结果百折不回的人。他认定了五湖之滨鱼米之富的吴国可以发展自己，才一路昼行夜伏，吹箫乞讨到了吴国。他率先投奔的是吴王僚，为了得到吴王僚的赏识，三天三夜和吴王谈论天下格局，治国之道，一逞才气，三天三夜没有重复的话。可是，他终于知道吴王僚对于他说的攻打楚国，只看成是他伍子胥要报私仇。自然，报仇雪耻，是他不能压抑也不可忘却的愿望，为了这个，他夜里从来不能安寝，可是，伐楚才可以兴吴称雄，这是个浅近的道理。他对吴王僚彻底失望之后，选中了公子光作为依靠。他离开吴王僚，去见公子光。公子光正在洗脚，听到门人说伍子胥来见，湿漉漉的脚趿上鞋子便到门口去迎接。二人一拍即合，吃一样的东西，睡一张席子，彻夜长谈。公子光袒露了打算褫夺吴王僚君王之位的心事，伍子胥看透了唯有公子光才可取代吴王僚。伍子胥秘密地为公子光谋划了整整三年！在三年之中，伍子胥设计，监工，命心腹在公子光府邸下面，修了可以埋伏甲兵的地道和四个出入口，又推荐了一位敢杀敢死的勇士专诸，等待机会行刺吴王僚。计划周密得不能再周密了，他和公子光详细琢磨了吴王僚的起居行止习惯和饮食嗜好，注意到这位君王平生最爱吃烹炙好的美味鲈鱼，爱鲈鱼比爱美人更甚。于是，就派专诸向世间烹调高手学习了三年的烹鱼技术。这真是一个长线计划！难熬的三年，折磨人神经的三年过去了，现在，专诸烹炙鲈鱼的手段天下无双；天下无二的铸剑师欧冶子铸的鱼肠短剑，正在匣中铮铮鸣叫；埋伏在地道里的甲兵已经等着去饮吴王僚的血；谁料到吴王僚竟然痛痛快快地应邀来赴宴了，伍子胥怎能不激动呢？他把一切都安排得停停当当。

可是，唯一安顿不下的，就是公子光的心。这位雄才大略、身经百战的公子光，这时候又焦躁，又惶惑，又惴惴不安。也难怪，这个傍晚对于公子光太要紧了，他，他们，是要翻天覆地！此功若成，公子光就是一国之君了。

伍子胥知道必得安顿好公子光。

公子光道："他，会来么？"

"不是已经答应了吗？"

"你到地道里再安抚一下，叫甲士们不要焦躁。"

"伍子胥刚刚从地道出来。公子，倒是你不要焦躁，须得以逸待劳。"

"我知道！"

门人来报：大王已率大队兵卫来了，从王宫到市街，一路部署了执戟的徒卒。

公子光的脸白了。

公子光说："时辰到了，时辰到了。"

伍子胥道："公子久经沙场，少顷，这小小的格杀算不了什么。"

"当然，我早已九死一生，还怕死么？"

"公子不必说一个死字，伍子胥还等着拥戴公子为吴国君主呢！公子千万不必紧张，免得露了破绽！"

"紧张什么？我是着急！"话是这么说，公子光还是一下子握住了伍子胥的手，手心沁出了汗："子胥，三年了！三年之计，在此一举。我心便是你心，我身便是你身，举事只可成功，不可万一。"

"请放心。"

"叫专诸立即烹炙鲈鱼。"

"您没闻到炙鱼的香味吗？"

公子光忙抽短了鼻子，连声响亮，使劲吸着烹鱼的油烟。这还不够，他又钻到厨房去看烟里火里忙着的汉子专诸。专诸只穿了一件短衣，给了他一个背影，那背影雄壮宽阔，热气腾腾，麻利爽快。隔着短衣，可以看见专诸黝黑发亮的肌腱在跳。

公子光"噢"了一声，说："脱了！"

伍子胥："公子您的意思是——？"

公子光不耐烦："快快脱光！"

伍子胥立即明白了：公子光不准专诸身上有多余的线头，免得吴王僚生疑。

专诸不易察觉地笑了一下，把短衣长裤全部蜕去，只剩下一点点兜裆的白布。

公子光实在没什么可挑剔的了。

可是，他紧起来的心，还是难以放下。

"地窖里的兵丁万万不可露了马脚。"

"蛰伏无声，持戈待战。"

"这么说，我定然会在顷刻间成为一国之尊了？"

"还得请公子把佩剑交给我。"

公子光听说要交出剑器，倏然扫了伍子胥一眼，狡黠而又咄咄逼人的目光，令伍子胥也暗暗地感到脊背发凉。他忙赔笑道："公子带剑见大王，大王岂不起疑？伍子胥不仅要借公子的剑器，还得借你腿上的肉一用。"

"嗯？"

"大王必定要查你的腿伤的，大王不是说来慰问公子伤病的么？"

公子光说："啊，险些真有了疏漏！"

公子光把剑给了伍子胥，自己挽起了裤脚。

伍子胥道："公子，请原谅，子胥动手了。"

"砍吧！"

一剑之伤，换得吴王僚一条性命，换得君王之位，当然是值得的。

伍子胥双膝跪下，毕恭毕敬，毫不犹豫地一剑向公子光的腿肚子砍了下去，顿时鲜血直流。伍子胥用事先备好的剑创药粉止了血，包扎好了，说："公子可以出门去恭迎那人了！"

公子光向伍子胥作了个揖："子胥兄，就看谁的手快了，我们一定要先动手啊！"

伍子胥："当然。快去吧！"

说话间，随着"大王驾到"的吆喝声逼近，吴王的兵卫呼地拥进府中。一切都事先周密策划好了，兵卫们以一戟的距离从大门排到正堂，一个个阴沉着脸，横着戟，随时准备斯杀。吴王僚也在严密的保护中疾步入室，甚至没有等公子光行君臣之礼，没有叙兄弟情分。这位暴戾多疑的君王，不来则已，来者不善。他想，诛杀公子光仅仅是时间问题了。公子光想的虽与吴王僚一样，却显得谦恭和悦些，小心地作揖，细心地观察着吴王僚的神色。吴王僚眯上眼睛扫了扫公子光的腿，边走边问："兄弟，你有什么美味佳肴贡献给寡人呐？"

公子光跛着脚跟上："大王，我得一世间烹调妙手，尤善烹炙鲈鱼，所炙之鱼，一日啖之，三月不思他味，岂敢一人独尝？"

吴王僚忽然站住打量公子光："你好像是在发抖？"

"哦——我，腿上剑伤疼痛难忍。大王，到我这里赴宴，您怎么穿了这么厚的棠銕之甲？"

"这些天我打心里往外冷！"吴王僚弦外有音地说着，一把攥了公子光的手到了堂上。两人坐于绣团之上，公子光吩咐上馔。从庖厨中立即走来了一色只戴个兜裆布片的全裸的剽悍的汉子，来献果品菜蔬和酒肉。吴王僚的兵丁在门口一一条条盘检，一个也不放过。公子光便命上馔的人赤条条上堂，吴王僚这才稍稍松了松手中的磬郢剑柄。公子光心上的弦却并未松开，他知道专诸立即就要来行其大事了。他不知道在一场肉搏到来之前，有何计策脱身。

随着一阵鱼香味扑来，轮到专诸来献美味的鲈鱼了。专诸在门口一现，公子光的心立即提起来狂跳不止。伍子胥也在后面打手势，督促蛰伏的士卒准备血战。那专诸却不慌，缓步而来，随后，仿佛在郑重其事地举行了一个仪式：事先把外衣内衣全部剥去，掷在地上，只在腰间挽了个带子遮羞，露出了一身热气腾腾公牛一般强壮的腱子肉，身上的黑毛历历可见。

公子光再也耐不住了，道："大王，你我手足亲情，非同一般。我知您十分惦记我腿上的剑伤，请大王过目吧。"说着，一把扯开了缠伤的绷带，鲜血呼地一下涌将出来，湿了绣团。

吴王僚说着"这又何必"，却仔仔细细地看了看剑伤的深浅，没有看出破绽，便挥了挥手："快些到后面把伤裹上。"

勇士专诸赤条条献上鲈鱼，那鱼还在龇牙咧嘴呢

这时候，专诸已经在门口跪下了双膝，用膝盖在地上一点儿一点儿向前蹭了。端坐于绣团之上的吴王僚见此裸体汉子高举玉盘，低着头膝行，自然不再戒备，也没有留意公子光已假意去缠伤，躲到了帷幕之后。

专诸离吴王越来越近了。

香味已经在吴王僚眉宇间徘徊，盘中那一尺半长的鲈鱼，身上的热油滋滋地响着，又悦耳又诱人。鱼翅还在左右摆动，鱼嘴还在上下开合。专诸虽然低着头，却感到那吴国君王的身躯已经倾斜向前，在咽口水了。

千钧一发！

四周忽然静下来，静得可怕。

吴王僚的兵卫们似乎意识到了什么，就在专诸与吴王僚相距两臂之隔的时候，两名士兵用长戟搭住了专诸的左右两肋。

专诸淡淡一笑，又向前挪了挪。

青铜的戟锋利无比，一下子钩进了专诸的两肋之间，限制他的行动。

吴王僚伸臂来接玉盘了。

专诸此刻的动作，非是人的目力所及，几乎是风驰电掣一般，空空的玉盘落入吴王僚手中，鲈鱼摔在地上打滚，一只雪亮的鱼肠短剑从鱼腹中抽出，已经执在专诸手中。他双腿一撑，手中一个美丽的弧线腾起，短剑只一闪，已贯通了吴王僚的三层棠銕之甲，穿透了胸背。

吴王僚只叫了一声“你”，便倒在地上气绝身亡。

与此同时，用长戟钩住专诸两肋的兵丁也迅速反应，但见专诸虽然刺穿了王僚胸背，他的两肋也被长戟向后猛然间拉开，专诸的胸膛立即撕裂，张开了一个硕大的血门，一腔子血全部倾溅，泼出数丈之远。这一瞬间，帷幕后面的伍子胥和兵丁全部杀将出来。公子光在后面看得清晰：专诸被长戟拉开的两扇肋骨“咯吱吱”尽断了数根，腹胸中紫的蓝的肠胃，蠕动着，流泻了一地。肝胆破裂，污浊的黄水和鲜血“咕噜咕噜”喷溅。最令他胆战心惊的，是悬在专诸打开的空空如也的胸膛里的那颗拳头大的心脏，像一个精灵，还在“噗噜噗噜”地跳个不止！

吴王僚布防在门外和街上的兵丁闻声杀进来，伍子胥指挥的士卒从地道里冲出来，战在一处。一场混战，血肉横飞，兵铁相搏，咫尺生死。顷刻间双方均有死伤，人踩着尸体，踢着头颅，只念着把雪亮的锋刃插入对方的肉身子里去。第一个死于非命的是吴王僚，第二个被剁成肉泥的是专诸。专诸到死也没有哼一声。唯独他那颗完整的空腹中的心脏，“突突”地跳着，避开了吴王僚兵卫的兵刃，像球一般弹跃，逃到了公子光的空着的绣团之上。有兵丁想将那团活的血肉劈成两半，那血肉狡黠而灵活，左砍右砍砍不到，兵卫自己先自吓得昏倒在地，被人割了首级。

到底公子光这里将猛兵勇，而且地道里源源不断拥出后续兵源。吴王僚一方因为群兵无首，乱杀一阵就全部扑倒在地，无一生还。

公子光这才从帷幕后面跑了出来，先取了吴王僚所佩的磬郢之剑。

兵丁们退下，在外面待命。

伍子胥欢悦地叫了一声：“公子！”

公子光回眸看了他一眼。

伍子胥聪明，自知称谓已经而且必须改变了，便作一长揖，毕恭毕敬地重新叫一声：“大王！”

公子光哈哈大笑，笑声忽然止住，他哭了，他自己也不知道为什么流泪，是巨大的幸福让他不知所措，还是突然间回眸不寻常艰辛的三年？他咽了泪，问伍子胥道：“子胥，吴国的社稷真就这么轻易地属于寡人了么？”

“臣伍子胥向您禀报，请来的神已经送到了西天。大王洪福与天地比肩。请大王下令，立即杀入宫中去。”

公子光“噢”了一声，似乎已经明白过了味儿，却又品咂着滋味儿。这个结果是他梦寐以求的，他的兄长终于不再骄横地发号施令了，下一个向全国发号施令的当然是他。可是这伟大的变革怎么竟然是转瞬之间的事情？这是真的吗？他环顾着横横竖竖陈列着的尸体和渐渐冷却的兄长与士兵的血。房子里只有他和伍子胥两个大活人，四周一片静寂，静寂得令他想大喊大叫一番才痛快。

忽然听到“噗噜噗噜”的声音，惊心动魄。

是专诸那颗不死的心脏，竟然蹦跳到了他的脚边！把他吓得张口结舌。那一团鲜活的血肉，是这场杀戮中侥幸活下来的东西！那东西鼓攘鼓攘地动着，跳蹦得十分有力。无论怎样跳蹦，却摔不破，只是一路地抛洒着粘粘渍渍的血浆，拉着缕缕血丝。那血肉好像还认得人和路，偏偏来找公子光。公子光不由自主地躲避着，在尸体间跳跳蹦蹦，躲到帷幕旁边，“哗”地抽出了磬郢之剑，大吼一声：“寡人封你的胞弟为上大夫！”

伍子胥也叫道：“壮士专诸，贼王已死，你不辱使命，心安可也！”

那颗离开了依凭的心脏，对他们惨厉的叫喊无动于衷，还在兀自蹦跳。看上去，心包里的血即将挤干净了，外面的薄薄的包皮已经打皱起褶儿了，圆乎乎的肉团渐渐瘪下去，痛苦而又无奈地激泠激泠地抽搐，却没有停止的意思。它在寻找着什么？期待着什么？是在寻找往日栖息的躯壳，还是在寻求一种依托？堂上，一切倒下的，都永远无声无息了，这会儿这团血肉却跳个不止，实在是让公子光和伍子胥毛骨悚然。窗外有一阵风扑了过来，公子光和伍子胥和那团不肯罢休的血肉一起打着寒噤。公子光目不转睛地盯着专诸不死的心，不知它还有什么动作。那团血肉模糊的东西，已经让风给弄得歪歪斜斜了，抽搐得更紧了，却还是那样执着，那样顽强，那样令人恐怖地做着舞蹈，紧紧地跟着公子光。公子光虽抽出了剑器，却不敢贸然下手，忽然间双膝跪下，扔了剑，呜呜地大哭起来："壮士专诸在天之灵听了，寡人厚殓于你，寡人定不孚吴国父兄厚望，请壮士心安吧！"

一团死肉瘫在地上，专诸的心，这才死掉。

公子光忙逃出了门。

他立在这春夏之交的晚风里，一钩新月升起来了，天上地上都很暗淡。他的惊魂稍稍定了下来，可手里还是紧紧地攥着磬郢之剑。这时候，他的心充满了满足和幸福感。他觉得自己整个儿身体都在膨胀，作为吴国君王，踌躇满志。他唤人把眉、皿两位侍妾请了出来。眉、皿两位侍妾到跟前便施礼："见过公子。"

公子光哈哈大笑："公子？什么公子？公子何在？"

眉与皿全惊呆了，不知出了什么事。

伍子胥："还不快快叩拜大王！公子已经是吴国君王了啊！"

两位侍妾懵懵懂懂地跪下了。

公子光还没笑够，道："哈哈，你们看，寡人是不是有哪个地方不像君王啊？啊，两位爱妃？"

受封赏的皿妃没醒过神："爱妃？这是真的吗？"

眉妃心眼儿伶俐："臣妃叩谢大王封赏之恩。"

一阵风带着血腥味吹了过来，公子光又打了个寒噤。

他收住了笑，面向南风，长叹一声。

伍子胥问道："大王受命于天，楚国兵马将因吴国有丧而不战自退，正是重整社稷，复兴吴国的时候，大王还有什么不快么？”

公子光又一把抓住了伍子胥的手：“爱卿说得好。重整社稷，复兴吴国，寡人和你共享天下！”

伍子胥道：“大王，休得迟疑，速速入主王宫吧！”

公子光立即乘上了僚丢下的车驾，率领手下甲兵，以迅雷不及掩耳之势，扑向空了的吴王宫。王廷无主，将军在楚作战，几乎没遇到什么抵抗，公子光便主宰了吴王宫和宫中的所有粉黛。当晚，虽有前后左右簇拥，公子光在这高大阴森的王宫里，还是有点儿莫名的恐惧。他沉吟了片刻，拉住伍子胥的手：

“子胥莫走，寡人命你与我同榻而眠，彻夜议论国事。”

“臣下不敢。”

“什么敢不敢的？你敢违抗君命？”

“臣下不敢。”

公子光哈哈大笑。

伍子胥也笑了：“如此说来，大王，臣下遵命。不过，伍子胥睡相不好，呼噜打得如同雷鸣狮吼还在其次，拳脚也不老实。只恐明晨会有夜观天象的术士来奏，客星犯了帝座。到时，还请大王宽赦！”

“那是自然。爱卿，你可知寡人现在心中所想何事？”

伍子胥笑说：“一句话，求贤若渴。”

伍子胥自认为猜得没错。他想，大王赐给他同榻而眠的荣耀，便是一个姿态，是做给天下贤士看的。

二

齐国都城临淄，天下名将司马穰苴府中，灵堂燠热难当。将军的尸体在一点儿一点儿腐烂，箭疮迸裂之处，已经有蛆虫蠕动，开始散发臭气。礼制严格约束了庶人死后所用的冰碗的大小和冰块的数量，将军已经贬为庶人，这谁也没办法。于是就点了香来薰。香烟和腐臭搅和在一起，灵堂越发憋闷了，透不过气。

入夏以来，两个月没下一滴雨。大河里已经扔进了三对童男童女，乞求龙王下雨，可老天还是旱着，旱得人心和大地一样在皲裂。

孙武闭着眼在灵前的席上坐着，坐了两天三夜了。他安静得很，似乎那燠热不关他的事，他在期待着什么。

终于，这日后半夜，云起云飞，老天豁开了口子，攒了很久的雨一块儿呼隆隆倾了下来。

一阵带着凉意的湿漉漉的风袭来，孙武布满了血网的眼睛倏然间电光石火般一闪。他向躺在尸床上无声无息的司马穰苴叩拜：

“叔父在天之灵恕侄儿不孝，孙武该走了。”

在一旁随之跪拜的夫人帛女，惊讶地看了孙武一眼：“走？”

“车已经备好了。”孙武平静地说。

“到哪儿去？”

孙武没有回答。

这个堂堂的五尺男儿，决意离开齐国都城临淄，永别齐景公赐给他祖上的衣食之乡乐安，远去吴国都城姑苏了。一去迢迢，永不回头，这会儿，假若他为了去国离乡怅然若失，甚至涕泪交加；假若他为了抱负的实现踌躇满志，哪怕击节抒怀，都是可以理解的。偏偏他只不动声色地吐出一个“走”字儿，再不重复，这就叫夫人帛女也不敢再问，知道他临机决断，不可挽回，只有默默地去收拾行囊了。

十天前，他把这个决断告诉司马穰苴的时候，惹得将军十分生气。

那时候，将军还是将军。

孙武说：“叔父大人，孙武就要走了，率先向您辞别。”

“到哪儿去？”

“南去吴国姑苏。”

“怎么？齐国是不是太小了？”

“不。从前太公定都营丘，东至大海，西指黄河，南达穆陵，北到无棣，修明政事，顺其风俗，泱泱大国也。到了齐桓公时候，南征西讨，用布裹着马蹄，战车越过了太行山的险要。诸侯谁敢不宾服？桓公率兵盟会三次，乘车盟会六次，一共九次会合天下诸侯，伟哉齐国！”

“那你为什么要走？”

“叔父，你知道的。桓公霸业天下，可是五个公子各自结党争立为太子，桓公咽气的时候，五个公子鏖战正急，因这五子之乱，竟然没人腾出手儿来把桓公的尸体装到棺椁里去，尸体丢在床上六十七天，让蛆虫满堂乱爬。三十年间，我们田氏家族，联合鲍、高、栾姓家族，把相国庆封驱逐出走。没多久，田、鲍、高、栾四大家族又互相厮杀，所谓四姓之乱至今未已。现在，我们田氏后裔，得到齐国大王赐姓为孙，又分封乐安为食采之地，又有您为一国司马，又把栾、高二族击败，暂时占了上风。可是，叔父大人，四姓之乱不会平息的。围绕在大王景公身边的贵胄们正磨刀霍霍。叔父虽身为司马，安知齐桓公之死不会重演吗？”

“这么说，你是为了躲避灾祸了？”

“不仅是为了避祸。”

“那么，是不是凭齐国天地之阔，容不下你孺子的韬略和兵法！”

“叔父您以为包括您的战法在其中的《司马兵法》，不是宏大博深不可测度吗？您以为一部《司马兵法》岂是商汤之战乃至齐晋燕韩之战，就能完全发挥它的内蕴吗？”

久经沙场的大将军瞠目结舌。

大司马望着年方二十的堂侄，听这唇上还生着茸毛的年轻后生平静地侃佩而谈，他嗅到了咄咄逼人之气。心里有一种理不清楚的情绪在升腾。年轻人预言了他最后的归宿可忧，这也正是他所忧虑的，但是他不愿意被一语道破。孙武对司马兵法的宏论，明明藏着对他的赫赫战功的不以为然，这使他有些气恼。他哼了一声，问：

“你的兵法与司马兵法相比，如何？”

孙武淡淡一笑。

这一笑险些使大司马跳起来。

话已经说得明白，孙武这年轻的后生，表面不形喜怒，内心狂妄得很，可是司马不能再和他理论，免得更伤了他的司马之尊。性情暴躁的司马穰苴这里一忍，对于他自己来说，简直就是个奇迹。他尽量和悦地说：

“还是留下来，也可辅佐叔叔一二，齐国福地，饮泰山之精，吸黄河之英，还是有你施展才情之地的。”

“我只是担心您的安危。”

“那就更不可舍我而去。”

话说到这儿，暂且搁下了。

五日后，有一件奇事又触动了孙武。那日，天上云起云飞，却就是闷热无雨，孙武在市街上随便走走，眼前一位老者伸直两臂拦住了他的去路。这位老者生得十分丑陋怪异，额头伸出来，为眼睛挡雨，颧骨凸出来，与鼻子比高，嘴是瘪的，下巴翘着，看上一眼，一生一世都不会忘掉！老人指了指跛足道："买我的假足吗？老叟的假足乃是泰山千年阳木雕琢而成，与真足无甚两样。"孙武说："为什么要买你的假足呢？你没看见我手足无缺吗？莫非你要我砍掉肉足续个木脚不成？"老者笑道；"你不知道齐国君王好用断足的酷刑么？你就不知道你在前边儿走得好好儿的，后面断你左足的斧子已经举起来了吗？你不知道市井之间履（鞋）贱踊（假足）贵吗？我可以把踊贱卖给你，以备不时之需。"孙武摇摇头说："此话从何说起？我孙武何需之有？"老者听了孙武的话，哈哈大笑，笑得人毛发皆竖，忽而拂袖而去，无踪无影。

预言？

点化？

抑或是警告？

孙武急匆匆赶到叔父司马府，却见大夫鲍氏、高氏率领兵丁在门前徘徊。司马府刚刚被抄了家，司马将军尚不明来由就以谋反之罪被降为庶人。将军一向性情刚烈，面对前来抄家的鲍、高二氏，大叫一声，箭疮迸发，后背裂开一尺长的血口，倒下了。

孙武千呼万唤。

司马穰苴从昏迷中醒来，见孙武在旁，老泪横流道：

"长卿，被你不幸而言中！走吧，你走吧。"

"叔父病卧不起。孙武舍弃叔父而去，是为不孝。"

"你要我速死吗？"

"叔叔！"

"取我的剑来。"司马穰苴对仆人道。仆人一时不解其意，不知这性情如烈火的将军要做什么，正犹疑，司马穰苴文大吼一声，"取剑来！"

仆人只好战战兢兢取了将军的剑，双手送来，不料，司马穰苴一跃而起，抽剑就要刎颈自杀。孙武忙夺了剑，泪如雨下："叔叔，你这是为何？"

司马穰苴喘成一团，咳出些黑紫的血团。惊得府上老少全都围将上来，将军的夫人和幼子吓得泪眼凝咽，乱成一团。司马穰苴喘息稍

大将军司马穰苴最后一刻，在孙武手心里，意味深长地画了个“䷗”

安，就挥手让人们退下，只留了孙武，他叹息连声，说：“我知道，你和我情同父子，你不忍舍我而去。你少时就常随我读兵博弈，可是长卿呵，你早知道咱们田氏一族和鲍氏一起发难，把权威显贵的栾、高二族战败，种下了祸根。叔父从大司马谪为庶人，就是他们从背后射来的冷箭啊。”

“我知道。”

“你知道？你还应当知道田氏苗裔中只有你可承继祖先香火，你知姜太公运筹帷幄的法度，得黄帝决战蚩尤之精神，熟知兵法，可以成一家之言。”

“叔父过奖了。”

“住口！”

“叔父！”

“你早已成为栾、高二姓心腹之患，现在我箭疮突发，不久人世，下一个就是你，就是你长卿！你不是要一展才略吗，那就赶紧择木而栖，赶紧走吧。你不知外面已经张开了罗网吗？”

“可是叔叔你……”

“我气数已尽，死是旦夕之事。物生一岁而死，人生百岁而终。终又有什么遗憾的呢？叔父未曾在阵前泣血而死，已经是天借我寿数了。丧者，亡矣。就是逃亡的意思，不复得见而已。我向来视死如归，你也就不必一定等着埋葬我。葬又不过是藏的意思，埋藏起来便是。自有人藏我在一抔黄土之下，你休要啰嗦，我不再见你！”

司马穰苴说完，紧闭了双目。

而且，从此水米不进。

直到咽气之前，司马才最后睁开昏花的老眼再看一眼世间，他望见了孙武，便大张着嘴，喉咙里呜噜呜噜地呼隆，却说不出话来，口里只有若断若连的一丝气儿了。他摇颤着手，把孙武的手抓过来。在孙武的手心儿里画完了几个直划，才垂下了他的手，咽了气。

☷
☲

孙武模糊的泪眼看着溘然而逝的将军，他懂得叔父牵挂着什么，嘱托着什么。平素从来不占卜的将军，在他的手心儿里划出的是易经中的第三十六卦：明夷。卦的图像破译并不难，是太阳沉到了地平线之下，收尽了最后一线光芒的意思。夷，乃是伤害之意。仔细看那下卦，不是一只垂着双翅飞行的鸟吗？“明夷于飞，垂其翼。君子于行，三日不食。”叔叔是在告诫孙武，齐国天阴地晦，君子不可久留。快收敛了翅膀，赶紧飞出齐国，一路艰辛，三天不吃东西也不要裹足不前。

孙武的心在打颤，那是一个憋闷得人要发疯的潮热的黄昏！

走也是不容易走脱了，门外鲍氏、高氏还有田氏的耳目正在走动。孙武是他们立即要射猎的目标，是他们的心腹之患。倘若逃走，正好可以被他们当成叛逆的口实。

孙武望了望黑漆漆的窗外，说：“叔父在天之灵稍安罢，三日后自有雨。”

雨，如约而至。

孙武“哗”地打开了灵堂的窗子。

狂野的风雨，立即从黑漆漆的天外推了他一把。雨的箭射得他的双颊一紧，浑身的汗毛赶紧收缩自卫。雨腥气随着哗哗大作的喧嚣声，肆无忌惮地在灵堂冲撞。白色的帷幕乱飞，青铜砖柱灯里的一豆火苗儿挣扎着，明明灭灭。窗棂儿咯吱吱地摇得快散了筋骨，屋上有瓦当碎了，落下来，“啪唧”一响，惊得檐下鲍、高二氏的伏兵一震。

面对着如晦的风雨，孙武的心里激荡如潮。仰观雷奔电走的苍天，他暗自发问：先人舜帝何在？先人陈国君主何在？百年基业，先祖陈完逃到齐国，改姓为田，庶人归之如流水。祖父田书也曾驰骋疆场，也是九死一生，伐莒立下赫赫战功。齐景公这才赐姓孙，才有他孙长卿少年富贵。先人无尽无休地建立功业，也裹挟在无尽无休的田、鲍、高、栾四姓之乱之中。内乱，乱如絮，乱如麻，如乱军之发乱箭，如乱云之倾乱雨。这内乱对于孙武家族的第一个结果已经看到了，即是司马穰苴之死。叔父司马穰苴文可服众，武能威敌，当年上卿晏婴推荐他官拜司马，与监军庄贾约定时辰检阅三军，庄贾自恃是齐王心腹宠臣，醉醺醺到日暮时分才迟迟来营。叔父秉性刚烈，一怒之下摔碎了计时的漏壶，砸烂了木表，割下了庄贾的头颅。齐景公急匆匆派使者前来赦免庄贾，庄贾已经身首异处。不仅如此，叔父又因大王的使者在军营里驾着马车奔驰，斩了使者仆从，杀了左边驾车的马，砍断了左侧夹车的木，让齐王使者在军中游行示众。“将在军中君命有所不受”，这是何等的雄威赫赫？转眼间，将军被小人几句话就被贬成了庶人，忽然就撒手了人间。天子如果死了，人要给他的嘴里含上珠，诸侯要含着玉，大夫要含上玑，就是“士”也含着贝的。可是成为庶人的将军只能含一口谷米而去了！一生戎马，临到寿终，连一身犀甲也披挂不上，更不必说丝帛了。谁敢擅自僭越礼制呢？小殓用的一套十九重尸衣，礼制也拘束得很严：君王穿锦衣，大夫是白绢的，士也是缁布的，全都可以最后享用哀荣。可是司马穰苴呢？只有麻布裹尸！曾几何时诗礼簪缨，锦上添花，达官贵人踢破门槛，而今门前冷落，一窗风雨，谁还来吊丧？将军的母亲是妾室，将军从小受尽凌辱，又在凌辱中抱恨终天。难道内乱的下一个死于非命的田氏后人就是你孙长卿？难道你的才情你的韬略就只能在解不开理不清的内乱中消耗殆尽吗？不，孙武淡淡一笑，把目光放远，穿透茫茫风雨，延展到南天极处。那里，吴国姑苏，公子光刺杀吴王僚之后，自号阖闾，立而为王，雄心勃勃要霸业天下。你的知遇君王，正等待你于潇潇风雨之外呢！姑苏，姑苏！吴国的富庶之乡！东临大海，南接越国，西有强楚，北望齐晋。那洪泽湖，鄱阳湖，射阳湖，宝应湖，还有烟波浩渺的太湖，是鱼龙闪展腾挪之乡啊！

夫人帛女立于门旁，不知所措地问道："长卿，备好的车马在哪儿？"

孙武把手指竖在唇边，嘘——示意窗外有耳。他说："夫人可曾记得有一首诗中有这样的句子？交交黄鸟止于棘，交交黄鸟止于桑，交交黄鸟止于楚？"

帛女乃是名门淑女，当然懂得这是什么意思。丈夫当然不会没来由地说什么黄鸟儿落在荆棘林里，栖身于桑木，"棘"是"急"的谐音，"桑"即是"丧"，"楚"不用说，乃是丧葬的"痛楚"了。

于是无话，次日天明，小雨淅沥，司马穰苴府中举丧，来送行的无非是些亲友，把将军送到墓穴的则是些至亲。庶人之丧葬，草草了事，不能张扬。不过妻儿哭拜祭丧，跺着脚以示哀痛到了极处，一路洒些奠币而已。载着灵柩的柳车，由人牵挽着，四轮是整木砍削而成的，呜呜咽咽迫地而行，速度慢得折磨人。孙武在送葬的队伍中哭丧，帛女搀扶着司马夫人悲痛欲绝。鲍氏高氏派来盘查的，没见到孙武有携细软逃走的迹象，城门口的兵卫也没看见除柳车之外有快马可供孙武骑乘溜掉，也就放行。柳车"咿咿呀呀"行至荒郊野外的墓地，家仆田狄已经备好了马车等着，孙武跪下给司马的灵柩叩了三个头，起身与帛女一起跳上了马车，疾驰向南。

孙武对田狄道："我来驾车！"

他立在车上，起劲地抖动缰绳，让马车飞也似的跑起来。

"夫人！交交黄雀，海阔天空了！"

车声辘辘，听不清。

帛女问："什么？你说些什么？"

孙武又道："夫人，知道栀子花么？吴国姑苏城中，正是满城的绿芭蕉，满城的栀子花开啊！"

"什么？你到底说些什么？"

"驾！驾驾！"孙武还嫌跑出一身热汗的马跑得不快。

帛女笑说，"田狄你看，先生简直是疯了。"

三

四匹白马拖着一驾马车，呼隆隆奔驰百余里，到了罗浮山前。

伍子胥前来寻访孙武。

这时的伍子胥，已是掌管吴国朝觐聘问和内政外交的行人。一听人说罗浮山的茫茫烟云中隐居着齐国的名门后裔孙武，便差人前往打探。得知这孙武是齐国司马穰苴之侄，远来吴国，隐居罗浮，结识交游都是奇人名士，既不自荐于君王，也不张扬，似乎在等待着什么。伍子胥深知千军易得，一帅难求，而出将入相之才是怠慢不得的，便换了布衣，远出姑苏城，越过吴兴郡，前往拜会。他要为吴国兴邦网罗能人，大有将天下贤士一网打尽的意思。车上还有一人，是大夫伯嚭。他刚从楚国逃亡到吴国不久，也是经伍子胥的举荐才获得荣耀的。这伯嚭，祖父伯州犁，因为直言敢谏丢了脑袋。比起祖父，伯嚭就显得机灵和悦，善于审度时势，保护自己了。他略比伍子胥年长，年近四十，眉目清秀，脸白嫩，如敷粉。他的文雅俊秀与白发赤面的伍子胥的刚烈，恰好互为映衬。出了姑苏城没多久，伯嚭就在滚滚尘灰中打起了瞌睡。

罗浮山云雾缥缈，山路曲折，进不去了。

伍子胥唤醒伯嚭，带一随从，三人徒步踏进罗浮山的霭霭烟云之中，在羊肠山路盘桓良久，又穿过了一片竹林，眼前忽地豁然洞开：田川阡陌，一片平畴。水田漠漠，白鹭低飞。田埂上有鹅群款步，柳荫下有水牛乘凉，一户户人家举着悠然的炊烟，更添些田园的恬静。

伯嚭叹曰："真是神仙居住的去处呵！到这儿就心平气和了，伯嚭想在此结庐了。"

伍子胥说："未见孙武，又失一伯嚭，那怎么行？再说你伯嚭大夫会甘于寂寞？我不信。"说着拉了伯嚭的手急行于阡陌之上。

伯嚭："看来这孙武是世外之人。你硬要将人家拉入红尘，恐怕是勉为其难。"

伍子胥不语，忙赶上前面放鹅的小童，问孙武先生住处。小童用长长的竹竿一指：

一片栀子林，一片栀子花！

栀子林后面，依着罗浮山东麓，才是孙武馆舍。

行在林中，伍子胥道："伯嚭大夫，请问你，你看这栀子，栀子，是不是有什么意思呢？"

"'知子'者，莫若伍子胥！"

"要真是这样说，你我也算是不虚此行了。"

栀子林后面的孙武馆舍，却令三人大失所望，实在没什么奇处。不过泥墙草顶，竹篱柴门，一只黑犬在门边睡觉，来了人，只睁眼瞧瞧，既不作声，也不动作。竹篱前面是很大一片菜园，种些青菜莴苣茄子豆角之类。园中一人正在浇水灌园，那人四十左右年纪，神情平顺不俗，慢吞吞以绳子系着小木桶，一桶一桶从井里提出水来，浇菜。

伍子胥上前拱手道："敢问这里可是长卿先生馆舍？"那人笑笑："敢问大人可是伍子胥？"伍子胥："你如何知道我是伍员？""先生从何得知此间是孙先生居处？"那人说罢，脸上堆满了笑。伍子胥也笑。那人又道："我乃长卿先生家仆田狄，先生不知如何料定伍大夫会来一见，今日真是应验了。可是又不巧，长卿先生出门去了。”

伍子胥思忖了一霎：“噢，如此说，长卿先生与伍某是有缘分的，只是时机不对。”

田狄：“是了！孙先生也是这样说。”

伍子胥问：“请问，你不知道‘斧柯而樵，桔槔而汲’的道理吗？怎么还用水桶一桶一桶地提水，又耗费力气又耗费时间，这是为何？”

田狄笑说：“别说孙先生，就是我这粗俗的人，也知道‘斧柯而樵，桔槔而汲’，砍柴要用斧子，打水要用桔槔。那桔槔不就是竖一个木桩，上面横一个长长的木杆儿，安个轴，后边一松手，桶就到井里去了，后边这么轻轻一压，木杆一翘，水桶就提上来了，是不是？我家先生说，如果用了桔槔，省了时间，可省下的时间干什么呢？省了力气，可省下的力气派什么用场呢？先生自己也是常常很有兴致地一桶一桶提水灌园的。”

伍子胥若有所悟，感慨地点点头。

伯嚭是聪明人，道：“唔，孙先生不用桔槔汲水，是有所待啊！可既然是时机不到，犹如天上参星商星不相见。伍大夫，我们……还是回去吧。”

伍子胥摇着头上的白发：“伯嚭大夫，越是如此这般，伍员越是想见见这位奇人了。伯嚭大夫该不会不知道当年白发老翁吕尚在渭水之上直钩钓鱼的事吧。吕尚钓鱼其意不在鱼，这位先生种菜也不在菜，恐怕是有所等待也。”

伍子胥回身又去问田狄：“请问你家先生所去哪里？”

田狄说：“先生平日行踪没准儿。不过，今儿早起，先生说沽了酒就回来，下午有雷阵雨。”

天上，果然是云在奔走聚散，天色忽明忽暗，有风拂过，带着凉意。

田狄又说：“看得出你们不是平常的人，如若实在想拜会我家先生，可到莲塘那里去问。”

莲塘？

莲塘在孙武馆舍左侧，方圆一二里的样子，碧叶粉莲，在风里翻飞俯仰，飒飒有声。远远地见到一采莲女子划着一个木盆在塘中来去，忽隐忽现，明眸在塘里流溢。

伯嚭忽然有了精神。

伍子胥望着伯嚭笑笑。

伯嚭说："不劳伍大人了，伯嚭前去问一问便是。"

这位伯嚭，本是大家子弟。文可滔滔论辩，武也骁勇敢战，虽称不得上上之才，却因为为人处事机敏善变，很讨吴王阖闾喜欢。他面目生得白净，心也风流不羁，常干些斗鸡走马、拈花惹草的事。今日，百余里乘车颠簸，半日山路田埂行走，心里早已不耐其烦。怎奈伍子胥不到黄河不死心，他也不好得罪，更不肯落下个嫉贤妒能的埋怨，便硬着头皮舍命陪君子，表现得十分随和，暗里却咒骂伍子胥多事。忽然见到这世外田园，风荷举处，有一女子明眸闪熠，便觉着怦然心动。如荒山僻野忽见一枝茉莉，他眼睛一亮，半日烦闷全都烟消云散了。急匆匆到了莲塘旁边，想去调笑调笑解闷儿，一时又看不见了那采莲女子，只见圆荷翻卷，未免怅然若失，在塘边兀立。终于，莲叶一动，采莲女又出现了，伯嚭赶紧笑脸相迎。

采莲的正是孙武夫人帛女。

帛女生得端庄，气质高雅，但实在说不上有多么美丽：她属于那种性格内向、不苟言笑的女子，穿一粗布罗裙，坐在红的木盆里划水，怕湿了衣袖，高高地挽起，露着一半儿白嫩的臂弯儿。

伯嚭拱了拱手，道："这位女子，可否近些答话？"

帛女却停止了划水："不是听得见么？"

"我是大夫伯嚭。"

"我没有问你呀。"

"请问你的芳名？"

"这和你要问的话又有什么关系？"

伯嚭呆呆地看了看帛女白皙的手臂，估摸着帛女的年龄也就在十七十八上下，恐怕已经是为人之妇了，那么，冷冷的装些什么端庄？便又若无其事地问道："想必——这塘中的藕，定然是白嫩可口吧？"

帛女聪明得很，立即答话说；"藕是有主儿的，而且，藕泥封着藕节呢，不可贸然采藕的。”

伯嚭：“你不是已经下了水吗？”

“请问这位先生到底所问何事？”

“啊，我问你——这天阴要下雨，未知有晴无晴？”

帛女正色道：“你这人是怎么回事？看你像个正人君子，又说是官拜大夫之职，你不在庙堂之上侍奉君王，却到这山野荒郊来说些不三不四的话，不懂一点儿礼节，实在可气。你应该看得见，这荷叶上的水珠是聚散不成圆的，赶紧行你的路去吧。”

说着，帛女把一段莲的茎扔到了伯嚭脚前。

伯嚭张口结舌。

本来只想解解郁闷的，不料这山野村妇如此厉害。

伍子胥赶来了，拾起莲茎：“噢，这莲茎是有刺的。伯嚭大夫，快些向人家道个歉吧。”

随从偷偷地笑。

帛女已经上了岸，拎着盛莲蓬的竹篮，向家里走去。那篱笆前卧着的黑狗立即跑过来，亲昵地蹭着帛女的罗裙，摇着尾巴，跟在后面。

伍子胥面有愠色，望了望伯嚭：“恐怕这位就是孙武的夫人了！你怎敢轻薄坏了大事！”

说着，伍子胥疾步上前，拦住帛女，深深地作了个揖道：“请原谅刚才伯嚭大夫的冒犯。我等是来拜会孙武先生的，可否告诉我们孙先生现在何处？何时回来？”

帛女理也不理，推开柴门，进了院子。

那只黑犬忽然吠叫起来，挡住了伍子胥的去路。

随从在一旁叫道：“那女子听了，休要怠慢，这位是天下闻名的伍子胥伍大人！”

从后面看去，帛女似乎淡淡一笑，随手丢下了一个莲蓬。

帛女进了房门。

伯嚭拾了莲蓬，在手中掂动，说：“这又有意思了？”

伍子胥摇了摇头。

伯嚭；“好了好了，要下雨了，咱们走吧。”

伍子胥来访孙武，恨不得见。问及帛女，帛女随手丢下一枝莲蓬

伍子胥冷冷地说：“请伯嚭大夫先回吧。”

看样子，伍子胥已经对伯嚭发怒了。

伯嚭尴尬得很。

伍子胥思忖着，有心无心地拈转莲蓬：“莲蓬，莲子！莲子——子在里面，也许可以说，孙先生没有远游。”

伯嚭说：“恐怕莲子还是青的，时机不到，莲子芯儿也是苦的……”

“苦才可以清心泻火！”

伍子胥立即想去推柴门。

不料那只黑犬忽然两眼如电，立起前爪，狂叫起来。

随从摩拳擦掌说：“待我把这只狗收拾了，正好回去煮一鼎锅狗肉。”

“放肆！”

伍子胥大吼。

随从喏喏，低了头不敢抬起来。

伍子胥坐在了地上。

伯嚭也只好席地而坐，毫无别的办法。

一阵卷地风来，黑云翻墨，白雨跳珠。天边有闷雷在滚动，有电闪在疾走。雨来得很猛，雨打荷塘铮铮如金石之声。密雨斜侵篱笆墙，横扫田畴，田里冒着白烟。才是一会儿，伍子胥三人无遮无挡，全被浇得透湿，雨水顺着头流入脖子里，衣裳贴在身上，很不好受。伍子胥向菜田望去，灌园的仆人早已回到房里去避雨了；回头看看，帛女正在窗子前边观雨，忽地关了窗子，声音弄得很响。

连那只黑犬也逃之夭夭了。

伯嚭咕哝了一句：“自作自受。”不知是责备自己呢，还是怨恨执拗的伍子胥。

伍子胥坐着纹丝不动。

好在是阵雨。

雨飘到了罗浮山的西麓去了。

罗浮山在雨云之中，飘飘逸逸，若幻若真，若有若无。伍子胥三人经了一阵雨，肚子里已是饥肠辘辘。

斜阳如血。

阳光从云缝中挥动着剑，这才是东边斜阳西边落雨，说是无晴却又有晴呢。

田狄从房中出来了：

“实在怠慢了你们三位，我们夫人说了，先生在长兴镇上沽酒，想是与要离谈得融洽，一个时辰回不来，请你们三位到镇上打听到要离，即可见到先生。噢对了，先生还留下话说，如若伍子胥伍大人来访，请伍大人把门打开一条缝儿，先生想和伍大人说的话，就是这个，伍大人一看便知的。”

门缝儿？

伍子胥和伯嚭这回可弄不明白这是什么意思了，面面相觑。

四

午后落雨的时候，孙武信步走进了要离造酒的小作坊，扑面是醉人的酒香和蒸腾的白雾。十几位大汉赤条条正在发酵的粮食上踏，像踩着云彩。一个个汉子锋棱突起的肌腱，闪烁着油光，嘴里呼嘿地叫啸。孙武饶有兴致地看这力的舞蹈，觉得陶然。一时，竟也挽起裤管，和那些汉子们一起去踏，踏得出了一身的透汗，痛快淋漓。

要离跑过来，叫道："哎呀孙先生，你怎么……快，朝中有人来访你。"

"是伍子胥来了么？"

门外的伍子胥应声而入。

两人互相见了礼。伍子胥说："长卿先生，莫非你能神机妙算么？真是奇怪得很哪，你如何得知是子胥前来拜会你呢？"

"我哪里会什么神机妙算？孙武不过一山野村夫而已。谁不知道伍子胥要把天下之士一网打尽，不是你又会是谁呢？谁又会有这番踏破铁鞋的执拗？再说，伍子胥过昭关，一夜白了头，你这白头发乃是天下闻名，这就更没错了。孙武候你多时了。”

伍子胥哈哈大笑，笑得消尽了一路的疲劳，忙又引见大夫伯嚭。孙武就请二人在旁边的酒窖里席地而坐，侃侃而谈。要离和他的老婆刹女送了酒来。伍子胥举着盛满酒的角，目光从角的边沿上滑过去，看这孙武：一身布衣带着汗气和酒香，青白的一张方脸，五官突出，带着许多的书卷气，全然不把叱咤风云露在外头。那脸越喝酒是越显得白，不知酒消化到了何处。他的身躯，高大魁伟，坐在那里项背溜直，静静地望着他和伯嚭，平和地听，平和地说，平和之中显得愈发深不可测，平和胸中藏着怎样的丘壑与波澜。这人如此自然，飘逸，混迹酒工之间，出汗便出汗，斟了酒，举角就一饮而尽，全不做作。侏儒要离的妻子刹说：“实在得请诸位恕罪，乡野酒坊，哪里敢想有伍大夫你们来呀，下酒连个猪蹄也没有。”

要离说：“这有何难？难得吴国名流在小人的酒坊一会，你们若不嫌弃，待我割了身上的肉，给你们下酒！”说毕，便要去捉刀。

三人忙叫使不得。

伍子胥望望瘦小干瘪的要离，朗朗笑道：“如若割身上的肉下酒，我的肉比你的还要多些。”

孙武说：“人肉我是不吃的。要离，快些到市上弄些酒菜来。”

要离遵命而去，一溜烟跑掉了。

伍子胥道：“今日拜会孙先生，适逢先生不在家，尊夫人给我们出了些谜来猜。扔了一枝莲蓬，莲子却不熟，未知何意？”

孙武说：“家妇哪里敢在二位大夫面前卖弄？她那莲蓬、莲子绝无含义。”

伯嚭：“还好，我没敢瞎猜，猜也注定猜不中的。孙先生，后来，尊夫人把门开了一条缝儿，是什么意思呢？”

孙武微微一笑：“二位奉大王之托，网罗天下贤士，可是为了求得复兴吴国之策？”

伍子胥：“当然。”

孙武说："孙武闭塞，却也耳闻目睹，吴王阖闾立而为王以来，坐的地方不铺两重席子，行的舟率不加雕饰，住的宫室不求华丽美观，吃的食物不求味美，戒奢求俭，雄才大略。又知伍大夫为图吴国霸业，修城郭，设守备，练士卒，广积蓄，这已是振兴气象，兴国之大策了。孙武不过献一小计，以解大王燃眉之急，心腹之患。"

伍子胥说："孙先生请快讲，何为大王心腹之患？"

"专诸已将吴王僚杀死，吴王僚的儿子庆忌率领军队逃到楚国，被封为爵士，庆忌勇冠三军，迟早要归报杀父之仇，岂非大王心腹之患？为此，孙武才献此小计，这不过是个字谜而已。"

孙武起身将酒窖的门，打开了一条缝："你们看——"

夕阳最后的光线闯了进来。

说是字谜，伍子胥和伯嚭恍然大悟。

伍子胥蘸着酒在手心写了一个"间"字。

伯嚭也蘸酒写了一个"间"。

孙武一手攥着伍子胥，一手拉着伯嚭，哈哈大笑："英雄的见解总是一样的啊！"说着，一时兴起，就滔滔不绝说起了兵法，激动起来，"明君良将，超人智慧，可称之为先知。先知，并非祈祷神鬼，并非以经验推断，并非照搬往昔之战，必须从得知敌情的人那里得到。这便要使用间谍了。用间之计，有乡间内间反间死间生间五种。间谍的选用，关系最亲，赏赐最厚，任务最秘密。间谍之计无所不用，这是最微妙的事情呐！既然那庆忌擅于用兵，勇武过人，既然吴国初兴，还在休养生息，最好的办法就是指派间谍，打入庆忌身边，探得最机密的军情，使我们相机而动，伺机破之。或许，间谍抓住机会取了庆忌首级，一了百了，何患之有？"

伍子胥和伯嚭连连称善。

这回是伍子胥拉住了孙武的手："请孙先生随我晋见大王，当委以千军万马，吴国破楚指日可待了！"

孙武："不可。莲子未熟。"

伍子胥说："长卿，我听你论此用间小计已经是豁然洞开了，来日还要听你宏论治军大策呢。大王正如饥似渴地等着你呢，如此雄才大略岂能在汲水灌园中消磨？不是说‘若作酒醴，尔惟曲蘖，若作和羹，尔惟盐梅’吗？酿酒没有酒曲做引子不行，煮汤没有盐来调味也不行，吴国这一巨瓮之酒，鼎镬之羹，等着先生的手段呢！”

伯嚭：“孙先生请上车吧！”

孙武平静下来，说：“不不。就说酿酒罢，或秋天贮藏冬天发酵，或是春天酝酿夏天成酒，时候不到都是不行的。孙武暂献这一小计，为君王扫去浮云，晋见大王之日，俟我著完十三篇兵法不迟。”

伍子胥：“是否要大王亲自来迎？”

孙武笑而不答。

伍子胥：“也罢，伍子胥和伯嚭大夫这就回去奏明大王，大王定会礼贤下士的。”

伯嚭：“也好。我们就此告辞。”

孙武：“请稍等。刚才说到用间之计，我这里已经帮着物色好了人选。”

伍子胥：“哪一个？”

孙武郑重地说：“喏，他来了！”

酒坊的破木门“哗”地洞开了。

提着一篮子酒菜的要离来在门口。

伍子胥和伯嚭这才仔仔细细地打量着走到近前的这位侏儒。他身肢短小，仅是常人的一半儿。双臂短粗有力，如两个棒槌。两腿弯着，拼成了一个不规则的圆。倒是那张大脸，出奇地大，脑门儿前耸若壁，鼻子陷入凹处，眼睛藏满了冷冷的光。要离兀自往三人面前布置酒菜，嘴里咕哝着什么“怠慢了”“乡野无菜”“再来请先通报”之类不咸不淡的话。这侏儒手不算快，只是重，弄得杯碗碟子怦然有声。

伯嚭望着要离，轻蔑地笑了笑，转身与伍子胥耳语道：

“这位三根筋挑着一个头的侏儒，便是孙先生推举的盖世英雄？”

伍子胥推开了伯嚭。

伍子胥目不转睛，定定地望着要离，仿佛要从这矮小单薄的侏儒身上看出些个子午卯酉。

孙武不动声色。

伍子胥问："我们——带走吗？"

孙武："人不可貌相啊！自从我远路来到罗浮山，要离便不离我左右。若这兄弟不是真英雄，我怎敢贸然举荐？"

要离的老婆刹，这才明白孙武说的是什么了。她的眼泪忽地泡红了眼睛："孙先生推举我夫，我夫必死！我的死期也到了啊！"

要离"嗷"了一声，不耐烦挥挥手，示意刹走开。之后，捉了一大碗酒，灌下了喉咙。

伍子胥望着眼前的一幕，思忖了一霎。

孙武对伍子胥轻声道："伍大人，您可以将我推荐的勇士，带到姑苏去。"

伍子胥："怎么？您还是不去？"

孙武拿起自己的酒杯去碰伍子胥的酒杯：

"伍大夫，长卿拜托了！"

不知何时，刹已经站在要离身边，像母亲护佑孩子。刹忍不住抽泣放出了悲声，哭嚎得天昏地暗。

伯嚭十分不耐烦，拉上伍子胥便走，孙武也只好送到了酒坊门外。

阖闾见到伍子胥带来的这位干猴儿一般的要离，心里十分恼火，阴森森地瞟了伍子胥一眼，耐着性子，坐在粗硬的席子上，低头读书简，把竹简弄得很响："伍大夫，你还有什么事情要说吗？"

伍子胥："孙武先生举荐的勇士要离等着回大王的话呢。"

阖闾："不必了。"

阖闾欲走。

要离匍匐向前，拦住阖闾去路："大王慢走！"

"你有话去和伍大夫说吧。"

"大王让勇士一直匍匐在地，不怕天下人心寒吗？"

"噢？——你就起来。"阖闾不耐烦。

要离立起，挺胸凹肚，做出一派英雄气象："臣从吴国东边，千里迁移到国都附近，就是要效力于大王的。大王的心腹之患难道不是逃亡在楚国的公子庆忌吗？杀庆忌者，舍我其谁？"

阖闾忍不住哈哈大笑。

“大王看不起我要离？”

阖闾止了笑：“非也。寡人是说，那庆忌单手能捉住天上飞的燕子，双手可以掐死山里的熊罴，有万夫不当之勇，你……”

要离：“是呵，表面上看起来，要离瘦小无力。迎着风就把我吹得冻僵了，背着风就把我吹倒了，可是，大王如果信任，要离是什么事都干得出来的！”

阖闾：“难道吴国没有人了不成？”

要离脸憋得通红：“大王，要离虽瘦小，却从不肯受辱，哪怕大王，也不能侮辱我！”

伍子胥忙上前：“要离，休要放肆！大王，念这市井细民无知，请恕罪。”

阖闾忽然哈哈笑起来：“唔，寡人没料到你要离这般刚烈，哈哈，我倒要见识见识，你说你可以结果庆忌性命，且说你有何计？”

“计的名字叫作用间。孙子兵法说，派间谍到敌军中去，是世间微妙之中最微妙的。”

伍子胥：“孙子兵法，就是臣对大王举荐过的隐居之士所著。”

“你让要离说！”阖闾打断了伍子胥的话，“那庆忌可是聪明人，再说又有专诸刺杀他父亲的教训，怕是还不等举事，你立即就死于非命了。”

要离已经被“将”得几乎要跳起来：“大王休要长那匹夫志气！小人听说沉迷于妻子之色，不能为君王做事，为不忠；留恋于安乐窝儿，不能为君王分忧，为不义。请大王剁了我的右手，杀了我的妻子，造成要离和大王您有血仇的假象，看庆忌信不信我，看要离能不能近庆忌之左右？”

要离这一番动作和说辞，把阖闾和伍子胥全都惊呆了，甚至可以说是吓得有些发蒙。阖闾自然是对这一奇人奇事产生了极想一试的兴趣。反正扔出一个要离，他并无损失。伍子胥却暗暗叫绝。想这姓孙的谋略家，外表平和，内心却如此冷峻和坚忍。他的用“间”之计很有意思，他挑选推荐的“间”，更有意思。出奇之计，必用出奇之人，这大概就是孙氏用“间”的“出奇”之处。看这要离，貌不惊人，甚至其貌猥琐，到了敌营，那勇武过人的庆忌绝不会把要离当回事儿。倘若要离与吴王既结下“杀妻之恨”，又有“剁臂之仇”，庆忌把他视为心腹也是顺理成章的！

伍子胥问要离：“壮士如此这般忠勇，难怪孙先生举荐于你！孙先生好眼力！”

要离说：“伍大夫，要离实不相瞒，我带着一身的残损落生以来，吃够了白眼、轻蔑、贬损、谩骂和欺凌。唯有孙先生待我如兄弟，和我平起平坐，并且知道我是一个勇士。孙先生看得起要离，要离当然可以为孙先生而死。”

伍子胥连连称“是”，心里越发明白孙武的用意了。有时候，事不用贤，这番道理太深奥。

阖闾这回是仔仔细细而又和蔼慈祥地看着要离了。他很开心。为要离这个不起眼儿的市井小子说出一番狂话开心，也为周围人等想着为他除去心头之患开心。他自然不敢相信这位风一吹就摇摇摆摆的小东西，能够刺杀了万夫莫敌的庆忌。可是既然这个小儿敢于奉献了一只右手和结发妻子，肯于家破人亡，这番忠诚是绝对应当表彰的。世有专诸刺杀王僚，才有他阖闾登上殿堂。世有要离，也说不准就医了他的心病，除了庆忌！这当然不妨一试，举手一挥而已。他刚刚经历了气恼，烦躁，轻蔑，兴致勃勃，一直到开心的一个情绪过程，他为自己有效的激将法，竟然在顷刻间激得要离砍手杀妻都在所不辞，感到十分的满意，甚至沾沾自喜。他想他没有看错，这个要离可用，当然是一次性使用。而那位伍子胥也可用，当然是要重重复复使用的。他尽量表现出对伍子胥的宽宥、亲切和信任，可是越是信任就越要精细。他知道伍子胥处心积虑要发兵攻楚，以报私仇。伍子胥推出了孙武和要离，推出这“用间”之计的同时，就极力鼓吹，要他以王者之尊亲率大军远征楚国。他对此暗暗一笑，并不戳破伍子胥的私心，也不会采纳。采纳的仅仅是一个刺杀庆忌的计划，舍了无关紧要的要离，不费一兵一卒，这对于他来说乃是上上之策，何乐而不为？

伍子胥十分满意地看了要离的表演告一段落，刚刚大王阖闾的目光和语调，让他的手心里出了粘粘渍渍的冷汗。假若阖闾不听要离之计，那么，他难免落下个以此市井无赖戏弄君王的罪名，至少要失掉君王的一些信任。他知道伴随君王实在就是陪着老虎睡觉，处处得察言观色小心伺候，不得闪失。复兴吴国，君臣一致，然而是否发兵攻破楚国，为他雪耻报仇，那得看阖闾是否高兴，是否愿意，是否觉得有利。他忽然间明白了，孙武拒绝立即晋见大王，是深谋远虑。孙武必须由他伍子胥推荐，伯嚭大夫对于朝中多一强似他自己的人暗暗怅然若失，并不热心，这一点，伍子胥明白。由他伍子胥推荐孙武，又得让君王自己觉得这个孙武是非请出山野不可，才算是莲子熟了，酒发酵到了时候，水到渠成，人尽其才。当然，要离这个干柴般的东西，是至关重要的一颗棋子儿。要离这招棋乃是只可胜，不可败的，这一点，孙武恐怕比伍子胥更明白。他已经深信孙武推出要离，是绝对没有错。这并非是凭着直觉。寻访孙武途中那些扑朔迷离，那些让他颇费心机去猜的谜，已经让他感到这位迟迟不得一见的人物非同凡响，神秘而神奇了。待到一见，那人的平和安静，又令他急于猜度孙武内心的韬晦和城府。到了谈论兵法的时候，孙武疾走于酒窖，激动而雄辩，他是知道这人是决不甘于寂寞的了，不然为何从齐国远道而来？雄心勃勃的孙武，是个大谋略家，伍子胥渐渐是心服了。孙武暂且退隐一步，推出个要离，怎么会不是深思熟虑的呢？要离既然是孙武在吴国的第一支箭，开弩必须是响箭。他后来知道这要离虽然外貌瘦弱，人却勇武，据说有一恶鬼要杀掉他，他故意开了窗开了门，夜里躺在床上静等。当恶鬼把刀放在他脖子上的时候，他连声叫快些。恶鬼也怕恶人，让他给吓跑了。要离果然没有叫他失望，真个是置生死于度外！

伍子胥小心地对阖闾说：“大王，孙武出了一个奇招，大王不妨接‘招’，以谢天下名士。”

大王阖闾去拉了要离的手，像牵着一个小孩儿：“卿真是天下最忠最义的勇士呵！来来来，寡人设宴款待你。”

要离：“谢谢大王，不必了。”

阖闾：“吃了酒，寡人一定照你的意思去做的。”

要离：“事不宜迟。”

伍子胥："现在就砍？"

要离："砍。说砍便砍，不必啰嗦。"

伍子胥："你潜入楚国，取得庆忌信任之后，当把机密军情迅速送来，不得误事。大王这里将整饬兵马，随时准备攻破楚军，消灭那庆忌。"

阖闾："不。寡人只要庆忌性命。"

伍子胥心里一动，迅速看了阖闾一眼。

阖闾毫无表情。

要离："还等什么？"

阖闾："伍大夫，遂了勇士的愿吧。"

伍子胥应道："臣遵命，"轻轻一笑，旋尔怒目圆睁，大叫，"来人！把这在大王面前不知上下尊卑的小人拉出去，剁了他的右手！"

凶神恶煞的武士们冲进来，轻而易举地反剪了要离的双臂。要离在被推出去的刹那，最后看了一眼阖闾，是诀别的意思。

阖闾微微地向他颔首致意。

剁掉要离的手并不费事，武士手中的斧子一落，"咔嚓"一声，就完事了。

行刑是在姑苏城的一个十字街头，要离断了手，流血不多，说不上血肉淋漓，他本来就没有多少贮藏。只是那只孤零零被抛弃了的失去依凭的手，苍白青紫，沾了许多的尘土，脏兮兮丢在十字街头，那个痉挛的样子，市人看了触目惊心，都绕着走。

一切都干得利索、快捷，断了要离的手，将要离放回。要离托着血淋淋的断臂尚未到家，已见伍子胥率兵去结果他的妻子。刹女自知活不成，早已用三尺白布悬梁上吊了。伍子胥命兵丁将刹女的尸体当街焚烧，骨灰柴灰灌了一街。要离假意藏躲，待灰飞烟灭，夜深人静，他跑出来，伏在街头，痛哭连声。

这是真哭，不是伪装。

与此同时，孙武之馆里琴声缭绕。

孙武洗手焚香，面北而坐，置琴于几上，与大乐师公孙尼子共同探讨琴艺。孙武抚琴，弹了一曲《金石操》。

公孙尼子说："长卿今天是怎么了？"

"怎么了？怎么也没怎么。"

"今天长卿的弹奏，公孙实在不敢恭维。"

孙武："为什么？或许公孙先生觉得琴是不该这样弹的，我有些破格吗？不知先生是否意识到了，我的琴音有钟磬之声，铿锵雄壮，钟磬象征将军，磬音令人想起战死疆场之忠烈，丝竹的声音，让人廉明正直。孙武乃集金石丝竹之大成于七弦之上啊……"

公孙尼子笑："好了好了，我听你的琴声有一种压抑不住的躁动，杀气腾腾。"

田狄从姑苏回来了。

田狄对孙武说："先生，那要离已经被大王砍断了右手，要离的妻子刹上吊自杀了！伍大夫率人当街把刹的尸体烧了，骨灰扬得满街都是啊！不知道要离是怎么获罪于大王的。"

公孙尼子在一旁暗自微笑。

孙武问道："公孙先生，为何而笑？"

公孙尼子说："我为先生得一知音而笑呵。那伍大夫，不是先生的知音吗？看他干的这些事，都是依从先生有根有蔓儿，有鼻子有眼儿的啊！"

孙武道："请公孙先生接着教我抚琴，泠泠七弦，真是磨炼人的性情啊！"

五

孙武终于等到了吴王阖闾屈尊来拜会的这一天。

出乎意料，这个日子来得太早了。

孙武当然在盼望着这一天的到来。他外表虽是又儒雅，又平和，又泰然，内心却山呼海啸般涌动着不可抑制的焦灼、激情和渴望。他当然急于将书写在竹简之上的兵法战策试于疆场，急于挂印拜将建立不朽功业。他内心涌动着的烦躁，即使想发泄，也没来由发泄。夫人帛女内心虽灵秀聪明，性情却内向、寡言，看上去近乎木讷，侍奉他又面面俱到，无可挑剔。孙武常常在夜阑人静的时分，著述兵书，研究古往今来的战法，绘制疆场上的阵图。这时候，他的内心铺开了平野山川，展开了千军万马的呼啸和厮杀。帛女总是悄然而来，悄然而去的。或者来修剪了烛花，或者来送一件衣衫抵御夜寒，或者送上一些充饥的东西。帛女总是要等到孙武睡下，才肯安睡。有一回，孙武突然发问："夫人，你一个人在房中熬着，忍着瞌睡，为何不劝我早些安歇呢？”帛女道：“妻子怎么可以违拗夫君的意志呢？你的事情不是很要紧么？”孙武又问：“你随我千里迢迢来到吴国，难道没有怀乡的忧愁吗？”帛女说：“女人命里注定就是要随丈夫南来北往的。何处可以算作家乡呢？心安便是家乡，每日侍奉在你的左右，何忧何愁之有？”孙武道，“话是这么说，孙武让你受苦了！”帛女听了这话，有些感动，“有长卿这番话，我是什么怨言也没有了。说心里话，你的心思便是我的心思，我自然是盼望自己的夫君一逞雄才大略，早日出将入相，让天下知道你和你的兵法。为了这个，千里奔吴，妾无怨无悔。可气可恨的是吴国君王有眼无珠。帛女心里也急得很哪，可是急有何益？时运不到，缘分难结，也只能顺其自然。长卿不必着急的，幽兰在山谷，自会有知遇者寻着香阵而来的。唔，今天啰嗦了这些废话，不会给你添烦恼吧？”孙武说：“这是什么话？无人叙谈，才会让人憋闷死呢。”说罢，帛女无言，悄然退下。孙武还是难以排遣心中的烦躁和郁闷，烦极了，闷极了，只有到菜园去一桶一桶汲水磨磨性体；挨到黎明时候，听到鸡鸣之声，便去舞一通剑器，舞弄得天旋地转，出了一身的透汗，心里多少舒服些。

这一天突然来了。

家仆田狄这些天一直充当耳目，这日下午得到伍子胥派来的人告诉说，大王阖闾率王子夫差，眉、皿二妃和伍子胥一干人众，到罗浮山中射猎，将来拜会，嘱孙武一定在家中静等。不料，孙武从早晨出去就没回家，田狄立即出去寻找主人。

松林之中，孙武又在和公孙尼子切磋琴艺。

田狄来到孙武身边，公孙正在弹琴，田狄想说话，被孙武制止。

轩昂的琴声戛然而止。

公孙尼子说：“好了，长卿可以去了。”

“还没有尽兴呢。”

公孙尼子说：“长卿你是通晓律吕的，五音之中，宫为君，商为臣，角为民，徵为事，羽为物。你听这宫商君臣相和，只有徵音铮铮，轩然激昂，好像有什么大事情要发生。其实你早就坐不住了！”

“那么，长卿就此告辞。”

公孙尼子弹琴，灵魂出窍

离开飒飒松林，听田狄将大王阖闾将来拜会的事情一说，孙武一怔。他知道，闹得天下沸沸扬扬的“要离被吴王杀妻剁手”的故事，还没有结论，虽已听说远在楚国的庆忌已对要离深信不疑，正在训练士卒，准备攻吴。可是，要离到底能不能取得庆忌性命，还属未知之数。吴王阖闾究竟凭什么就会突然相信他有匡世济国之才，屈尊亲自来请呢？阖闾王者之尊，很难大驾光临茅檐寒舍的。那么，也许是伍子胥凭了三寸不烂之舌，搅动得大王不耐烦了，才勉强应允前来？也许，大王阖闾的本意，只是到罗浮山射猎，顺带着来看一看虚实而已？

其实，这时候，大王阖闾想也没想过拜会什么孙武。

只是伍子胥一厢情愿！

昨日，阖闾想到自己的霸业还是一筹莫展，心里十分的郁闷，吃不下饭。两位千娇百媚的眉妃和皿妃，极尽了绚丽的功夫，“猴儿”在他身上，融化在他身上，柔声细语相劝，也无济于事。眉妃装作赌气，离开了大王。其实，门外，十六岁的王子夫差正热锅蚂蚁般游转，等着眉妃。夫差还是个童男子，美貌艳丽的眉妃，三天前在园中仅仅用几棵樱桃，几个媚眼，就挑动得夫差开了情窦，心痒难熬。那时候园中没人，眉妃把樱桃送到夫差嘴里，夫差却张嘴要去叼眉妃那白嫩喷香的手指，眉妃逃到树丛后面，拿眼来睃，弄出了许多的羞涩来。眉妃的羞涩，是做作的，完全是一种表演，越是做作，夫差越是神魂飘荡。自然，少年夫差不过是眉妃寂寞宫中生活的一点儿调料和补充，夫差却认真起来。三日来，绕着园子和宫院乱转，心急火燎地捕风捉影，乃至于父王与二位妃子在一起，他也忘了避讳。眉妃担心被大王阖闾看出什么，赶忙溜了出来。夫差见眉妃终于出来了，就在前面走了，不时回头示意，一直把眉妃引到了自己的房子里，立即就要饿虎扑食。眉妃故作严肃状：“王子，休得非礼！”夫差喘着：“什么非礼不非礼，什么礼不礼的，本王子不管！”边说边扑，眉妃轻盈地闪了：“夫差！岂可不知伦常？我是你父王的妃子，照理说，就是你母！”夫差噗通一声跪倒了：“即是我母，但望母亲可怜儿子！”眉妃见此情景，也动了心，长叹了一声，半推半就像喝醉了酒，就落在了夫差的怀里。夫差抱了这一团软香，晕眩了片刻，手就要疯狂地乱抓乱爬。眉妃却清醒了，一把推开了夫差：

“夫差，你不想做太子么？”

“不！……”

一个“不”字刚出口，外面有脚步声，皿妃过来了。

门，竟然忘记了关上。

皿妃细心地观察着两人神色。

眉妃出了一身香汗。

夫差又气又恼，无可奈何地兀自走出了门。

皿妃道："大王问你呢，大王心里烦躁，叫我们去侍奉。"

眉妃说："啊，我是来看王子的玉佩的。走吧。"

两人相跟着回到吴王身边，悄悄儿坐下。吴王阖闾心中烦闷无法解脱，只好乞助于神灵。他叫伍子胥和伯嚭上来，命伯嚭取了至灵至验神龟，占筮一番，看看苍天可否在近日降异人于吴国，而那尚未露面的奇人奇才如今在什么方位。

伯嚭精于占筮，忙应"遵命"，立即取来了专拣庚日网到、在辛日杀掉的乌龟龟甲。龟甲大小正合规矩，一尺二寸。而且每月的初一，伯嚭都诚惶诚恐地给龟甲洗澡，祛除不祥。然后，用鸡蛋在龟甲上反复摩擦，祝祷。对这神龟的灵验，大王阖闾是深信不疑的，更何况那伯嚭俊秀的脸上是一片肃穆。伯嚭面向着北，把荆条燃着了，在龟甲的中间和前边，各灼凿了三遍，然后又灼凿龟甲的四周，嘴里念念有词，"现在正是吉日良辰哪，借助您玉灵夫子的神力啊，我用荆枝灼烤您玉灵夫子的心，您定会把灵策告诉我。我替至贤至德的吴国君王求您给一个好的兆文哪，请告诉我，吴国能否得到天降的奇才？……"灼凿之后，神龟足开首仰，伯韶欢喜地说，"大王贤德清明，苍天保佑着哪。神龟给了一个大吉大利的预兆。还会有贤人名士来投奔您的，现在不是已经纷纷投到您的阶前了么？"

伯嚭指的是伍子胥，当然也包括他自己。

阖闾眉间的疙瘩多少舒开了些。

伯嚭说："请大王少安勿躁。"

伍子眉借机插话道："大王，何妨出去走走？臣前些日到罗浮山，见山势峭拔，林木葱茏，云飞雾卷，清泉潺湲。山中麋鹿出没，大王何不去罗浮山射猎？一来散散郁闷，二来也可让众人领略大王的箭法。"

伯嚭："大王如果不愿去罗浮山射猎，那么，也许到太湖泛舟更有意思。"

伍子胥瞥了伯嚭一眼。

皿妃说："大王还是到罗浮山射猎为好。"

眉妃说："请大王恩准臣妾侍奉前往。"

伍子胥忙说："大王平日食不二味，坐不重席，不事奢华，崇尚节俭，也太苦了大王了。大王难得出去走走，罗浮山射猎，不仅可显大王威仪，也可以让天下知道吴国升平气象。如有二位嫔妃同往，世人更为瞩目，就不仅仅是游猎了，而且是外交。”

二位妃子经过伍子胥这一番话的鼓动，愈加精神，连声叫“大王”，那苦苦哀求的目光，是犀利的武器，铁石心肠也划得出血来的。

“胡闹，寡人游猎，哪里有你们跟随的道理！”

阖闾不为所动。

眉妃嘤嘤地哭起来了。阖闾这才慌了心神，来问，来劝，来哄，大王问了又问为什么哭泣，眉妃抽嗒抽嗒地叙述了一番，不胜娇嗔。阖闾这才知道，眉妃原来生自罗浮山下，选入都城再也未见父老兄弟，动了思念乡里之情。大王阖闾只好叹息一声，依了两位娇媚的嫔妃，答应她们跟着凑个热闹。

威满吴国的君王，总是在眉皿二妃面前吃败仗的。

次日五更，大王阖闾，王子夫差，伍子胥以及眉皿二妃，随从二百人，车马浩浩荡荡出了姑苏城，直奔罗浮山。抵达罗浮山时，早雾消尽，一轮红日喷薄而出，山明水秀。林中露水尚湿，青草没了马蹄，阖闾心中十分畅达。命令二妃在山下静等，召眉妃父母来见，赏赐以黄金和绸缎。阖闾与伍子胥、夫差策马林中，射杀山兔山雉。阖闾收获不少，每出一箭，众随从总要赞叹一番，射中的便射中了，射不中的穷追不舍，直到有人射中了，赶紧拿来，道是大王好箭法，百发百中。尤其令大王阖闾高兴的，是王子夫差蛮勇非常，追一麂子，策马飞奔，跃过一条百尺山渊，少年面不改色，随从人等一片喝彩，山回谷应，宿鸟乱飞。伍子胥没什么建树，只是围绕在大王左右。能够把大王阖闾拉到罗浮山射猎，他的计划已经完成了第一步，距离孙武的田园不远了。伍子胥事先细心安排，临近孙氏田园，约束随从不得射近处的猎物，留给大王发弩，远的，射中也只说大王箭无虚发，一切只为讨得阖闾高兴，引他进入计划中来。他的计划实施到这一步，立即就暗中差人去给孙武通风报信儿。如此这般，时辰不多，看看阖闾的马，已经跑到了罗浮山东麓，依稀可以望见孙武田园了，便说：

“大王，半日射猎，臣等实在领略了您的神箭，您兴致虽然很高，可是不可以过分劳累了，请大王歇息歇息，臣知道一个好去处。”

“罗浮山中哪里还有什么好去处？”

“大王您看，那里有一片田舍，简直是世外神仙修炼的地方呢。”

“噢？”

“那便是——臣五次向您推荐过的孙武隐居之处。”

阖闾忽然一扫脸上的喜兴，面露愠色：“伍子胥你好大的胆子，原来你是设了计谋，赚寡人来此会那山野村夫！”

阖闾是个狡诈的人，轻易戳破了这个骗局，并为自己上当受骗感到恼火。

伍子胥不是善于随机应变的人，“噗嗵”一声下马跪倒：“臣罪该万死。”

阖闾回马欲走。

伍子胥跪着膝行，冒着被马蹄踏翻在地的危险，拦住了阖闾的马：“大王，臣伍子胥直说了罢，我背负父兄被楚平王杀害之仇，一路乞讨，一夜白头，跋山涉水，投奔到您的阶前，为的是吴国兴盛，报我父兄之仇；大王您是知道专诸的，勇士受您之命，刺杀吴王僚，身躯顷刻成为肉酱，而鲜血淋漓的心不死，为什么？为的是大王您振兴吴国，霸业天下，臣说的难道不对吗？”

说到专诸，阖闾不由得打了一个冷战。

伍子胥接着说：“大王您要的是囊括四海，岂能不广纳天下贤士？臣伍子胥欺君之罪也罢，罪该万死也罢，大王您已经到了罗浮山，马鞭指处就是孙武田舍，您不过是投足之劳，去见见孙先生，天下人会有口皆碑，赞美您对贤士以礼仪相待，天下之士怎么能不闻风而来？大王您何乐而不为呢？”

阖闾“嗯”了一声。

“大王肯听罪臣的建议，去见见那奇人孙长卿了么？”

“寡人是去歇歇脚！前面带路！”

伍子胥心中一喜，却不敢露在脸上，忙爬起来，上马带路。他知道君王这个决定，也许仅仅是给他个面子。他知道君王对他心怀不满，也知道君王绝对不会当面承认什么错处。他心里一喜一忧，喜的是到底赚得吴王亲临田家拜会孙武，忧的是吴王情绪忽然不好，怕见了孙武也不会有好果子。他终于知道，那专诸不死的心到底还是灵验的，虽然提起这件事总有在君王面前自己居功的意思。他不知道，那孙武可曾准备好了瓜果菜肴讨得君王高兴？不知道这位神秘而神奇的兵法家会不会又对吴国君主做起什么“法”来，弄个鸡飞蛋打？

孙武正同家仆田狄急匆匆往家里赶。

走在九曲回肠的山道上，忽然看见一匹白马在路边，又看见前面是一男一女追逐调笑。男的慓焊、年轻，颧骨很高，眼睛大，深陷在眉骨之下，华服佩玉，正是夫差；女的假髻峨峨，松松地似乎要堕将下来，明晃晃饰以金爵钗，长长的裙裾流水般闪展着衣纹，脸蛋儿十分明丽，是眉妃。

孙武并不认识夫差和眉妃，只判断这一男一女绝非凡夫俗子，就想躲避。可是，左手是嵯峨的山，右手下面是斧削般的崖，脚下只有这一条九曲羊肠小路，没遮没拦，没个藏身之处，真是冤家路窄！田狄正看个不亦乐乎，孙武忙拉他后撤，退到山路的拐角处。

听得见夫差和眉妃的追逐和说话声。

“哎哟，王子你好大的胆子！”

“怪不得我。”

“怪谁？”

“还要问我？今日你休想逃之夭夭！”

“我是大王的嫔妃呢！”

“迟早我便是大王！”

“那时候……我就人老珠黄了啊……”

“那还不赶紧地来呀？！”

“不不，不，你弄疼了我了。”

“休想逃掉——你，你往哪里逃！”

“格格……”

“哈哈，本王子捉住你了，你乖乖地来吧，哈哈。”

“光天化日之下千万别，别……你扯坏了我的罗裙了啊！”

“如此柔滑的肌肤，如此销魂！哦，万夫莫敌的王子也禁不住了啊……如此尤物岂能让父王一人独占，我要让大王把你赐给我！……哦，哦，你，哭什么？”

“让大王看见我就完了，等到你成为大王那天我也完了，反正我得完……完完完完！”

“你敢打我？打吧，打吧。天下只有你一个人享有这等至高无上的权利！打呀，怎么不打？”

“不——”

“怎么又要逃掉？你往哪里逃！”

“王子，你疯了？”

“疯了！”

“哎哟！”

王子夫差和大王的宠物眉妃几乎闯到孙武的眼皮底下了。那夫差少年气盛，欲火中烧，不顾一切了。他紧紧地抱住了眉妃，一顿狂吻，样子更像是在美餐一席佳肴。眉妃好不容易透过气来，说：“王子……求求你，别在这儿……我依了你行不行？别在这儿。求求你，千万别说什么让大王把我赐给你，大王会动怒的。慢慢来……你要做太子。你要比终累强，现在终累是太子。你成了太子，日后就是君王。眉妃算什么？还不是可以放在怀里，也可以掷到地上的一块瓦当？不，说瓦当太抬举小妇人了，我只是笼子里的一只鸟啊！”眉妃呜呜地哭了起来，“求求你了，别在这儿……”夫差哪里听得进去，他一直没有停止进攻，忽然间用了一股蛮劲，把眉妃扔在了地上，然后又扑了上去，两人在一块草坪上滚动——或者说是厮打。

孙武两难的境地，面对这不堪入目的情景，想退回去另寻蹊径，无路可寻；径直走过去，眼里看见的事情犯了大忌，而这些宫闱内的风流韵事正是他不愿意知道，也不应当知道的。那么，等待？等到夫差完了事？看样子夫差是难于行事也难于完事的，他们不知会在山野里纠缠多久。时间久了，将误了大王阖闾的召见。

孙武只好扔出了一块石子。

野鸳鸯惊了。

眉妃惊叫："哎呀，有人！"

夫差大怒："什么人？"

眉妃和夫差站了起来。

孙武和田狄这才走了过来，夫差拦了去路。

面面相觑。

这边是尴尬的孙武和田狄，那边是花容不整栖栖惶惶的眉妃和怒火中烧的夫差，夫差"哗"地将磬郢之剑抽出了一半儿。

夫差："山野村夫，你可知道我是何人？"

孙武拱手长揖："请恕我罗浮山菜农孤陋寡闻。"

夫差："报你的姓名！"

田狄："我家主人孙武，奉大王之召，赶回家去。"

夫差："孙武？"

孙武："正是。"

夫差："适才你看见了什么？"

孙武："我们匆匆赶路，行到此处，什么也没看见，什么也没听见。啊不，这不刚刚看见了小将军，看见你们跑将过来，是不是后面有老虎在追赶哪？"

夫差哈哈大笑："老虎？哈哈，正是。你是个不算笨的人。"

白马寻了过来。

夫差将眉妃扶上马背，自己又认蹬上了马，策马而去。

孙武已经从刚刚听到的对话中，得知这位是王子，那位是王妃了。

孙武叹了口气。

田狄说，"先生，您瞧我满头是汗哪，今日的运道真不济，撞见鬼了！"

六

浩浩荡荡的车马被阻在罗浮山口，八面威风的吴王阖闾，也只好步行向孙武的田舍走来。王子嫔妃和随从们在窄窄的田埂上排成一字长蛇，慢吞吞蠕动。

这使阖闾愈发觉得上当受骗，心中不快，脸拉得老长，阴沉得似乎要淌水。

伍子胥心里有些紧张。

偏偏那孙武虽然到了家，虽然可以遥遥地望见吴王人众迤逦而来，却不肯屈尊出门接驾。一直等到阖闾走过栀子林，穿过菜园，接近竹篱了，一直等到宫廷侍从一声接一声地传递“大王驾到”，孙武才开了门，前来迎接。伍子胥看见孙武又是一脸不卑不亢的平和，心里就愈发地打鼓，生怕大王阖闾怪罪孙武不恭，一切心机就全白费了。

孙武屈膝跪下，右手贴着地，左手按在右手上，稽首而拜：“臣孙武觐见大王。”

阖闾的脚步停也没停，眼珠也没向孙武转一下，淡淡地说句“起来吧”，径直走进田舍。

伍子胥的心一紧。

孙武向王子、王妃拱手作揖，以示尊敬。

夫差走过的时候，把脸拧到了一边。

伍子胥忙上前扯扯孙武衣袖附耳道：“长卿，大王今日情绪不佳，千万小心侍候了。都准备好了么？有什么新鲜的野味，快些献上来。”

孙武说：“伍大夫放心。”

田舍里，大王阖闾和王子、王妃，坐在粗硬的单层竹席上。屋子洁净也还是洁净的，可是墙角竟然放着竹箕，还有开沟做垅用的锸和竹笠蓑衣。此刻，这些器物和坐着的王公贵族显得是那么不协调，是那么格格不入。伍子胥暗暗地直叫“奈何”，孙武呵孙武，难道你只想弄些不同凡响，全没有想到王者之尊严和尊贵么？难道你不明白今日的觐见关系到你孙武的前途，甚至身家性命么？难道你孙武就不知道伍子胥为了举荐你，把你看作旷世奇才的良苦用心么？

阖闾面南而坐。

孙武老远地席地坐在对面。

因为并不融洽，所以颇有点儿对峙之势。

阖闾有些累了，坐下就斜斜地歪下来，靠着刚摆上来的被子，半躺着，打起了哈欠。

伍子胥：“大王是不是有些累了？”

阖闾半闭了眼睛：“哦，你便是举荐侏儒给寡人的孙武？”

这话有刺扎人！

不好回答。

阖闾一步紧逼一步：“孙武，你回寡人的话：你举荐侏儒，是不是讥我国中无人？”

伍子胥听这话大惊，忙拉了孙武一齐跪在阖闾面前：“大王明鉴！那要离一日内剁臂失妻，无半点凄凄之色，真勇士也！”

孙武道：“大王！依孙武拙见，侏儒和勇士并无天壤之别……”

伍子胥忙插话："大王，那要离剁臂失妻，的确有点儿英雄之气。现在他也流离世外，不知所踪。大王胸怀博大，不必再提及其人其事啦！"

伍子胥边说，边给阖闾扔了个眼色。

阖闾忽然想到，那要离，侏儒虽是侏儒，到底已经弄得残损，直奔庆忌大营，做"间"去了。要离此去，结果如何，人们都不得而知，孙武也无法盖棺论定。君臣之间，这个题目，只好暂且压下不提。

帛女来了，对大王阖闾行再拜之礼。再拜稽首，礼节是很周到的，可是所奉献给大王的，竟然是些莲子、黄瓜、鲜笋和西瓜而已。

这个帛女，又是那张不上笑容的木脸！

帛女说："帛女叩见大王。田家贫贱，实在没有什么拿得出手的食品奉献给大王，只有时令鲜菜瓜果，请大王和王妃、王子品尝。"

孙武立即插话道："臣久闻海内盛传大王雄心奋发，起居饮食不思奢华，力求节俭，今日得以叩见大王，才亲眼所见。大王穿着粗布衣裳，亲临臣这简陋的农舍，品尝农家粗淡的菜蔬，当今天下是没有第二个可以相比的。大王不求一时之奢服华筵，志在明日会盟诸侯之伟业，这实在是参天大树繁茂之根由，万仞高山伟岸之基奠。天下人谁能不心服口服？"

一席话说得阖闾脸上云开雾散："唔，孙先生说得不错！"

夫差道："父王，节俭当是节俭，可也不必食无肉。来人，把今日射猎的野味拿去烤了。"

侍者应声而去。

显然，夫差对孙武的怠慢心怀不满。

大王阖闾反而不在意：

"先生，寡人听说你和伍大夫相知很融洽的，伍大夫十分推崇你孙先生。"

这话什么意思？

又是在含沙射影地警告伍子胥不可结党营私么？

伍子胥忙说："长卿先生确确实实是——"

"听孙先生说话！"阖闾制止。

孙武平和而从容："臣听世人说物以类聚，人以群分。"

糟了，孙武绕到圈套里了，伍子胥先自涨红了脸。

孙武又道："又闻，蛟龙的归处是海，白鹤的故里是云。孙武不才，和伍子胥大夫、伯嚭大夫一齐聚集在您的周围，乃是因为您胸襟若海，志气如云。"

阖闾颔首。他原本也没准备深究孙武和伍子胥的关系，只是不失时机地敲打敲打而已。

伍子胥见孙武机智，言语之间大王面色好转，心里松下一口气，便忙着"点题"："大王亲自驾临田家，专程看望孙先生，可与周文王渭水之上寻见吕尚相比拟。"

孙武说："大王，罗浮山景致果然是不错吧？"

这一番君臣对话，简直就是斗法！可是孙武前面虽然言辞机智，很令大王听着顺耳，到了这儿，却把伍子胥的话头岔开，似乎是不认可大王是专程来访的，不承此情。

野味烤得了，送了上来。

大嚼。

大王嘴角流香。

伍子胥还是惦着赶紧展示孙武的才能，便举酒道："大王，请进一些水酒，这是那位勇士要离酿造的。"

"要离？"

"是孙先生推荐的勇士要离，大王。"

"哈哈，"阖闾喝了一口酒，品咂一番；"不错。酒味很是醇厚。这要离如果留下造酒，也许更算得人尽其用。唉，今天这是怎么了？为何话头总是离不开那侏儒？"

孙武飞快地看了大王一眼。

伍子胥整个儿给憋了回去。

或许，不是孙武举荐了那个侏儒要离，阖闾早就召孙武觐见了。正是一个要离，使得阖闾也轻看和轻慢了孙武。

这一点，似乎暂时无法逆转了。伍子胥不易察觉地叹了一口气。

王子夫差嚼着野味，几块鹿肉落肚，浑身燥热难当。再加上手中那青铜造的高体细腰翻口之觚，一觚盛酒三升，他一连吸干了三觚，鹿肉闹在下，水酒闹在上，十六岁的王子不由脸红耳热，浑身上下好像有万千蚂蚁乱爬，坐也坐不稳了，不由地拿眼睛去睃他父王的宠物眉妃。眉妃示意周围，又看看孙武，暗示夫差，当心露了马脚。夫差一身的牛劲无处可泄，便起身道：

"父王，如此喝些闷酒，一点意思也没有。待儿臣为父王舞一番剑器助兴。"

没等阖闾一个好字儿出口，夫差已经抽出了青铜之剑。宝剑出匣，哗然如蛟龙出水。少年夫差年轻气盛，骨骼宽大而灵活，加上鹿肉和美酒壮了阳气，出手便连抛几个美妙诡奇的弧线，晃花了人眼。夫差今日舞剑分外卖力，一是有至尊至上的父王观赏来日建功立业的后人手段；二是让他至痴至迷的眉妃瞧瞧他男儿的力的舞蹈；三呢，亦是顺便舞给那个不合时宜的孙武点儿颜色看看。孙武碰巧耳闻目睹了他和眉妃的幽会，在他心里结了一个疙瘩，刀光剑影警告孙武不可多嘴，必须小心些。那柄青铜之剑，在夫差手中有了灵性，十分地蛮野，时而如雷电发着震怒，疾走于浓云之上；时而如狂飙暴雨施着淫威，呼啸在阡陌之间；时而如毒蛇吐信子一般，咄咄逼人；时而又如潮水撞击在山崖之上，砰然间溅起九道白波，令人觉得杀气腾腾，不寒而栗。渐渐地，几乎不见了舞剑的人，只见剑器的寒光翻飞缭绕，缭绕着，却是越来越逼近了孙武。

伍子胥不知夫差是何用意，陡然间大惊，站了起来，欲抵挡不测。

孙武按住了伍子胥的手，神态平和。

夫差突然收了剑。

立在孙武面前。

众人一片喝彩之声。

阖闾兴高采烈，连叫："王儿好剑法！"

眉妃满脸桃花，像吃醉了酒，更像是她自己刚刚舞了一番剑器。

夫差愈发得意了，对孙武拱一拱手，道："夫差胡乱舞了一回，还请孙先生多多指教。"

孙武："王子剑术超群，勇武非常。"

夫差说："早闻伍大夫推举孙先生擅长武经兵略，今日又欣逢大王高兴，夫差一人舞剑很难提起兴致，请孙先生来一同对舞如何？"

眉妃先脱口而出："妙极了！"

阖闾微笑，以示鼓励。

伍子胥忙拦阻："不可，不可。"

孙武不露声色："孙武斗胆，怎敢和王子对舞？"

伍子胥几乎被夫差的这一动作惊呆了：孙武假如不答应与夫差对舞兵器，恐怕会落得个胆小如鼠的坏名声，很难再谈上大王重用；倘若贸然与夫差对舞，伤了王子夫差，那就是冒犯了天颜，顷刻间大祸临头；反过来说，如果孙武被夫差伤了，背上耻辱，也就再也别提什么举荐了，什么事儿也没有了。

孙武的心里也明白，他刚刚出山夫差就给他撂了一道难题，对于夫差的"邀请"，他答应了不是，不答应也不是；胜了不是，败了也不是。这黄毛未褪、乳臭未干的孺子是如此骄横，分明是给他一个下马威，要在他的心上试剑。这一刹那，他处在两难的地位，忽然间把眼光扯远了，看到了宫闱深似海，深不可测，仕途是十分的艰难。他的兵法十三篇已经写毕，仅仅阐释了治国治军之策，可是如若他日在大王左右，这生存之策，还需要一番好功夫。

夫差越见孙武推辞，越要把孙武挤到墙角："孙先生看不起我王子夫差？"

"孙武不敢。"

夫差："那么，就是孙先生要打父王的兴致？"

"王子何出此言？"

"噢，这也不是，那也不是，便是孙先生胆怯了！"

"噗哧"，二妃笑了。

孙武本来就白的脸，变得青白，他几乎被激怒了，可是压抑着，声调依旧平缓：

"孙武与王子素昧平生，仅仅在此田舍之下才得以一睹王子英姿，十分地佩服。"

这话是暗示夫差，他孙武绝不会乱讲那些乱伦之事的。

夫差："请先生说下去。"

孙武："王子可曾听说过这样一句俗话：士可杀，不可辱？"

"嗯，怎么样？"

阖闾说："算了算了。"

伍子胥说："孙先生，王子和你开个玩笑，不必当真。"

孙武激动得站了起来，谁也拦不住的。他说："大王，承蒙王子盛情邀我试剑。可是，孙武今日初次拜谒大王，如若与王子对舞，剑器无珠，伤了孙武，伤一菜农而已；伤了王子，孙武吃罪不起。如若大王一定要观我的剑术，孙武不惧献丑，当然可以为大王单独舞一番剑器。我想，大王而今恐怕不愁得一擅舞剑器的匹夫吧？"

夫差听这话，眼睛全立了起来。

气氛紧张。

孙武冷笑："一勇之匹夫，吴国可有万人，专诸是也，要离是也，逃亡楚地的庆忌亦是也。一言之激，拔剑杀之，视头颅如陶簋，视生命如白马，视死如归，此匹夫之勇也。重武少文，勇武而且懂得执行将军的谋略，吴国可有百人，两军阵前，一呼百诺，百夫之长是也，他们率众厮杀，懂得遵命设伏，进攻，奔袭，撤退，稍知一二，已比匹夫之勇强一百倍；文韬武略，文可服众，武能威敌，出而为将，入而为相者，吴国不过十人，凤毛麟角啊！伍大夫、伯嚭大夫是也。如此文武之才，十万匹夫亦不可换其一人。不知孙武之言，是否有理？"

阖闾称"善"。

夫差也听得消了怒气。

伍子胥说，"大王所求的正是大智大慧之勇，所谓千军易得，一将难求。孙先生，快把你的治国治军的韬略说与大王！"

眉妃蹙着美丽的眉宇说："大王，臣妾的头疼得很呐。"

阖闾安抚："爱妃稍安，且请听孙先生说话。"

孙武看了一眼夫差，变得和悦些："大王，臣以为，为王而有勇，一国之幸；为将之有谋，一军之幸。孙武若只擅长剑术，不过敌得一人，孙武著述之兵法，万夫莫敌。大王贤德贤明，孙武愿将《孙子兵法》十三篇献给大王。"

阖闾：“拿来我看。”

帛女早捧着十三篇兵法，那一卷卷沉甸甸的竹简侍于门外。孙武接了，双手捧现给吴王。

吴王接了过来，尚未展开，眉妃说：“大王，孙先生不与王子比剑了么？”

皿妃十分聪慧，她一是早对夫差与眉妃的事心存芥蒂，一是觉得孙武之言浩浩荡荡，震撼心扉，便主动为孙武解围：

“大王要是有兴致，臣妾可以吹箫供大王下酒。”

阖闾把手放在竹简之上，说：“好好，就请爱妃一个吹箫，一个弹琴，琴箫问答。”

眉妃：“大王，臣妾今日实在是头疼得支持不住了。”

阖闾展开了竹简。

夫差叫了一声“父王”，示意眉妃说：“既然……别耽误了，天色已晚，父王还是回宫吧。”

阖闾：“也罢。孙先生，寡人带回去秉烛拜读。”

说着，大王已立起身来。

“大王启驾回宫”的喊声从屋里传到屋外，盘旋在迷迷苍苍的暮霭之中。

孙武眼看着大王和王妃们、随从们，从来时的田埂上又排成了一列。

孙武呆呆地站着。

七

次日，伍子胥死说活说把孙武和夫人帛女接到了姑苏城。说是大王阖闾不出三日定会约见，并且委以重任。孙武问他凭什么做此断言？子胥说，凭十三篇《孙子兵法》。孙武问子胥哪里来的这般自信？伍子胥说，剖开子胥的胸膛，你才可知道我的心是热的，是诚信可靠的吗？又问：子胥当然至诚至信，大王倘若不信又当如何？伍子胥“叭叭”地拍着头说：尔没见我这一头少年白发吗，伍子胥是开弩没有回头箭。干脆说一句俗话吧，不见棺椁柳车，不落泪！

孙武依了伍子胥，一路风尘到姑苏。

盼望着。

等待着。

丝毫没有动静。

“坏”在了伍子胥身上。吴王阖闾狡诈多疑。伍子胥举荐孙武时赞不绝口，又设计赚得阖闾走了一趟罗浮山。可这位伍子胥越急切，阖闾越是生疑虑，他称王为时不久，总觉立足未稳，十分警觉周围的贵族是不是在网罗自己的势力。再加上孙武所推荐的要离，杀妻剁手固然要得，毕竟是个枯干的孩子般的市井细民，而且，一去楚营了无音信。阖闾为此怀疑孙武眼力，及至见到孙武，虽听孙武滔滔雄辩，头头是道，却发现不过是个二十来岁的后生。掂量一番十三篇《孙子兵法》，阖闾也觉得那兵法洋洋大观，却觉得毕竟是简上谈兵，他这会儿更需要实打实训练士卒和整饬兵马的人才。阖闾曾试探着征求伍子胥意见：寡人准备先赐给孙武千夫之长，如何？伍子胥说，不可。千夫之长国中有百人，孙武堪为大王臂膀，怎能做兵头将尾？伍子胥没敢把这番议论告诉孙武，怕孙武终因怀才不遇客走他乡。因此，不论怎么忙于国事，在监督修固姑苏城郭之余，在指挥数万工匠开凿天下第一大运河胥溪之余，得空便来看看孙武。

孙武只有在焦灼和不平之中蛰伏，等待。

秋天来了。几场冷飕飕的秋雨掠过，城中梧桐叶子已经脆弱枯黄。叶子不情愿地满地飘零。太湖上更是芦花萧瑟，犹如突然间白了头。一阵雁声凄厉地划过长天，又一阵雁声传来。雁阵开始了艰苦卓绝的跋涉，为了抵达温暖的南方，自黄河以北飞来，自长城以外飞来，在姑苏也不停脚，将一路忍受着雪中啄草冰上宿的苦难，一直向理想之域而去。孙武的理想之域何在？望着雁阵惊寒，梧桐悲风，他的心里一片怅然。暮春来到吴国，经历了漫长的夏季，如今的日子更显得悠长难耐，一日长于一年！才是一转眼的工夫，这日早起，天地之间，已经是满眼的白霜了。

有人踏霜而来。

夫概将军。

这位长着一双亮得逼人的鹰眼的贵族，身材瘦高，行动机敏，总是一副笑眯眯的样子，是吴王阖闾的胞弟。阖闾到底还是更相信儿子夫差与胞弟夫概，《孙子兵法》先拿去让他们读了，准备再议论将这孙武派什么用场合适。夫概连续几夜研读，并且将十三篇一字不遗地抄了下来。夫概读后大惊，连叫奇人，奇才！《兵法》交给夫差，夫差本来就对孙武存有戒心，更因为眉妃弄得他神魂颠倒，尚未一看。而夫概可以说是睹物思人，一夜无眠之后，这日踏着晨霜，便只带了一个贴身随从，急切地来拜访孙武。

他惊叹着此兵法的孙长卿，竟然如此年轻。

他笑眯眯地看着孙武："夫概不明白，长卿先生如此年轻，从何得来十三篇兵法？"

孙武："天下皆在谈兵。夫概将军你是知道的，周武王裂土封疆的时候，公侯得到土地方圆不过百里，伯爵七十里，子爵男爵五十里。那时候吴王称为吴伯，是伯爵。享用七十里土地。而今仅仅从新建的吴都阊门到娄门就有九里七十二步，平门到蛇门，十里七十五步。吴国疆土之大可包容多少都城？吴国何以由小变大，难道不是和战胜攻取的结果有关系吗？再说，近二百年，大小战争总有五百次吧？楚国吞并的诸侯国二十多，齐桓公一代四十三年，并国就有三十五个。诸侯亡国奔走的，不计其数！世间谁人不知兵戎是何事呢？烽火连年，铁血厮杀，孙武纵观上下古今之战策战法，日而思之，夜而梦之，呕心沥血，略有一点心得，夫概将军多多指教。"

夫概笑眯眯地说："长卿真可称作胸中有甲兵百万。不瞒你说，夫概读《孙子兵法》，韦编都扯断了，由衷地叹服。长卿先生，你我都是肝胆豪爽之人，夫概看你在此赋闲，有意请你——"

"什么？"

夫概笑眯眯地拉了孙武的手，上下抚摸，弄得孙武痒酥酥的很不自在。夫概说："请长卿屈尊到夫概舍下暂住，也好就便请教，不知意下如何？"

"不可。"

"夫概可以保证你出门有车，食有鱼，长卿可以潜心著述兵法，何乐而不为？"

"谢谢将军美意，孙武须静等大王召见。"

"那好，"夫概豪爽地说，"夫概当竭力举荐！"

"再次谢谢夫概将军。"

夫概又拉住孙武的手，这回是上下轻轻地拍打："长卿，来日显贵于众卿，不敢忘了夫概呵，呵？哈哈，开个玩笑。开个玩笑。日后我会常来请教的，夫概就此告辞——天赐吴国孙武，吴国兴旺，指日可待了！”

这位随和、笑眯眯的将军，是孙武到姑苏以来碰到的第一位知音。

伯嚭虽然没有登门来拜会，却也差人送些酒肉、茶叶来，以示亲密。

还有一位“知音”，是美人。

皿妃。

这日，天黑以后，皿妃把自己捂得严严地，由一侍女带着，悄悄来到孙武的住处。她把“包装”一打开，孙武大吃一惊。

“孙武不知王妃驾到——”

“我是来请教孙先生的，千万不要拘礼。”

“王妃你，请教我？”

孙武疑惑地望着这大王阖闾的宠爱，那明眸皓齿，使他小小的房间陡然间变得明亮和辉煌起来。皿妃的脸略显得苍白些，不如眉妃那样神采飞扬，光辉闪射。可正是这苍白得有些病恹恹的姿容，才更加有一种说不出的韵味。

“怎么？莫非王妃对兵法有兴致，或者异想天开要率兵两军阵前去作战不成？”

“比两军阵前的情势更难以捉摸，万不得已，才来就教于先生。前些日在罗浮山田舍，听先生一番雄辩，我就知道，只有先生能救我。”

说着，皿妃眼里涌满了水汪汪的东西，竟然要双膝跪下哀求。孙武忙张开两手：“王妃请起，王妃请起。不知孙武能帮你什么忙呢？”

皿妃让侍女退下。

“先生，小女子出身微贱，兵荒马乱之中从齐国落难到姑苏。”

“齐国人？这么说，孙武有幸和王妃同是故乡人呢。”

“孙先生就更该救我了。小女子一朝被选入大王身边，不敢求大福大贵，只求得君王怜惜。没想到，眉妃长袖善舞，讨得君王和王子恩宠相加，这些，小女子都忍下去了。罗浮山射猎归来，王子竟无来由就对小女子发怒；再后来，大王竟然把我抛弃在长门宫里，难得一见大王。那日，大王许是动了恻隐之心，来到长门，小女子敢不小心服侍？可是，眉妃那里就故意地大动钟磬丝竹，大王听见靡靡之音，又舍我而去……小女子守着长门孤灯，听夜雨敲打芭蕉，听秋风拂扫梧桐，黯然垂泪。近来，心疼病时有发作，早早晚晚，不是被眉妃气死，就是让王子杀死，再不就被大王冷落抛弃在长门，孤苦伶仃地死掉。那日，王子要孙先生试剑，千钧一发，孙先生一席话就转危为安了。请先生赐我一策，救救小女子吧。”

争宠？

斗妍？

皿妃的样子的确令人怜惜。

竟然屈尊自称为什么“小女子”。

可是你的治国治军之策，难道就只能用于后宫小女子们斗法么？

孙武冷笑。

皿妃：“先生你笑什么？”

孙武：“王妃，请恕孙武来自山野，实在是一点儿也不懂得后宫之戏，也无法把良策教你，帮不了你的忙。王妃夜里到孙武这里来，多有不便，请王妃自重，大驾回宫吧。”

有意回避？

摆脱后宫之战的干系？

避免纠缠？

孙武站起身来，做送客之态。

皿妃嘤嘤地哭起来，眼泪簌簌地，样子十分动人。

孙武有些着急：“王妃你哭什么？不要在这里哭！王妃之泪可以动君王之心，在这里哭有什么用处？请王妃回宫吧。”

皿妃：“孙先生不肯救我？”

孙武：“孙武无计可施。”

皿妃：“孙先生是怕被牵连吗？”

孙武：“我与王妃素昧平生，有什么牵连不牵连的呢？王妃回到深宫长门去，孙武浪迹于红尘之中，从今以后都毫无瓜葛。”

皿妃：“孙先生铁石心肠！”

孙武：“是。心肠如铁。”

皿妃：“你——眼睁睁地看着弱女子在长门一死吗？”

孙武哈哈笑起来：“王妃何出此言？王妃反反复复说一个‘死’字，并非不怜惜生命，王妃你是示之死以求生！”

皿妃一愣。

眼泪打住了，水汪汪的眼睛打着闪。

深深地施了一礼：

“谢谢孙先生教我以计谋。”

“孙武教了你什么？什么也没说。”

“小女子就此拜辞。”

“请。”

皿妃重新把自己包装好了，立即起身而去，走得很轻快，顷刻间融入了夜色之中。

总算把这位王妃打发掉了！

孙武苦笑了几声。

孙武呆呆地坐着。深秋的风从开着的房门溜进来，吹灭了烛光，屋子里顷刻之间黑了下来。只有一条窄瘦的月光，门里门外地躺着。黑暗像是突然间漫上来的水，月光似水中一条僵死的蛇。孙武没有叫田狄重新点起灯来。点了灯做什么？他的心像这无边无沿的秋天的夜一样茫然，没着没落。他突然感到无所事事和无所适从，琴书也懒得动了。往日雄心勃勃地在竹简之上呕涂心血的激情，忽然之间消失了。他为自己设计和设想过磅礴宏大的人生，如今看来是这样的渺茫。他从齐国狂奔到吴国以求施展才智，他奉献《孙子兵法》十三篇渴望强国治军，不料却被“挂”在了半空。他万万没有料想到，兵法谋略竟然只能被用于后宫粉黛们的争风夺宠。他不愿意承认这个事实，也不肯痛痛快快地为皿妃出谋划策。他想，自己尚未为吴王所用，如果不慎，掉进后宫的争斗漩涡里去，那将是十分麻烦和可怕的事情。他用些模棱两可的话，急于把皿妃打发掉，皿妃竟然虔诚的致谢而去。他为自己的谋略仅仅用以这些鸡毛蒜皮的妇人斗法，感到十分的可叹又可悲。

门关上了。

秋风戛然而止。

是帛女。

帛女不打扰他，连灯也没来点燃。

就因为他的心，他的情，他的爱，全部铺展在竹简之上了，本来木然的帛女，近来甚至在感情上完全冷淡和冷漠了。他想，他应该给帛女些温存。他想，他也许应该和世人一样，应该回到罗浮山去稼穑，去灌园，去到酒坊里让粮食发酵。或者，就像勇士要离那样，剁了手，杀了妻，痛痛快快地去流血，去死，去做一介匹夫，心里也许会好受些。

不。

他险些吼起来。

他坐了很久，后来和衣在书房里伏案睡了。

帛女悄悄给他盖了一件衣裳，弄醒了他。

“哦，我——睡着了吗？”

“睡着了。”

“你应该叫醒我到房里去睡的，你不知道秋天的夜里有多凉吗？”

“所以我给先生加了衣裳啊。”

“夫人！”

他抱住了夫人。

帛女乖乖地躺在他怀里，像一只绵羊，说：“长卿，帛女知道你心里苦不堪言，也许，我们应当回到罗浮山去。不管有什么事，长卿，你也不要发火，一切顺其自然吧，一切都是天意。”

天意？

天意就是叫他想发火也无处可发泄！

也许正是天意，皿妃从孙武那里讨到的谋略得到了实践。这日，大王阖闾情绪好，召她和眉妃一同饮宴。说是饮宴，一如既往很简朴的，除了水酒，小菜，只有刀法切得很细，蒸得味道鲜美的鱼。席间，眉妃喜笑颜开，皿妃蹙眉不语。阖闾一觞接一觞饮酒，有两个爱妃在陪侍，胃口大开。眉妃善解人意，阖闾就将一整条鱼赐给了她。皿妃便在一旁连叫两声“大王”，阖闾顺手给了她自己吃剩下的半条鱼。这本是小事一桩，可是一是积郁太久，二是没事儿找事儿，皿妃小题大作，眼泪唰地一下子为这鱼的分配不公流了下来，拂袖离席，跑回长门宫，撕了一条白绸带子便要悬梁自尽。“自尽”前一边哭诉，一边在竹简上写了两句话：“生不得侍奉君前兮，死为脍鱼；死为脍鱼兮，暖君之腹……”皿妃把绝命和绝笔的事情弄得轰轰烈烈，早有宫女去禀报大王。阖闾赶紧吐出了口中的鱼和饭，赶到了长门宫。皿妃听见大王驾到的声音才把白绸往脖子上套。

阖闾推开门，大惊。

阖闾亲自把白绸带上吊着的皿妃抱将下来，一边摩挲着皿妃胸口，一边禁不住泪下，连叫：“爱妃，爱妃，这是何苦！”

皿妃口里游动着的一口气儿，半晌才均匀了。这便是孙武说的“示之死以求生”，幸亏阖闾身手敏捷，否则就不是“示之死”，而是真死掉了。皿妃这才得以倾诉胸臆，并把写在竹简上的绝笔诗呈给大王看，如孙武所言“王妃之泪可以动君王之心”，果然阖闾十分感动，也埋怨皿妃“因为脍鱼而轻生，实在要不得”。一片怜爱之心，阖闾命人把庖厨剩下的称作脍鱼的切好的鱼肉全部扔到护城河去，以示警诫，说明自己看重爱妃的一番心迹。不料，那脍鱼竟有活了的，生得很像是比目鱼。区别是比目鱼只生一只眼睛，成双成对游动，才算双目，比目这种鱼是两只眼睛，而且都生在一边。姑苏城中的人传开了这件事，便给这种鱼起了个名字，做“脍残鱼”，也有叫“王余鱼”的。

皿妃重新获得了阖闾的恩宠。

皿妃和眉妃各分得恩宠的一半儿。

无人知晓这件事情和孙武有干系。

皿妃悄悄派人送来了狐皮裘和脍残鱼，表示感谢。

孙武一边望着帛女烹炙的脍残鱼，一边敲打着盛鱼的陶器：

“这便是孙武的兵法战策赚来的吗？孙武的谋略和韬晦只能换几尾脍残鱼么？”

他觉得那鱼在喉咙口咽不下去，也吐不出来。

皿妃的酬谢当然不止是裘和脍残鱼，她决计把妹妹漪罗送给孙武做妾室，又恐孙武会拒绝，便把这番美意说与大王和夫概。阖闾拍手称快：

“妙。爱妃有眼力，孙武年轻英武，所著兵法十三篇，伍大夫都称奇，日后寡人会用他的。可是，这件美事什么人去对孙武说呢？”

“王兄，夫概愿去成人之美。”

“好，就说是寡人所赐。”

十六岁的漪罗，命运就这样敲定了。

夫概笑眯眯地来成人之美。

夫概说：“长卿，看你这书斋之中，颇有些冷清啊。”

孙武：“习惯了。”

夫概拉住孙武的手，饶有深意地摸弄：“夫概总觉得，这里少个人哪。”

孙武：“哪里？一个不少。”

“少一位美人儿。”夫概笑眯了眼睛。

孙武正色道：“不不。孙武一向淡泊惯了，皓齿蛾眉的女子，难道不是砍伐人性情的斧子吗？肥浓甘脆的美味，难道不是腐烂人脏腑的毒药吗？”

“如此说，夫概就赠长卿一把斧子，一把美貌绝伦，妙龄二八的斧子，请长卿笑纳。夫概倒要看看长卿能否抵挡得住哇！哈哈。”

“就请夫概将军自已留着抵挡吧，孙武心领了。”

夫概：“这怎么行？长卿，实说了罢，夫概和伍大夫屡次进荐大王，请大王拜孙武为将。大王已经松话了，只是近日繁忙无暇顾及。大王心里甚觉得有负于孙先生，夫概与王兄商议一番，才想起这件美事。美人名唤漪罗，年方二八。实在也是大王所赐。君王之命，这是推托不得的。”

“大王所赐？”

“不仅赐长卿美人漪罗，还有绸缎和黄金呢。”

“啊！”

“你道这漪罗是何人？”

“噢？”

“王兄宠幸的皿妃的妹妹！”

皿妃!

孙武险些大怒。

忍着。

拒绝是不可以的。

十六岁的少女，身后是三层“护驾”，大王的弟弟夫概撮合，大王亲自赐予，又是王妃的奉献。王妃的同胞妹妹！匆促之间，孙武竟然成了大王的亲戚！可是，未领兵马，先得美人，实在让孙武接受不了。他忽然意识到是被后宫的丝带缠绕起来，拴住了，究竟是福，还是祸？不知道。他的荣辱，也许得随着皿妃浮沉了，世人还会看重他的兵法么？还有，皿妃嫁妹到底是什么意思？

堵住他的嘴？

用他之谋？

八

残月还弯弯地钩在西边天上，漪罗娇小柔软的身姿，已经在里里外外地忙了。

孙武每日起来，都看见漪罗装扮得停停当当，这样忙碌。他不知道漪罗是何时起身的，甚至怀疑漪罗根本就没有睡。深秋的早晨总是霜华满地，庭院里，瓦当上，一片的惨白。咄咄逼人的寒风，刀子一般割得人的脸生疼。他无言地看着十六岁的漪罗，红唇噘起来，向纤纤素手上哈着热气，然后是打扫庭院，然后是在双耳镂空柄的青铜豆里，摆好腌菜，然后又用陶制的鬲去煮粥。漪罗弯了腰吹火，烟火呼呼啦啦地扑着她。在浓烟的围困之中，她那样子显得十分地柔弱，像一只温顺的羔羊。

烫了手么?

漪罗跳起来，蹙着眉，一只手捧着另一只，甩动，又去捏耳垂，又把樱唇鼓起来，吹着修长手指的痛处。

美丽的眼睛却看着孙武。

乞求爱怜?

倾吐幽怨?

抑或是让他去帮个小忙?

孙武把脸拧到了另一边，抽出剑来。

看也不看。

不管漪罗的眼睛里是否涌起了水汪汪的东西。

孙武兀自舞自己的剑器，而漪罗，一边煮着粥饭，一边腾出空儿来，去侍候大夫人帛女梳妆去了。

一个“女仆”！

把漪罗迎娶过来的那个晚上，孙武仔细地一看这姣好的女子，吃惊不小。不仅是由于漪罗的美貌，而且是因为漪罗生得太像皿妃了！红烛下，漪罗那流动着两朵红烛的眼睛，弯弯的；蛾眉，长长的；双唇，红红的，不胜娇羞。漪罗和皿妃的眉眼简直无二致。不同的是，皿妃的眼睛里是那种什么都经历过了的，成熟的灵慧，漪罗的眼睛要更纯净，总是流动着怯生生和不停地在询问着什么的目光。皿妃的脸上有一种病恹恹的美，漪罗呢，更多的是明丽，明丽中又藏着一层淡淡的哀伤。

不由人不怦然心动。

孙武在内心结着疙瘩，总觉得这女子是皿妃的网罗，特别是对于这小女子背后竟然有一层又一层的保驾，伤及他的自尊，感到不舒服，便努力抵抗。抵抗的方式很蠢，只是拗着自己不去看那张美丽得令人眩目的脸。不看归不看，那张脸竟然在他的余光里跳跃闪动，诱惑着他，让他拿起简牍，定不下心。直到夜深人静了，他才说：

“天色已晚，歇息吧。”

不料，漪罗竟然“啪嗒啪嗒”地落下了眼泪。

“哭什么？”

“是的，漪罗不该哭。”

“不该哭你哭什么？”

“妾的心里——很——害怕。”

孙武终于找到了施展他大丈夫气概的由头，找到了发火的由头，他烦躁，他怀才不遇，他等着大王召见等到了深秋，他憋闷得太久了，他想借题发挥。而且，他一见漪罗的眼泪就想起皿妃的眼泪，心里就更是不痛快。

“怕什么？你怕从何来？你还会有什么可怕的？”

“妾不怕了。这就不怕了。妾给你脱靴子。”

“走开！”

孙武的心里痛快了许多。

下马威。

漪罗完全被震撼了，惊呆了，连“不怕了”也不敢再说，只敢止了泪索索发抖。孙武在一旁坐着，装作读书简，不时偷看一眼漪罗。这女子竟是那样的可怜，蜷缩在墙角，渐渐地睡着了，眼角还挂着晶亮的泪珠。

你为什么要对一个弱女子发威？

你的威风应该施展于两军阵前的。

你何苦对一个弱女子发火？

你只能对一个柔弱的女子发火？

孙武长叹了一声。

孙武走近漪罗，端详着睡梦里还在抽抽噎噎的女子，心里泛起了柔情。他用手掌轻轻地拭去了漪罗眼角和腮边的泪花。

漪罗醒了。

惊恐的眼睛睁得很大，一动也不敢动。

“先生，还——生气么？”

孙武摇摇头。

“完全是——漪罗的不是。”

“不。是我心里烦躁！和你无涉。”

“漪罗不该惹先生生气的，先生原谅贱妾了吗？”

“天色不早了，睡觉吧。”

漪罗忽然迅速而敏捷地扑了上来，抱住了孙武宽阔的胸和肩。女人那美丽而柔软的身体一贴上来，孙武立即觉得周身的血液都在沸腾和涌流。

“先生你擅长剑术，熟谙兵法，胸中有韬略，先生你好好儿保护漪罗，你答应吗？”

“唔。”

“这就好了。”

“什么好了？”

“漪罗这就不必害怕被选进宫去了，姐姐说宫闱深如海，说不定哪天就永远见不到她了，很可怕的；漪罗再也不会惹先生生气了，姐姐嘱咐过的。”

“不许你再提起她！”

怎么？怒火又烧起来了！

怎么，你喜怒无常了么？

漪罗从孙武的肩上和胸前一下子溜了下来，呆呆地看着孙武。

“啊，睡吧。我——有些……”孙武连连摇头，让漪罗躺下，给漪罗盖好被子。这会儿，二十岁的孙武对待十六岁的漪罗，很像是充满了慈爱的老父亲，“你是个——小小的羔羊！”

羔羊？

小小的？

孙武离开漪罗，到庭院站了一会儿，庭院里一片月光，几点落叶。他觉得萧瑟而寒冷，正好可以降降心火。

从此，漪罗就让自己变成了“女仆”了。

帛女是如何看待漪罗呢？

一个又美丽又聪慧的少女，就这样突如其来地闯入了帛女那平静如古井之水的生活，她的心里暗自发酸。关于这件大事，孙武只对她讲过迎娶的日子，她答曰，“也是天意。既然天赐你妾室，只好顺其自然。”她十分注意地观察着漪罗，有时是悄无声响地出现在漪罗背后，吓得漪罗一惊。还好，漪罗勤谨、恭顺，不敢有非分之想。从漪罗来了之后，帛女就不干什么粗活了，甚至有时故意该田狄去干的事，比方打扫庭院之类，也吩咐了漪罗去干。到了晚上，她注意吩咐漪罗“赶紧回房去睡觉”，漪罗便乖乖地回自己房中去了。陪伴着和等待着侍候男人歇息，是她早已习惯的事。

相安无事。

帛女知道，如果家里再生些事端，孙武会更烦躁的。

上午，孙武尽量使自己静下来，点阅《司马兵法》。

漪罗悄然而来，用石墨在砚瓦上研墨。

一声不响。

可是她独一无二的愿望就是和孙武能说说话。

手在细细无声地研着墨，眼睛溜溜地看着孙武。

轻轻地咳嗽一声，示意存在。

孙武抬了抬眼睛。

“先生，从前用竹枝点漆写字，十分地不方便吧？”漪罗完全是没话找话说。

孙武上了圈套，其实他乐于上这个圈套，以解郁闷：“你竟然知道这个？”

“略知一二。”

“你还知道什么？”

“妾还知道这砚瓦又可叫作瓦砚。先生为什么不问诗呢？妾还知道，‘青青子衿，悠悠我心’，‘昔我来思，杨柳依依，今我来思，雨雪霏霏。’”

“你读过很多的书？”

“妾的家里竹简如海如山，从小就生在竹简堆里，耳濡目染。”

“记得，你也是——齐国人。”

“不。漪罗生在姑苏，长在姑苏。漪罗的一口吴侬软语不是很好么？”

“怎么回事？”

“祖父是齐国太史公。因为在史书上记载了齐国右丞相崔杼杀死齐庄公的事情，祖父被崔杼杀死了。后来，祖父的兄弟一个接一个地照直写史书，祖父兄弟一共四个，三个都因此丢了性命。父亲是避难逃到吴国，父母都谢世了，就剩了漪罗和——妾。”

名门之媛，孤苦伶仃。

孙武不由地也对漪罗心疼起来，也肃然起敬。

孙武说：“噢，那是齐景公元年发生的事情，转瞬三十五度春秋了。那时候你我还没出生呢。”

漪罗说：“要是生下来就认识先生可就好了。”

孙武笑：“疯话，傻话。”

漪罗也笑。

手中一直没有停止研墨，不这样做，又有什么由头在孙武身边多待一会儿呢？说着，笑着，竟然把墨弄到了脸上。

孙武笑得更厉害了：“哈……你看你……”

漪罗：“怎么了？先生你……妾有什么不对劲的地方吗？”

“孙武从未见过女子描画黛眉，画得又粗又大，画到脸腮上的，哈哈……”

“噢。”

漪罗赶忙要跑。

孙武拦住：“漪罗，为何不叫孙武替你擦拭？”

“妾不敢叫先生……”

帛女早已立在门口：“区区小事，怎敢劳驾先生？快点去洗一洗吧。”

漪罗匆忙逃窜。

帛女来研墨。

孙武起身走了。

帛女呆呆愣愣地站着。这个看起来十分木然的女人，一直在默默地服侍着、依顺着丈夫。她忽然意识到，自己的丈夫并不完全属于自己独有了，眼里在这无人之时湿漉漉地一闪。

孙武重新回到书房的时候，漪罗的手正在琴上滑来滑去。

“怎么，漪罗，你也通音律？”

“还是略知一二。”

“弹来我听。”

“妾不敢。”

“这有何不敢？”

“夫人有言，无事不可打扰先生。”

“孙武叫你弹来。”

“妾就——不藏拙了。”

说着，漪罗飞快地坐到了琴桌后面，忽然又起身去洗手，焚了香，安静下来。

孙武：“这是何故？”

“洗手焚香，对琴如对师长，弹奏的时候五心俱静，神无杂念，耳无别听，眼无别视，古训不是这样说的吗？”

“就请弹奏吧，孙武洗耳恭听。”

修长的手指在琴上开始抚弄了。漪罗十分地专注，好像十根手指生着眼睛，生着耳朵，好像那十根手指有灵性。哦，琴音清越，如初秋的潭水，水中的石子都历历可见。间或那手指一滑，有鱼儿倏然来去。忽而急厉，急而不乱，是水注崖下，明珠迸散的意思。结尾该是心志的描绘吧，潭水静如沉璧，山影倒映潭中，乃是度曲的琴师叙述深沉而又邃远的心怀。孙武听得十分入神，惊叹漪罗竟有如此技艺，如此灵性！可是听着听着，《秋水引》还没有弹完，竟然接到了《梅花引》上去了。

孙武奇怪地看着漪罗。

漪罗抿着唇，微笑。

孙武：“好了，错了。”

“倘若不错，先生会关注漪罗存在么？”

“好你个伶俐的漪罗！为何偏偏把秋水接到梅花上去了呢？”

“漪罗以为，秋水自然清澄，倘若没有一枝梅花照影，还有什么意趣呢？”

“说得好。”

漪罗竟然附到孙武的耳边说：“漪罗完全是为了讨好你才这样弹的！”

孙武哈哈大笑。

渐渐地止了笑，深情地凝眸望着漪罗。

漪罗也凝眸看着孙武。

如此美貌，如此聪慧，如此天真，又是如此地可人!

漪罗小声地问：“先生，妾可以称呼你长卿么？”

“你不是已经这般称呼了吗？”

“长——卿——”

随着柔媚的一声，孙武不觉已经拥得漪罗在怀了。这是十分销魂的一刹那，让孙武忘记了世上的烦扰，忘记了期待大王召见的焦灼和不被任用的不平。一切郁闷烟消云散。连窗外秋天的太阳，也变得温存和美丽了。

这便是世人所说的“温柔乡”么?

半晌，孙武说：“明天，我要远行了。”

漪罗抬起头来：“长卿你到何处去？”

“楚国。”

“何时归来？”

“事毕便归。”

“漪罗与你同行。”

“不行。”

“漪罗一路侍奉你。”

“不行。”

孙武在这一刹那做出的决定，是枯松推不动，九牛挽不回的。

第二日早晨，孙武打点好行装，辞别了帛女，准备带着田狄上路了。

就是不见了漪罗。

孙武只好对漪罗不辞而别，不料，一走出门，就见漪罗正在门口等着。

一身的男装，僮仆的打扮，还牵着两匹马。

“漪罗等候多时了。”

漪罗一拱手。

孙武生气地推开漪罗：“不要胡闹！”

说毕，夺过马缰，飞身上马，狂奔而去。

漪罗眼里湿漉漉的。

帛女去拉了漪罗的手：“先生总有先生的道理，回到房中去吧。”

九

孙武和家仆田狄一路狂奔，向楚国而来。十年时光里，楚国几乎年年经历战火。吴国和楚国从未罢兵，吴王阖闾——原来叫作公子光，大规模征战楚国居巢，曾经把楚太子建的母亲劫掠到了姑苏。小战更是说干就干。不久前，两国边城少女采桑叶，争抢起来。为了几叶桑叶，先是两边少女的爹娘兄弟互相厮杀，接着是两个边城兵戎相见，楚人灭了吴国的小城。到后来，吴王率领大军压境，一直攻破居巢和钟离两座城池才算心理平衡。楚人蛮野，成年男子行路没有不带剑刃的，如若捉到吴国来的可疑之人，砍手剁脚，甚至杀头，都说不定。因此，孙武和田狄隐蔽行踪，晓行夜宿，一路十分地辛苦。

在楚国卫地，田狄想方设法找到了混迹在庆忌军中的要离。要离本来人就干枯，失了右臂，半个人如不倒翁，歪歪斜斜来到馆驿秘密谒见孙武。

孙武以酒肉款待要离。

要离觉得像负债之人见到了债主，羞愧难当。

孙武心里明白，他当然不是逼债的，说是逼命的还有些沾边儿。

孙武的神态十分地平和，老友相逢，觥筹相交，很是亲切，矢口不提刺杀庆忌之事。要离憋不住，说自己虽然已为庆忌接纳，却无法近得庆忌身边。庆忌身边武士簇拥，睡觉都睁一只眼，枕着宝剑。依从先生教我之计，我已劝得那匹夫挑选精勇兵丁，十日后舟师东行北上，就要去攻打吴国。说着，感叹有负于孙先生的知遇之恩和吴国君王的重任之托，剁手杀妻所追求的目的至今还未曾达到，越发地羞惭，声泪俱下，“啪啪”地掴起了自己的耳光。

孙武忙拉住要离的手：

“要离兄不必如此自残。要离兄的诚信忠勇，孙武没齿难忘，铭刻在心。听兄所言，庆忌十日后不是要兴师伐吴吗，就是说时机已经到了。这时机不是随时都有的，来如电光石火，稍纵即逝，兄可要抓住才是。”

要离说：“请先生教我。”

孙武说：“可将庆忌水葬。到时候，你即可明白。”

要离走了。

孙武哈哈大笑。

田狄问：“先生所笑何为？”

孙武笑说：“我一笑庆忌一介匹夫，不懂得会合诸侯来征伐吴国，单枪匹马来送死；二笑庆忌终于不会预料同舟相济之人，便是将他葬身鱼腹之士，万丈之堤，毁于蝼蚁；这三么……好了，不说了，备马，上路。”

庆忌正“依从”孙武之计而行。

浩浩荡荡的战船顺长江准备东去北上，西风猎猎地漫卷着大纛。庆忌立在船头如塔，这汉子精力和体力惊人地充沛，目光如闪电般敏锐。人说他可跳跃到半空伸手捉住燕子，可以两手一合掐死熊罴，都是实有其事，可是勇则有余，谋却不足。他对要离的轻信和轻视便是他致命的错误。那要离晃晃悠悠带着独臂来哭诉投奔他，一下子就唤起了他征伐吴国，报父亲吴王僚被杀之仇的血性，就收留了要离，种下了祸根。虽然他也注意观察过要离的所作所为，虽然他一直没让要离近得身来，但是到了这会儿，庆忌不仅让要离上了他的船，而且让要离围绕左右带路，就大错特错了。他以为，一是何处弃舟登岸，从何处发起进攻，只有要离可以做向导；二是谅要离这个风一吹就乱摇乱摆如芦苇一样的小东西，不敢对他下手，即便下了手，他庆忌吹一口气便可将他吹落江中的。他太过自信了。

江风如箭。

船行如梭。

船上的要离，独臂拿不稳长戟，只得在腋窝下夹着。秋风贴着江面呼啸，要离立也立不稳，总觉得要被风抛起来投入江中，身体在向上飘，就只好把位置调低，单膝跪在船头。他的心脏这会儿正在膨胀，变得很大很大，心跳怦怦如擂鼓。肝胆在紧张地抽搐，他的嘴里满是苦味。他作为向导，此刻正是江船舟师第一人。他跪在庆忌前面，脊背对着庆忌。他的脊梁上似乎生出了眼睛，关注着庆忌的一举一动。他知道，他和庆忌的膂力相比，犹如泰山之比蓬草，如若动作，只可一举成功。他心里觉得又自豪又骄傲，公子庆忌的生死，吴国社稷的安危，此时全都系在他的脖子上。感谢超人的先知孙武，使他这一穷巷酒肆的残缺不全的无名鼠辈，成为举足轻重的大人物。日后，太史公也不得不在史书上恭恭敬敬地写上“要离”二字了。可是，现在便是孙武孙先生所说的电光石火一般的时机么？孙先生说“可将庆忌水葬”，就是这片水域么？不，还不行。船是顺风船，如果他立即转身面向庆忌，可就是逆着风了，他知道，他的体力不济。

等待着。

在等待中受折磨。

要离夹着长戟的腋窝里，出着汗，粘粘渍渍的，很不舒服。风吹过来，他打了个冷战。

他保持着那种江船第一兵的姿态，目光只注视着前方吴国的方向，他夹着的青铜之戟也一直指向吴国。他的无比忠诚的姿态，彻底解除了庆忌的防线。

忽然，风儿怎么转向了？

风在这顷刻间，鬼使神差地打了个旋，由西风改为东风，“呼呼啦啦”吹开了庆忌的战袍。

船就要打横。

时机！

“电光石火”一般的时机！

不容多想，要离的右腿猛一蹬，如青蛙一样跳了起来，转过了躯体，那长戟画了半个圆，紧接着借着江上的风势，连人带戟全部冲向了庆忌，那样子，似乎是要离自己也要插到庆忌的胸膛里去。

长戟从庆忌的心口插入，从后脊梁穿出来，速度是那样快，穿破庆忌胸和背的戟尖连血都没有。

庆忌“啊呀”叫了一声，手把住了戟的长柄。

要离还在力图搅动那青铜之戟，可是他丝毫动不得戟了，人悬了起来，把着戟柄，在戟的另一头，被跷了起来，高高地挑着。

要离撤了手，要跳水逃走。

庆忌身上插着戟，赶上一步，将要离的头发捉住，提了起来，像提着一只小鸡。众兵士这才醒悟过来，跑过来，连声叫“公子！”

庆忌从容地坐在船头，把要离向水下按，要离整个儿沉了下去，又浮了上来，一共三次，喝了一肚子的水，只有翻白眼的工夫，没有说话的份儿了。直到庆忌把淌着水的他又放在了膝盖上，他才喘过了气。

要离说：“庆忌小儿，如今知道世上有可为之事亦有不可为之事了吗？知道世上有一个柔弱不过和勇武不过的叫作要离的人了吗？”

“庆忌到死才听说这些啊，你我岂非相知太晚？”

“不晚，你好生看看爷爷。”

“哈哈，”庆忌哈哈大笑，“哈哈，天下果然出了这样的勇士，把戟插在了庆忌的身上了吗？”

庆忌看着要离。

要离看着庆忌。

庆忌抓着要离的头，仔仔细细地看要离那张孩子脸。因为呛水和激动，那张脸变得青紫，却尽量做出不可一世的样子。要离也仔仔细细地看着近在咫尺的庆忌那张大脸，那脸上似乎有无限伤悲和遗恨，却又含着几分赞佩，顷刻间失血，由赤红而变得苍白了。

士兵们全都伸出了戟："杀死这个小人！""剁成肉酱！""公子你撒手吧。"

庆忌摇了摇头："不。要离的勇敢实在令我敬佩。滚开，你们都滚开！放他走！天呐！这世界岂能在一天之内杀死两个勇士？滚——"

庆忌把要离从膝头上推了下去。

庆忌猛然间把长戟从胸中拔了出来。

一腔鲜血忽地爬上了桅杆，溅在帆篷上，又慢慢地洇开。

血的帆，在秋风里呜呜咽咽地哭泣。

血帆垂了下来，似乎在执行一种悲怆的祭礼。

风不知道跑到哪里去了。

庆忌"咕嗵"一声倒下，大睁着双眼。

船靠了岸。

围在庆忌尸体周围，掩面而泣的兵士们，没人理会要离。

要离上了岸。

呆呆地坐在岸上。

要离清晰地看着庆忌的舟师全部返回，那血色帆樯，也渐行渐远消失在江上泛起的浪涛和泡沫之间……

天晚了。

要离回过头来。

楚国边地，长江之滨，满眼的芦花，染着如血的晚霞，此起彼伏，竟然似数以千万计的鹤，流着血，扑动着翅膀。

他的事情做完了。他的心里一片迷茫，空落落的。他想他应当死掉的，庆忌完全可以在最后的时刻捏死他，可他活着；妻子本可以继续在酒坊里劳作，应该活着的，可是妻却死掉了。庆忌本来应该是继承吴王僚王位的，是吴国故君儿子，却被他杀了；阖闾本来是杀了旧君王之后登王位的新君，他却为他效命。这到底是怎么回事？他问自己：你到底干了什么事情？不仁，不义，也不智，只有一身的蛮勇！你难道还要回到大王阖闾那里去讨封赏吗？大王会赏赐给你这家灭身残而且其貌不扬的要离什么爵位？既然你家也灭了，妻也杀了，身也残了，还要爵位何用？人来到世上，难道就是命里注定要做几件什么事情，做完了，就完了吗？

他流了泪。

哭得像个娃娃。

他默默地从岸上走入水中，向波浪滔滔的江心走去。

忽然，他站住了。

孙武！

孙先生！

对面岸上，孙武穿着一身麻布衣服，坐着，在吹着陶埙！孙武的面前摆着祭品，点着香，木制的凳，放着蒸熟的肉，陶土制的豆笾里盛着果脯。还有竹制的簠，盛满了新的黍米，这叫作尝，是让死者先尝一尝新熟的黍谷的意思。

“孙先生是活祭要离吗？”

要离拼命地喊。

江涛声和陶埙声在一起混响。陶埙的声音断断续续，飘飘忽忽，像是鬼魂在哭诉着什么。

“孙先生是早知道结果的呀！”

陶埙的声音依旧，江涛的声音依旧。

“孙先生早已知道结果了！要离舍了妻子的性命尊奉王土，这乃是不仁；为了新君杀死故君的儿子，不义；为了逞一时之勇，不智。孙先生，这都是你叫我做的呀！”

陶埙还在哭泣。

要离一直歪歪斜斜向江心走去。

迎面一排小小的浪花，就把断臂的要离打倒了，淹没了，江面上泛了一些泡沫。

孙武向江中拜了三拜。

他的心里翻江倒海，十分驳杂。要离江中之吼，回旋在他耳边。

他在这吴楚界河，目睹了要离那个“小人物”的壮烈赴死和大将军庆忌的死而不倒。这一切，虽然惊心动魄，可最令他震撼的，还是老朋友要离沉没于水中的喊话，“这都是你叫我做的啊！”是的，是的，他无法避讳，自己是主谋，也无法释怀，自己要等的和要看的就是这样一个结果。此时此刻，大江已经奔跑入夜，吴楚边界静悄悄。静悄悄的天地江河，却不知为了什么，触动了他心里一直深藏不露的那块最柔软的地方。他感到脸颊有一点凉。一滴眼泪，竟然跑了出来，挂在他的脸颊之上，挂在了这无边无际的夜色之中。

他收拾起用包袱包来的要离残损的半支臂膀和一杯刹女的骨灰，找个依山望江的平坦之处，将要离“夫妻二人”葬了，之后，又搬来一块大些的石头，立在那“衣冠冢”前面。

孙武来时想过，准备为要离收尸，临到江边，他才知道无法确定要离尸浮何处。

他只好深沉地望了望黑漆漆的江面，算是诀别了。

吴王阖闾十分地开心。立即设宴“恭贺”庆忌之死。

大王了却一块心病，从此睡觉会安稳许多。一时朝臣云集，嫔妃起舞，乐工钟鼓丝竹大显身手。虽然吴王严格要求按惯例，戒奢求俭，仅备些简单的菜蔬瓜果，可是水酒还是醉人的，气氛十分地热烈，宫中好像在过节。

阖闾喝得微醉，还是不停地举觞。

伍子胥乘机提起，座中没有大功之人孙武。

没有孙武怎么行?

伍子胥于是就又用“要离刺庆忌”的小小的胜利，来论证一番孙子兵法中的《用间》之计的无上高明，渲染孙武所推举之人是如何的出奇制胜，勇不可当，以一当百。夫概随声附和，夫差也无异议。特别是皿妃，见缝插针，说：“大王胸襟如海，广招天下贤士，自然也不会冷落了孙武。”

自然。

阖闾心中思忖，只有他自己知道，不用孙武，皿妃不乐；用了孙武，眉妃不快，一个孙武，搅在其中。自然，他会抉择的，任用孙武的时机已经到了。

阖闾说，“寡人夜读《孙子兵法》十三篇，纵横捭阖，果然绝妙文章，只是，仅凭要离刺庆忌一件事情，不能证明孙武便可统率千军万马。寡人想试试孙武身手，可即刻召他进宫。”

夫概说：“臣闻孙武已经不知去向。”

皿妃：“该不是等着大王召见等急了吧，噢，要是远去异国，可苦了臣妾的妹妹了。”

伍子胥忙说：“大王不可失掉一个贤才的，何不礼贤下士，去看个究竟？”

阖闾说：“寡人依了你们，休要再啰嗦。”

阖闾立起来，头有些发晕，看样子是酒喝得多了些。走出宫中，一阵风吹来，有些趔趄，这是酒劲在闹了。

“哈哈，寡人飘飘欲仙了啊！”

伍子胥几乎是携持着大王前往孙武府邸，也不管什么“仙”不“仙”的。

当然，这是一个好的机会。

孙武尚未归家。

帛女和漪罗前来见礼。

阖闾晃晃悠悠地说：“传寡人的话，让孙武立即回来，回来即刻进宫晋见寡人。”

说着，便走。

到门口时，阖闾扫了一眼漪罗：“噢，皿妃，你——你怎么会在此间？”

漪罗：“小女子是皿妃的妹妹漪罗。”

伍子胥道：“大王你不记得了么？”

阖闾：“噢，什么记得不记得的？寡人是……有些不胜酒力了啊！回宫！”

刚刚走到门外。

马蹄声碎。

孙武赶回来了。

于是，一次巧合成了一个历史性的画面：阖闾不仅亲自到田舍和府邸看望孙武，而且还在楚楚秋风之中，遥遥地望着，等着孙武归来，天下人后来纷纷传为美谈。

君臣重新回到房子里。

风尘仆仆的孙武神态平和，静静地等待他盼望已久的时刻。

吴王阖闾道：“要离刺了庆忌，孙先生是第一功。寡人要重重地赏赐你。”

“大王，孙武不求赏赐，但求能以孙子兵法为大王分忧，安国治军，会盟诸侯。”

“请孙先生赐教，《孙子兵法》十三篇精髓在何处？”

孙武一论及他的兵法，便是上了发条，触动了那根敏感的神经。恨不能将他情之独钟的《孙子兵法》立即全部论述一番，滔滔宏论，不可遏止。阖闾却让酒闹得心神想集中也集中不起来，身为君王，他自然知道孙武的宏论要紧，可是，他喝得太多了，眼前朦朦胧胧，恍恍惚惚，只用眼睛来睃那来上茶的漪罗。这难道不是皿妃么？为何不是皿妃呢？皿妃恐怕也得输给她三分。如此美艳，难道不应该是寡人才有福分消受吗？如何糊里糊涂地落入这人之口？

孙武却在十分认真地论述：“孙子之前，虽有吕尚、曹刿、司马子鱼谈兵，皆不完备，虽有管子论战，司马兵法，均算不上宏构。臣之兵法，既把握战争之全局在手，又紧紧地追踪战事的千变万化。可以说，前于《孙子》者，孙子无一遗漏；后于《孙子》者，不能遗漏《孙子》。这样说，是否夸大其辞呢？不是。拿君王问臣十三篇之精髓来说吧，精髓当在‘慎战’与‘全胜’四个字。挥师用兵，是国家的大事，是死生和存亡之道，须慎之又慎，这是其一，战争的上策是谋略，其次是外交，再其次是用兵，最下策是攻城。战必全胜可以战，然而，不战而屈人之兵才是善之善者……”

孙武的话戛然而止。

当然，他论及他呕心沥血所著的兵法，可以一直说上三天三夜，一句话也不重复。他关于“全胜”的战策战法还根本没说到呢。

可是，阖闾的眼皮在打架。

孙武几乎忍不下去了。他受不了别人——即使是王者之尊，对他的兵法的不恭和轻视。他把案几上的竹简弄得“哗啦啦”响。

幸好，阖闾一下子就觉出了对方停住的嘴巴，似乎是醒了，睁开了眼睛。

“啊——孙先生，你的兵法可以试一试吗？”

“屡试不爽！”

伍子胥：“大王，臣明日即可调集兵马，请孙先生试于吴王台下。”

阖闾看着漪罗：“叫她们试。”

还是醉眼朦胧。

伍子胥：“大王，你是否酒喝得太多了？请大王回宫吧。”说着，向孙武挤了挤眼睛。

不料，醉酒的大王依旧是大王，他听伍子胥的话不顺耳。

“一派胡言！寡人什么时候喝酒了？”

伍子胥忙躬身而拜：“大王恕罪。可是，请大王讲给臣听，一个小女子漪罗如何演试孙子兵法？”

“寡人是说让后宫妇人们演试兵法，怎么，孙子兵法试不得妇孺儿童吗？”

孙武似乎是在赌气，答道：“试得！”

阖闾：“妇孺儿童也可以训练得威武雄壮？”

漪罗在给孙武使眼色，伍子胥去拉孙武的袖子，孙武甩开了伍子胥的手：“当然。”

阖闾笑起来：“哈哈，伍子胥呀伍子胥，你看孙先生都道试得，你还去扯孙先生的袖子。你扯袖子的动作，寡人都看得一清二楚，你还敢说寡人吃醉了酒吗？”

“臣不敢。”

“回宫。明日将后宫粉黛列阵，演试给寡人看。回宫。”

大王回宫醒酒去了。

孙武气急败坏。

他对着窗子站了很久，一言不发。那张白白的脸，变得发青。

他看得清楚，大王阖闾吃醉了酒。可是一国之君即便是醉话，也是一言九鼎的。他心里又不愿意承认是阖闾吃醉了酒，阖闾命他以妇人们演试兵法，难道不是阖闾对他一贯的轻视么？《孙子兵法》用于后宫美女，在大王看来也许仅仅是一场游戏。这就不仅使孙武觉得是受挫，而且是受辱了。游戏？游戏！日后，两军阵前，兵刃相加，顷刻间身体和头颅分成两处，也是游戏吗？是，是“死亡游戏”，“最后的游戏”，玩闹不得的。

漪罗和帛女都怯生生地立在一边，不敢出大气儿。

半晌，漪罗说：

“先生，不必动怒的。”

“走开。”

“先生，妾知道，山里的泉水清，可以饮，可以酿酒，可以洗发。山外的溪流可就污浊了，不妨去灌园，去洗衣裳。这就是随遇而安。”

“你敢叫孙武随波逐流？”

“先生息怒。妾的意思是——大王叫先生训练后宫妇人，不过是一场游戏。”

“游戏？哈哈！游戏！”

“既是游戏，何必认真？”

“孙子兵法岂是妇孺的游戏？”

“既然不是游戏，先生何必生气？”

孙武被绕进去了，这聪明灵慧的漪罗！

哭不得，笑不得。

漪罗那柔和的样子，那天真而明亮的眸子，都说明她在竭尽全力为孙武消愁解忧，并且是出谋划策。

“先生应许大王演兵法于后宫，可是气话？”

“……”

“先生的兵法战策，先生的治军之求，是不是对妇人就毫无办法？”

“胡说！”

“既然如此，先生何气之有？妾还有什么说的呢？”

帛女也来劝慰：“长卿，帛女从不干预你的事。不过这明日训练宫女，恐怕比演试千军万马要更困难些。那些宫女，哪个不是叫大王娇宠惯了？长卿静下心来，好自为之。”

“你们——都去吧。”

帛女与漪罗退下，伍子胥风风火火地卷土重来，怒冲冲地说：

“好你个孙武！伍子胥对你实在是爱莫能助！你纵然有天大的本领，怎敢和君王斗气？君王纵然是说些醉话，谁又敢欺君罔上不当真？拦你也拦不住，给你递眼色你也不理，你年轻气盛！你逞一时之勇！你不计后果！孙武呵孙武，看你如何了结这一番公案？来来来，进宫与我面见大王，面陈因由，请大王免了这一场游戏！”

“谁说是游戏？”

“不是游戏，又是什么？”

“吴宫教战，我孙武可是当真的。”

“什么？”

“当真。”

“这就愈发的糟糕了！”

“天下人可以耻笑大王拿《孙子兵法》当儿戏，天下人不可以耻笑孙武无能！”

孙武说这些话的时候，已经平静下来，平和而坚决。

伍子胥瞠目结舌。

孙武说：“伍大夫，孙武自齐国远路来到吴国，不是来做游戏的。那要离，剁了手，杀了妻，葬身于波涛，也不该成为大王赐我做一场什么‘游戏’的因由。”

当然，如果说是“游戏”，也是一场危险的“游戏”，用身家性命做赌注的“游戏”。

孙武为什么一定要做这场“游戏”呢？

是和吴王阖闾较量？

是一定要证实自己和自己的兵法？

伍子胥说："长卿，你一定要做这红粉佳人的领袖，后宫妇人的亭长？"

孙武笑起来："伍大夫，何必讥笑孙武？"

"伍子胥并不情愿是这样的啊！"

"伍大夫等着看孙武将后宫妇人变成堂堂之阵吧！"

无可挽回。

伍子胥长长地叹了一口气："看来，即使是智慧超凡的人，碰到切身利害，也会变得愚不可及！孙长卿也不能例外啊！那后宫美女，你对她们硬不得，软不得，怒不得，笑不得，打不得，又碰不得。一个个全是大王心之尖瓣，眼中明珠……可是大王既已下令，长卿既已决断，伍子胥只好赠你一句话，适可而止。伍子胥将请大王命我做监军，与你共度难关，但愿苍天神佑吧！"

"谢谢伍大夫。"

那大王阖闾，回到宫中，一觉醒来，竭力回忆刚刚经过之事，想起似乎到过孙子府邸，说过什么话，颁布过什么命令，却都想不起来了，便又召伍子胥来问话：

"伍爱卿，寡人吃醉了酒——"

"大王什么时候喝过酒？大王不是说没有吃酒么？"

"噢？寡人还说过什么？"

"大王命孙武明日在吴王台下教战于后宫嫔妃，演试兵法战阵。"

阖闾一愣。

"啊呀，使不得，使不得！这个玩笑如何开得？这酒可实在是误事，就请伍大夫日后多多提醒寡人。"

"大王，当务之急是孙武明日之演练，可以取消了。还请大王收回成命。"

"那孙武怎么说？"

"大王之命，孙武当真要一试身手的。"

皿妃在一旁悄悄对大王说："大王，那就让他试一试好了。多有意思呵！"

眉妃："大王，臣妾可以穿一穿甲胄了么？臣妾要立刻试一试甲胄。臣妾穿上甲胄，一定是威风堂堂的，请大王恩准。"

阖闾哈哈大笑：

"寡人岂有不依爱妃之理？来人，赐两位爱妃每人犀甲一副。哦，爱妃，这犀甲可是上等犀牛的皮革制成的，人云'犀寿三百'，可以穿三百年呢！"

眉妃："谢谢大王赏赐。"

皿妃："大王赏赐三百岁之犀甲，臣妾就侍奉大王三百年！"

伍子胥说："大王，请收回成命！"

侍卫遵命奉上犀甲。

阖闾立即哈哈笑着站起来："哈哈，寡人亲自给二位爱妃披挂整齐。伍大夫，你下去吧。"

伍子胥："大王！"

阖闾："寡人岂可出尔反尔？"

十

天色刚刚透白，男男女女就向姑苏城胥门拥去，奔向外城城郭内的吴王台。吴王宫里的五百佳丽，要在这里操练。这个“神话”，一夜传遍了都城。谁肯失掉这个千载难逢一饱眼福的好机会？人们在这个暮秋的早上，嘴里吐着哈气，脚下踏烂了白霜，这双眼睛和那双眼睛，千百双眼睛全点燃了好奇的光芒，汇聚到吴王台下。兵卫们来得更早，用长戟筑成篱笆，把看热闹的人潮赶得老远。于是，就有人爬到兵卫长戟够不到的树上和屋顶上去，内城和外城的城墙顶上也码着密密麻麻的人，人越攒越多。把守胥门的兵士，已经接到不许百姓出胥门的命令，开始粗暴地推搡和呵斥拥来的人众了。

孙武来得很早。

他在兵士们拓开的空空荡荡的演练场上等着，看见四面八方全是蠕动着的人，心里忽然一阵悲哀。这是做什么？人们是来观百戏么？那么，你就是那玩杂耍的人，举鼎卖艺的人，抑或是吞短剑、吞烈火的江湖客?

帛女和漪罗在城墙上，早早地占了个好位置。她们的神经从昨夜就开始紧张了，漪罗一直在打抖。她们两个靠着，互相支撑，以免在发生不测的时候倒下去。

五百红粉佳人的队伍，流水一般拥出了胥门!

世界似乎陡然间亮了许多。众人不由地喧哗、赞叹和惊讶，万头攒动。五百美女的裙裾，搅动起一阵令人迷醉的香风。个个是明眸皓齿，腰肢婀娜。上衣一律是兕甲，柔弱的柳肩上都扛着沉重的长戟。那兕甲和兵铁纯粹是用来陪衬她们的美貌和娇柔的。走在最前边的是眉妃和皿妃。二妃的两张粉面是美中之美，眸子里都藏着说不尽的妩媚和风情。云裳雾鬓，发髻儿梳得很高，乌云般的鬓发间闪烁着耀眼的金饰。身上，贵值千金的犀甲很厚，似乎也很重，把迷人的胸和腰留给人们去想象。

美人们卷过来的时候，孙武下意识地回避了。

为什么要回避?

他尽量不去看那两队美女，把头转向了一边。

吴王阖闾与朝臣、侍卫登场，完全是另一番景象了。一声接一声的“大王驾到”，像飓风一般吹来，无论看热闹的还是参与表演的佳丽，顷刻间全部跪倒，阖闾就立即显得高大起来。他登上高台，这当时称作姑胥之台的都城制高点，绵延五里之远。放眼望去，是烟波浩渺的太湖，回首是胥门外的九曲路，可以俯瞰姑苏城中市井街衢。现在，几乎全城的人众都跪伏在这里了。他向下一望，一片兵甲之间闪动着的，都是他宠爱和熟悉的粉面美目，不由地心里荡起了柔和的涟漪。他在台上之台坐下，除王后之外，周围皆为男性。王弟夫概与王儿夫差坐于其左右。

大夫们在下面一层台子上立着，伯嚭对于在吴王台操演宫女，十分地不理解，也为大王这个决定感到不寒而栗。他抽机会对孙武咬耳朵说：“长卿呵，这个游戏真是可怕，给先生出了个难题。先生好自为之吧。”

伍子胥已经讨得监军之任："长卿，尽管放心大胆地施展你的才情，本监军伍子胥在这儿保驾。"

这时候，只有鼓励。气可鼓，不可泄，伍子胥明白。

吴王身边的夫概，一直保持着不温不火的微笑。他久经沙场，深知杀人的利刃不是后宫妇人的玩物。他不知道阖闾到底打算如何安顿孙武，试探着问："请问王兄，难道……你真个要孙武做后宫粉黛的男统领吗？"

"哪里，《孙子兵法》果然可以试于妇人，寡人当拜孙武为将。"

夫差一直伸直了脖子看脂粉队中的眉妃，那是他的心爱。

"父王，妇人们披挂起来，还真像回事儿呢。"

阖闾说："哈哈，想不到这美人披挂起来，刚柔集于一身，妩媚娇艳之中，平添了几分勃勃的英气。看寡人的两位美妃！噢，两位女将军哪！两军阵前，只消临风一笑，上将军也得落下马来。哈哈，唤孙武来说话。"

阖闾到底是要试兵法，还是要看美人？是认真，还是玩闹，或是兼而有之？他自己大概也说不清。他到底要孙武做什么？真格地发号施令，假戏真做，还是仅仅要孙武陪他的嫔妃们玩耍？谁也无法猜度。一番酒后的醉话，酿出这一场令天下诸侯吃惊的演练，最后的结果，谁说得清呢？反正，大王这日心情极佳，高兴全挂在脸的外头，如若扫了他的兴，孙武的命运可就难以预料了。

孙武作一长揖，今日他是"将军"，立而不跪："孙武拜见大王。"

"孙武，今日寡人要看你的手段。寡人将五百宫中妇人全部交与你了，倘能够指挥若定，寡人就拜你为将。"

"大王，军中无戏言。"

夫差插话："父王一言既出，铸铜为鼎。你不要啰嗦了。"

阖闾："你还有什么话说？"

孙武："还请大王暂借宝剑一用，以做镇军之宝。"

阖闾赐借磐郢之剑给孙武去用，很痛快："开始吧。"

孙武抱着磐郢之剑下来。

孙子杀妃以正军纪，吓煞了后宫佳丽

伍子胥对他悄悄地咬牙切齿：“长卿莫非要一意孤行？你是想废了本监军么？你听伍子胥一句——”

孙武理也不理伍子胥，径直走上指挥台。

纷乱的妇人们和观众全静了下来。

这便是今日的“主角”？

猎猎的五色旗帜之下，悬着一面巨大的鼙鼓和青铜的锣。孙武在鼙鼓前面站定，却不急着下达命令，先眯上眼环视了一番四周。他的脸色青白，神态十分的平静，与其说威风凛凛，不如说是温文尔雅、潇洒飘逸。都城姑苏的人众，第一次见到这位今日的“将军”，倒觉得只有这等温雅的人，指挥后宫美女才匹配，不至于因虬髯环目、面目狰狞，吓坏了美人儿。人们期待着一场精彩的百戏尽快开场。伍子胥却因拿不准孙武，心头在打鼓；帛女和漪罗，知道这孙武看似平静，突然间不定会做出什么惊世骇俗的举动，心情紧张。两个女人的手紧紧地拉着，出了汗。眉妃，早已急不可待要登场表演，她情愿把今日的操练看成是耀武扬威的乐舞。皿妃则替孙武默默祈祷，为了妹妹漪罗，她今日打定主意遵从孙武之命行事，决不倨傲任性。台上之台的大王、王后、王弟和王儿，已经开始举爵饮酒了，反正也不是真正的厮杀，不会死人，甚至连检阅也不算，且从容地观看演练。

孙武看着他生平第一次得以发号施令的队伍，心头迅速掠过了一丝怅惘。闻所未闻的佳人之旅，妇人们一个个懒洋洋地瞧着他！他对这些娇滴滴的妇人有些拿不准。这些妇人编制成军队，超出了姜尚、管子和司马穰苴的用兵经验，也超出了《孙子兵法》论辩的范围，真个是前无古人！他看着这支红粉队伍，宁愿不承认是红粉队伍，可是这又毕竟是一支散漫的、软弱的、娇宠得不像样子的队伍。他努力使自己镇定下来，以自己的镇定影响妇人们，让队伍也能够不浮不躁，听命行事。

“朱雀、玄武两队听着！”

静悄悄，妇人们歪着头。

“知道你们的左手和右手吗？”

“知——道——”

他吓了一跳。这声音竟如此的尖利！刺激人的耳鼓和神经。

“知道你们的前胸和后背吗？”

“知——道——”

尖利还是尖利，不过他习惯些了。他忽然觉得像是哄孩子，自己很可笑的。

“拿起戟来！向前，看前心的方向；向后，看后背的方向；向左，转向左手这边；向右，转向右手这边。听鼓声整肃前进，听锣鸣，席地而坐。开始！擂鼓——前进！”

妇人们款款地摇摆着腰肢，扛着戟的，抱着戟的，拖着戟的，动了起来。有人弄错了方向，和后面的妇人撞个满怀，撞出一片笑声和叫闹声。也有掉了鞋子的，摔倒在地的，群雀鼓噪，乱成了一锅粥。

阖闾禁不住拍手笑起来。

王弟、王儿、王后也笑，大夫们也笑。

如墙的观众也笑。

嗔笑。苦笑。傻笑。大笑。浅笑。开心地笑。惋惜地笑。笑。笑。笑……

孙武的心里却在流泪，他高声喊叫："肃静！肃静！听鼓声前进，听锣鸣坐下，擂鼓！——鸣锣！"

一声金属的鸣响。乱糟糟的队伍这回却听懂了。妇人们全都瘫坐在地上，叫苦不迭。眉妃一边娇滴滴地叫人捶腰，一边拿眼睛撩着吴王台上的阖闾和夫差。皿妃则呵斥着身边的人：这是操练，兵刃又不是赶鸭子的竹竿，听从命令，不准乱跑。

孙武又按前面的方式，演示了一回。

还是乱糟糟如一团理不出头绪的乱麻。

孙武长叹了一声。

"听着，听——着！"

勉强肃静了一些。

"兵法说，将令不明，治将之罪；令行不动，治卒长之罪。孙武不是哄你们玩儿的！我这里三令五申，如果令不行禁不止，我就要治队长之罪。我在这里只再重复一回：向前看前心的方向，向后看后背的方向，听鼓声前进，听锣鸣坐下。擂鼓前进！"

一些后宫佳人，已经觉得累了，倦了，玩耍够了，该收场了；一些则勉强应付着将令，慢吞吞，拖着戟如残兵败将；认认真真老老实实听鼓声前进的，十之一二而已。那眉妃早已退出队列，在一旁看着好玩儿。皿妃则气急败坏地推着身边懒洋洋的妇人："没听见命令吗？走！前进呐你！还有你……"

鼓声疾如雨。

场面已经不如开始那样新鲜、活泼、有趣了，大王阖闾也不再开心地笑了。夫概感觉到已经看到这场训练的最终结果了，对阖闾说：

"王兄，我看可以收兵了！"

孙武听到了或者感觉到了夫概的话，感觉到吴王阖闾已经厌倦。他知道如此下去，这场操练的结果，便是一场令人耻笑的杂耍。

“别敲了！”

孙武愤怒地喝道。

鼓声停了，锣声却没有鸣响。

出现了令队伍无所适从的空白。

唯有这个空白，才能让场上静一些。

孙武的样子很平静：

“执法官，把朱雀、玄武两队队长绑了，推上来。”

执法官愣着。

伍子胥也觉得需要煞一煞后宫妇人的威风，插话道：“执法官，你没听见孙先生之命吗？你不要脑袋了吗？”

执法官咬牙切齿地应一声：“是！推上来！”

吴王阖闾忽地站了起来，又坐下了。他想，也不过是吓唬吓唬而已，不必失态。

城墙上的漪罗却叫了一声：“完了！”

当眉妃、皿妃被兵士松松地捆绑着，轻轻地推上来的时候，夫差血撞天灵，要冲将下去。阖闾挥手一拦，微微一笑，示意不必惊慌。眉妃抽空儿既是对阖闾，也是对夫差，妩媚地笑了一下，似乎对捆绑不但并不在意，反而觉得很有趣。皿妃则做出一脸的严肃和悲壮给孙武看，还轻轻地点了一下头以示鼓励。她愿意受点皮肉之苦，帮助妹妹的丈夫成功，同时也是她对孙武的报答。

孙武说：“斩首示众。”

出人意料！

没有人相信这是真的。

孙武狮子般地又大吼一声：“斩首——示众！”

是真的了！

第一个要瘫倒的是城墙上的孙武之妾、皿妃之妹漪罗；第一个料到大事不妙的是帛女；第一个担心无法收场的是伍子胥；第一个心肝被揪疼的是大王阖闾；第一个冲过来要和孙武兵刃相见的是夫差，而那五百后宫妇人和数千民众全都做出了无声惊叹，瞠目结舌！

一刹那间，空气似乎凝固了。

秋风抖动着五色的大纛，发出撕裂布帛的撼人心魄的声音。

也许是因为精神高度紧张，眉、皿二妃没有晕过去。她们的第一个反应是一样的，刹那的惊呆之后，拼命地挣脱着武士的捉拿，吼叫着：

“大王救命啊！大王——救命！”

泪如雨下。

世上没有比即将掉脑袋的美丽的嫔妃的呼号，更令人动心的了。

孙武不动声色，眼睛抬起来看着“呼啦啦”翻卷着的大纛。

阖闾站着高喊：“寡人的爱妃杀不得！夫概，夫差，叫他放人！”

武士们停止了动作。

伍子胥尽量给孙武留个台阶：“两位队长，知道死罪了吗？孙先生如若饶你们不死，敢不效死率队操练吗？”

两位王妃连声道：“小女子知罪！”“孙先生饶恕！”

孙武铁青的脸上毫无表情，没给伍子胥面子。

伯嚭向孙武作了一个揖：“长卿请息怒，没有这两位王妃，大王是吃不下饭的。意思到了，请手下留情。”

夫概也施一礼：“孙先生还是遵从王兄之命为是。”

夫差冲过来，剑拔出了一半儿：“孙武，你怎敢杀父王的爱妃？胆子是不是大了点儿？”

孙武冷笑一声，道：“没有规矩，不成方圆。为将之道，贵在有威，威行于众，严行于吏，动三军才能如动一人。今日孙武受命于君王，便来行令，令行禁止。”

阖闾已经匆匆忙忙走过来，边走边道：“孙爱卿，寡人已经知道你是最会用兵了。”

孙武抱剑向大王施礼：“将在军中，君命有所不受！”

顷刻间的僵持。

阖闾在半路停下来了。

孙武施礼之后，不肯抬起身来。

夫差的剑已出鞘：“少啰嗦，放人！”

孙武举剑：“大王的磬郢之剑在此，孙武代行大王之命。”

伍子胥拦住夫差：“孙先生，将二位王妃各杖责二十大板如何？”

阖闾无限怜惜地看着两位魂飞魄散的眉妃和皿妃。二位美妃已滚了一身的尘土，云裳披散，泪流满面，眼巴巴地等着他救命。他又抬眼看了看孙武，万万没料到一番醉话，引出了如今的结果，也没料到这位看似温文尔雅、书卷气很浓的白脸孙武，竟是个执着、倔强、胆比天大、铁石心肠的汉子。叫他立即收回赐给孙武的执行军令的权力，很难。出尔反尔，会成为天下人的笑料，谈何王者的尊严？叫他依从孙武，杀了二妃，也很难，世间恐再也没有如眉妃皿妃这般美艳、这般可人、这般懂得他的喜怒哀乐和温凉寒热的女人了。他曾经称这两位爱妃是——衣上的领子，袍上的带子，白天的影子，夜里的席子，上山的鞋子，过河的筏子，乘凉的扇子。

他必须艰难地抉择，他夹在孙武与二妃之间。

他猛然间一拂袖：“寡人不看了！”

抽身而去。

这意味着什么？

意味着把眉、皿二妃的性命丢下不管了？意味着二位爱妃的头颅任孙武发落？这正是阖闾作为一国君王的聪明狡黠之处，他不忍看下去，不再看下去和无须看下去的结果都是一样的。他一走了之，既回避了难以割舍的情感的纠葛，又等于残忍地抛弃了二妃，让她们去死。王僚是他的堂兄弟，庆忌是他的侄儿，他命人去刺杀了这些血缘亲属，从不皱眉的。他不会做儿女之态，他不怜惜什么人命不人命的，他又一次这样决断了。

所有的人都惊呆了。

孙武淡淡地从牙缝里挤出一声笑。

眉妃和皿妃哭叫着：“大王不能走！”“大王别扔下小女子不管呐！”然后，眉妃便要去抱住夫差的腿，哭叫着：“王子，你忍心看我死在你面前吗？”

当然，不忍心。

夫差还是个十六岁的血性少年，他泪水夺眶而出了，额上青筋暴突，一边吼着“父王你不能走”，一边要去解开眉妃的捆绑。

伍子胥拦住了夫差。

夫差急得跺脚。

皿妃哭叫着“长卿”：“长卿，我和漪罗……父母双亡，抛下妹妹孤苦伶仃怎么活啊！我没什么对不起你的，你这没有心肝的孙武！……”哭诉、哀求和一通咒骂，最后晕倒了。

极其短促的时间里，孙武的心在打颤。可是他知道他必须绷住神经，也绷住脸孔，他知道只要一心软，孙武便不再是想要指挥千军万马实践《孙子兵法》的孙武了。他十分地明白，也一样十分地难于抉择：一个眉妃，是王子夫差钟情和偷情的女人，一刀砍下去，实在不知何时才能了断这番孽债，他和王子的关系将永远有了刀痕；一个皿妃，是他爱妾漪罗的一奶同胞姐姐，一刀砍下去，不知怎样弥合他与漪罗的创伤。他似乎听见了漪罗正在哭叫着姐姐，也哭着哀求着他刀下留人。他在这一瞬间就让漪罗失去了最后一个血缘联系了吗？他在这一瞬间就要让非凡美丽的年轻的妃子魂归黄土吗？可是你必须这样做，别无选择。你的叔父司马穰苴一语“将在军中，君命有所不受”，孕育了驰骋天下的军旅，你比他又如何？你用你的斧子，教天下治军之道；你用你的临机决断，示天下为将之责；你的韬略，你的战策，你的阵图，你的竹简，你抛弃故里奔走吴国，你策划推荐要离去死，你不平你烦躁你忧虑你惆怅你狂想你妄想你奢想的，不就是挥手之间，三军动如一人，攻如行于九天之上，守如藏于九地之下吗？

你还等什么？

“行——刑！”

他的声音又嘶哑，又凄厉，又可怕。

二妃被拖下去的同时，夫差在狂叫：“孙武你不知道你的脖颈也是肉长的吗！”

在二妃被拖下的同时，孙武没容五百妇人唏嘘，立即祭举着磬郢之剑：

“听鼓声前进，听锣鸣坐下，擂鼓！”

鼙鼓声大作。

鼙鼓声掩盖了砍落眉妃、皿妃头颅的“咔嚓”声。

鼙鼓声里，五百妇人精神极度紧张和集中起来，没有人愿意顷刻间身首异处，没有人再敢怠惰，没有人再是被娇宠的弱女子。长戟似乎也变轻了，犀甲似乎也不多余了，脚步也变得有力了。五百妇人竟然自动地随着鼙鼓节奏发出了整齐的呼号，那呼号也不再尖利刺耳，而变成杀气腾腾了。军中没有女性，军中没有性别，这些话在此时此刻的吴王台上，是千真万确的真理。

……

一切都是过程。

当五百妇女回宫之后，吴王台上，喧嚣重又变成了沉寂，尘灰渐渐落下。走了，都走了，帛女早就搀扶着悲痛欲绝的漪罗走了，夫差带着余怒和眼泪走了，伍子胥也走了。

孙武要一个人留下来待一会儿。

孙武站在空空荡荡的土台子上。

他听见了一阵乌鸦的聒噪，看见成群搭伙的乌鸦低低地盘旋。

是来啄食眉妃和皿妃落下的头颅吗?

他抓起土块，向乌鸦掷去，什么也没打着，乌鸦们飞走了。

土块沉重地落下来，落在他的身边。

他忽然发现衣袖上有紫黑的东西，是凝血吗？哪儿来的血?

他不懂。

他敢言，敢怒，敢于发号施令，敢于残酷地顷刻间杀掉了大王的爱妃，可是这会儿，他忽然在这个黄昏，害怕回到自己的府邸去，害怕回去面对十六岁的妾妇漪罗!

十一

漪罗站在姑胥城墙上，听到孙武下令将姐姐皿妃斩首示众，完全惊呆了。她没有办法相信这是真的，也不明白事情怎么会突如其来地到了这一步田地。她刚刚还看见，五百后宫妇人中，第一个认真演练的就是姐姐，她看见姐姐那柔弱的两臂抱着青铜之戟，拼命地做出各种男人的姿态和步伐，表现得很乖。她心里为姐姐这番努力感动，荡漾着一种温馨的亲情。她知道姐姐是为了她，为了孙武，才如此地努力。当然，她在这个茫茫的世界上，父母双亡，只有姐姐是个依靠。怎么？斩首示众？这怎么可能？她抱着最后一线希望，心惊胆战地看着大王、孙武，还有王子，进行了一场争执或者说是较量。她浑身都是冷汗，两腿一软，要瘫下去。幸好帛女紧攥着她的手，用身体支撑着她，她才没有倒下去。终于，她看见大王阖闾把两位妃子扔下不管了，大王拂袖而去了，她确确实实地知道，孙武的命令不可改变了，姐姐皿妃的头颅即将落下了，便发疯地叫着“不”！她只是叫着那一个“不”字，竟然不顾死活地要往城墙下面跳。她自不量力地想去哀求孙武开恩，为她留下这唯一可以依靠的姐姐。她被人们拦住了，被帛女抱住了，田狄帮助帛女，一起将漪罗向下拖。她在被拖回去的时候，回过头去，看见滚滚黄沙之中，刀斧手把姐姐按在了断头台上，看见那黑沉沉的斧钺落下来，姐姐那美丽的头颅跌落在尘埃之中。她满眼看见的都是血，两眼随之一黑，就昏过去了。

醒来的时候，已经在家中。

她呜呜地哭，嘤嘤地哭，孤单无助地哭，哭得死去活来，哭得昏天黑地。她哭可怜的姐姐，没有被折磨死在吴王宫中，反而头颅落在自己妹妹的夫君脚下。她哭自己从此举目无亲，孑然一身，胸臆向谁倾诉？她哭自己所委身的孙武，看上去温文尔雅，竟然是如此可怕！竟然杀人不眨眼睛！她哭，可是她什么也不说。

帛女也眼泪汪汪，拉着她的手：“漪罗，哭几声也就罢了。人死了，哭不活的。生生死死，死死生生，循环往复，如此而已。漪罗，不要哭坏了自己。长卿不动斧钺，如何为将？长卿也是不得已而为之。”

漪罗抬起满是血网的眼睛，看看帛女。帛女为孙武开脱，这更使她觉得唯有自己是外人，人家是结发夫妻，自己孤单无靠。

帛女说：“漪罗，你还要设身处地而思之。”

你为弱女子设身处地想了么？漪罗几乎叫起来。可是她没有叫，甚至一言不发，她知道没她倾诉的份儿。

“漪罗，从今以后，日子长着呢，好生侍奉先生吧。”

不。

这怎么可能？

漪罗只是你和他的“仆人”，不定哪天，孙武眼睛一立，便是身首异处。

不。

忍住，不再哭了。

不在他们面前哭。不。

漪罗的心里，充满着仇恨。

“让我一个人待一会儿吧……”

“也好。”

漪罗一个人，呆呆地坐着。

她默默地换了一身白麻布的衣裙，一身槁素，两眼血红。

天色晚了。狂风止了。惨白惨白的月亮出来了，像一张失血的白脸。

漪罗在窗前站了好一阵，听到了梧桐叶悄然落下的声音。她隔窗同那张失了血的没有生命的月儿，面面相觑。

漪罗想到院子里去站一会儿，走出了房门。

她在孙武书斋门口站住了。

黑沉沉。空荡荡。

孙武还未归来，许是在弹冠庆功么？

没有上灯。

青白苍冷的月光，透过窗子，铺在房中，如一条可怕的巨蟒。

月光也跳跃在七弦琴上。

琴！

漪罗自己也不知道为什么会仇恨那张琴？是因为这张琴欺骗了她，还是因为七弦琴竟然对她如此这般的悲伤和愤懑悄然无声？不知道。她忽然闯了进去，发疯似的抓起了琴，要把那张歌唱柔情，歌唱清泉，歌唱梅花的琴，一下子摔个粉碎，可是，手在半空，又停住了。她把琴放下来，咬牙切齿地去扯那些琴弦，一根，两根，三根，一共揪断了六根！

剩下一根弦，留着吧。

这算什么？

她的手在那根独弦上一挥。

“嗡”的一声。

是角音。是凄厉悲怆而又清冷的角音。

她打了个寒噤。

她立在屋的中央，面对着独弦站着，人显得很小很小的，十分可怜。

孙武回来了。

站在门口。

吃惊地看着她这一连串莫名其妙的动作。

孙武："漪罗，你这是做什么？"

漪罗吓了一跳，见是孙武，立即要夺门而出。

孙武拦住了漪罗。

"漪罗，慢走，你到底要做什么？"

"漪罗还能做什么？"

眼泪要夺眶而出了，可是她忍住了，这是个奇迹。

"为何扯断了我的琴弦？"

"我的姐姐头断了你都不在乎的，琴弦又算什么？"

"何不把琴弦全部扯断？为何留了一根？"

"先生智慧超凡，一根弦不是也能弹出好听的曲子么？先生智慧超凡，超凡！"

她发狂地吼叫。

"漪罗！"

"孙先生知道世上还有一个漪罗么？"

"何出此言？"

"孙先生为什么不把漪罗也杀掉呢？为什么要把痛苦和胆战心惊留给漪罗呢？"

"疯话！"

"不。漪罗还没有疯。漪罗知道孙先生的血是冷的！"

"住口！"

"是啊……漪罗是该住口了，什么也不该说了。其实，孙先生应该在姑胥台上把漪罗和姐姐一道杀掉的，那样不是很痛快吗？"

孙武"哼"了一声："吴宫教战，虽然两队都是妇人，可是，将军的眼里没有妇人！"

"孙先生已经是将军了么？"

"你？！"

"孙先生他日真的官拜将军之职，漪罗怕早已在黄泉路上了啊……”

“休要做儿女之态！漪罗，你该明白，军中没有游戏。倘若执法不严，将令不明，三军一片散沙，做小儿之戏，他日沙场上便是万千军卒血染黄沙……”

“小女子不懂！小女子不懂！”

“听我慢慢道来，漪罗……”

“不！”

“漪罗！”

“不！何必再费唇舌？孙先生的意思很明白了。倘若今日姑胥台上队长不是别人，是漪罗……”

“军法无情！”

这一句话，触到了漪罗心上最痛处，她“呜”地哭了，再也止不住如泉的眼泪了。

漪罗冲出门去。

哭，也要回房去哭，而且关上房门。

孙武呆呆地站着，看着那张独弦琴。

站了很久。

帛女来送茶：“长卿……”

“走开！”

孙武吼道。

帛女惊恐地退回去了。

孙武叹了一口气，默默地续上断了的六根弦。

坐在整好琴弦的琴旁边。

帛女一片好心，拿了衣裳，塞到漪罗手里，把漪罗推着：“夜里凉，给先生披上一件衣裳吧。”

漪罗拿着衣裳。

忽然又把那衣裳掷在地上，转身跑回自己的房子里去。

还是帛女把衣裳给孙武披上了。

孙武似乎完全没有觉察到冷暖。

他在弹着刚刚续好了弦的琴。到底只有七弦才能弹奏出如诉如愤的曲子来。琴声叙述着血性的孙武的抱负，也倾吐着内心复杂的情绪。那激昂如万军之吼，惊心动魄如短刃相搏的音乐，十分地焦躁不安，终于，“叭”的一声，商弦断了。

唉。

他想他到底应该抚慰一番漪罗的。

他轻轻地去推漪罗的门。门虚掩着，他打开了房门叫了一声：“漪罗。”

没有声音。

漪罗不见了！

他大吃一惊。

完全是因为杀姊之仇？

他心里很难过。他没有声张，赶忙出去牵上一匹马，去追。到哪里去追呢？

他奔向了胥门。

正在打盹的守城门的兵士说，是有一个小女子出城去了，走得很急，说是死了姐姐。

姐姐！

皿妃？

皿妃的坟墓？

想到这儿，孙武迟疑了一下，摇摇头，还是去了。

距离吴王台不远，内城之外，外城之内，一片荒草纷披的地方，草草地掩埋了两位妃子，孙武知道那个地界儿。

已经是后半夜了，冷飕飕的荒郊没有人迹，宿鸟还都没有出巢。月不白，地上的霜很白。孙武在一片野坟前面勒住马缰。马不安地“咴咴”嘶鸣。就是这片乱葬岗了。地上是枯黄纷乱的草，东一棵，西一棵，是干巴弱小的杨柳。两座新坟，连墓碑都没有来得及立起来。这下面躺着的，就是头颅和身体两分开的曾经美艳绝伦的两位王妃，孙武的斧下之鬼了。

孙武没有走向近前。

他茫然地四望，寻找漪罗。

一阵马蹄声。

孙武想回避，可是已经来不及了。

夫差！

冤家路窄。

那白衣王子骑着白马，狂奔而来。在距离孙武不远处下了马，一手握着马缰，一手扶着剑柄，定定地看着孙武，冷笑了一声："孙先生？"

"啊——长卿在此有礼了。"

"孙先生怎么会到这儿来？"

"随便走走。"

"孙先生难道也动了恻隐之心了吗？"

也许随声附和一句会好些？

可是没有。

"孙武已经说过了，信马由缰而已。"

"好一个信马由缰！"

"孙武拜辞了。"

"请便。"

孙武忙牵上马躲开了。

没有寻见漪罗，反而撞见了夫差。此时此地的不期而遇，无论是孙武，还是夫差，都等于重新把心上的尚未平复的伤口揭开来看上一看，谁的心里都不舒服。孙武原本就知道夫差与眉妃有事，即便孙武不知道，夫差此刻情之所至，也顾不得回避的。孙武牵着马走出一箭之地，回头一望——但见白衣王子跪倒在眉妃的坟前，大礼叩拜。寂静冷清的霜晨，依稀听见夫差声泪俱下，在同他心爱的眉妃说话，竟然称呼王妃为"姐姐！"

"姐姐……红颜如此薄命！夫差虽为王子，却不能保住你一条性命，终生愧对姐姐！来生吧，姐姐！来生……"

强悍凶顽的王子夫差，竟然这样泪溅野坟，这样缠绵悱恻，一声接一声地叫"姐姐"，一声接一声地祈求"来世"。这十六岁的至尊至贵的童男子，在他平生第一次倾心的女人坟墓前面跪倒了，半晌起不来，恐怕是孤魂野鬼也要动情的吧？

孙武赶紧躲得远远的，他只能躲开。

终于，夫差拭干了泪，策马而去。

到底没有孤魂野鬼。

不！

霜天晓月之下，朦朦胧胧地，孙武的眼前出现了一个披散着头发的全身槁素的女子，脸色苍白，裙裾不整。

孙武一惊非小，张口结舌。

皿妃！

孙武脱口惊叫了一声：“王妃？！”

那女子闻声转过了脸。

噢，是——漪罗！

漪罗泪痕满面：“孙先生……你？！”

“孙武请你随我回去。”

“回去干什么？”

“漪罗你听我说——”

“孙先生刚才叫什么？不是在叫王妃吗？孙先生你害怕了？”

“孙武从不知世上何为害怕。”

“漪罗可是知道的。”

说着，漪罗不再理会孙武，兀自跪倒在姐姐坟前，摆开了随身带来的祭品。漪罗之哭祭姐姐，与夫差之哭拜“姐姐”大不同，只叫了一声：“姐姐，漪罗来看你来了，你带上可怜的妹妹一同去吧……”就晕倒在冰冷的地上。

孙武忙上前，把漪罗横着抱起来。

孙武把漪罗托上马背，自己也上了马。

他缓辔而行，小心着，怕漪罗受颠簸。

漪罗渐渐苏醒了。

漪罗挣扎着要跳下马背：“让我下来，让我下来！我不跟你走……”

孙武把漪罗紧紧地抱住。

“漪罗，孙武何曾伤害过你？”

“可是你杀死了我的姐姐！”

“漪罗，你会懂得的。”

“不。我永远也不会懂得！”

孙武见漪罗死活挣脱，便更紧地抱紧了这十六岁的女子，催马快跑。他觉得怀里是抱着一只柔弱的小生灵，或是一个孩子。他不知道如何对漪罗说，也不知道还可以说些什么。他已经意识到吴王台上一场演练，闯下了弥天大祸。大王阖闾拂袖而去，虽然尚未怪罪下来，恐也没有好结果；王子夫差愤怨难平，终究是个祸根；而漪罗，这聪慧而又烈性的女子，痛失亲姐姐，痛不欲生的同时，把他看成了杀人嗜血的魔王。他的用兵之道，治军之道，在这些情感的纠缠之中，碰的都是软钉子。他纵有滔滔宏论，那理论在这刚烈任性的女子面前，毫无用处，而且竟然显得如此地苍白无力。他同情漪罗的痛苦，可是他又不可能认输。他一时处在了两难的尴尬地步，夹在了石头缝里。他是如此倾心又伶俐又乖巧又善解人意的漪罗。他害怕失掉她，可是，皿妃的头颅不能再生出来，这一斧钺下去，真的同时也斩断了他与漪罗的情缘了吗？

他仰天长吁。

他终于把漪罗带回了府邸。

他甚至想把漪罗捆绑起来。

不。

这是不行的。

他安顿帛女热汤热水照料漪罗，漪罗水米不进。

终于，漪罗睡了。

倒插着门，睡了整整一个白天。

夜里，漪罗又逃走了，逃得无影无踪。漪罗走时，除掉带了一点自己从前的衣物外，还带走了那张断了商弦的瑶琴。

十二

吴王台上孙武执意斩二妃以正军法，大王阖闾惊诧，焦急，恼怒，心里揪得疼。他万不得已，选择了拂袖而去的方式，心里叫骂着："随这竖子而去"，维护了王者的尊严。他头也不回地走了，王后和随从人等都清楚大王余怒未消，就全都噤若寒蝉，小心翼翼地跟着，不敢多说一句话，不敢走错一步路，甚至不敢弄出一点儿声音来。阖闾是坐车子，沿九曲之路回宫的。也是驾车的侍从活该倒霉，阖闾下车的时候，袍子的角儿让驾车的侍从踩住了，阖闾忽然间双眉竖入鬓角，疯狂地咆哮：

"你这有眼无珠的东西，也敢来找寡人的麻烦！来呀，寡人赏他个宫刑，叫他去受！"

驾车的是个生得很俊秀的年轻人，吓得磕头如捣蒜，泪流满面，连声央求"大王饶恕"。

阖闾理也不理。

为什么偏偏要对这无辜的人处以宫刑？宫刑乃是五种刑法之一，源于远古苗族，原称椓刑，是专为处罚男女淫乱的刑法，仅次于死刑，极为残酷。男子受此刑，要被割去生殖器。伤口常常腐烂，发出难闻的臭味儿，因此又称“腐刑”。行刑要在“蚕室”，即在生着火，没有风的恒温地下室里进行。被处以宫刑的人，一日受刑，数月折磨，终生痛苦。

谁知道大王阖闾这会儿想的是什么？

也没人知道大王是不是把这驾车的人，假设成了一意孤行的孙武？

驾车的人惨叫着，被拖走受宫刑之“赏”去了。

阖闾的心里得到了些许平衡？

当晚，阖闾没有吃饭，夜里默默地和衣而睡。

六日闭门不见朝臣。

那伍子胥，在吴王台上，枉自做了一番“监军”。眼瞅着孙武一意孤行，他手心儿里捏着一把汗。及至大王阖闾“不看了”，心中才稍稍安宁了一点儿。后来便去拦阻暴跳如雷的夫差，帮助孙武把这场危险的“游戏”做到底。他清清楚楚地知道，自己和孙武已经是一根线儿上的蚂蚱了，他应该也只能是孙武的同谋。如果不是因为两位美妃是大王阖闾的心肝儿宝贝，他会立即赞同并且帮助孙武将二妃杀死完事的。他不得不顾及大王的意愿和情绪，这一切都是为了让君王能接纳并且重用孙武，他深知孙武对于吴国是何等的举足轻重。等到大王阖闾自己找了个台阶儿，离开了吴王台，伍子胥便巴不得孙武赶紧对二妃下斧子，快些杀鸡给猴儿看。结果当然是令人满意的，那些妇人，在孙武的严厉的军令之下，全部变异成了敢于冲杀嗜血的士卒，这使他如释重负，越发地敬重和推崇孙武了。

可是，大王阖闾顷刻间丢了两位妃子，心里的疙瘩那么容易就解开的么？

他做事从来是死不回头的。

他还要进谏。

他想趁热打铁，促成这件大事。

他还是动了一番心思，唯恐自己一个人势单力薄，说不动大王阖闾，便去游说王弟夫概，请夫概出马，和他一道去向吴王进谏。

吴宫教战的当日晚上，伍子胥专程去拜会夫概。

夫概和颜悦色地听伍子胥说话。

“夫概将军，昨日孙武教战于后宫五百妇人，手段如何？”

“前无古人。”

“后有来者吗？”

“依夫概之见，天下也许只有伍子胥伍大夫可以与之同日而语。这话是不过分的，绝非阿谀之辞。伍大夫为王兄成功地一次又一次谋划大事，训练军卒，开凿胥溪，修建都城，出可以为将，入可以为相。夫概一向是敬重伍大夫的。”

“伍子胥怎敢与孙先生相比？天下只有一个孙武，天下只有一部《孙子兵法》。”

“世有伍子胥，才有孙武。”

“夫概将军过奖了。伍子胥来拜谒夫概将军的意思是——”

“哈哈，我知道。我知道。”

“夫概将军绝顶聪明。”

“如此说，伍大夫就不要拉我去做傻事了！王兄一日之间丢了两位爱妃，正在火头儿上，现在去进谏，哪怕是只提孙武这两个字，王兄也要雷霆震怒的。”

“夫概将军明哲保身？”

“伍大夫不可以这样说的。”

“那好，伍子胥自己去碰个头破血流！”

“哈哈，只怕是伍大夫的头也不好一碰再碰的。王兄如果在暴怒之下驳回伍大夫的面子，还好再回旋么？”

“将军的意思？”

“人无远虑，必有近忧。”夫概拉住了伍子胥的手，亲热地抚摸，抚摸得伍子胥心里起毛，浑身生鸡皮疙瘩：“夫概听说有人去寻找丢失的羊，看见前面的岔路，唯恐误入歧途，痛哭着就返回去了。不管那羊能否回来，总比歧路越走越远强。哦，我可不是劝伍大夫放弃夙愿，只是劝你不可走入歧路。何不耐心静等些时日？待王兄心头的怒火平复些了，夫概当然要和伍大夫一同促成这件美事。来来来，你随我来。”

伍子胥不知夫概要做什么。

夫概把伍子胥拉到了院子里，指着天上的星河，说：

“伍大夫请看，夫概刚刚观过天象，王星迷蒙，这是很不吉利的。唯有等那王星相安无事，才好动作。”

伍子胥抬头看着夜空。浩渺的星河，斗柄倒转，神秘而又深邃。

他长叹了一声。

“只怕孙武耐不住寂寞啊！”

“倘若孙先生不弃，愿意……”夫概又想重提请孙武到他府邸来的旧话，突然又打住了，改口道：“明日我进宫去看看王兄的气色，再与伍大夫商量，如何？”

也只好如此了。

孙武在吴宫教战之后的心境，主要还不是耐得住耐不住寂寞的问题，而是从未有过的惆怅和焦烦。他在吴王台上一声令下，一斧子砍出了许许多多的头绪。特别是漪罗的逃走，给他带来的情感上的失落，是摆脱不了的。坐在那里，想奋笔写点什么排遣愁烦，要研墨，会叫出漪罗的名字；想在七弦琴上诉说幽愤，发现漪罗不仅已经将琴带走，而且将琴韵也带走了。他鬼使神差地到二位妃子的坟墓那儿又去寻了一回，连漪罗的踪迹也没找到。他暗自苦笑，责备自己，孙武呵孙武，你什么时候也变得如此这般儿女情长了？

至于大王阖闾能否实现拜他为将的诺言，更是连想也不敢想了。吴王台上他砍了两斧子，一斧砍在大王阖闾心上，一斧落在王子夫差心上，就是说，不仅阖闾为吴国君王的年月，他别指望；就是来日夫差即位，也不必妄想了。

孙武整理行装，已经准备回罗浮山去躬耕田亩去了。一念及此，十分怆然，内心充满了矛盾。

帛女也来劝他：“长卿，依帛女妇人之见，还是赶紧逃走异国他乡去吧，免得招致祸端。长卿你到哪儿，妾身都将跟随左右。西边是楚国，北边有晋国，南边有越国，哪儿不行呢？”

“你不要烦我了！”孙武说。

帛女说：“平日帛女从来不干预你的事，现在不同，你不爱听，也得听妾两句忠言。如果长卿想一展远大之志，南海有鲲，北海有鹏，哪儿不是海天空阔呢？何必在这里忐忑不安，做瓦槽里的鲋鱼，屋檐下的麻雀呢？”

孙武苦笑：“孙武果真成了屋檐下的麻雀？”

“只怕是南山有雀，北山张罗。招致祸殃，是迟早的事。帛女有一句话早想对你说——”

“说吧。”

“有道是良禽择木而栖，既然吴王阖闾是一叶障目，不见泰山，先生既然能够从齐国到吴国来，也可以从吴国到别的国家去。妾相信以长卿之兵法韬略，定会遇到有眼光的君王，任以为将。走吧，走到哪儿，帛女都会跟你去的！”

“吴国是个好地方啊！”

“长卿是不愿意走了？”

“我不相信孙武终究不为吴王所用。”

“那就只好顺其自然了。”

“这话，也许不错。”

“不知你说的顺其自然是何意？”

“无奈！”

“那么，坐等？是等着漪罗回来吧？”

“你胡说什么？真是妇人之见！不等又有什么办法呢？不过，我想，大王的两位妃子已死，丢了两个妃子，求得一将，其实大王是划得来的。倘若吴王连这个也不明细，孙武何必要同其共谋？只好假以时日，等待君王觉悟。只好暂时顺其自然了。孙武是主张全争、全胜于天下的啊，可是你可以全争全胜于天下，却不可全争全胜于君王。”

于是，暂时顺其自然。

不安地等待。

在几乎无望和一线侥幸之间等待。

孙武吴王台杀妃之后的第七日。

忽然，吴王宣孙武进宫！

是福？是祸？是重用？还是敷衍？

大王阖闾完全忘却了两位朝夕相伴的美妃之死？完全消尽了余怒？完全不计前嫌？似乎都是不可能的。

帛女心里七上八下，给孙武拿来干净的袍子，让孙武换了再去。

孙武却一身短打扮儿。

头上，是竹笠，身上是短袄，而且，裤角还挽到了膝盖。外面，竟然罩上了遮蔽风雨的蓑衣。哪里还像是去晋见吴王？哪里还像是去吴王宫？分明是去修渠，或者是去插秧，去放鸭子。

帛女：“长卿你……你这是做什么？”

“晋见大王嘛。”

“如此装束，岂非对大王大不敬？还是换了衣裳吧。”

“就这样好。”

“长卿，此去拜见大王，不同以前了，你可得分外小心才是。”

“不必啰嗦了。”

孙武去了。

伍子胥在宫门口等着孙武，见孙武这身打扮儿，不由苦笑：

“呵呵，长卿啊长卿，可否让伍子胥为你再寻一柄垒田埂用的锸，或者放鸭子用的竹竿？”

孙武笑说：“不必。这些器物，可以等大王来赏赐。”

“长卿一向不同凡响！伍子胥真是心服口服了。”

两人进宫。

大王阖闾正坐在绣团上读简，看上去，阴沉沉的老大一块，让人心里觉得堵得慌。虽是仅仅三日不见，这大王竟然消瘦了许多，脸显得黑，很有棱角。大约是思念二位妃子，吃不好、睡不好的缘故。侍从禀报伍大夫与孙武来见，阖闾也没有抬头。孙武与伍子胥稽首而拜，阖闾也没有扬眉，只不阴不阳地说了句："赐座。"

坐下。

阖闾这才抬起眼睛。

看见的是一个竹笠!

竹笠低低地戴在孙武头上，没看见孙武的脸。

阖闾忽然哈哈大笑，笑得有点让人觉得瘆得慌。

"孙武!"

"臣在。"

"看样子，你是很忙的啊。"

"田园就要荒芜了。塘中的藕，园中的菜，还没有收。虽然秋霜满地，臣不敢怠惰。"

"孙先生种园稼穑，十分内行?"

"农桑为本，臣民人人皆可称作内行的。"

似乎大王要顺着这番话头儿，打发孙武种田去了?伍子胥有些焦急，便道：

"大王，孙先生种田实在是大材小用。"

阖闾向伍子胥一摆手，不要他插话。

孙武的表情十分平静，似乎吴王台上杀妃的事情根本没有发生过，似乎大王倘若打发他回到罗浮山去灌园种菜，他也不在乎，而且早已准备好了。

阖闾在想什么?

"寡人想知道，孙先生的确是打算回去耕田的吗?"

孙武淡淡一笑："大王听从我的谋略，定会威显诸侯，孙武就留下。大王不听孙武之计谋，必败，孙武当然是去耕田为好。"

阖闾说："孙先生，寡人问你，你是否心里为杀掉二位妃子而惶惑不安?"

孙武："大王是说前几日姑胥之台上操演之事吗?那里只有士卒，并无妃子，孙武下令杀掉的是两军队长。"

阖闾忽然又哈哈大笑。

笑得人心里起毛。

阖闾笑说："哈哈，好你个孙武！你竟然毫不惧怕寡人降罪于你！你不曾想到寡人会降罪于你？这便真是英雄所见相同了。"

孙武不解其意。

阖闾接着说："哈哈，两个妇人算得了什么？啊？算得了什么呢？孙先生不必介意，不必介意的。"

伍子胥张口结舌。

孙武也十分地震惊。

"寡人虽然珍爱两个妃子，可是，吴国山灵水秀，何处没有佳丽？啊？哈哈哈哈。"

又是一通大笑。

出乎意料！

意料之外，却又是情理之中。

大王阖闾是血肉之躯，所以他对二妃之死不无伤悲；可他又是王者之尊，所以他在江山和美人之间，当然选择江山。有了江山享用，还愁没有美人相伴？倘若沉溺在失掉二妃的悲痛之中不可自拔，儿女作态，阖闾还是阖闾吗？他既能杀人，也能容人，既拿得起，又放得下，君王才可以为君王。他生性中有两种东西，才使他在吴国不愧为一国之王，使他在众诸侯的纷争之中，大有勃然兴起的气势：一是酷烈残忍，为了王冠，杀人绝不犹疑。该舍弃二妃的性命，他也绝不拖泥带水。一是大气磅礴，可以把恩恩怨怨掩藏在深深的城府之中，尽量以宽阔的胸襟，展示给他的臣民，容纳天下有用之才。阖闾在此时此刻忽然一阵哈哈大笑，笑声中所包括的正是这两种东西。哈哈一笑之间，把两位美妃之死丢在一边，常人也许会觉得头发根儿直竖——毛骨悚然，而阖闾，也就在这哈哈一笑之中，展示了他的残酷，也展示了他的大气。

阖闾忽然又收住了笑，长吁了一声："可叹，连孙武和伍子胥二位爱卿，也不知晓寡人的心思啊！"

孙武从大王阖闾这一笑一叹中，看到了更多的东西，知道了阖闾虽然是须小心翼翼陪伴的诸侯，但也的确是可以依凭的振兴大业的雄霸诸侯的君王。

孙武也笑了。

伍子胥也开怀大笑："臣伍子胥今日深有所悟，大王就是大王！孙先生你还等什么？"

孙武愉快地摘了竹笠，脱去了蓑衣，将竹笠、蓑衣扔到了一旁。

阖闾："怎么，孙爱卿，不再去种田了吗？"

孙武开玩笑地说："孙武生在齐国，种麦子种棉花尚可为之；来在吴国，要种水田，插秧掼稻，实在是勉为其难。还是请大王另赐孙武一谋生之计吧。"

阖闾："寡人赐你将军之职，足以谋个温饱了。哈哈。"

伍子胥："岂止温饱？"

孙武："臣孙武叩谢大王！"

阖闾亲热地拉了孙武的手："长卿，呵，孙将军，你知道寡人这几日在做什么？寡人彻夜研读你的《孙子兵法》十三篇呐！读起来爱不释手，恨未能早些与爱卿共论天下。十三篇纵横捭阖，果然了得。孙将军可以原谅寡人慢待之过么？"

"孙武不敢说原谅二字，唯有尽心竭力辅佐大王以定天下。"

"好啊！"阖闾兴奋得很："寡人有幸得一将军，岂可无酒？备酒来！"

一切来得如此突然，却又是这样地自然。

阖闾设宴。

盛大而隆重的宴会，是为了宣布这一历史性的决策：拜孙武为将。

场面十分宏大。阖闾在这里一石两鸟：既是拜孙武为将军，又以这盛大的庆宴告诉天下人，他为了得一将军，舍得两个心肝宝贝儿似的妃子来换，为此，他特别表现得和孙武亲密无间，同坐一席。

席上除酒肉之外，还有淮南的橘子，果皮橙红，果肉甜而微酸，是很名贵的。大王阖闾亲自剥了橘子，请孙将军品尝。夫概笑眯眯说："此物生在淮南为橘，生在淮北就不是橘子，是枳了，味道也不好了。岂止是水土不同，物性迥异？一方水土一方人，世间贤士只要到了吴国，大有用武之地。"

伯嚭道："那是自然。"

阖闾从青铜环耳兽足盘中又拈出六个橘子，问：

“孙爱卿，你看。这个环耳兽足青铜盘子好比晋国，这六个橘子便是晋国的六家世卿，它们是范氏、中行氏、智氏和韩、魏、赵。六家世卿，各踞一方，争权夺利，依将军之见，这六个橘子——六卿之中哪个先灭亡，哪一个可以强盛呢？”

孙武笑着拣出两个橘子：“请大王先把这两个橘子吃掉。”

“哦？寡人得先知道吃的是哪一家？”

“范氏、中行氏。”

“何以见得？”

“六卿之中，这两家的亩制最小，租税却高达十分抽五。赋税征敛没有节制，常有民众冻饿而死，尸首丢在路边沟壑，官吏多如牛毛，军队庞大又动不动就兴兵打仗，长此下去，岂有不被吃掉之理？”

“唔，有理。”阖闾颔首，“接下来可以吃哪个？”

孙武又把三个橘子，依次摆开：“这是智氏、韩氏和魏氏，他们的病根儿一样，只是程度略有不同。大王请看，盘子里只剩一个橘子了，这便是赵氏家族，六卿之中，赵氏亩制最大，租税最轻，官兵寡少，取民有度。晋国的社稷必然要落入赵氏手中。”

阖闾；“如此说，这五个橘子都该被赵氏吃掉的了？”

“不。大王应该有胃口，吃下所有的橘子。”

“如何吃得？”

“从前，黄帝广积粮谷，赦免罪犯，兵精粮足，才能够南伐赤帝，东伐青帝，北伐黑帝，西伐白帝，天下归一。后来的商汤王和周武王也是一样，得天之道，地之利，民之情，无往而不胜。”

阖闾思忖道：“寡人明白了。孙将军这一番治国安民的良策，让寡人顿开茅塞，也大开胃口。”

夫概插话说：“王兄不仅可以把橘子全都吃掉，而且可以把盘子也吞下去的，啊？哈哈。”

阖闾说：“言之有理。来，寡人与众位爱卿共同分享这些果子。吃下去，全都吃下去！”

大王与朝臣一块儿吃橘子，吃得津津有味。

好像他们这会儿不是在吃橘子，而是正在吃城池、山岳、河流、土地和诸侯。

吃得酣畅淋漓。

阖闾拣了一个最大的橘子，剥了皮，递给孙武：

“孙将军，寡人手中这一个橘子非同一般，它便是当今世上唯一可与晋国匹敌的楚国，它有二十万军队，素称之为‘卒有熛风’，天下强敌。来来来，寡人要立即兴师讨伐它，孙将军，伍大夫，分而食之。”

孙武没有伸手来接。

伍子胥却率先抓起了橘子皮，嚼了满嘴：“大王有令，敢不从命？看伍子胥把它的皮和核全部嚼碎了，咽将下去！”

孙武：“不可。”

阖闾：“嗯？——”

孙武：“大王，兵凶战危，须慎之又慎。兴兵十万，日费千金。如今百姓劳顿，人心思治，还要等待时机。”

伍子胥反问道：“长卿怕倒了胃口？”

孙武：“君王不能因为愤怒而兴师，将军不可因为怨愤而征伐。”

阖闾看看伍子胥，又看看孙武。

阖闾的心里不痛快，可是又觉得孙武言之有理。他急于征伐好胜，把希望寄托在孙武的身上，不料孙武却并不如他预料的那样急于挂印争功，夺个头彩。伍子胥已经气愤得吐了嘴里的烂橘子皮，等着他来裁决。伍子胥当然急于伐楚以报父兄被杀之仇，伍子胥越急，阖闾便越要抑制他，钳制他。阖闾问夫概对此如何看法？夫概说了一句模棱两可的话，“橘子早晚是要下肚的”。有一点可以肯定，阖闾见孙武不主战，伍子胥主战。两位举足轻重的大臣意见不一，至少应该再耐下心来等一等再说。身为君王，既要有急功夫，当断则断，处事果决，也须有慢功夫，站到高处，磨合群臣之间的关系。何况这日拜了孙武为将，至少应该给孙武些面子，把好事做到底，落个从善如流的美名。

阖闾说：“看来今日这橘子吃出酸味儿来了。也罢，留待他日再吃。孙将军，寡人既拜你为将，便寄于你无限信任，不可怠惰。别让寡人等得空白了头！”

话里有话。

孙武忙作揖道：“臣愿肝脑涂地，万死不辞。”

既没有驳回孙武之策，又不轻不重地敲了孙武一下子。

这便是大王阖闾。

他忽然就哈哈大笑，忽然就勃然大怒，喜怒无常是他的权力和杀伤力同样奏效的武器；他说沉了脸，就吧嗒一下子沉下来；说亲切便亲切得情同父亲。他肃穆得让人胆战心惊，亲切得也让人心惊胆战。谁也难于揣度他在刹那之间大脑的沟回里闪烁着什么，是重用，还是杀机？是信任，还是怀疑？是让你平步青云，还是叫你灭门九族？

他挥了挥手，道：“来呀，乐舞助兴！”

宫中妇人春风一般拥入，室内立即粲然一亮。令四座惊叹的是，美妇人个个儿腰肢细软，体态婀娜。这是大夫伯嚭深知大王阖闾失妃之痛，专程从吴楚边邑招来的女子。楚风蛮野，楚王却极其喜好细腰女人，楚国国中便有人为了勒细了腰肢而饿死的。细腰之风，也传到了吴楚边城。这些新近召来的美妇人，在钟磬琴箫的伴奏之下，呈示着古朴的野性和细腰时尚的娇软。舞蹈中揉进了楚人所崇拜的图腾凤鸟的形象，有某种神秘的意味，又在模仿着采桑的动作，在真实与幻境之间，穿梭来去。

然而，这异域风情，特别是楚风之舞，不是没有意味的。又似乎在展示着大王伐楚，掠楚，甚至于灭楚的渴望。

一阵令群臣眼花缭乱的舞蹈之后，乐工们接着演奏《深潭赋》和《梅花引》。

居中低着云鬓奏琴的是哪一个？

竟然是漪罗！

孙武的心立即为之一震。

大王阖闾看了看孙武，又看了看那位酷似他心爱的皿妃的少女漪罗，饶有深意地眯了眼睛，淡淡地一笑。

十三

吴王阖闾在宴会上昭示天下，拜孙武为吴国将军，同时，又等于在宴会上出示了一件宝物——这便是漪罗，让漪罗奏琴。孙武一见逃之夭夭的漪罗竟然进了宫，心里十分惊讶，也掀动着情感的波澜。他尽量压抑着自己，不使那柔情外泄。他不知道，漪罗进宫是什么意思？是图谋日后对他的报复，还是故意这样做给他看？他定定地看着漪罗，漪罗偏偏连头也不抬，眼珠儿也不向他转一下。孙武知道他得罪了倔强、任性同时又情感浓烈的小女子，或者说因为杀掉漪罗的姐姐皿妃，结下了深仇大恨。这是他始料不及而又不能不这样决断的，然而，这个致皿妃于死地的决断，在常人看来又是那样暴虐、乖张和无情。他是十分喜爱和珍视少女漪罗的，可他又觉得浑身是嘴也无法说动漪罗。他的心里觉得很苦，虽然到底还是得以官拜将军，却难以摆脱失掉漪罗的遗憾、失落和惆怅。

漪罗看见了终于光荣地官拜将军的孙武，却装作没看见。她低着头弹奏七弦琴，眼睛的余光却扫着孙武。她手指抚弄着琴弦，这首曾经作为情爱的倾诉，弹给孙武听的“深潭”和“梅花”，这会儿变得那样地深不可测，秘不可言。其中有愤，有怨，也有依恋，还有委屈。她不能原谅孙武的无情，不能原谅孙武所带给她的失掉最后一个亲人的孤单和痛苦。孙武让她感到这个世界是如此可怖，充满着鲜血和杀机。她害怕柔弱的她，不知哪一天也会横遭惨祸，而执斧的，说不定便是她曾经委身的孙武！她逃出孙武的馆舍，不料，茫茫世界无处可以栖身。她晕倒在吴楚边邑，醒来的时候已经落入了伯嚭之手，被送进宫来。大王阖闾见到她。吃了一惊，以为皿妃的魂魄归来了，及至一问，才知是她漪罗。大王阖闾没有再表示什么，只是让伯嚭快些将她带走，似乎她是个不祥之物。她被闭锁深宫，演习乐舞，她知道今生如果想逃出宫门，是很渺茫的。她也知道。姐姐皿妃在宫中所受的折磨、冷遇、争斗和惴惴不安，她都要经受。说不定哪天就被折磨到死，说不定也像姐姐皿妃一样，出得宫门，唯有身首两分开！她的心乱如麻。琴屡屡弹错。她几乎要落泪了，尽可能地忍着不哭出来。她想说，孙武啊孙武，你的将军的征袍，是姐姐皿妃的头颅换的！

阖闾突然道：“孙将军，你看这小女子漪罗与一个人十分相像哩……啊，不提了不提了。”

不是已经提起了吗？

孙武的心一动。

阖闾又道：“孙将军，漪罗所奏的是什么曲子？”

“《深潭赋》与《梅花引》。”

“哦，寡人听来，这潭水仿佛不那么清澈。”

“臣以为尚可。”

“将军说是尚可，一定是尚可的了。只是寡人听得心烦。算了，不要弹了，下去！”

不知道大王阖闾又动了什么心思。

漪罗收琴，欲走。

大王阖闾又道：“且慢，漪罗过来说话。”

漪罗忙走上前来：“漪罗叩拜大王。”

“免了。”

漪罗侍立，飞快地扫了孙武一眼。

目光冷飕飕，无限怨愤。

孙武把头扭到了一边。

阖闾：“漪罗，你当是知道，孙爱卿已经是吴国的将军了。”

“小女子知道，这回孙将军如愿以偿了。”

孙武也看了漪罗一眼，听出漪罗的言语中含着讥讽。

阖闾：“孙将军以社稷为上，自然应当如愿以偿——唔，恐怕还说不上是如愿以偿，孙将军你以为如何？”

“臣唯以报效大王为愿。”

“好，说得好。孙将军，寡人欲将完璧归还于你怎样？”

孙武明白大王指的“完璧”，乃是漪罗，便看了看漪罗。

漪罗自然也明白，可是满脸铺着冷漠。

孙武说：“孙武从未丢掉什么璧玉，不知大王指的是什么？”

阖闾哈哈大笑。

阖闾的笑，比他的愤怒更加可怕。

阖闾说：“伍大夫，你说孙将军有没有丢掉一块最美的璧玉啊？”

伍子胥笑说：“臣读《孙子兵法》，知道有一句名言叫作欲擒故纵。”

阖闾：“哈哈，好一个欲擒故纵！孙将军你别再打哑谜了。寡人把漪罗归还于你，领回家去吧！”

孙武：“谢大王。”

漪罗忽然噙着泪：“大王！”

阖闾：“你有什么话说？”

漪罗：“小女子与孙将军缘分已尽，愿意在宫中为大王奏琴吹箫，解郁抒怀。”

孙武感到心冷。

大王阖闾一愣：“嗯？”

夫概说：“漪罗，不可使小性儿的。”

阖闾："是呵，闹什么小性儿？寡人问你，天下难道还有第二个孙将军么？"

漪罗："天下无二的，只有大王。"

阖闾微笑："很会说话。"

孙武心里明白，漪罗心上的仇恨不是那样容易化解的，她的姐姐皿妃死掉还刚刚七天，便道：

"大王，倘漪罗不愿意随臣而去，就——不必勉强了。"

阖闾沉默少顷："也罢。"

宴席散了。

大王对伯嚭说："伯嚭大夫，待些时日，你把漪罗给孙武送去。"

伯嚭应道："是"。

阖闾说："永远不要叫寡人看见她！"

伯嚭又忙答应。

为什么永远不要看见漪罗？阖闾没说。

连日悲哀瘦损下来的漪罗，越发地像皿妃了。

漪罗回到自己住的地方，呜呜地哭得十分伤心。

孙武摇身一变成为显赫尊贵的将军之后，心里谈不上愉快和轻松。这倒不只是因为漪罗的绝情，他已经决意将那个小女子尽快地忘却，忘个干净。主要还是因为他意识到作为一个运筹帷幄的将军，若要实现他所追求的独到的理想的治国治军境界，需要同君王做一番周旋。

这是很累的事。

三日之后，伯嚭大夫将漪罗送到了孙子之馆。

漪罗被绑着。

漪罗已经成为伯嚭大夫的一块心病，他将这美丽的少女作为祭品敬献给大王，原以为可以因为漪罗生得酷似皿妃，填补大王失妃的空白，被大王欣然接纳的。不料，大王却怕见漪罗，不愿意再见漪罗，并且放了话，让伯嚭将漪罗送还孙武。伯嚭既不敢慢待了漪罗，同时又觉得自己把孙武之妾截了，送与大王，大王又不接纳，让他送还孙武，这处境很是尴尬。再加上漪罗不愿意到孙武身边，央求伯嚭放她一条生路，要远走高飞。伯嚭便想出了一个好主意，把漪罗绑起来，亲自送了去。

孙子之馆已非孙武赋闲时临时居住的样子了，将军府自然有另一番气象。吴王的恩宠和信任已经化作实实在在的宽大的院落，门前的侍卫，房中的帷幔，青铜鼎和枝形灯。孙武在罗浮山故居的书简及家什已经全部搬了来。简朴依旧是简朴的，但绝不是简陋。书与剑所构成的氛围，呈示着精神上的富有和超凡脱俗的气派。

漪罗被捆着，其实捆绑得很松，绳子松松地挽了活结儿，伯嚭大夫有令，不可勒疼了她。尽管如此，漪罗也没有试图挣脱开绳索。这对她来说，是一种意味；对于伯嚭来说，则是一种姿态。

漪罗被伯嚭送进孙武的书房。

她惊讶那席子，那几案，那灯，甚至于帷幔以及几案上的瓦砚，都是她走时的老样子。放置七弦琴的琴案也依旧摆在那儿，只是上面没有了琴。

琴让她给“偷”走了，现在才带回来。

孙武也还是如从前那般坐在案前，案上放置着竹简。

一如既往的陈设，给人一种“怀旧”的感觉，似乎主人在回忆着往日的温馨。

可叹已经物是人非了。

伯嚭在门外就开始叫：“孙将军，你看看伯嚭给你送什么宝贝来了！”

孙武一见被捆绑着的漪罗，刹那间有些失态：“啊呀伯嚭大夫，有失远迎，请恕不敬。”

孙武对伯嚭说话，眼却看着漪罗。

漪罗眼睛抬得高高的，如入无人之境。

伯嚭：“哪里哪里，请求饶恕不敬的应该是我，伯嚭斗胆把漪罗绑了起来。漪罗，快向孙将军请罪。”

漪罗冷笑：“漪罗何罪之有？”

伯嚭哈哈一笑：“这……孙将军，我可说不清了。伯嚭可是一片苦心，成就你们的好事，啊？哈哈。”

说着，便为漪罗松绑。

孙武：“不敢劳驾伯嚭大夫，我来。”

伯嚭饶有意味地笑：“噢？好，好。当然应该将军亲自来。”

漪罗冷笑：“何必要给我解开绳索呢？就不怕漪罗逃走吗？”

伯嚭：“这……将军你看，现在少夫人若再逃掉，可没有伯嚭的干系了。我的使命已经完成，就此告辞。”

孙武：“伯嚭大夫请。”

孙武巴不得伯嚭快走。

屋子里只剩孙武与漪罗两个人。

漪罗被松了绑，低头望着地上的绳索。

那张曾经断了商弦的琴，又带回来了，放在琴案上。

孙武说，“漪罗，坐下。”

漪罗：“漪罗等着将军把我再绑起来。”

“这又何必？”

“漪罗看见百戏之中玩猴的人，总是用绳索把猴子牵着的。”

“你……”

话不投机。

孙武纵然有超凡的智慧，那智慧在漪罗面前也等于无。

没话也得找话说。

孙武抚弄着琴：“漪罗，可否再为我弹奏一曲？”

“手指让绳子捆木了。”

“哦，这商弦到底还是接续上了。”

“商弦虽然续上了，可是商音调不准。”

“如何会调不准呢？”

“轻了，弹不成曲调；重了，它就会绷断的。”

孙武从后面用两臂小心翼翼地抱住漪罗，其实，算不得拥抱，仅仅是轻轻地围着而已。

漪罗一动不动，也无感觉。

“漪罗，”孙武说，“难道你不相信我会小心调试，轻柔得体么？”

漪罗的身心一颤，跑开了。

沉默少顷。

孙武又找到了话头："你看，这瓦砚，哦，你说过，也叫砚瓦。"

"砚瓦，瓦砚，随将军怎么叫。就是摔破了，还可以再雕琢一个新的。将军还愁没有瓦砚？"

"瓦砚里的墨都干了。"

"湖里有很多的水，山上有很多的石墨。"

"留下来，为孙武研墨吧。"

"……"

"你答应了？"

"……"

孙武去拉住了漪罗的手。

漪罗的手冰凉，在微微地打颤，慢慢地推开了孙武的手。

孙武看着漪罗。

急不得也恼不得。

孙武又去借那张琴说辞："漪罗，你不知道孙武看到这张琴，心里是何等高兴——哦，你道这张七弦琴从何而来？孙武自齐国来到吴国罗浮山中，砍伐木材盖起了屋子。我并不知这做屋子栋梁的檀木乃是做琴的上等材料啊。那日乐师公孙尼子来访，仰首看这檀木之梁看了很久，又搬了梯子，登上去，以手叩打檀木之梁，听见了嗡嗡的声音十分地悦耳。公孙尼子说，这做房子栋梁的檀木，少说也有五百岁了。日精月华，餐风饮露，雷击电灼，沐雨经霜，乃是世间绝无仅有的制琴的材料。孙武听公孙尼子一说，便拆了房屋，取了檀木之梁制了这张琴。漪罗，你看，孙武的眼力不济啊！孙武险些把稀世之珍错过了呢！"

说的是琴，还是以琴喻人？

漪罗几乎被打动了，眼里闪闪烁烁的，荡漾着湿漉漉的东西。

孙武发自肺腑地叫了一声："漪罗！"

孙武又一次试图抱住漪罗。

漪罗哭了。

漪罗哭着说："孙将军——"

孙武："不要叫我将军！"

漪罗："不……我做不到。将军可以取房上之梁做琴，琴却难于再做房上之梁。啊！我不是这个意思，我也说不清楚我的意思。孙将军，你也许无法理解漪罗，漪罗只有一个姐姐啊……想到先生终于挂将军之印，看到这将军的府邸，漪罗实在没有办法不想起血溅校场的姐姐……漪罗没有办法。将军，你能……能够容漪罗到乡下去住吗？"

孙武撤开拥抱漪罗的两臂。

长吁了一声。

他知道一时无法说动漪罗。

他可以懂得治国治军，懂得调兵遣将，懂得决胜于千里之外，可是他不懂得一个小妇人的心。

孙武说："也罢。大王既拜孙武为将，我当为大王谋匡世济国之策，百废待兴，恐怕一时也顾及不上你。漪罗，你就暂且到乡下……哦，孙武知道你举目无亲，我的那个诤友公孙尼子，乃是举世闻名的乐师，你可去到他那里暂住。什么时候想回来，让人通报于我。去吧，去吧。"

"谢谢将军。"

"孙武为你打点行装，把琴带上。"

"这琴不是将军心爱之物么？"

"瑶琴虽自爱，只恨没有知音来欣赏啊！带上吧。唔，这张琴还没有名字，今日以后，便名之为依琴如何？"

"依琴？——啊，依琴！"

十四

春来秋往，孙武常常惦念漪罗，只是忙于帮助吴王策划扩大亩制、减轻赋税、鼓励农桑的国策，忙于征兵、训练士卒，难得抽身去看望漪罗。派田狄去过几回，头一回田狄回来说，“少夫人气还没消，把将军带去的东西全扔在地上，怎么带去的怎么带回来了。”孙武唉了一声，帛女哼了一声，只好作罢。第二回田狄回来说，“田狄去传达将军的意思，请少夫人回姑苏。少夫人说，‘跟公孙大师学琴还没有长进。’我说，‘何时有了长进，再来接少夫人呢？’少夫人说，‘大师琴艺莫测高深，今生也不敢言长进二字。’我道，‘如此说来，少夫人就不会回到将军身边了？’少夫人又道，‘你家将军哪里会把个弱女子放在心上？你回去说与将军听，休来打扰漪罗。’”这话听起来，似乎漪罗归来不是无望的。于是又让田狄三赴罗浮，备车去接，田狄这次回来喜滋滋道，“将军，将军，少夫人问你饮食起居，问你胖了瘦了，极尽其详，有望了，归来有望了啊！只是，恐怕田狄不能代替将军，有道是解铃还须系铃人哪！”帛女在一旁听了，说，“去吧，去啊，还等什么？我知道将军心痒难挠。”算得上慷慨大度的帛女，话里话外不无酸味。帛女自漪罗走后，可以说极尽了温柔体贴之能事，看着孙武始终放不下漪罗，就发了一阵呆，叹息道：“将军去接漪罗吧，帛女自会好好待她的。”

孙武决定到罗浮山中走一趟。

吴王阖闾决定请邻近的唐国公和蔡国君侯即日来游姑苏，检阅三军。

阖闾道：“寡人约唐、蔡两国君侯同游姑苏，让彼等看看吴国两年的兴盛和变化，算得上将军兵法中的‘伐交’吧？”

孙武：“当然。大王以‘伐交’为谋略，慑服联络邻国诸侯，来日伐楚何惧后患？何愁兵源不足？”

“将军是知道寡人的。两年的时光虽不算久，可是，如今吴戈吴钩精锐无比，再不伐楚一试锋芒，寡人手心痒得难受啊！”

“请大王明日看孙武一展锋芒！”

唐、蔡两国诸侯如约而至。阖闾的左手拉着淮水上游的蔡昭侯，右手挽着汉水上游的唐成公，显得亲密无间。阖闾心情十分地好，一路车马浩荡，步行迤逦，一路哈哈大笑。姑胥繁华，令两位诸侯目不暇接。出城东南，三百顷稻田，水网阡陌，满眼稻花，随风俯仰。距离都城二十里的娄门外，是鸡坡墟，是养鸡的所在；桑里之东，六畜兴旺，牛羊满圈，号称“牛宫”。城东五里有养猪的“猪坟”，城东二里有“马市”，匠门之外，有“鸭城”，越来溪西侧，乃是“鱼城”。真个是人欢马叫，鱼米富足！吴国的都城在伍子胥的谋划下，迁徙到姑苏，避开了强盛的楚国的锋芒，逼近了比较弱小的越国，在战略上很是有利，而且，陆路可以驰骋车马，水路可以摇曳舟船，无论是北上中原，还是西征楚国，南伐越人，都是通畅便达的。伍子胥建造都城时，仔细相看了风水吉凶，从外地运来了土木筑城，三重城垣，小城城墙便宽达二丈七尺，高四丈七尺，雄踞于太湖之滨。吴王阖闾邀蔡昭侯和唐成公登上了高高的吴王台，吴王敞开衣襟，迎着爽爽的南风，指点着城中街衢和城外烟波浩渺的太湖。他遥望着西，又遥看了北，微微地笑，踌躇满志。两位小国的诸侯大开眼界，心悦诚服，连连称快。

游览了两日。

第三日该检阅三军了。

这一切都是孙武、伍子胥和吴王阖闾一同策划的。吴王阖闾采纳了孙武富国强兵之策，乃是其“伐谋”的一部分。检阅三军，观兵耀武，又是“不战而屈人之兵”之谋的一个步骤。骁勇三军，哪里只是给蔡昭侯与唐成公观看？实际上是展示给天下诸侯的。至于孙武在兵法中所说的“伐交”，经孙武和伍子胥说服，阖闾已经忍痛舍了亲姐姐，把姐姐叔姬嫁给了蔡昭侯，成为蔡侯夫人。蔡侯迎娶叔姬那日，叔姬泪眼模糊，仰天长吁，悲叹自己成了兄长的礼物，被远抛到了淮水的源头。按照礼法，蔡昭侯和叔姬都是姬姓，同姓是不可以通婚的，可是为了建立一种同盟，大王阖闾哪里还顾得了许多？阖闾望着迎娶叔姬的车马在烟霭中消失，大有扩展了疆土的感觉。他叫人在用以盛水映照面影的青铜鉴上，铭刻了“媵叔姬于蔡，为蔡侯夫人”一行字，他深信史家这一笔，将对日后的会盟诸侯打下根基。果然，蔡昭侯来了，唐成公来了，虽然称不上会盟，唐、蔡二国诸侯已表现出了诚惶诚恐的模样。蔡昭侯虽是个小国诸侯，却藏有许多的世间奇珍异宝，为人懦弱、胆小、终日害怕被大国征伐攫掠，惶惶不可终日。如今有了吴王阖闾成为姻亲，也觉得有几分骄傲和依仗了。蔡、唐二国国君都向阖闾敬献了宝马名裘作为见面礼，阖闾一挥手叫人拿过去，满脸不屑一顾的样子。蔡昭侯就心里打鼓，不知道吴国君王到底在惦着他的什么宝贝，也不知道他献上什么宝贝才能讨得吴国大王的欢心。

吴王阖闾带着两位诸侯巡看水军。

蜿蜿蜒蜒的吴江在入海口处，宽阔起来。浪花飞溅，帆樯林立，旌旗蔽日，这便是欐溪，称之为吴军的“船宫”。伍子胥来邀吴王和二位诸侯上船，水军威猛奋发，战船列队。大王所乘的主帅之战船，船名为“大翼”，宽一丈六尺，长达一十二丈。船上兵丁九十余人。持弓弩的，持长戟长矛的，摇桨的，一个个赤裸了上身，身上全刻着鸟兽花纹。周围的船只井然有序，伍子胥亲自擂鼓号令，舟船齐发，左右冲出战船两艘来保驾，其余战船，叫作突冒的，冲击如闪电雷鸣，楼船桥船，则快捷轻巧如江中之鲤。

伍子胥在船头将军旌麾之下，指挥战船变幻出各种奇诡的队形。

水上战船飞掠。

天上恰巧飞来了一行大雁。

阖闾从侍卫手中拿过弓弩，张弓搭箭，一箭射去，正中头雁。

众人一片欢呼之声，称赞“大王神箭”！

那只中箭的大雁扑动了几下翅膀，像石头一般落了下来。伍子胥眼快手快，一跃而起，在半空中接住了受伤的大雁。不料，在他跳跃的时候头上戴的兜鍪落了下来，重重地砸在船板之上，滚落到了江中。

预兆？

不祥？

伍子胥稍稍愣了一下神，扫了一眼渐渐在江中沉没的兜鍪。

阖闾不易觉察地皱了皱眉。

伍子胥呈上奄奄一息的大雁：“大王箭法百发百中，一箭便射中了大雁的咽喉。”

阖闾：“但愿寡人射中的不只是大雁。”

蔡昭侯说：“天下没有可以抵御吴国君王之箭的啊！”

唐成公说：“我等今日是大开眼界！伍大夫也是身手不凡。请伍大夫重新戴好兜鍪吧。”

伍子胥哈哈一笑：“不碍。别说是落下兜鍪，伍子胥就是头颅落下，也还是立在船头！”说罢，又一通擂动鼙鼓，号令水师演习江中水战。

一排排赤膊的汉子，像鲸鱼一般跃入水中，忽而无影无踪，忽而在江中闪现，忽而凫着水，推着战船前进。

唐成公看得目瞪口呆。

蔡昭侯拍着手道：“昭侯今日算是知道吴国船军长于舟战了。”

阖闾嘿嘿笑说：“岂止长于舟战？二位请随我去观陵军陆战，孙武之兵堪称天下无敌！”

阖闾兴致勃勃与蔡昭侯和唐成公乘车，奔向孙武练兵之处——晖嶂山。

晖嶂山雄踞于太湖之滨，山势峭拔，林莽葱茏。远望，大山沉静地隐在层云叠雾之中，走近，才知那山上的方阵里，甲仗坞，扬旗，白旄，到处都训练着士卒，而藏在山洞里，峭岩之下的奇兵，外人更是难测其数目。

士卒在山下营寨入口处，拦住了大王及诸侯的车马。

士卒拱手施礼："晖嶂山营地士卒叩拜大王，请大王下车步行。"

阖闾尚未答话，唐成公问道："请问，士卒焉敢见君王而不跪？"

阖闾："士卒身披甲胄，军中不跪，是寡人颁布的规矩。"

蔡昭侯问："君王到此，难道也得弃车步行？这也是您给自己立的规矩么？"

"这是孙将军给寡人立的规矩。哈哈，怎么？下车吧！请。"

二位诸侯只好下车步行。

唐成公、蔡昭侯所看到的练兵场面，绝非预先设计好的百戏表演。从山脚到山上，正在操练的士卒根本没有接到停下来恭迎大王的命令，没有专门列队做某些规范的表演动作，更没有从士卒中挑选一些精兵来给二位诸侯看。一切如实战一般，驾驭战车的，扬起冲天烟尘，步兵紧随其后冲杀，骠骑兵策马飞驰，演习奇正分合；那些正在忘我地进行短兵相接训练的，身上的兕甲，头上的兜鍪，手中的戈、戟、斧、钩，全都是战场上实用之物，兵器雪亮的锋刃在挥扫之间，寒光闪闪，令人发怵。

阖闾问唐成公："敢问成公以为寡人的陵军如何？"

唐成公说："惊心动魄，我看到血光了！"

阖闾说："唔，成公并未看到血光，血光乃是成公的想象。来人！传话给孙将军，就说唐成公要看到血！"

唐成公惊惶失措："这……"

唐成公的话还没说出来，早有人骑马飞奔到甲仗坞的演兵场，传达大王阖闾的命令：训练要见血！

血？

如何在训练场上见到血？

自相残杀吗？

唐成公和蔡昭侯心里打鼓。

阖闾也不知将会发生什么事情，他的脸绷了起来，严肃而又严峻。可他决不会改口的，也决不肯丢了面子，他什么也不说，定定地望着正在演练的军队，立在硕大平滑的将军石上，等待着自己军卒流血时刻的到来。

孙武向军队发布了命令。

鼓声大作。

这回是车骑步兵的纵队演练奔走了，顷刻之间，数千士兵浩浩荡荡开了过来，正是孙子兵法中所说的“动三军如动一人”的境界，三军凝固成一个整体，快速移动，气势咄咄逼人。

就在勇猛精锐的士兵经过大王阖闾面前的时候，第一辆战车上的将军吼了一声：

“刃加在肩上！”

士兵们大声呼号着，手中竖举着的锋利无比的长戟和长戈，忽然全部砍了下来。后面士卒的兵刃，落在前边士卒的肩上！一时间，血光透过征衣，迸溅到士兵的脖子上、脸上，形成一条血的潮流，血的巨龙。看上去，血红的太阳也似乎在这一刹那破碎了，落在队伍之中。后面士卒的兵刃落在前面士卒的肩上之后，不肯再拿起来，好像那锋刃还在向血肉深处切割，好像是不割断了骨头不肯罢休。唐成公和蔡昭侯看得瞠目结舌，令他们惊惧不止的，乃是肩上流着血的士卒，没有一个人的脸变了色，没有一个流露出半点的痛苦，没有一个哼一声，也没有一个倒下去，所有的人都执着地一往无前。这支对于死亡和流血完全不在乎的队伍，不仅人人具有生理上顽强的承受力，而且，这种精神上的承受力，这种勇猛、果敢和孔武，这样的性格，这样的纪律，这样的训练方式，两军阵前，不消说战斗，就是如此这般地整队而过，也会令敌人闻风丧胆的。

阖闾一边看着自己的队伍，一边用眼睛的余光瞟着二位小国之君。

他心里很得意。

第一辆战车上的将军，左肩上也渗着血，横着戟。

蔡昭侯说："这便是孙将军孙武么？"

阖闾："不。是将军夫概。"

第二辆战车上，将军的左肩也一样被鲜血浸透。

蔡昭侯："这位是——"

"将军伯嚭。"

第三辆战车驰来了，战车上立着一位身材剽悍、脸色青白的将军，才是孙武。

他的两肩上皆是血！

当然，他是主将，在士卒流血的时候，他不吝惜自己的鲜血。究其实，这是一场"心战"，是孙武对士卒的一次心理素质训练，更是在攻取战胜两个楚国周边国家君主的心。

演练一毕，阖闾唤孙武前来说话。

孙武两肩的血已经凝结成了紫的血块，风尘仆仆，但温文尔雅地向两位诸侯见了礼。

阖闾道："将军辛苦了。士卒肩上一刃，将军肩上两刃，这便是将军兵法上说的'对待士卒如同婴儿，一同赴汤蹈火；对待士兵好像爱子，可以一起去死'啊！"

孙武说："大王所言极是。今日不过小试锋芒。臣闻唐国君王前些时曾经到楚国去朝贡，未知是否确有此事？"

唐成公一惊。

阖闾道："寡人得到通报，确有此事。"

唐成公在发抖。他知道吴国一向以楚国为大敌。

孙武："敢问吴国与楚国的军队孰弱孰强？"

唐成公在琢磨如何答对。

楚国有军队数十万，吴国军队不过三万。

唐成公终于找到了说辞："楚国的军队十不当一，吴国的士卒以一当十。今日亲眼得见孙将军治军，实在是心悦诚服。"

唐成公出汗了。

蔡昭侯聪明，灵机一动，把孙武拉到一边，再语道："孙将军，小国之侯，实在没有什么献给吴国君王的。我想把姐姐大孟姬敬配吴王，不知吴王可接纳否？”

阖闾忽然在一边问道：“你们在商量些什么？说与寡人听听。”

孙武笑说：“蔡侯有一件世间奇珍异宝想敬献给大王。”

阖闾：“哦？什么宝物？”

蔡昭侯：“我的姐姐大孟姬，愿以侍奉吴国君王为终生之大幸。”

阖闾开怀大笑：“啊？！哈哈，如此说来，吴国和蔡国可是亲上加亲哪！”

……

吴江与珲嶂山演兵，威加于唐、蔡两国诸侯，昭示于天下诸侯国，吴王阖闾心里十分痛快。当晚，便召孙武与伍子胥进宫，共商伐楚大计。

阖闾说：“破楚之功，非寡人莫属。寡人准备征讨楚国，二位贤卿以为如何？不会再以时机不到来推托了吧？”

孙武说：“楚昭王今年十一岁，年幼无知，当政的虽多，但意见不合。周边国家君王如唐成公、蔡昭侯，其实是心向着吴国的。臣以为，可以攻打养城，擒杀掩余和烛庸，不知大王是否也是做此打算？”

当然，养城居于淮河北岸。攻破养城，将为攻破楚国都城郢都扫清障碍；擒杀掩余和烛庸，是大王梦寐以求的事情。掩余和烛庸是吴王僚的两个弟弟，不将他们剪除，终究是王庭的后患。

伍子胥道：“臣这里有三师肆楚之计，必能战无不胜。”

阖闾：“子胥快快讲来。”

“以三支部队轮番骚扰楚国，一军出动，便可以将楚军全部引蛇出洞。楚军出动，我军便退回，楚军退回，我军再出动，让楚国军队疲于奔命，消其锐气，我三军一鼓作气，必能大克楚军！”

阖闾拍手称快，道：“这亦是孙将军在兵法中讲的，两军相争，诱之以利，后发制人哪！两位贤卿心心相通，天助寡人也！还等什么？即日发兵，攻伐徐国，凯旋之日，寡人将迎娶蔡侯的姐姐大孟姬，来个双喜临门！”

……

又过了一年半的时日，孙武才得以抽身去罗浮山，看望阔别的漪罗。这是实在没办法的事情，孙武几乎没有属于自己的时间。吴王阖闾约见唐、蔡君侯的时候，孙武就要去接漪罗了，可是，阖闾似乎是排了一个战争“时间表”，把孙武牢牢地拴在了战车上。数十天后，便是远征徐国的一场战事。第二年，又是历时三个多月的进攻楚国养城的战役。再过几个月，又去攻伐越国。北边灭了徐国，南边大战越人，西边攻破楚国的城池，所幸东边是浩浩荡荡的大海，否则，吴王也一定要向东挥动铜戈的。至于罗浮山，漪罗，孙武想见，也根本无法见缝插针，他整个儿卷在吴国政治和军事的不停歇运作之中了。几年之中，日日夜夜，备战，战争，战争，备战，梦里都响彻着营中鼓角，历经了石破天惊的一回回大战役。他攻克了楚国养城，擒杀了吴王僚的两个弟弟掩余和烛庸，为王庭永远清除了后患，为日后大规模伐楚扫灭了障碍。他攻打素以蛮野著称的越国，他的军队长驱直入越国境内，大败越军，确定了吴国在天下诸侯中的地位。至于讨伐楚国边境的夷城，攻打潜城，围困弦城，都不过是在战略迂回中，顺手牵羊之举。他率领着由他改编的吴国三军一出城，世人便刮目相待。新编三军总数三万三千六百人，正副将军的战车上鼙鼓高悬，日月军旗在秋风中猎猎飞舞。军队一分为三，每军一万一千二百战士。下边又有十旌，每旌的战车上兀立着嬖大夫，也张扬着旗鼓，一千一百二十名战士个个骁勇非常，令行禁止。“旌”之下有“行”，“行”的下面辖制着一百名士卒，二十五人为“两”，“两”下又是“伍”，以五人为战斗小组。如此严格的战斗序列，天下唯一！他的军队在战法上穿梭于水陆双重空间，或走，或打，在无穷的运动之中神奇莫测。所幸有吴国君王的言听计从，所幸有伍子胥这样卓越的指挥人才同舟共济啊！吴国三军真个是动如一人。开始的时候，他率领军队直奔夷城，不过那只是虚晃一招，突然就兵锋急转，长驱五百余里袭向潜城。楚国的救援军队赶到了潜城，他扭头就走，沿着淮河昼夜兼行数百里，到了兵家要地弦城城下。楚军又跟着来救弦城，楚军一到，他的吴军再大举撤退。一个月里，他把楚国的兵马从夷城调到潜城，从潜城调到弦城，把楚军弄得处处扑空，迷迷糊糊，颠三倒四，将军骂娘，士兵沮丧，斗志全无。这时候的楚军在开合之间，到处露着破绽。孙武临机决断，挥动他的第三支精兵强将，突发奇兵，一举攻破了养城。

似乎是一场捉迷藏游戏啊!

大王在一连串的战胜攻取之后，对他真个是恩宠得很哩！常常在军帐中彻夜问答兵法，常常是一同进膳，甚至于夜里谈兵谈到月儿西斜，就同睡一榻。他英姿勃发，他雄才大略，他指挥若定，他运筹帷幄，他的兵法用则必胜，他的三军所向披靡。可以说他是疲于奔命。就是修订和增删兵法也只能是忙里偷闲了。有时候，即便大王和他一同宴饮，一同观赏乐舞，一同登吴王台观赏风光，那也是一种运作，是大王政事的一部分，是饶有深意的。这一点，他十分清醒。如果说他迷失在备战和作战的漩涡之中，也是清醒的迷失；大王赞誉他对于浩大的战争举重若轻，可是不间断地举重若轻，实在也就不轻松了。

往昔的飘逸，往昔的闲适，没了。

他神经的弦，每时每刻都绷得紧紧的。

他即使身在吴国，身在姑苏，也几乎没有闲暇回到府上去看看帛女。他常常睡在营帐里，睡在士兵中间，营帐里是没有温馨的梦的，漪罗也从来没走进他的梦里来过。

哦，漪罗!

只有在宫中看到瑶琴，在行军途中看到潭水，看到驿路上的风雪梅花，漪罗才会倏然走上心头，又倏然无影无踪。有时，在异国他乡，遇上连日阴雨，云翳不开，战事暂歇，听见夜雨敲窗的时候，闭上眼睛，漪罗就会走来，睁开眼睛，漪罗又无踪无影了。

终于，在三军大战凯旋之后，吴王阖闾大庆功、大饮宴的这天，孙武逃了。

他逃出了姑苏城，去看望漪罗。他连家仆田狄也没带，一个人，一匹马，脱下战时的犀甲和征袍，换上粗布衣裳，匆匆奔向罗浮山。终于暂时逃离了那些破城、凯旋、战前的演习、战后的抚恤，避开了流血、死亡、奔袭、掩杀，他像鸟雀一般欢跃，胯下的骏马也像是从一重又一重的蚕缚中冲将出来似的，一路蹄花连声响亮，马尾巴跑直了，马的脊梁上跑出了汗。跑到了罗浮山中，他牵着马缰绳，在熟悉而又久违了的山路行走。远远望去，那栀子林依旧，可是那茅舍，那菜园，却是到处生着蒿草，一片荒芜，没有了往日的生气。

松林中，公孙尼子的家也是荒草丛生，而且房屋颓败，残垣断壁，一片冷落。公孙尼子何在？他的漪罗何在？举目茫然。他不只感到了一种失落和失望，并且感到了孤独。从前，他即便不曾来看望漪罗，漪罗毕竟是让他撂在罗浮山中的，他想他可以随时来看望，或者在合适的时候将漪罗接回府中的。现在漪罗不见了，漪罗到底不是他摆放在罗浮山里的一个什么物件儿，随时可以取回。漪罗的心，漪罗的腿，生在漪罗自己身上，更何况小女子漪罗的性格是那样地倔强！他知道自己在方略上犯了一个严重的错误。

他苦笑。

声音空洞得很，竟然有回音，回音撞击着他的心。

漪罗，你如今在何处？……

漪罗在山的那边。

在铸剑大师干将那里。

不是公孙尼子待漪罗不好，公孙尼子视这聪慧伶俐的少女如亲生女儿。可是，尽管在公孙尼子这里可以学诗学琴，尽管公孙尼子老夫妇两个对她知寒知热，她总是魂不守舍。她既摆脱不了姐姐皿妃之死给她留下的无限悲痛，也无法不常常想起又心狠又情柔的孙武。她对孙武又恨之入骨，又爱之入骨。而且，离开得越是遥远，越是长久，少女心中的恋情就越是自然而然地膨胀和发酵。也许公孙尼子说的是对的？世有大仁大义，亦有小仁小义。人虽可以看作是一个宇宙，比起国家社稷便足见其小。不，她不管什么大，什么小，她只管孙武那颗心是否向着她，是否属于她。她其实是期待着孙武来接她回去的，她更期待孙武能对她说一句软话，表现出一种内疚，那样她的心里会好受些，她就破涕为笑，跟上孙武回去。

可是没有。

一扔就扔下她三年半，春来秋去，一千二百七十多个日夜！

孙武率师远征养城，出发那天，她早早地赶到城门口，挤在送行的人群之中。她定定地望着在战车上，在旄旗下，兀立着的将军孙武，这时候一切愤怨全部消失了。她渴望孙武能侧目向她一望，她将用目光，给孙武一个诚挚热烈的祝福。她希望孙武知道并且记住，这里有一个漪罗，在等着他平安归来。

可惜没有。

孙武班师回国的时候，她又到人群中挤了一回，她看见孙武的战车在一片欢呼声中从她面前驰过，甚至看见了孙武唇上的短须，看见了孙武那神采飞扬的眼睛。她还是盼望孙武能想起她，看见她，喊一声“漪罗”！

还是没有。

她的心里很难过。

也许，身为将军的孙武，早已把她忘到了九霄云外?

她想，孙武对于一个弱女子是不放在心上的，杀妃便杀妃，抛掉她又算什么?

愤愤不平。

可她还是在孙武离开吴国去作战的那些漫长的时日里，默默地祈祷孙武平安。

公孙尼子是世外之人，常常是一双芒鞋，一个竹笠，一张琴，遨游四方。漪罗来了，为了安抚孤独无助的少女，很久没有出游了。后来，齐国的乐师师襄前来请公孙尼子去论乐，漪罗主动离开了公孙，投奔到铸剑师干将门下，鼓风装炭，化铜铸剑。世人谁不知道干将铸的剑是天下奇宝呢？那干将之剑，“肉试则断牛马，金试则截盘匜。薄之柱上而击之，则折为三；质之石上而击之，则碎为百。”试想，那宝剑可以将牛马斩为两截，剁断黄金的盘匜像剁泥土，一剑就能把顽石砍成上百块碎石渣，一剑就可以把巨大的柱子斩成三截，何其锋利？据说，遥远的昆吾铜山上，有一种奇异之兽，大小形状像兔子，性情却比兔子凶顽。怪兽雄的一身毛色如黄金，毛竖如针；雌的毛色雪白，柔滑如缎子。雌雄出没，成双成对，山中狮子老虎见了都老远地躲避。这野兽吃铜铁、矿砂，也偷吃兵刃，它胃中剥出几粒闪闪发光的东西，号称铁胆肾。就是这“铁胆肾”，干将带回去铸剑，炼了三年不化，后来，干将的妻子莫邪自己一跃投入炉中，炉中闪烁起红黄蓝橙七色火光，铁胆肾才和铁精一道化成了彤红的铁水，铸成天下名剑。漪罗投奔到干将门下的时候，莫邪已投炉化铁三年了。那干将孤苦伶仃一身，无思无欲，一天只知道发疯了似的铸剑。干将铸剑时完全是在一种疯狂状态，吃睡在炉边，听不见鼓动大牛皮口袋的声音就大哭流涕，在砧上打铁的时候狂呼乱喊，唯有为剑器淬火的时候是悄悄的，不许任何人过目。那些天下瞩目的剑器，吴王光剑，辟闾剑，巨阙剑，无人知是如何变得锋利无比的。谁知道漪罗怎么和他对脾气？他竟然破例准许漪罗去看，并且学习淬火的技术。漪罗在干将身边，每日出一身臭汗，心里倒也舒坦。干将铸剑的时候，为了祭奠莫邪，也为了请莫邪在天之灵保佑冶炼成功，让三百鼓风装炭的童男童女，全都披麻戴孝。

三百名披麻戴孝的童男童女，每天从早晨到黄昏，围着呼呼啦啦吞吐风火的冶炉，唱着歌，挥汗如雨，这情景实在是显得又神秘，又激昂，又惊心动魄。

漪罗也在三百披麻戴孝的童男童女之中。

她不知是因为思念孙武，还是为了日后见孙武找个因由，对干将说："师父，漪罗想请你帮助我铸一柄剑。"

"女人要剑何用？"

"给将军一用。"

"什么将军。"

"名闻天下的将军孙武。"

"什么名闻天下？什么孙武？老夫不知道，老夫只知道老夫铸的剑天下闻名。"

"师父你管不管？"

"唉，你呀！快去鼓风好不好？"

"师父你真好。"

"什么好不好？有剑可铸就好，天下有人懂得我的剑器就好。"

"请师父铸上剑器的名字——叫依剑。"

"依剑，知道了。"

漪罗欢天喜地。她想，旷代绝伦的将军，当然应该佩带旷代绝伦的剑器。可是，为什么忽发奇想叫什么依剑？是因为孙武曾经赠你一张依琴，你就要还赠一柄依剑？是要好事成双？成什么双？那个骄傲的绝情的将军，早把你忘了，扔在罗浮山不管了！想到这儿，她险些又流了眼泪。

她哪儿知道孙武完全被吴王“拴”在战车上了，哪儿知道今日孙武“逃”出来，正在漫山遍野寻找她呢？

天渐渐黑下来了。

孙武跌跌撞撞在山中乱走，忽然喊起来了，“漪罗！漪罗！……”回声在山中游荡。

孙武沮丧地坐在山中。

夜的网，罩住了草木和山峦。孙武忽然感到自己很孤单，很孤独，而且是一无所有。

就这样回去吗？

现在，吴王阖闾一定大发脾气，派人四处寻找他的踪影呢！

让他们找吧。

孙武“逃”跑了！

难得的一次潜逃，可是，他没见到他的漪罗！

他看见山背后闪烁着红光。

索性去看看，说不定会见到人，打听到漪罗的下落，他自言自语。

绕到了山后面，他被眼前的情景惊呆了！

罗浮山北麓，被红云弥盖着，山也红了，树木也红了，岩石也红了。巨大的冶炼炉拔地而起，喷吐红彤彤的烟焰，制造出了一天的云锦。干将的脸与红炭一色，指挥着紧张的冶炼。在冶炉周围忙着装炭的，忙着用巨大的牛皮口袋鼓风的，是三百名童男童女。冶炉吸进罡风，喷吐烈焰，似乎是硕大的有生命的精灵在呼吸。左边光滑的试剑石，已经过千磨百砺，此刻静默，等待着试剑；右边剑池的水被火光照得通红，似乎沸腾着激情，等待着为宝剑淬火。

激奋人心的，是狂呼乱叫的干将，犹如一位忘我的将军，指挥着千军万马。

令孙武魂悸魄动的，是三百童男童女，全都穿着白麻布的孝服！这就使这冶炼变成了一种神秘的祭礼，显得十分地悲壮。

孙武被这火的舞蹈、风的舞蹈和力的舞蹈所震慑，一时说不出话来。他哪里知道，漪罗就在他的身边！

漪罗正在和童男童女一道奋力鼓风，一个童女说，“姐姐，有生人来了。”漪罗回头扫了一眼，又扫了一眼，心有所动，索性回过头来，仔细地看了看那张被火光照红的脸，差点儿惊叫了一声：“将军！孙武！”她的心立刻噗通噗嗵地跳起来，头感到有一点儿晕眩。可是你千万别认错了人，漪罗心说，这也许是梦，也许是幻觉，那个孙武早已抛弃了你，并不知道你在罗浮山铸剑。他不是来找你的，你不要自作多情。这么想着，漪罗还是立了起来，转过身与孙武面面相对，她还是希望听到孙武叫一声漪罗。只要孙武说一句，孙武来接你了，她就会毫不犹疑地跟这个人走，哪怕去到天涯海角，哪怕是去历尽八十一难！

一别三载，漪罗年已十九，丰满了，长高了，成熟了，周身膨胀着青春。在这个黄昏，在呼悠呼悠闪动的火光之中，漪罗披着麻衣，为了抵御灰尘，又用麻布面罩挡住了眼以下的半张脸，孙武根本不可能认出漪罗。

漪罗还在等待着，她准备好了足够的激情和柔情，她的嘴唇在微微颤抖。她是一眼就可以从千军万马中看到孙武的，她相信孙武只要和她目光一碰，就知道她是谁。

孙武并没能认出她来，诧异地看了一眼面前的“女子”，目光冷漠极了，又抬眼去看那冶炉去了。

漪罗想哭。

她忍住了，转身就走，走了几步，又返回来，样子像是要和孙武吵架。

漪罗：“先生到此何事？不知这里是干什么吗？”

孙武：“随便走走不可以么？”

“哦，很是闲适？”

“无聊得很。”

“那么是——到这里寻些消遣之物？”

“就算是——消遣吧。”

“这里不是消遣的地方，先生懂不懂，你懂不懂？”

“你——怎么了？”

“请走开！”

漪罗的情态很反常，完全像是无端滋事，寻衅打架的。孙武本来说话时还在望着壮观的冶炼，这时候又诧异地看了一眼这位没事找事的爱斗架的童女，哑然一笑。

“可否客气一些？”

“够客气了！”

“久闻干将采五山之铁精，六合之金英，冶铁铸剑，气魄非凡，果然不错。”

“唔，先生是观看热闹的。”

“但愿不曾打扰。”

“我好像与先生见过面。”

“哦？绝不可能，山野之人平生第一次来观看冶炼。”

“先生气宇轩昂，看来不是等闲之辈。”

“你过奖了。”

“你过谦了。”

“不可以貌取人的。也许我是徒有其表。”

“先生不是名唤孙武吗？”

漪罗忍不住要直呼其名了。

孙武觉得很有意思，问：“莫非你真的见过孙武？”

漪罗鼻孔里哼了一声，嘲讽地说：“小女子焉能有幸见到那位尊贵的大将军？那孙武将军可是功名盖世，十分了得呢！听说一斧子就砍掉了两位王妃的头颅。依先生之见，这位将军是不是很可恨呢？”

孙武一愣。

苦笑。

“当然，”他说，“当然可恨。”

“简直是可恶！”

漪罗气愤地叫。

孙武很尴尬，也觉得很蹊跷。

他想，这少女莫非真的见过？真的认识？可这人嘴里又是“可恨”，又道“可恶”，话不投机。他反倒不知该不该自报家门，让这少女验明正身了。他怕承认了自己便是孙武，会再受一番当面的奚落。

漪罗可是气坏了。她没想到孙武会认不出她来，仅仅三年多，岂会脱胎换骨？关键是那人心中已经没有她了。没有便没有，薄情便薄情，冷漠便冷漠，何必又要当面装傻？她曾经在极其矛盾的心境中，殷切地思念着的这个人，是一条狼！现在看起来，她完全是痴呆傻等，一厢情愿！她觉得自己又可怜，又可气，又可悲。

她几乎要大哭一场了，转身而去，走得飞快。

孙武愣了一霎。

孙武想还是应该去问个究竟。

熹微的火光中，孙武忽然看见漪罗回了一下头，哦，那双眼睛——不是很像漪罗么？

他追过去。

漪罗躲开了。

他又追了过去。

漪罗站住了，气愤地说：“先生你何必追随不放？先生不是正人君子么？”

“啊——且听我说。”

“我不听！先生不会没有听过古人说，宁做青铜之折剑头，也不会做攀附显贵的柔弱的葛藤么？”

漪罗又跑掉了。

这是漪罗的性格。

孙武呆呆地看着，呆呆地想着，自认为判断不会错——蒙住半张脸的“童女”，正是他的漪罗！

风，呼呼啦啦地鼓动。

火，呼呼啦啦地窜高。

孙武意欲去找漪罗问个究竟，漪罗还是赌气躲着他。

干将发现孙武在“追逐”漪罗，很不高兴，挡住了孙武。

干将：“先生，有什么事么？无事休要纠缠！今日正在为孙武将军铸造佽剑，正在关节上啊！”

依剑？

依剑！

这即将铸成的依剑，与陪伴漪罗的依琴是何关系？

孙武更觉得奇怪了，忙去问干将：“请问——”

干将大发雷霆：“走开！走开！你没见火上不来，冶炉在降温么？铁水就要凝结在炉中了！完了！全都要完了啊！”

干将号啕大哭。

三百童女见了，惊得停止了鼓风。

干将又叫：“鼓风呵！你们停下来干什么？你们想把干将彻底毁掉吗？铁水在炉中结了碴，连炉子也完了。完了完了，全完了啊……”

漪罗走过来说：“师父，不必悲伤失望的，我明白这是怎么回事了。”

干将：“你明白什么？”

“师父说过的，师母莫邪为了铸剑……”

“别说了！”

“让漪罗跳到炉子里去祭炉神吧！”

漪罗！正是漪罗！

孙武听得真真切切。

他险些和漪罗擦肩而过。

漪罗扯下了面罩，呈露了她的皓齿明眸。她对孙武淡淡一笑，笑容里包容了无穷无尽的苦味。

为孙武铸剑，是漪罗的提议；铸剑名之为依剑，藏着漪罗的深意；如今，漪罗又要为铸成孙武的依剑，跳到火中自焚，岂止是为了铸剑？是绝望？是愤懑？是殉情？也许是兼而有之？

孙武始则惊讶，进而深深为之所动。

以生命铸剑，这已经包容了漪罗心中的一切，还需要说什么呢？什么语言都是多余的了。孙武忙拦阻：“且慢！”

漪罗说：“这位先生不必多事。小女子漪罗生来微贱，命若草芥，能够以血肉之躯化入孙武将军的佩剑，是漪罗的福分了！”

说着，要往炉中跳。

孙武去拦："漪罗！你这是何必？"

漪罗挣脱开孙武，说："求你给漪罗这个死的机会吧！对于漪罗，死是最好的归宿。"说着，看了孙武一眼，眼泪哗哗地如泉奔涌。

谁能明白漪罗眼泪和这话的意味？她分明是说，要为了在纷纷扰扰不能自拔的爱与恨之间寻求解脱，自焚了事。

漪罗又要向炉中跳。

孙武又抱住了漪罗："不……"

干将急了："时不可待！快快跳将进去吧！"

孙武搂住漪罗死不撒手，拼命地叫道："孙——武——在——此！谁要你们用生命铸成的剑啊！不要！"

人们愣了。

惊讶地看着"天上"掉下来的孙将军。

干将："你，便是孙武？"

"在下正是。"

漪罗哭得更厉害了。

干将冷笑说："将军可以不用干将所铸的剑，干将却不能不铸剑——跳！漪罗，你跳进去！"

漪罗向孙武看了一下，赠了一瞬悲壮地微笑，就要跳入那升腾的炉火中去。

"不可！"

孙武伸直两臂，横在女人面前。

漪罗平静地："你走开。"

孙武："不！"

干将怒不可遏："你也一起跳进去吧！"

干将要冲上前来推孙武入火。

孙武平和地深深作了一揖。这时候，将军孙武完全是急中生智，想出了一番说法："大师少安勿躁。孙武闻说，炉中金铁不能销熔，女人祭炉神自然是最好的方法。可是干将大师能将三百童女全都焚掉么？孙武又知道，人之头发和指甲乃是人的精气和神魂所寄托的，何不让三百童女剪了头发和指甲，投入火中，三百女人的精魂鼓风助火，世上什么样的金铁不可熔化？”

这不能不承认是好办法。

孙武忽然吼叫：“三百童女还等什么？”

三百童女，一阵风地剪了指甲和头发，又一阵风似的将头发和指甲投入炉中。

头发和指甲换取了漪罗的性命！

孙武接着叫道：“鼓风！”

干将也叫：“鼓风！鼓！”

风声大作。

风助火势，火借风威。

红蓝相间的火舌舔着夜空。

金铁销熔了！

冶炉好像是真的吃进了三百童女的精血，又吐将出来，红得耀眼的铁水庄严而又顺达地流了出来，流入了铸剑的槽里。

所有的童女都跪了下来，一片孝服，显得悲壮、庄严而神圣。

苍穹下，铁汁照红了人们的眼睛。

干将流着泪，嘴里却嘿嘿地笑。

漪罗也流着泪。

漪罗悄声问孙武：“将军为何不叫漪罗去死？”

“你说呢？”

孙武问漪罗：“你可以随孙武回去吗？”

“剑还没有铸造成功。”

“一定要等到铸成了剑么？”

“一定。”

“为什么？”

“那才算到了火候。”

“这只剑为何名之为依剑？”

“你说呢？”

“孙武懂了。”

“将军未必全懂。”

“你今日如果不肯随我去，我还会再来的。”

“将军，随你的便！”

一骠轻骑驰来了，五位骑兵飞身下马，孙武认出其中一人是田狄。

田狄说：“哎呀将军！大王到处找您呢！大王在发火，召您立即进宫议事。”

“知道了。”

孙武一回头，漪罗已投身于打铸依剑的行列之中。三百童女跪伏四周，成为一个圆环，干将掌钳，夹着刚刚出炉的铁坯，漪罗和一男子舞动着锤子，叮叮当当的金属碰击的声音清脆，嘹亮，而又果决。

孙武转身长叹一声，跃上马背。

一个童女跑来，拦住了去路道：“将军，漪罗师姐请你把这个带上。”

童女送上的是七弦依琴。

孙武接了过来，抚弄了一下说，“请告诉漪罗，等着孙武。孙武奉大王之召，不可不去，又要打仗了啊！”

十五

孙武策马疾驰，回到姑苏。

说是吴王阖闾心急火燎地要召见他，传话命他到太湖边等着。可等到月出东山，也没见吴王驾到。

孙武思忖一番，不易察觉地笑了笑。他让田狄弄了一艘撑起来快如疾风的小船，又弄了些酒菜，在舱中独酌独饮，看上去兴致很高很高的样子。

“田狄，把船撑到江上去。”

“做什么？将军你要做什么？”

“把船撑到江上去！”

“将军，不等大王召见了么？”

孙武狡黠地附耳对田狄道：“现在是轮到本将军召见大王了，哈哈。”说着，笑起来。

田狄敛容道："将军，大王的脾气……可不是好玩的啊！"

孙武："本将军莫非有兴致与君王玩耍么？叫你撑船到江上去，你撑船便是，废话少讲。"

田狄摸不着头脑，嘴里咕噜着"到底弄什么神鬼"，手里紧撑一篙，船儿立即箭一般地射向了烟波渺渺的太湖之腹。

孙武感叹了一声："这支小船，真的好似一苇投入波涛啊，人的一生大抵如此么？"

田狄实在不懂孙将军感叹什么，他只觉着今日孙将军不对劲儿，是有点儿喜形于色？还是坐立不安？激情满怀？感慨万分？踌躇满志？

怎么敢斗胆放出这样狂妄的话？怎么敢说，他，将军，"召见"大王呢？

难道到罗浮山见了一回少夫人漪罗，就弄得魂飞魄散，不认得东南西北了么？

船到了湖心。

田狄不知道该往何处撑船，手中的篙慢了下来。

孙武背着手，立在小船的船头，若有所思。

冷静下来了么？

田狄："将军，还要看湖上景致吗？不然，我们便回到岸上去吧，去等着大王召见。"

孙武："把你手里的竹篙扔到水里去。"

"什么什么什么？"

"扔下去。"

"将军，你是不是……掬一捧湖水洗一把脸？"

"这是什么话？把竹篙给我。"

田狄呆呆愣愣望着孙武。

孙武兀自去拿竹篙，田狄只好松了手。孙武顺手把竹篙投入湖中。

"你？！"

田狄张口结舌。

孙武饶有兴致地望着迷迷茫茫的波涛上，一枝竹篙漂游，倏然间无了寻处。小船没了撑持，便一任波涛冲撞，一会儿顺，一会儿横。

田狄气呼呼地坐在了船头。

一抬眼，灯烛辉煌的王船驶来了。

田狄惊叫了一声："哇！还真是来了！"

孙武微笑一笑。

王船迅速地靠近了小船，两船靠拢，搭上了跳板。

王船上传下话来：大王宣孙武上船。

孙武忙踩上跳板，回眸一望，田狄不动，便道："还愣着做什么？你这小船上无篙！"

田狄这才走过来，悄声说："将军不是要召见……"

"休要胡说！"

孙武上了王船，见吴王阖闾居中坐在舱中，旁边是太子终累、王子夫差、大夫伯嚭、伍子胥、将军夫概，该到的全到齐了。

孙武行大礼叩见大王。

夫差道："孙将军，这便是你兵法中的'以逸待劳'么？"

夫差似乎对于孙武的怠慢和倨傲很不满意。

不料，吴王阖闾兴致甚佳："寡人倒要谢谢孙将军引孤王到这里来。孙将军请起。在这里议事，别有一番意趣。"

孙武起身道："臣下奉召到岸上，便以为大王一定是要到太湖上的。"

阖闾："寡人本意是在湖滨议事，为的是操演水军的爱卿子胥、华登可以就近奉召。不过，此处亦好，此处亦好。"

孙武："臣下以为，大王在此楼船之上议国之大事，更称得起举重若轻。"

"哦？爱卿知道寡人要议的是什么事么？"

孙武一笑："岂不是破楚大计？"

阖闾高兴地一拍手："爱卿是最知道寡人的啊！快说说看，爱卿以为如何？"

孙武："大王望郢十载，如今时机已到。天将楚国赐予大王，大王何不顺从天意，一举取之？"

阖闾激动得很："在此之前，寡人曾多次问你与伍大夫，可否挥师入楚，攻打郢城，孙将军说，‘民劳，未可，且待之’。如今，总算盼到你孙长卿道一个‘取’字了啊！请将军教我，如何算得时机已到？”

孙武说：“大王，兴师攻伐，只凭一时的胜势就贸然纵兵，绝非常胜之道。关键之关键，乃是国力军力和谋略的运用。纵观天下时势，楚国国中，楚昭王十七岁，年幼无知，令尹囊瓦独擅大权，贪欲无度，得罪于天下。今年三月，刘文公曾在召陵会盟十八国诸侯，图谋伐楚，可知破楚乃天下诸侯之意愿。”

阖闾：“于今寡人如何能会盟诸侯呢？”

孙武：“楚国令尹囊瓦为褫夺宝贝，将赴楚朝贡的蔡侯与唐成公两位国君，囚禁了三年，如今，囊瓦已率楚国军队围困了蔡国。大王，挥师救援蔡国便是出兵由头，师出有名；联合唐、蔡两国军队便可壮我实力；大王三军，不动如山，动若雷霆，群情激奋，求战心切，军令一下，如决积水于千仞之溪，入郢指日可待。大王，时机迟迟不来，如杳杳黄鹤，战机倏然而至，似电光划破暗夜，机不可失。臣下以躬逢如此石破天惊之时机而深感庆幸，臣下以能够辅佐大王入郢城，游云梦，雄踞汉水而幸甚乐甚。大王，请挥动吴国举国之三军，破楚入郢，毕其功于一役！”

“好一个‘毕其功于一役！’”

孙武情绪激越，吴王也神色激昂。

吴王又问：“伍大夫，你以为如何？”

伍子胥：“回大王，孙将军深思熟虑之后才为君王献此图谋大业之计。数年来，臣等遵奉大王之命，设守备，修城郭，选练士卒，演习战斗，岂可叫天下莫敌的吴钩吴戈锈蚀府库？破楚入郢，伍子胥愿做先锋！”

吴王阖闾连连称“善”：“有子胥在，何愁楚国不破？寡人知道伍大夫为吴国社稷是殚精竭虑的，是不辞万死的啊！”

现在，阖闾再也不提伍子胥报私仇之旧事了，只千方百计鼓动他去冲，去战，去流血，甚至去死。夫概雄心勃勃，意欲一试部下精锐，伯嚭、华登也大肆煽动，似乎明日大王即将游幸郢城。王子夫差一心与太子终累争个高下，恭请父王各赐兄弟一彪人马，独立执掌金鼓，杀敌破城，建功立业。终累则不合时宜地问了一句：“未知大王派何人留守姑苏，独当万一来犯的越国军兵？”阖闾白了终累一眼，不予理会。

阖闾心里高兴，吩咐上了酒馔。

阖闾举爵道：“诸位爱卿，满饮此爵！”虽未多言，那神色，那先自一饮而尽的姿态，却有誓师的味道，勉励众位将军大夫视死如归。

阖闾又问：“孙将军，寡人愿听将军破楚之战的谋略。”

孙武从容道：“三十二个大字：兴师救蔡，为明为虚；破楚入郢，为暗为实；知战之时，知战之地；虚虚实实，出其不意。”

精明的夫概道：“我军兴师救蔡虚晃一招，此计虽妙，料楚国将军也非等闲之辈，恐怕会率先回防汉水，固守郢城，楚将囊瓦虽是酒囊饭袋，却也身经百战，更有左司马沈尹戌精明过人，不可小觑。”

伍子胥道：“囊瓦如何？沈尹戌又如何？看我先自挥军取了彼等的首级。”

夫概：“彼等倘若正中孙将军兵法说的‘以逸待劳’，依恃汉水，不战，伍大夫如何隔江取他的首级？”

阖闾有些着急了，问孙武道：“孙将军想必早有锦囊妙计？”

孙武回答：“战争一旦拉开帷帐，战局千变万化，临机决断便是。臣下已经看好决战之地，定约楚国军兵前来一会。大王，不必忧虑楚军不战。大王，刚刚的事情想必还记得——孙武已丢弃了竹篙的一叶小舟，投于湖上，大王的王船不是来了么？”

阖闾看了孙武一眼。

孙武自知失言：“啊——请大王恕臣下出言不当，不该拿大王的王船来比喻。”

孙武是过于兴奋了。

吴王阖闾今日的状态非同寻常，他原谅孙武的不恭和失言。

“寡人敬孙将军一爵古越龙山，想必来日凯旋之酒，寡人是吃定了呵。”

“当然。大王只消安坐王宫，等那蔡侯前来请求出兵救援便是。”

楼船上的酒宴，愈演愈烈，将军大夫们似乎不是在拼酒力，而是在拼膂力、心力和勇气，仿佛那饮酒的也绝不仅仅是座中的大夫和将军，而是整个吴国的军、旌、行、两。

酒酣耳热，孙武走出船舱，立在了王船的船头，解开了衣襟，让湖上的夜风，吹打热辣辣的脸颊和胸口。身后，酒宴欢腾的吆喝声，依稀传来。眼前的一片水域让灯烛照得一点一点的红，又是一点一点的黄，很好看，一如柔和的彩色丝帛。那场浩大的战争，此刻还远着呢，此身还在一种升平的欢愉之中。可是，孙武的心已经在狂跳不止了。他现在的情绪十分激动，激昂，或者说激越。是的，一个人匆匆忙忙的一生，或许就像投入太湖的一叶芦苇。可是，不是在遥远的传说中就有仙客一苇渡海的吗？他想，即将到来的这场战争，对于吴国，对于吴王，应该说是千载难逢的时机，对于你，孙武，何尝不是一次期望和等待了数载的时机呢？他想，你就要援袍击鼓，催动战车，催动三军，轰轰隆隆碾过楚国大地，开进郢城了。你就要让你泼洒在竹简之上的心血，让那些兵法战策，演绎成战争的“千古绝唱”了。姜尚，管子，还有叔父司马穰苴，于今安在？你就要让他们在天之灵瞠目结舌了。而吴国，吴国的三军，将在此一役之后，令万世震惊。他想着，向夜的天空望去。浩渺的银河，悬浮于苍蓝苍蓝的高天，他竟然突发奇想，想努力去辨认哪一颗是将星，哪一颗是司马穰苴，哪一颗是姜尚。此时此刻，关于帛女，关于罗浮山，关于漪罗，都不能占据他心灵的任何一小块儿地方，他全神贯注于未来战争的种种预测、预想和预谋，他的浑身发热，浑身都是劲儿。

大王阖闾见孙武离了席，到船头来寻他，身后，侍女端着的青铜盘子里，是两爵斟得满满的古越龙山。

阖闾：“孙将军，今日岂能不尽兴？来来来，寡人再与你同饮一爵。”

“谢大王。”

孙武接过青铜的爵，将酒一饮而尽。

吴王阖闾也吸干了酒，把空空的爵给他看。

君臣相对而笑。

孙武情不能抑，忽然将手中的爵向湖中用力一抛。

铜爵一闪，洞然落入远处湖中。

孙武察觉到自己又有些失态。

阖闾却笑模笑样地称赞："好，如此甚好！"

阖闾也将手中的爵掷到了湖中。

第二部

一

孙武立在战船的船头，掠过淮河的风，带着丝丝凉意，打在他的脸上，拂弄着征袍。回眸望去，战船数百，千樯排阵；看看岸上，战车和步卒，遮天盖地。他的心情好极了，感到从未有过的勇武和力量在周身膨胀，有一种立即就要挥军厮杀，立即就要建立不朽功勋的欲望不可抑止。这才可以称作将军！这才是将军的气度！这才可以说一说豪气、肝胆、荣耀什么的。他的身后，是三万吴军，左右，又会合了唐、蔡两国三万人众，总共是六万兵马，可以说是浩浩荡荡了。

阖闾走了过来："将军观感如何？"

"一盘好棋。"

"加上蔡国和唐国的军队，约有六万之众啊！"阖闾道。

孙武笑笑说："不是六十万大军么？"

吴王诧异："何来六十万？"

孙武：“大王，孙武用兵以一当十。”

阖闾哈哈大笑：“哈哈，六十万，自然是六十万！寡人算是服了。将军说以援救蔡国为由兴兵，只消摆出个姿态，围困蔡国的楚军定然会回防汉水，去守楚国郢都的门户；唐、蔡小国与吴军联合伐楚，定成气候，果然如此啊！”

“全赖大王英明。”

“将军的好手段，这回就尽情地使吧！”

说话间，一叶小舟从战船缝隙中游来，船上是蔡国昭侯和蔡国将军鉴。

蔡国国君向吴王阖闾作了个揖：“大王，小国之侯这厢有礼了！谢谢大王，吴国威武之师刚刚溯淮西上，楚国军队就像乌龟一样缩回楚国了。谢谢大王拯救小国君臣百姓于水火！谢谢了！”

蔡侯满面是泪。

吴王阖闾冷笑说：“蔡侯，如今还去朝贡那竖子楚昭王吗？”

蔡侯心里一抖，忙道：“小国之君有眼无珠，只因为祈求安宁，三年前才去朝贡楚国。不料，楚国之君无信无义，派令尹囊瓦率兵包围了小国，欲置之死地而后快啊！如今，是大王的威仪为蔡国解了围，蔡国人已倾巢出动随大王伐楚，与楚誓不两立。大王信不过我吗？”

没什么可怀疑的。蔡侯的次子和将军鉴的独生子驰，都留在吴国做了人质，蔡国除留老弱守城，万余士卒全部上了伐楚之船。

吴王阖闾微微一笑。

蔡将军鉴喊道：“大王！孙将军，伍大夫，蔡国军兵悉听指挥，万死不辞。”

孙武说：“大王，可以下令三国之兵进发，去敲开那楚国郢都城门了。”

伍子胥说：“大王可赴楚国王宫去观赏楚国女子的细腰舞了，还等什么？”

阖闾哈哈大笑。

阖闾亲自去擂动进军的战鼓。

蔡侯赶紧回到自己的战船上去了。他望着遮天蔽日的舟师和步卒，心里感到十分悲壮，以如此浩大的声势，兴师伐楚，可以说是石破天惊。看那滚滚烟尘腾举，看那水上万船齐发，他知道，唐国君王唐成公也和他一样，罄尽了国中一万多兵马来会合吴国大军了。吴国精锐之师，浩浩荡荡足有三万之众，也是倾巢而动，而楚国蛮野的士卒，总数要超过二十万！三国之军，一同兴师，一路风尘劳顿，与楚国争一日之胜。这对于蔡国来说，是孤注一掷；对于唐国，是孤注一掷；对于吴国来说，君臣士卒远离故国，在这肃杀的秋风之中，要与强敌楚军决一死战，何尝不是九死一生，何尝不是孤注一掷啊！

对于蔡昭侯来说，这是别无选择的。

作为一个小国国君，蔡昭侯活得并不自在。在蔡国，他一言九鼎，指掌之上是生死大权。在大国君王面前，他却又是臣子，是一棵蒿草，是一只甲虫。不定哪日，哪个强国之君生了气，兴师讨伐，就会把他和他的蔡国灭了。每想及此，不仅是夜不安眠，而且是脖子后面呼呼地冒凉气！他作为诸侯，平生最喜爱的便是奇珍异宝。从祖上开始，乐此不疲。几代人的搜索和收藏，的确是弄到了些美玉、名裘、宝马。这是他的福，也是他的祸，他终日担忧这些奇宝会被强国之君攫掠而去，而那时候，他的脑袋，恐怕也不会再长在脖子上了。有时候，他把自己关在藏宝的宫中，一关就是一整日，愁烦得茶饭不思、长吁连声。他不得不奔走在大国君王之间，弄些宝物去朝贡，以求依祐。即便这等于剜却他的心头肉，也不得不剜，不可因小失大。三年之前在吴国的太湖之滨，辉嶂山上，看孙武演兵，看那些不顾死活的兵士把雪亮的锋刃加在肩上，他出了一身的透汗。他灵机一动，把自己的姐姐当作宝贝，敬配了吴王。可是，讨好了吴王阖闾，却又担心那楚昭王会不高兴。楚国的疆域、兵马，看上去都强似吴国。于是，他私下和唐成公商量，又远赴楚国去朝贡。他不承认自己生性懦弱，而是他那弹丸之国不能不叫他懦弱。他，蔡昭侯，又是个很爱面子的人，给楚昭王带上了一块佩玉和一件裘服，自己也穿了一件裘服，挂了一块佩玉，恭恭敬敬去献宝。十四岁的楚昭王，浑浑噩噩，小孩子得宝，心里十二分欢悦，立即穿了裘服，挂了佩玉，摆了豪华丰盛的宴席，款待蔡昭侯。

觥筹交错，得到如此款待，蔡昭侯看看楚昭王的裘服美玉，再瞧瞧自己身上的美玉裘服，十分得意，心里一块石头落了地。席间，一位叫囊瓦的，不停地拿眼睃他，看得他心里发毛。这囊瓦官拜令尹，乃是楚国众卿之冠，最高军政长官，十四岁的君王对他宠信得无以复加，他轻轻地跺一跺脚，汉水淮水都要起风波的。这人身材如车轴一般强壮，满脸胡须如刺猬，一双老大的眼睛向外凸起，很小的瞳仁，很多的眼白。蔡昭侯看上一眼，身不由己地不寒而栗。

囊瓦向蔡昭侯笑。

蔡昭侯忙接了笑，下意识地回避着囊瓦的“关注”。

囊瓦嚼着半生不熟的猪脚，捧着盛酒的爵来到蔡昭侯前，道：

“昭侯朝贡献宝，实在明智。大王欢悦，我等自然也高兴。来日有用得着囊瓦匹夫之勇的，只消一句话。”

“不敢。”

“这是什么话？有什么敢不敢的？——世传昭侯珍宝如山，果然不错吗。”

“哪里。孤陋小国，哪里有什么珍宝？”

“裘服佩玉不算宝贝么？”

“啊——聊表敬意，才献给大王。”

“昭侯身上穿的，脖子上戴的，不也是宝贝么？”

蔡昭侯一愣，琢磨出点儿滋味儿来了。

囊瓦哈哈大笑。

蔡昭侯如坐针毡。

囊瓦咄咄逼人地敬酒，蔡昭侯硬着头皮喝了下去，觉得满嘴都泛着苦味儿。

囊瓦笑说：“昭侯身上穿戴的宝物，还打算带回去么？”

蔡昭侯完全明白了囊瓦的用意了。这囊瓦，凶顽、暴戾、贪心，而且毫不掩饰。但蔡昭侯虽为小国之侯，毕竟也是一国之主，尊严还是要的。他便冷笑道：“昭侯向楚国君王朝贡献宝，已经献过了。承蒙大王不弃，设宴款待，无奈国事匆忙，昭侯又不胜酒力，就此向楚国大王辞别了！”

蔡昭侯要逃避。

囊瓦骄横地伸开两臂："且慢！"

蔡侯随从将军鉴早已按捺不住，上前护着蔡国之君："怎么？令尹难道要我蔡国之君当众脱了裘服，裸体走出楚国之宫么？令尹岂非欺我蔡国无人？"

囊瓦哈哈大笑。

"将军误会了，我泱泱楚国，实乃礼仪之邦，岂有轻慢一国诸侯之理？囊瓦实在是觉得昭侯应该尽兴。来来来，这位将军请！"

囊瓦说着，将盛一升酒的爵，换成可盛三升酒的觯，不由分说，举起连饮三觯。

将军鉴也奉陪三觯。

蔡昭侯向楚王作揖道："谢楚王款待，昭侯拜辞。"

楚昭王说："不必着急，寡人还没尽兴。"

一句话把蔡昭侯定住，他不敢动作了。

囊瓦笑了笑。

将军鉴年方二十，血气方刚，人也好胜，说："既是楚国君王未能兴尽，本将军愿略施小技，以博众位一笑。"

楚昭王就喜欢这个，连声说妙。

蔡国将军鉴向殿堂之外走去，那里陈着一只三足两耳，圆腹巨鼎。这专盛五味的宝器，重有数百斤，平常须在鼎的两耳穿了木杠，由人抬着才能移动。煮肉时，按照习惯，可将猪羊之类牲畜，肢解为二体，七体，或者二十一体。今日，煮的是全牲，整个儿一头猪宰杀去皮后，在镬中煮熟，置于鼎中。青铜之鼎，加上整猪，分量之沉重，可想而知。将军鉴今日实在是气不忿儿，要逞一时之勇，全身之力，为蔡国挽回面子。他来到鼎前，双足叉开，两手抓住了鼎的两只足，运足了气力，大叫一声，举起了铜鼎，鼎中的沸汤，一滴未洒。

席上的人全都拍掌喝彩。

蔡昭侯笑了，很得意。

囊瓦也连连叫好，道："将军臂力过人，囊瓦佩服。待我也来试上一试，请勿见笑。"

说着，囊瓦走过去，单手去将那鼎提了起来举过了头。

将军鉴哑口无言。

蔡昭侯脸白了，瞠目结舌。

堂上一片喧腾。

囊瓦手中之鼎却不急于放下，只是擎着，好像是擎着一座摇摇欲坠的大山。鼎中有肉汤，随时都可能倾洒，人们在喧嚣之后，都不敢再作声了，都定定地看着那只鼎，害怕它倾斜。囊瓦面不改色，骄矜地环视四座，又把目光停留在蔡侯身上，大叫："倘蔡侯赐我裘服佩玉，囊瓦可以一手举一个！"

这回简直是在威胁了，是在明目张胆地索要了。

蔡昭侯咬紧牙关不答应。

将军鉴则手按长剑柄，随时准备在发生不测的时候拼杀，舍了性命救主。

楚昭王看得高兴，道："囊瓦！寡人赐你黄金百两！"

囊瓦这才放下了铜鼎谢恩。

事情并没有结束，囊瓦并未善罢甘休。宴席散了，蔡昭侯回到临时住所，想这是非之地，不可久留，忙收拾行囊，准备一走了之。不料，前门，后门，已被囊瓦派兵丁封住，蔡侯及随从被软禁了起来。

一禁就是三年！

后来，蔡昭侯才知道，唐成公此时此刻也遭到了同样的际遇，原因是因为成公到楚国朝贡时骑的"肃爽"之马，囊瓦看了眼红。唐成公不肯将马给了囊瓦，也被扣了起来。三年之后，唐成公的宝马"肃爽"，归到了囊瓦名下，牵到了囊瓦的马厩，唐成公才得以脱身。蔡昭侯本意是咬住了牙关，不舍其裘服佩玉的，经不住本国来看望他和疏通关节的上卿大夫，苦苦央求他以国事为重，而且，囊瓦最后放出话来，一日之内，脑袋和宝贝任选其一。蔡侯只得忍辱挥泪，脱了裘服送给囊瓦。

佩玉没有给囊瓦，他要人带话给囊瓦："除非玉碎，死不从命。"

囊瓦给蔡侯留了一半儿面子，没有再追要佩玉，放了一条生路。

蔡昭侯赶紧逃窜，出了楚国。

晓行夜宿，来在了长江上游，舟船北溯，便是汉水，依汉水北望，便是他的蔡国了。

三年受辱，三年去国怀乡，一旦望见汉水，蔡昭侯忍不住面朝北方大放悲声，号啕大哭。将军鉴也痛哭失声。蔡侯将那块佩玉拿在手中，把玩良久，忽然将玉掷入了江中。

"汉水苍天作证！寡人日后若再南渡去朝贡楚国，叫我像这块佩玉一样葬身大川！叫我不得全尸！天下谁能伐楚，寡人愿作前锋！"

将军鉴割破了中指，把血滴在江里，道："他日再赴汉水南下，必为大王取囊瓦项上人头！"

这一天终于来了！

这一天来得是如此的艰难！

起因是楚昭王寻隙派令尹囊瓦和沈尹戍率领大军团团围住了蔡国。旧恨未消，又添新仇，小小的蔡国，在狂妄的囊瓦戟下，难道不是一枚一碰即破的鸡卵么？更何况，随囊瓦出师的沈尹戍，久经沙场，足智多谋，更使楚军如虎添翼。

蔡侯又到他藏宝的宫中去了，躲在他的宝贝之间，又大哭了一场。

思前想后，心如热釜。

默默地历数天下诸侯，而今能与强楚一争长短的，只有吴国了。

想到吴国，自然想到了将军孙武和伍子胥。

还有孙武那刃加于肩，流血如注，面不改色的士卒；还有那伍子胥指挥的大翼、突冒……威风凛凛的舟师。

蔡侯把将军鉴召到了他的藏珍楼，拉着将军鉴的手，看遍了他的奇珍异宝，说："我请将军来，是因为蔡国存亡都在将军身上了。请将军突围去到吴国搬兵救助。你看——哪些珍宝能打动吴国大王的，拿去吧拿去吧拿去吧……"

生性软弱的蔡侯又泣不成声了，他说毕，看也不看将军鉴，狠了心，随他拿什么去朝贡。

将军鉴没动手。

蔡侯："拿呀，为何不拿？"

将军鉴说："君侯，当务之急，不是要取悦于吴王，而是要取信于吴王！"

“我明白了。”

“君侯意下如何。”

“带……走吧。”

蔡侯只有一个儿子乾在身边，可是为了解燃眉之急，他也只有咬咬牙，让将军鉴带到吴国作人质。将军鉴“噗通”跪倒，说，“请君侯放心，君侯为蔡国交出了公子乾，我也会将带上三岁的独生儿子驰到吴国去的——这才是为治眼前的疮，把心头肉也剜了呵，可不这样又有什么办法呢？”

说着，潸然泪下。

当夜，将军鉴率十余名单骑，拼命冲杀突围，去吴国搬兵。黑夜里，十余人奋力挥戈乱斩乱杀，不知是何等艰辛卓绝，只知道骑兵全部阵亡，蔡侯之子受些轻伤，却活着，将军鉴抱着三岁的幼子驰，一根毫毛也未损。将军鉴一夜厮杀，人已变了模样，浑身上下，到处是戈伤，虽未伤及要害，也是血迹斑斑了，头上的兜鍪早已不知去向，脸上糊满了血痂，唯眼白和牙齿是干净的。他的战马连累带伤，倒下再也起不来了。他自己，像一片落叶落在了吴国君臣面前，晕倒了。吴王阖闾命人给将军鉴喝了些热汤，将军鉴跪倒刚要说话，阖闾道：

“寡人知道蔡侯会派人来搬救兵，不必啰嗦，倘蔡侯不再朝三暮四，寡人将发兵救蔡，并联合唐、蔡之军，共同伐楚！”

将军鉴一连给吴王叩了九个头。

“大王恩泽蔡国，恩泽天下！小国将军决心已定，不灭楚军，死不还家！今日，我将蔡侯的次子公子乾和我三岁的幼子带来，留在吴国作人质，大王已经能够清清楚楚地明鉴蔡国君臣之心了。无论楚军是否解蔡之围，蔡国君臣都将与楚军决一雌雄。倘来日我战死沙场，三岁的驰儿留在兴盛的吴国姑苏，死也瞑目了！”

阖闾点头。

孙武道：“大王，蔡国将军的幼子三岁，尚不知事。请大王恩准孙武之妻帛女代为抚养。”

阖闾称善。

孙武立即于点兵之隙带着将军鉴与其幼子驰回府，引父子二人见了帛女。

帛女见驰儿幼稚可爱，抱在怀中。

蔡将军鉴叫道："驰儿，还不跪下！"

幼童扑闪着大眼睛不解其意。

蔡将军鉴一把将幼子抓过，捺倒在地，说着："你这不懂事的孽障！"自己也跪下了。孩子被呵斥，又被按着，吓得哭了起来。

孙武道："将军快快请起！何必行此大礼？"拉起了将军鉴。

帛女也急道："快起来，折煞我了！"

孙武说："孩子才三岁，乳臭未干，知道什么？你不要再按着他的头了！"

蔡将军鉴："小国将军三生有幸。出师决死之前，能把幼子托付给二位，二位便是幼子再生父母。请二位赐驰儿姓孙，举家感谢不尽。"

孙武："何出此言？何必改姓呢？"

蔡将军鉴叱道："驰儿！快叫爹娘！"

孩子不懂，只知抽泣。

"叫哇！"

孙武说："算了算了，将军，把你的孩子暂存在这里。凯旋之后，就领回去，不必认爹娘，也不必更名改姓。孩子还是你的孩子。"

鉴说："孙将军，蔡国君臣受尽楚人囊瓦的凌辱，我已经决心以死相拼了！"

孙武笑了："你和我一道出征，你以死相拼，让孩子也改了姓，你就可以担保孙武走上沙场，一定会保个全尸？一定会安然无恙？"

帛女眼睛湿润了："你说什么？你胡说什么？"

孙武："我是说，不管男人回来与否，孩子——还有妈妈！妈妈也还会想他的儿子！"

鉴说："实不相瞒，孩子的母亲……已经被我……杀了，她，她不让带走三岁的驰儿！"

谁也不说话了。

沉默。

帛女已经忍不住泪了："你们真是——铁石心肠啊！"

孙武说："夫人，就请你替将军鉴抚养些时日，待战后再让他领回去吧。"

帛女看看三岁的驰儿，虎头虎脑的，十分可爱。小娃娃哪里知道事情如此严峻，竟然在地上捉了个小小的红瓢虫在玩儿。帛女将孩子抱过来，给孩子擦干了泪，说，"交给帛女吧，我知道怎么疼这没了母亲的孩子！"

将军鉴很感动，着急地说，"驰儿你一向伶俐，怎么就不知道叫一声爹娘呢？"

"爹！——娘！——"

叫出来了。

帛女哎哎地答应着。

蔡国将军鉴说；"驰儿有福，又得重生父母。孙将军，此去伐楚，我没有任何后顾之忧了，再无牵挂了，就是头颅掷地也义无反顾！"

"好了，驰儿在此，放心就是。军情紧急，不要再作儿女之态了，孙武即刻去点兵救蔡，将军还要做向导，走吧！"

孙武欲走。

"长卿，你等一等！"

孙武回过身来，诧异地看着帛女。

帛女道："长卿，你平日忙于国事，忙于训练士兵，帛女不愿打扰你。今天……不同了，我得让你知道——你知道帛女身怀六甲了么？"

"噢……"

"三个月了。"

孙武："请夫人恕我粗心。"

"我无意以此来羁绊将军，更无意用这些婆婆妈妈的事情来让你分心。只是想说一句，将军决胜沙场是国家的大事，但请多多珍重，珍重！"

孙武深受感动："我——知道了。"

"来日孩子落生，还得请将军赐个名字。"

"生子如星，生女如月，但愿母子平安！孙武就此告辞！"

孙武转身便走。

将军鉴跟着。

两个男人头也没回。

帛女一直目送着两个人走远了，不见了。

谁也没有想到，聪明伶俐的孩子会自己溜了出去，先跑出一段路，在拐角等着，等到大人走过了，躲躲闪闪，跟在了他的父亲将军鉴的后面……

军情如火，三军很快集结，从吴王台下出发。

三岁的驰儿竟然钻到了队伍当中，哭着喊着找他的爹。驰儿抱住一个士卒的腿，叫一声爹，看看不是，又去抱住另一个士卒的腿……行进着的士卒无暇顾及，忙不迭地躲避着这个声音嘶哑的又惊又恐的孩子。当驰儿被一队士卒甩在空地的时候，将军鉴看见了他，他也看见了将军鉴。

“爹，爹！……”

驰儿扑到了将军鉴的身边，终于抱住了父亲的腿：“爹爹别扔……我，带我……回家！爹爹！”将军鉴又爱，又怜，又气，又急，还有“恨”，怒斥：“滚开！你到这里来找死啊！”说着，举起了他那有力的巴掌，却又不忍心落下去，只好掰开孩子的手，打他的手掌心。

那只小瓢虫，红红的，从指缝间落下去了。

孙武来了，接过了泣不成声的孩子，搂在怀里。鉴还要理论：“孙将军，别管他！”

“走开！”

孙武喝道。

将军鉴只有退后。

孙武把地上那只小小的红瓢虫捡起来，放在驰儿手心里，让孩子捏上了小拳头，又给孩子擦了擦泪。

他抱着孩子从成百成千的士卒面前走过。

他看见熙熙攘攘的前来送行的士卒的亲人之中，帛女来了。

他隔着人群，把孩子递给了帛女。

他回过头，跳上了战车。

他的战车疾驰出城，在城外又是夹道的姑苏乡亲来相送。在人群之中，他忽然看见了向他招着手的，正在叫着什么的——美丽的漪罗。

他赶紧把头扭到了一边。

他不敢再去看一眼漪罗。

他的心里忽然升腾起一阵惆怅，连他自己也奇怪，这究竟是怎么回事？一直到战车跑出好远的路，威武，豪迈，悲壮才推开了不合时宜的柔情和惆怅。他这时候，渴望一场激战，渴望速战，渴望顷刻间横扫楚军，可是他知道，这是不容易的，伐楚，将是一场旷日持久的空前的战争……

吴军西行北折，后来又溯淮水而上。正如事先预料的那样，楚军很聪明地解了蔡国之围，回到汉水对面去了。于是唐、蔡之军在淮水与吴军会合，阵容迅速壮大起来。不仅孙武情绪激越，因为三万军卒扩大成六万，三军将士都很振奋，都表现得喜形于色。蔡昭侯和唐成公，同仇敌忾，一再发誓表明心迹，唐、蔡之军誓师，歃血为盟，吼叫声惊心动魄。一时间军士们行走时卷起的烟尘遮天蔽日，兵戈闪烁寒光，谁不是求战心切？谁不是渴念厮杀？谁不是希冀早日破楚，早日凯旋？

陆军变成水师，水师又转化成陆军；三国军队汇合之后，为了寻求与楚军决战，在淮河转弯处，孙武将军和大王阖闾、大夫伍子胥一起走下王船，指挥千军万众弃舟上岸，向南进发。他们迅速乘上了兵车，各军的日月军旗，也顷刻间在淮水之滨飞扬招展，士卒们分归于“旌”“行”“两”“伍”，浩浩荡荡的人马刚刚还是水军，哗然一变，在震耳欲聋的战鼓声中，变成了陆军。随着艰苦的行军跋涉，随着战场的迫近，将士们一步步走向实际，心情也在起着微妙的变化，会师的激昂毕竟是暂时的；誓师的激动人心，也不可能代替战争迫近的忧虑。

战车上的大王阖闾一言不发。

雄心勃勃，可是也忧心忡忡。

空国远征，孤注一掷，对于阖闾来说，胜则奠定会盟诸侯的大业，败则元气大伤。当初拜孙武为将，急切要兴兵伐楚的激情，已为务实的忧虑所取代。

六万兵力与二十万强楚决战哪！

楚军有囊瓦之勇，有沈尹戍之谋，他们会如孙武所预期的那样，在两军隔河相望之后，楚军将听命调遣，渡过汉水，到孙武安排好的战场来决一死战么？

孙武的脸上看不出未来的胜负，平和、泰然，尽量掩饰着内心的波澜，必须掩饰，因为，他如果在眉睫之间稍稍流露出一点儿骄矜、喜悦、彷徨、疑虑、忧愁，都会影响阖闾的抉择。现在的问题是由他来指挥大王，而不是由大王来指挥他。他在他的《孙子兵法》中已经说得很清楚："将能，而君不御者胜。"

他首先面对的不是强敌，而是君王。

将军们呢？

伍子胥是不用说的，他的《伍子胥水战兵法》，孙武读过，击节而赞叹。伍子胥勇也过人，谋也过人，只是显得比任何人都更焦急。急于破郢，活捉楚昭王，报父兄被杀之仇，这人的眼睛都是血红血红的了。

夫概已领兵独当一面，还是笑吟吟的那种神秘莫测的模样儿，只是偶尔在目光中掠过一丝对阖闾不以为然的态度，这人会不会在关键的时候自作主张，独行其是？

太子终累过于懦弱，忧心忡忡。

王子夫差又过于狂傲，一切都不在话下。

伯嚭太会看君王眼色，太善于随机应变了！

孙武也必须与这些王亲和大臣周旋，指挥若定。

军队沿豫章的开阔地带，向汉水驰奔，一路将飞速穿越桐柏山脉和大别山脉，一路将连续闯过大隧、冥阨、直辕三个隘口，才算进入了楚境，才能面对汉水，和楚军隔河相望。

孙武眯了眼睛，在奔跑的战车上环视豫章大地。

秋日的风正在大地上运行，扑在脸上有些许的凉意。他是如此熟悉此地的山川草木。三年前，也是秋天，就在这儿，他的军队同楚国军队展开了一场浴血之战。为了准备和实施豫章之战，他失去了同爱妾漪罗重叙旧好的机会；为了策划这场破郢之战，他又失去了同漪罗再度相逢的机会。那时，他派田狄去罗浮山接漪罗回府，执拗的小女子说死说活也不肯随田狄而回。他知道，漪罗只能由他亲自去“谦和”“恭敬”地“请”，才“请”得回来，可是他没有办法，一别又是三年！三年啊！一千个日日夜夜，在这架吴国的战争之车上辗转颠簸，竟然连回味一番漪罗那明眸皓齿的工夫也难得！三年前，在这豫章大地上，披着兕甲，持着铜剑，常常是枕戈而眠，连兕甲的缝儿里都爬满了虱子！连豫章的草叶间都染上了血腥！

好一场豫章之战哪！

他在这儿挥动吴军主力，忽然间三面包围了楚军，只留了一个缺口，这正是兵法中“围师必阙”的战法的演示。楚军仓皇间只朝那缺口逃窜，他的军队乘势掩杀，成千成万的楚军将士，扑倒在地，血流如江。楚军戟伤，戈伤，箭伤，几乎全是在后背！现在那些堆积盈野的尸体何在？莫不是已经化作了泥土？

豫章之战胜后，回师途中又顺手攻克了楚国在此地的最后一座城池——巢城，活捉守将公子繁。现而今，那城池早已归属吴国，楚军踪迹何处有？那一战之后，大王阖闾跃跃欲试，打算乘胜攻楚入郢。他劝说阖闾少安勿躁，豫章一带已经扫尽敌军，已经成为坦途，楚国的门户已经打开了，最后破楚的时日不远了，民众劳顿，不可久战。阖闾耐着性子，依从了他。他策马离开豫章的时候，曾经回眸一望——天地间毫无生气，连飞鸟的踪迹也没有。

三年后，今日，他旧地“重游”了。

又是秋天。

树叶开始枯黄，秋日的太阳在烟尘中像一枚红红的鸡卵。

大王阖闾忽然问道：

“孙爱卿所想何事？”

“臣想的是——故地重游。”

“唔，三年前，在此地可是大获全胜啊！将军的兵法真是无往而不胜。”

“大王还有什么可忧虑的呢？”

“寡人何忧虑之有？寡人有将军在，谈何忧虑？”

……

驾车的马身上蒸腾着汗气，驾车的侍从嗓子也有些嘶哑了。

太阳在向下坠落。

阖闾沉默良久，又问：

“爱卿，楚国军队果然会听凭调遣，前来决战么？”

“大王何忧虑之有？”

“啊！哈哈。是啊，是。是。”

队伍飓风一般进入大隧山口，上弦月升起来了。山中荆棘丛生，藤蔓缠绕，乱石嶙峋，昏暗中行进艰难。虽是这样，还是行进到接近午夜，冲出隘口才传令吃些干粮，枕戈露宿。孙武未来得及休息，胡乱吃些东西，便到各旌去查看巡夜的哨兵和各营的士卒。所到之处，许多的熟人熟脸，不少兵士都是不止一次随同孙武行军作战了。孙武以能一一唤得出士兵姓名为快，士卒以被孙武认识为荣。

一名老军须发花白，正与两年轻兵士相依歇息，见了孙武，立即要起来施礼，孙武按住老军：

“不必多礼。老伯三度与楚作战，也算是吴国的功臣了。”

“将军记得战不死的老朽？”

“你不是常么？”

“啊——正是老军常。谢谢将军还记得我这垂老的士卒！哦，将军拜将的时候我就在军中了，那时候将军也就是二十岁出头的样子，年少得志啊。”

“弹指之间，孙武已经过了而立之年。看起来，孙武是否还要老一些？”

“实言相告，看上去将军该有四十上下。不过，俗话说，姜桂之性，老而弥辣。”

“老伯才是姜桂一般老辣。”

老军常让孙武说得心里很高兴很熨帖，忙推醒两个年轻人，说：“常甲、常申，快些给将军磕头。将军，这是老军的两个犬子，申十七，甲十九。我对他们说，跟着孙将军会有出息的。将军日后多提拔。申是将军‘多力’徒卒，敢死队；甲是将军挑选的‘利趾’徒卒，善走。”

孙武看着两个年轻得在午夜天色下脸上放光的兵士，微微颔首，正待离开，忽听得老军常“啊呀”一声，左臂竟被一条突然袭来的毒蛇咬伤。孙武不由分说，过去将老军常被蛇咬处用剑切开一个十字切口，俯身便一口一口去吮了蛇毒，再吐将出来。老军急得头上冒汗，连声喊道：“这如何使得？快些砍了我的臂！砍了我的臂！”孙武不应，吮净了老军常臂上的蛇毒，老军常已经是泪流满面，拉着两个儿子“噗嗵”跪倒：

“将军……老常父子三人，唯有战死才可报答将军之恩！……看来，我的两个儿子是不会活着回去了啊！”

二

楚军令尹囊瓦得报吴军战船数百，声势浩大，溯淮而上，依多年作战经验，便知吴王阖闾之意并不在于解蔡之围，而是要攻打楚国都会郢城。他立即大声向众将宣布了自己的高见，并征求左司马沈尹戍的意见。沈尹戍自然比囊瓦更精明，早知阖闾来者不善，却装拙守愚，绝不表现得比囊瓦高明，免得刺激了暴戾而又狭隘的囊瓦的逞威好胜之心，便只道："令尹一语道破阖闾之心，所言极是。我等赶紧率兵回防汉水吧。"

囊瓦和沈尹戍的军队掉头就往回狂奔，刚刚渡过汉水，进了夏城，还没来得及休整，就得到探子来报：吴军已经会合了唐、蔡两国军队，越过了大别山和桐柏山脉的三个隘口，深入楚国腹地，已有了强渡汉水的迹象，要攻打郢都了！囊瓦大吃一惊，赶紧把军队沿着汉江在夏州以西布防。他和沈尹戍在江滨高处隔江向吴国三军来处望去，但见烟尘腾起数丈，旌旗在尘灰中翻卷闪现，不知对面有多少兵马，只觉得气势咄咄逼人。

囊瓦道："吴军莫非神助？来得如此之迅速！"

将军芳射道："吴军统帅孙武，训练'利趾'士卒，专擅长急行，还有'多力'徒卒，不惧生死。"

芳射的儿子芳延说："父亲休长他人志气，看我率一彪人马渡江去取孙武首级如何？"

沈尹戌："不可。"

囊瓦不快："任那孙武欺楚国军中无人吗？"

沈尹戌说："不是这个意思。令尹囊瓦您的威名，足以让吴军闻风丧胆。"

囊瓦听得熨帖。

沈尹戌接着道："如今是吴、唐、蔡三国军队倾巢而出，来势汹汹，意在寻求决战，吴军锐气正在盛头儿上。我军围蔡数日，没有结果就后撤，回防汉水还未休整，士卒精疲力弱，两军实力和士气都不相等，我军暂时处于弱势。"

囊瓦："左司马害怕了么？"

沈尹戌笑笑道："且听我说。请令尹您暂时借汉水之天堑，加紧防务，与吴军上下周旋，消其锐气，不准吴军渡汉水，保证郢都的安全。待我到方城一带，将抵御晋国的主力军队调回，先直扑淮水，把吴军的战船全部烧毁，然后，派兵守住吴军后撤的必由之路，大隧、冥阨、直辕三个隘口，抄了他的后路。"

沈尹戌说到这儿忽然打住。

囊瓦思忖片刻。

囊瓦黑脸上露出一丝得意："这时候，看我强渡汉水，正面攻破吴军主力，司马在后面夹击——让敌军首尾不能相顾，全军葬于汉水北岸！"

"正面攻破吴军主力，非令尹囊瓦莫属！"沈尹戌说。

囊瓦哈哈大笑。

依沈尹戌之计而行。

沈尹戍准备离营到方城调兵遣将的时辰，对着南天郢都方向拜了三拜，默默祝祷：

“苍天保佑楚国社稷，休教那竖子囊瓦轻举妄动坏了破吴大计，毁了楚国宗庙哇！”

沈尹戍泪水夺眶而出，又赶紧擦了个干净，乘一叶轻舟，带三五随从，偷渡了汉水。一路上，星夜兼程，不敢片刻的偷闲，就是睡觉，有时也睡在马背上。

沈尹戍北上方城数日之后，身为执掌楚国军政大权的令尹囊瓦与吴军对峙，本来就是不会无所作为的，再加上骁勇的将军芳射立功心切，对孙武、伍子胥之军不放在眼里，一再求战，便令芳射率三百轻骑夜渡汉水，去探听吴军虚实。

自从吴军在汉江以北安营扎寨，与楚国囊瓦之军隔江相持以来，孙武表面上依旧是胸有成竹的样子，心里却并不平静。他每时每刻都在注意捕捉机会，推进战争态势的发展。他的谋略是诱敌渡江来战，可是派出几艘战船去向南岸叫骂，除对方放了几通箭矢之外，楚军完全没有动弹的意思。他知道，绝不能改变计划，贸然渡江作战，那样，楚军扼守汉江天堑，吴军舟师登陆攻打，楚军以逸待劳，吴军将损失巨大不说，也很难取胜。他也知道楚军至少要回避吴军的锐气，决不会立即渡江，决战需俟时日。可是，到底还要等多久？

大王阖闾心里当然着急，一连数夜睡不着，天亮前刚打个盹，又常有噩梦缠绕。为此，大王的脸色不好，脸肿着，眼袋也掉下来了，忧心忡忡地问孙武：“孙将军，到底何时可战？你须叫寡人心里有底。”孙武说：“少安勿躁。”阖闾不安地：“少安勿躁，少安勿躁，三军深入楚国腹地，粮草给养供应不上，再等下去，会草尽粮绝的啊！”孙武说：“大王所言极是，楚军令尹囊瓦迟迟不肯来战，恐也想到了这个。”阖闾：“这难道不是妇孺可知的浅显的道理吗？”孙武说：“孙武正是想在这里做文章，我三军如今势大力强，可以把粮草之弱给楚军看个明白，以强示之弱，卑而骄之。”阖闾不再说话。他那烦躁忧虑的样子，虽然对孙武的心理是压力，将军和士卒们却看不出孙武有丝毫的忐忑不安，他总是充满了自信。及至听到探报说，沈尹戍已北上方城搬兵，吴国营中气氛更加紧张了。倘若楚军一直不肯出战，等到沈尹戍从方城带来楚军主力，前后夹击，后果不堪设想。

这个夜晚，伍子胥来到孙武大帐，带了一罐好酒古越龙山，道："孙将军，来来来，陪我饮几斛壮行酒。"孙武诧异："这话从何说起？"伍子胥道："将军没听说楚将右司马沈尹戍到方城去搬兵了么？等到沈尹戍来，你我恐怕要被赶到汉江喂鱼去了。来来，伍子胥专程弄来了古越龙山。"孙武笔道："伍将军想贸然出战？""孙将军低估伍某的舟师？"孙武说，"不不，匹夫之酒，孙武不饮。"伍子胥勃然而怒："哪个是匹夫？"孙武："伍大人息怒，孙武一不留神道出了实话。"伍子胥愈发怒不可遏："敢骂伍子胥是匹夫的，你孙武倒是天下第一人，今日你须说个明白！"孙武说："只为报仇雪耻，不问两军情势，拔剑而起，鲁莽去战，岂非匹夫？伍将军难道不是要去挑战么？""伍子胥只为报仇雪耻？你难道不知沈尹戍方城搬兵，不知吴军危哉？"孙武说，"适才孙武小试激将之法，伍将军就暴跳如雷。这等方法，何妨在真匹夫囊瓦身上一试？沈尹戍城府极深，有韬有晦，沈某一去，囊瓦性情骄矜，料他耐不住寂寞，不久将来吞钩，岂非好事？伍将军，倘若你都不与孙武合作，吴军瓦解只是旦夕之事啊！来吧，孙武敬你一盏古越龙山！"伍子胥叹了一口气，孙武饮了一盏，他一连吃了三盏。沉默少顷，伍子胥道："我难道不知孙将军深谋远虑？说实在话，十年前伍子胥父兄被楚平王所害，如今隔江望见楚国兵马，恨不能立刻就去踏他个人仰马翻！"孙武说，"到底伍子胥坦诚，为这个，我还得吃一盏。"伍子胥按了酒罐，"不不，不行了不行了，这古越龙山，我还要留待到郢都一醉！"

徒卒来报："楚军有三只舟船偷偷渡江，请将军定夺！"

孙武高兴地说，"唔，来了。你我快去保楚军舟船平安！"拉着伍子胥便到岸上去看个究竟。伍子胥明白孙武的用意，边走边问："孙将军，人家远路涉江而来，不知将军有什么可给他们观看的？"孙武也问："依伍将军所见呢？"伍子胥："吴、唐、蔡三国军队远离故土，深入楚国腹地，最困难的自然是给养，可将你我难处告知一二。不过，将军兵法上有'因粮于敌'的谋略。"孙武："就请伍将军按兵法行事如何？”伍子胥哈哈笑了，悄声道：“好你个孙武，你叫我去抢劫！”两人都很开心，在高处凭眺。

是夜，江上一片大雾。云封雾锁，对面不见人。芳射率三十轻骑，远离汉水，在长江中游夜渡。临近对岸的时候，桨声击水，惊起无数水鸟。孙武和伍子胥看了——不如说听了个大略。孙武道，“楚军在对岸按兵不动，江上舟船是些少许渔人？”伍子胥：“想是渔人，不足为虑。”孙武吩咐：“休要惊扰了他们，让渔人谋些生计罢。”说着，两人重新回到帐中，不言江上之事，高兴地吃起酒来，不觉吃了个酩酊。伍子胥被徒卒扶回帐中，孙武伏案打起了酒呼噜。

又有巡守士卒来报：“将军，舟船上是楚军五十余骑，已经登陆了。”

孙武还在呼噜。

“将军！”

“休来烦我！”

孙武睁了睁眼睛，又睡。少顷，忽从酒梦中醒来，懵懵懂懂问帐中侍卫：

“刚刚似乎有什么事情？”

“巡岸士卒来报，楚军五十余骑上岸了。”

“怎不叫醒我？”

“将军吃醉了酒！”

“啊呀不好！”孙武忙披衣出帐，派一百骑兵追杀。

楚军早已踪迹全无。

楚军芳射人熟地熟，避开吴军营寨，远远地绕到吴军背后看个究竟。白日隐蔽在山里，夜里出来活动，一连五日，人也困，马也乏。吴军纪律严明，没有单独行动的士卒，芳射也没抓到什么“舌头”。在这经过了杀戮和浩劫的战场，方圆百里之内，百姓大都迁移到别处去了，剩下几个荒村，芳射赶到，想给人和马弄些吃的，不料都刚刚经过吴军抢劫，抢完了就烧。侥幸活下来的百姓，见士卒就跑，抓了来，知是楚军，百姓哭诉着吴军罪过，骂那杀人放火的伍子胥，就要跟着芳射渡河去，与伍子胥们决一死战。芳射一行想抢劫点什么，也无处可抢，第五天就只有杀马了。一边撕扯着烤得半生不熟的马肉，芳射一边感叹："谅吴王阖闾在汉江日子久了，连马肉也吃光了，就得吃人肉了。"

可是，吴、唐、蔡三军人马吃什么呢？总不能喝江上的风吧？他们定要远途运送粮草，运送粮草的必经之路，只有山口。

这个想法，令芳射大为兴奋。他建功心切，就率领他的这一小股轻骑到了直辕隘口，神不知鬼不觉地潜伏下来。

这条狭窄的隘口，两边山势峭拔，谷底如一条车辕，狭窄难行，堪称一夫当关，万夫莫开。

潜伏一整日。

还真让他等到了。

傍晚，吴军二十几车粮草，沿隘口向南而来。木制车辆，咿咿呀呀吱吱扭扭，扭进了芳射的伏击圈。芳射大喝一声，从两边峭崖推下大小石块无数，一时间，如天上落下陨石雨，押送粮草的吴军士兵只有挨打的份儿，寻不到厮杀的对象，纷纷抱头鼠窜。

看看差不多了，芳射又率领五十人冲入隘口，能杀就杀，能砍就砍，直杀到吴军大败。芳射这边也丢了十几条性命。芳射下令"烧"，要将二十几车粮草尽数烧个干净。

大火呼啦啦在隘口烧起来了。

两侧山崖，如烧红的炉壁，一片赤红。风在狭窄的山谷肆虐，风助火势，火借风威，火苗在谷底乱窜，遇到秋日里日渐干枯的草木，草木便也烧燃。两崖之间，火苗浓烟飞腾，疯狂地舔着夜空，把半边天宇照得通红。

直辕隘口处，芳射讨了便宜，不敢久留，率众策马而去，行至半路，背后便有吴军杀声，但吴军始终未能追上芳射这一骠轻骑。芳射趁着夜色到了岸边，打了几声呼哨，芦苇中藏着的船便驰了过来。他们上了船，疾驰到江中，背后才有箭放来，那箭大半落入水中，溅起一些泡沫。

芳射哈哈大笑："孙武小儿不过如此！"

芳射回营交令，详尽叙述了江北之行的情形，鼓动囊瓦渡江决战。

囊瓦问：“吴国将军孙武诡诈，二十车粮草这样轻易就让你烧了么？”

芳射：“我士卒人熟地熟，埋伏山中，神出鬼没。”

“没有伤亡？”

“十个勇猛的徒卒命丧隘口啊！”

囊瓦沉吟不语。

芳射又道：“豫章一带久经兵患，人烟稀少，吴将伍子胥率人烧也烧了，抢也抢了，粮食草料接济不上，士气定然下落，令尹还不信么？望令尹抓紧战机，渡江一战，别等吴军逃了，令尹就无功可建了。”

囊瓦道：“此事关系重大，不可妄动，还是等着阖闾老儿饿得杀马时罢！”

囊瓦虽然固守不战，可也心痒难熬，就又派奸细，又去捉江北百姓，并且命芳射之子芳延再次渡江刺探虚实。他一反常态，稳坐泰山。

只有在自己的军帐中，孙武才不掩饰他的焦急、烦闷和忧虑。他正在苦苦思谋到何处寻觅一个能够打入囊瓦军中的细作，守夜兵卫推进一个人来。

“启禀将军，拿到一个楚国奸细，请将军发落。”

“推出去杀了便是。”

他的脊背朝着军帐门口，连头也没回。他正在思虑自己尚未用“间”，楚军倒向他“用”了“间”，自然要杀，捉一个杀一个，捉两个杀一双，这一点他毫不含糊。今日烦躁，问也不问了。

士卒道：“将军，这老东西一定要见将军。”

“见我何益？”

那人说话了：“孙武你如何杀得了老东西？老东西应有一百二十年的阳寿，还需在人间受劫受难六十余载呢！”

这人的话奇怪。

孙武回过身来，眼睛一亮——这位“奸细”若干年前是见过的，没错！这并不一定需要过目不忘的本事，原因乃是此人生得奇异：锛儿头，老大的，向前伸，眼睛却向后躲藏到眉骨后，颧骨高得不合时宜，下巴是地包着天。这副尊容，天下无双，看一眼，一辈子也不会忘掉。

“啊！老先生的假足卖到吴国营帐中来了！快快，看坐，看茶。”

“老东西知道孙将军会记得假足的。”

士卒忙给老人松了绑，看了坐。孙武亲自捧上了茶。

“孙武终于有机会向先生道一声谢谢啦。亏得您指点迷津，我才决心到吴国来。”

“全凭缘分，不可言谢。”

“先生从何处来，向何处去？”

“云外的鹤，天外的风，从来处来，向去处去。”

“如何成了楚国的‘奸细’？”

“问你精明过人的部下去。”

“实在抱歉。”

“又俗了。”

“唔，尚未敢问先生尊姓大名呢。”

“颉乙。”

“颉乙？世外高人！”

“哈哈，将军闻所未闻，是不是？实言相告罢，颉乙哪里是什么世外的高人？乃一凡夫俗子矣。从前，曾在你叔父司马穰苴麾下做过伍长，司马穰苴将军对我有恩。后来，有幸拜在扁鹊大师门下，学得皮毛，便悬壶做了一个江湖郎中，浪迹天涯，扶危济困。以前知道孙武是司马将军之侄，现在知道将军的《孙子兵法》了。将军的兵法已流入民间，藏《孙子》的民家，吴国、齐国、鲁国都有。颉乙拜观了，拜观了。因我略通伏羲易数，读将军兵法，惊讶兵法与伏羲思辨相通，攻守，奇正，分合，进退，动于九天之上，藏于九地之下，皆天地、刚柔、阴阳之道。便思量着机会，聆听将军的教诲。不想，闲行至此，被你的徒卒请了来。”

“先生是来寻我谈易的？”

“颉乙还要再指点将军一回。”

“孙武洗耳恭听。”

颉乙道：“听着，制半夏，厚朴，茯苓，紫苏叶，还有生姜，以水煎服。保你宽中行气，顿消胸中郁闷。”

孙武哈哈大笑。

在这片刻之间，孙武做出了一个重要的决策：能打入楚军帐中，诱使楚将囊瓦渡江来战的这世外异人，江湖郎中颉乙无疑是个合适的人选。可是，这人能够去担此风险吗？

颉乙问：“孙将军，笑个什么？”

孙武正色道：“颉乙先生受业于大师扁鹊门下，想必知道这四个字‘子午捣臼’？”

“颉乙略知一二，这是医家针法。”

“是啊，此针法与‘飞金走气’法有异曲同工之妙，进针得气之后，左转九次，右转六次，可以行气，消导，逐水。”

“颉乙看不出这般针法会对将军身体有什么益处。”

“也可以用药。甘遂，大戟，芫花，研成末服下。”

颉乙说：“这又是泻下之药，可以泻水……孙武哇，孙武，有什么话不妨直说，别绕弯子了。”

孙武离座，深深地作了一个揖：“先生，孙武冒昧，还得请先生助我！如今，吴楚隔江对峙，楚军依凭汉水天堑，固守不战，我军空国远征，渡江攻取，于我不利。我欲诱使楚军过江决战，可惜，战场态势犹如人患阻滞，胸脘痞闷，胸腹积液，上下不通。万般无奈，孙武想了一个泻下的药方，可把对面楚军令尹囊瓦的军队泻下来——只可惜，缺一味药引子！”

颉乙沉吟不语。

孙武定定地看着颉乙。

颉乙叹了口气：“唉！不料你孙将军把我当成一味药引子了。”

孙武：“成此大计，凡人岂可担当？孙武实在冒昧。”

颉乙：“没想到我颉乙在你这里还有一个劫数！唉，颉乙佩服将军的谋略、才智，深知将军乃天下能成大器之人哪！再念及你的叔父司马对我有恩……也罢也罢，颉乙便为你做一回药引子！”

孙武兴奋极了，大叫一声：“拿酒来！”

……

芳延三条舟船，趁着夜色在汉江上游下水，行至江心，忽见一条小船也在向北岸摇去，芳延命三船奋楫击水，将那只小船截住。小船像一条鱼似的滑来滑去，拼命逃窜，见实在逃不掉，船上四人就纷纷跳了水，在水中又欲推翻小船。芳延船上的士卒便也下了水，游过去，在水中生擒了三人，只有使船的渔夫水性好，逃了，小船也被截获。芳延将三人捆绑着推入囊瓦军帐。

一阵恶臭随三人袭来。

囊瓦掩了鼻子，皱着眉，看那被俘获的三个人，有两人带剑，一人貌奇丑，生一副怪相，背一个包袱。

囊瓦率先想到的是这三人乃吴军故意投下的圈套，是三个奸细。

孙武善于用间，这个他知道。

他为自己留了这个心眼儿，感到很自得。

其中一人，尚未成年，面色蜡黄，不停地打着摆子，从裤子下渗出了些黄的东西来，散发出难闻的酸臭，口中叫道：

“放我去出恭，放我去出恭！小爷爷患了赤痢，实在忍不得了！”

囊瓦喝道：“把这东西放到江中去涮洗干净！”

两士卒如老鹰捉小鸡一样，把那“孩子”提出军帐。这“孩子”正是老军常的次子申，被楚军士卒用绳儿拴着，扔到江里，又提起来，反复数次。水淋淋的常申已经晕了过去，奄奄一息。

军帐之中，囊瓦看着立而不跪的两个俘虏。

忽然哈哈大笑。

“尔不是蔡国将军鉴么？”

“正是本将军。”

“尔曾经双手力举铜鼎，也算得个勇士了。”

“可惜我没有用铜鼎将你这小人砸成肉泥！”

“囊瓦不必用铜鼎便可令你顷刻之间变成肉泥。”

“来吧，还等什么？”

“你过江何为？说了可饶你一条性命。”

“只求速死。”

囊瓦阴阴地一笑，心说，大凡用间，先求速死，后来诈降，其实是怕死的。人的头颅只有一个，将军鉴也不能例外。

“过江是来投奔楚国的吧？如是，快快道来！”

将军鉴冷笑一声，不语。

囊瓦走近将军鉴，作出一脸的和悦，说：“依将军之勇，将军之力，将军之意气，何必委身于区区蔡昭侯脚下？将军何不择木而栖，到囊瓦帐下，必有重用。”

“囊瓦是何物？”将军鉴道，“不过一草莽村夫。见佩玉名裘而忘义；私下囚禁别国诸侯，不仁，刚愎自用，目空天下，独断专行，楚国朝中早已上下谤议，却无自知之明。尔这般酒囊饭袋、猪心狼肺、驴脸狗宝之徒，今日未能死于将军鉴的戟下，便宜了你，来日你必死无葬身之所！”

囊瓦的黑脸胀得发紫，目眦欲裂，一脸的胡须全竖了起来。

他最听不得的乃是楚国朝中上下对他的不恭。

他叫道：“炮烙，还是凌迟，你可以任选！”

“平生只差一死了，两样均愿一尝！”

囊瓦哼了一声，望着不惧生死的将军鉴，心说时机已到，这人做足了勇武之态，下面便该投降了。即使是诈降又有何虑，正好将计就计，便强压怒火，道：

“将军果然是勇武过人！本令尹不忍心杀勇士，待我来亲自为你松绑。”

囊瓦为鉴松了绑。

囊瓦等待将军鉴做些感激涕零的样子，跪下降楚。到那时，他问清缘由，把这小国之将羞辱够了，再杀不迟。

将军鉴却“嗖”地抽出了囊瓦佩带的鞘中之剑。

囊瓦手快眼快，刹那间捉住了将军鉴的手，两手将鉴的臂只一折，“咔”的一声折断了。

剑落在地上。

囊瓦这才相信将军鉴不是前来诈降的奸细。

几个士卒上来按住了将军鉴。

“推出去！把他剁成肉酱！”

囊瓦吼叫，忽又改变了主意。

“且慢！”

将军鉴被推去推回，又大骂。

囊瓦冷笑着，把剑插在了煮着开水的铜釜下面，插在火中，一会儿，抽出剑来，剑刃红透耀眼。

“请这位将军把臭嘴张大些。”

士卒上前，掰开了将军鉴的嘴。囊瓦把烧红的剑送到他的嘴里，并不深入，只是乱搅。将军鉴疼痛难忍，却骂不出来，永远也不会骂了。他的嘴里冒着烟，发出“滋滋”的声音，焦糊的味道四处弥漫。

他死死咬住了通红通红的剑。

牙齿“噼噼啪啪”地断裂成碎块。

囊瓦奋力用烧红的剑在他的嘴里搅动，活肉，死肉，红的肉，黑的肉，全都搅碎了，整个嘴巴和喉咙都烂了，又烙熟了，没有一点血流出来，他的嘴有多大，乌黑的烟柱就有多粗。

他晕死过去。

他醒来之后，囊瓦才叫人将他的头割下来，高高地挂在营帐前面。

鉴那张血肉模糊的脸，挂起来之后，起初，是向着正北，向着对岸的吴、蔡、唐三国军队的，不知怎么就逆风而动，朝向了西北方向，向着他的蔡国，向着他的故乡。

囊瓦开始审问船上另一个俘虏。

那人眼见将军鉴暴死，听得一声“押上来”，还没从震惊之中醒过神来，就被士卒按着“噗嗵”跪倒在囊瓦脚下。囊瓦道：“报上名来。”

“小的名唤颉乙，扁鹊之弟子，行游四海为人医病。大将军令尹饶小的一条性命，可在营中为将士巡医。”

“你不是吴国人？”

“世代居于鲁国。”

“为何到吴国军中做奸细？”

“令尹大人不可这样说，颉乙哪里是什么奸细？前日被蔡国将军鉴捉来，令我帮助识别筹划医治红白痢疾泻下之药草与医治疮疥之方剂，颉乙不得已而为之。”

“船上便是这些药草？”

“令尹明鉴，星星草、老鹳草，江北可寻到的都寻了。唯有芍药，甘草，茄蒂，大蒜，乌梅，木炭末，石榴叶，石榴皮，这些东西，无人居住的地方，无处可寻。”

“如此说来，吴国军中在流行疾患？”

“颉乙不敢胡说。我被捉了来，便令我渡江。倘颉乙知道吴军军中士卒真个是水土不服，在流行赤痢，早就劝令尹渡江扫灭吴军了。未曾眼见之事，怎么敢欺骗令尹？”

倘若将军鉴俯首降楚，囊瓦便要怀疑他是奸细了；倘若郎中颉乙说吴军军中确实流行赤痢，囊瓦便会认定这吴军士卒染病是计，是诱他渡江，让他上当了。偏偏将军鉴至死不降，偏偏颉乙不言吴军军中之事，偏偏士卒来报，那个和将军鉴一道擒来的吴军的俘虏，痢疾拉得不亦乐乎，差不多五脏六腑全屙了出来，最后只屙些个绿水红血。楚军士卒又一次把老军常这最小的儿子申扔到江里濯洗，提上岸的时候，申便一命呜呼了。

囊瓦几乎要相信吴军士卒真的水土不服，大半人屙赤痢屙得半死不活了。

他暗暗告诫自己，千万不可上当。

他叫道：“颉乙，你的话完了么？”

“完了。”

“你想如何死法？”

“不不，颉乙不愿无辜代替吴军受死！令尹留我一条性命是有用处的啊！”

“留你替吴军诈降，赚我过江么？”

“冤枉！”

“杀！”

“杀不得！囊瓦！”颉乙突然直呼其名，指着囊瓦的肚子大喊大叫：“囊瓦！你怎敢杀世上圣手神医！你脐下三寸处有一刀疤！”

哦？囊瓦委实一惊。

他脐下确确实实有一个手指肚长的刀疤，乃是他少年无赖，与邻家子斗鸡，斗得眼红，拔刀斗人的后果。除了他的生身母亲，再没有第二个人看见过或者听说过这个小小的秘密了。

颉乙果然有些手段?

“颉乙，莫非你善于伏羲易数?”

“请令尹赦我不死。”

“饶了你。”

“令尹，知道闻名天下的渤海扁鹊么?那是颉乙的老师。扁鹊本是人家客馆里的管事，对人诚实厚道。有位奇人叫长桑君，给他一种药，用草木上的露水服了。三十天后扁鹊隔墙能看见人；隔千里之遥能测知人患什么病；隔着人的衣服能看见五脏六腑；静修而坐，能听见蚂蚁叫，可以和蛇羊鸡犬说话，可以感知风的雌雄奇正。颉乙的师父扁鹊，为病人切脉，不过是假象，只需感知就行了。”

“如此之奇，有何为证?”

“我师扁鹊路经虢国，虢太子已经死了半日，脉息全无，正准备入殓举丧。我师没有登堂入室，只是感知了一下，便说，太子阳气陷入阴脉，注入了下焦膀胱，阴阳两气缠绕郁结，在上阳气的脉络隔绝不通，在下阴气的筋钮破坏……扁鹊令我师兄子阳，针砭太子百会穴位，一针下去，太子起死回生。再给太子服下汤剂，二十天后太子康健如初，这不是天下妇孺皆知的事么?”

“唔。”

“颉乙不敢说学到扁鹊医术的精髓，就算是学到了十之二三吧，对令尹您不是也有用处的吗?”

囊瓦点头。

“你说，吴国军中士卒到底是否多有疾患?”

忽然发问。

“颉乙没有亲见，功力不到，还不能感知江北之事。”

似乎可以对颉乙放心了。

囊瓦沉吟片刻，道：“颉乙，我饶你不死，令你在营帐医病。但是不许你离开军营半步，否则，无法保全你的脑袋。”

颉乙应是。

囊瓦的心理防范不能不说是很严密的。他知道如今的举措，对楚国是存亡相系，对自己是性命攸关。他又派出芳射、芳延二位心腹之将渡江刺探吴军军情，并捉得几个吴军士卒。他得知吴军士兵的确水土不服，军中赤痢流行，芳射、芳延都看到吴军士卒轮番地跑到岸边野地里去屙痢，捉来的人，也有染此疾患的。他又得知吴军主力实际上已经从江岸退后五里，临江一线表面上看去旌旗招展，其实不过虚张声势，仅少数军兵巡行。他还得知吴军外围防线愈发严密，里面的出不来，外面的进不去，似乎在严格地封锁营中情态。

依他的脾性，依他的自信，依他的处境，他不是不想立即挥军强渡汉水，与阖闾决一死战。他，令尹囊瓦，何时受过这等窝囊气？何尝如此瞻前顾后？他心里清楚，楚国朝中，昭王年幼，他独擅军政大权，众卿在脊梁后面戳戳点点，议论沸沸扬扬，早有人打算将他废掉，除掉；假如这次与吴军作战无功，昭王宠信，难以为继，令尹之位，难以坐稳；他也明白，左司马沈尹戍善于谋略，鬼点子多，又会笼络人心，已构成对他的最大威胁，倘若吴楚之战让沈尹戍老儿抢了功劳，那白脸儿司马定会扶摇直上，受到群臣拥戴，爬到他的头上去。囊瓦，囊瓦，你岂肯屈居人下？那沈尹戍到方城去调楚军主力，楚军主力既然在沈尹戍指挥之下，打败了吴国又怎样？功勋还有多少在你名下？你千万不可贻误战机，你看吴军粮草这时正接济不上，你看吴军士卒正在狂泻赤痢，你看吴军不但不敢越江进攻，反而退后五里，你看吴军虚张声势……

渡江！

不……

想那阖闾雄心勃勃来者不善，想那伍子胥能征惯战为报父仇准备了整整十年，想那孙武足智多谋用兵诡诈，他下不了决心。

按兵不动。

三

孙武一夜无眠，不到四更天就起来了。

营中一片寂静。

苍蓝的天上飘着浮云，残月在江中摇碎了。时间已经是深秋，落霜了，地上一片白茫茫，枯草在寒霜里有气无力地颤抖着，几片落叶挂在树上。江风很凉的，孙武裹紧了征袍。

他看见，自己营中高挂的营灯寂寞地亮着，巡夜的军士缩着头，茫然地望着对岸。岸那边，影影隐隐的营灯像鬼火一样，也寂寞地眨着眼，雾弥漫着，囊瓦的防线无声无息。

只有江涛的声音，显得出奇地空洞，出奇地嚣张。哗，哗，哗，吵得人的心里不宁静，吵得人心里烦。

对峙。

就这么对峙到地老天荒么?

心里焦灼得很。

决战前的焦灼？不，这样说不准确，孙武此刻焦灼的乃是不能决战。在全面谋划这场即将到来的浩大的战争的时候，他最主要的制胜要点是“知战之地”与“知战之时”。第一阶段战争的战场和时间，他设计好了，应是在江北柏举一带，而不是渡江去战。当然，总不能让楚军凭借汉江天堑，凭借江南的后援占了便宜；总不能让吴、唐、蔡三国联军背水一战，连退路都没有！他想他的计谋是没有错的，楚将囊瓦暴戾固执，骄矜自负，他的“卑而骄之”之策，“以强示之弱”之谋，应该奏效，应该将那囊瓦“调遣”渡江来一搏生死的，可是，囊瓦是怎么了？囊瓦不再是囊瓦了么？为什么至今还是漠然处之，按兵不动？他不指望一蹴而就，他深思熟虑，他和伍子胥商议，放了渡江刺探军情的芳射一马，假做了些“追杀”模样，舍弃了数十车粮草，伍子胥在方圆百里内烧掠了五天，以示给养不足……后来，又把营中所有因水土不服而患赤痢的士卒，调到一线，把营中疾患流行的样子，做给囊瓦看。这些还不够，他又说动了江湖艺人颉乙，又派了将军鉴和老军常的次子常申过江，简直就是让将军鉴和士卒常申去送死啊！去的去了，死的死了，怎么了到底怎么了？囊瓦为何不吞钩？

他想起派将军鉴渡江之前那天了。

将军鉴的使命只有一个字：“死”。以死来证实那一船药草和吴军“疾患”不是诡计。

他备好了酒馔。

伍子胥还是把那珍藏的古越龙山美酒奉献出来了。

他和伍子胥轮流劝将军鉴饮酒。

将军鉴喝了三爵，又举了酒，却不饮，问道：“孙将军命我等三人渡江，甘受楚军擒获，可是既不是叫我们去诈降，也不需要我们刺探军情，敢问到底是何使命？”

孙武忙说：“且请将军先饮干了爵中之酒。”

伍子胥说：“有话待会儿再说，先喝！这是古越龙山哇。”

将军鉴：“末将有何缘由饮此好酒，受这般款待？”

伍子胥“咣”地来碰将军鉴的爵：“难道将军还不明白么？孙将军

的意思是——就此长别，恐怕再无日共同饮宴了。”

蔡国将军鉴说：“哦？孙将军叫我去死？”

“破楚头功非将军莫属！来来来，孙武先一步为你庆功了。”

将军鉴无言。

他是个很易动感情的人，不由地潸然泪下。

伍子胥说：“怎么，将军怕死么？”

将军鉴咽了泪，忽而哈哈大笑：“死是什么？死如还乡！哈哈，虽为小国将军，自从在楚国三年受辱之后，便已经准备以死相拼；从会合吴军那日起，便没准备生还。只是惦记三岁幼子……”

孙武说：“驰儿在孙武膝下，还不放心么？”

“孙将军，请再受我一拜！幼子无知，拜托了啊！”

孙武不敢看将军鉴的眼睛。

伍子胥：“来，饮酒，不要再扯这些儿女情长了。”

将军鉴举爵，一饮而尽。

一爵复一爵，这日，他饮了个烂醉。

酒醒之后，又去辞别了蔡昭侯，君臣抱头痛哭了一场。

颉乙连酒也没吃，到江边备草药和船去了。

孙武亦赐给了老军常足够的酒肉，让父子叙了一番天伦。孙武所赐士卒申的羹汤，乃是泻下之药，申大餐一顿之后，便狂泻不止，捂着肚子上了船，渡了江……

一切安排得天衣无缝。

送走颉乙、鉴、常的那个茫茫雾夜，孙武在江边站了好久，直到夫概和伍子胥不耐烦地催促，他才回营帐。

将军鉴与士卒申两条性命，只为了让囊瓦相信吴军疾患流行，士气不扬，只为让囊瓦骄横吞钩。

囊瓦却无动于衷，并未动作。

尤其令孙武担忧的是楚国左司马沈尹戌已北上方城去搬兵，如果再捱些时日不战，沈尹戌从后背杀来，囊瓦从正面进攻，战局恐怕就不好收拾了。

是囊瓦改变了骄横的性情？还是他错误地估计了囊瓦的智力？

孙武在冷飕飕的江边踱步。

一眼看见了老军常的一头白发，老军常还不知道儿子申的死讯，正在岸上向白雾空茫的汉江那边儿凝望，嘴里咕咕哝哝祷告着什么。

孙武忙回避，害怕老军常问起申的安危。

转身往回疾走。

大王阖闾！

君王也忧心忡忡，也睡不着。

这是他不能回避，也无法回避的。

“大王！”

“唔。”

“大王连日劳顿，何不多睡一会儿？”

“孙将军不是也睡不安么？”

“啊——这，秋日早晨的汉江，波浪滔滔，两岸银霜满地，景致倒是很不错的。”

“只可惜，时光荏苒，立即便是冬天了。”

这话别有意思。

孙武明白。

君臣心里都有事儿，相对无言，心照不宣。

沉默。

又有一士卒从军帐中跑出来，捂着肚子，跑到芦苇丛中屙去了。

阖闾说：“孙将军，如若再这样挨下去，吴军不败在楚军之手，恐怕真的要让疾患打败了啊！”

“依孙武之见，决战在即。”

“决战在即？在即个什么？囊瓦按兵不动，沈尹戍调兵遣将，孙将军——囊瓦倘若不肯渡江来战怎么办？将军在兵法上不是说知战之地，知战之时么？寡人看这战时战地，恐怕不一定会如将军之愿了啊！请将军为寡人再献良策！”

“大王，楚军小股人马连日来多方刺探我军情态，看来囊瓦并非不动渡江之心。而且，囊瓦与沈尹戍不和，囊瓦争功心切，只要时机到了，囊瓦定会孤注一掷。请大王静待时机。”

“难道只有让寡人坐在江岸上等待么？”

“不，孙武还有一策。”

“快快讲来！”

伍子胥走过来：“我料道孙将军总会有办法的。”

孙武笑了笑。

他拔出了剑，在江岸上划了一个深深的“分”字。

阖闾不解地问：“分？分什么？”

孙武道：“吴、唐、蔡三国军队，分兵三路，唐、蔡两国军队退向后方，请大王放心，撤退是虚，是掩人耳目，迂回是实。”

这是个大胆的战策，也是个冒险的决策。

这样一来，江北兵力骤减了一半，与楚军实力相比，也成了一半。按照孙武预想的那样，目的乃是调楚军过江来战。楚国军队铺天盖地掩杀过来，孙武又将何如？吴国军队又将何如？

吴王阖闾的手里出了汗。

伍子胥沉吟着：“这许是没办法的办法了。”

孙武说：“大王，伍将军，孙武虽然屡施小计诱使囊瓦过江，可是孙武从未承诺过囊瓦何时渡江。而今，时机已经成熟了，今日五更开始命唐、蔡两国军队做出撤退回国的态势，明日五更便可迎接囊瓦部渡江了。”

阖闾又问：“过江又怎样？”

“楚军过了江，郢城便成了一座无军的孤城，稍俟时日，请大王去叩开楚国郢城之门吧。”

囊瓦暴跳如雷。

楚昭王派大夫申包胥前来犒劳防守江汉的楚军，本是好事，囊瓦也兴冲冲来接受君王的厚爱，不料，他惊讶地发现，楚昭王给他——令尹囊瓦的赏赐，和左司马沈尹戌的相同，都是两匹宝马，一把名剑，一件裘服。

拉平了？

囊瓦气不忿，拉长了脸，叫人将赏赐接了，道：

“申大夫，请转告君王，囊瓦十分感谢君王不弃，厚爱铭记于心。军务倥偬，待来日破吴凯旋之日再与申大夫叙谈，囊瓦失陪了。”

申包胥：“且慢。大王命我传话给令尹，与吴军作战只可取胜，不能失败……”

囊瓦不耐烦：“知道了。”

囊瓦拂袖进了后帐。

申包胥强压怒火。楚昭王给囊瓦与沈尹戍一样的赏赐，一方面是暗示囊瓦必得鞠躬尽瘁，否则令尹将不复为令尹；一方面是鼓舞沈尹戍，叫沈尹戍明白君王为何看重他，钳制囊瓦，唯恐囊瓦有闪失，其本意主要还是叫前线将士同心协力，保卫社稷，不料，激起了囊瓦忌恨沈尹戍之心。

囊瓦回到后帐，怒不可遏，在心里骂朝中尽些肮脏小人，无耻，无赖，无才，有目无珠，一些个猪狗大夫，拨乱其间。竟然将他囊瓦与沈尹戍老不死的拉平了，明明有取而代之之意。沈尹戍是什么东西？申包胥是什么东西？楚昭王又如何，不过是个茸毛未褪的黄口小儿……

申包胥一怒出帐，上了车，想想不可，又下了车，重新进入了囊瓦军帐。

士卒拦住：“令尹有话，他正在洗脚。”

“我在此等候。”

“令尹说，他今日不见客。”

“速去通报令尹，申包胥受君王之命而来，在此坐等。”

囊瓦只好出来。

立着。

“申大夫还有何见教？”

“申包胥传君王之命，务必请令尹和左司马沈尹戍同心同德，同仇敌忾，大破吴军。”

“但可放心。”

“切不可意气用事。”

“囊瓦，从来都是以国家社稷为重，光明磊落，不似他人，留有后路。”

“此话怎讲？”

“随便说说而已。哦，囊瓦听说，申大夫和吴国的伍子胥乃是情同手足的至交？”

申包胥一愣。他冷笑两声，道：“从前我与伍子胥确为好友。如今各为其主，必不辱使命。他日如与伍子胥战地相逢，申包胥断不会手软的。”

“如此便好。”

“就此告辞。令尹，好自为之。”

“送申大夫出营！”

申包胥走了。

囊瓦余怒未消，胃膈胀满，两肋夹痛，二目红赤。颉乙好心说，愿为令尹舒一舒肝郁之气，被囊瓦轰了出去。

当晚，囊瓦召心腹之将和大夫议事。

他已经决定，不把破吴的第一功让与沈尹戍了。

他想他绝不能给恶虎插翅。

他想他可不是痴呆村夫。

心腹之将芳射芳延，心腹谋士大夫史皇，还有武城黑大夫，聚在一起，意见几乎是一致的。大夫史皇直陈利害：倘若听凭左司马沈尹戍指挥方城主力，南下从背后攻打吴军，乃是司马独自攻克吴师，还有令尹囊瓦您什么事？司马从背后击吴，兵力不会有什么损伤，而囊瓦这里正面破吴，兵必受损，与其受损，不如速战速决，独得其功，朝中谤议自会消解，沈尹戍也休想得势。武城黑大夫则指出：吴军战车都是木制毂轮，而楚军的车毂，全都裹了皮革，吴军的车毂不怕水浸，而楚军车毂上的皮革泡软了，就转也不能转了，还打什么仗？芳射芳延则将亲自取得的军情一一分析：吴军立足未稳，粮草接续不上；吴军军中多疾患，士气不扬；吴军退后三十里，虚张声势，不敢立即交战……

囊瓦就要下定决心了，话到舌尖，又收了回去。

性格暴戾乖张之人，其实都是胆小如鼠之徒。顷刻间的暴怒和不计后果，其实都是假象。

囊瓦：“容我再思量思量。”

囊瓦走出军帐。

一眼望见营帐前，高高挂起的蔡国将军鉴的人头。怎么，那个死人的人头，原本是血肉模糊，一片混沌的啊，莫非将军鉴脸上的血痂全部剥落了？月光之下，那张惨白惨白的脸似乎在抽搐，在痉挛，在呼吸？那张脸，原本是朝着江北，用以震慑吴军的，现在怎么转向了西北，朝向了蔡国的方向？还有那双不肯闭上的眼睛，拼命地睁得又大又圆，木然地眺望着烟云浩荡的远方，好像有许多的话要说，许多的情要诉。

将军鉴想家了吗？

一阵秋风掠过，囊瓦心惊肉跳；“哦？他——在咳嗽？”

是。是在咳嗽。

咳嗽的声音短促而且没有气力。

是干咳。

芳射道：“令尹，听士卒们说，到了半夜，可以听见死人的头在哭。”

呜呜的。

不是真的在哭么？

囊瓦目瞪口呆，汗津津的手不由自主地去握了佩剑。

芳射又说：“还说将军鉴的头颅有时候在夜半深更唱歌，唱的都是很悲伤的蔡国的调子。”

“蔡军思归了么？”

也许是。

囊瓦离开了那让他心悸魄动之地。

有士卒来报：

对岸，江北，吴、唐、蔡三国联军正在调动，蔡昭侯的军兵向蔡国方向移动，唐成公的军队在向唐国的方向后撤！

囊瓦回眸再看将军鉴那颗失色的头颅，感觉完全不同了。他真的听见了将军鉴在哼唱家乡的小调，而且是那种闭了眼睛哼唱，完完全全用心哼唱的那种。奇怪的是，将军鉴嘴早已被烈火烧红的剑搅成了一个黑窟窿，现在，那个窟窿怎么会呼气，会开合，会无声地喊叫哇……

见惯了死亡的囊瓦，毛骨悚然。

他断定，三国联军产生分歧了；看来，怀乡的情绪蔓延，唐、蔡两军顶不住了；看来，吴军已成孤军！

囊瓦听了，微微一笑：

“天助囊瓦！天助囊瓦！明日强渡汉水，明日大破吴军，取阖闾首级做酒觚！”

囊瓦就这样决策了。

他觉得自己有十成的胜利把握，他想这回足以让沈尹戌的夺势成了泡影，诡计不攻自破了。

战争之外的人际关系，有时竟会决定战争的进程，改变既定的胜负；战争中的政治因素，有时候竟然会比千军万马来得更凶，更不可抵挡，决定战争的走向；战争中将领的性格，将领的人性的弱点，往往成为战争胜负的筋钮。

在江北三国联军分兵，唐、蔡两军做出后撤的样子之后，囊瓦到底听凭了孙武的调遣。

对于孙武，这当然并不轻松，他已经三十几日不敢安寝了。

对于阖闾，好比一场豪赌，对方刚刚下注。

对于楚昭王，并未显示其沉重，他从未想过二十万大军会被六万士卒击溃，这是自古以来没有过的神话。

对于伍子胥，是一个节日。子胥一番豪气，惦着十年归报楚王杀父兄之仇，这一天终于到来了。

对于沈尹戌，将是致命的一击！他知道囊瓦把楚国押到了赌桌之上，这场危险的游戏，将使他身后的方城主力，千军万马也徒唤奈何！

囊瓦麾下楚军的数目，大抵与吴、唐、蔡三军总数相等，而这时，孙武将唐、蔡两军分了出去，令其做撤退回国之势，分别隐于汉水和淮水附近，吴军实际数目三万，仅有楚军的一半。楚军更加趾高气扬，六万之众乘数百艘战船，在黎明时分突然强渡汉水，气势颇为壮观。楚军分为正面和两翼三路渡江。在黎明的薄雾中，汉江一片鼎沸，大江顷刻间被冲为三截，帆樯如箭，弥盖了江面。战船推进到对岸之后，士卒迅速登陆，迅速演示成战阵，向前进发，士卒戈戟闪烁着冷飕飕的光芒，吼声震天，锐气势不可当。

囊瓦在战车上，傲视一切。

江岸附近的吴军巡行之卒，不过是虚摆设儿，一冲即溃。

楚国精锐之师一刻不停，直逼吴军。

三十里强行军，楚军遮天盖地扑到了吴军面前。

两军各自列开了堂堂之阵。

楚军势大，吴军势小，旌旗招展的六万楚军，先行在气势上压了吴军一头。吴军主将的战车上，孙武将战袍撩起，手执鼓槌，站在鼙鼓之下，准备亲自擂鼓督战；楚军战车上，囊瓦犀甲在身，手执寒光闪闪的大斧，凛然屹立。

囊瓦喝道："对面便是浇菜灌园的孙武吗？"

声如雷吼。

孙武微微一笑："本将军正是孙武。"

声音的气势显然略逊一筹。

"尔不如归去，还是去浇菜灌园，可保全一条性命。"

"待取了郢都，到楚国浇菜灌园也是一大乐事。"

"休要废话！速速俯首投降，本令尹举荐你做楚国司马。"

"令尹如果识时务投降，孙武可令你为姑胥城把守城门。"

斗嘴，囊瓦显然斗不过孙武。几句话来回，孙武面色平和，囊瓦已经气得两目充血，大喝一声"今日叫你死无全尸"，便擂鼓令士卒掩杀过去。孙武也不怠慢，亲自击鼓，令吴军冲杀。鼓声搅在一起，杀声混成一片，士卒战成一团。吴军却只是先头部队与楚军接战，片刻的厮杀之后，双方都有少量的伤亡，孙武已将令旗一挥，大军掉头后撤，做出了兵败如山倒的样子。

囊瓦哪里肯轻易放生，挥师乘胜追击。

吴军脚力甚佳，跑得很快，而且，在楚军追击过程中，不断有吴军小股军队狙击，或是放一通箭，或是从侧翼冲上来厮杀一阵，渐渐使吴、楚两军拉开些距离，囊瓦时而看得见吴军，却追不上，愈发上火，追击愈紧。

不觉已追击到百里之外，小别山中。

一条宽阔的古河道，把两边的山峦推得老远老远。

正是渡江之后的第三日上午，阳光在古河道的卵石和细沙之间狂泻，四周明亮得很，视线一下子可以抻得很远。囊瓦注意到，吴军正在前面排阵。

决战？

囊瓦忙环视这战场的四周，抬眼向两侧的山峦望去。

他对芳射说："看样子吴国军兵要在此与我决战了，战便战个痛快，求之不得。只是倘若两侧有伏兵击来，我军三面受敌，如何是好？"

芳射道："令尹所虑极是，可惜孙武和伍子胥鼠辈，未必能有此深谋远虑。"

囊瓦："有备无患。汝速率兵护住左翼，着芳延护了右翼，万无一失。"

囊瓦正在整饬兵马准备与吴军大战，忽然见到左右两翼山峦背后腾起了烟尘，响起了战鼓声和马嘶人喊的声音。"果然不出所料！"囊瓦哈哈大笑。他看见，按事先所谋，楚将芳射、芳延两处人马，各三千，已飞也似的向左右两侧山峦奔去，争夺制高点。

河套，囊瓦的军队向吴军排阵之处开进。

吴军在伍子胥的指挥下，向楚军逼近。

囊瓦为自己判明左右两侧会有吴军夹击，事先派了大将清除隐患，感到高兴，为此，他更自信了。

两军渐渐接近，已经可以看见戈戟上跳跃着的阳光和漫卷着的旌旗上的图腾了，囊瓦可以分辨出须发皆白的伍子胥，伍子胥也可辨认出短须扎撒的囊瓦了。

千钧一发。

这时，已经占领左右两翼制高点的芳延、芳射几乎同时发现：

山那边，哪里有什么夹击楚军的兵马？不过是数十名士卒，催马来来回回狂奔，马尾巴后面拖着些树枝，造起冲天的烟尘，士兵手中击着鼓，马脖子上摇着铃，人唤马鸣，全然是假造的声势。

芳射、芳延大失所望，率领军兵掉头下山，来助囊瓦。

伍子胥在战车上看得清楚，就在楚军三路合成一路的时候，他忽然下令鸣锣退兵，吴军后队变为前队，撒丫子便跑。

囊瓦没有追击。

下令埋锅造饭。

大夫史皇问："令尹为何不下令追杀？"

"吴军不战而逃，恐怕前面有疑兵。"

武城黑大夫说："吴军在两侧山后虚张声势，是何用意？"

芀射道："依末将之见，吴军又做排阵决战之状，又在山后假造些声势，实在是自知实力不敌，怕我追击，令我退兵。"

史皇说："也许退兵反而是上策。"

囊瓦不忿："以我六万之众，一倍于吴国军兵，追来追去，反而退兵，岂不让天下人笑我囊瓦无勇？"

大夫史皇道："令尹，渡江以来，离郢都越来越远了，依史皇之见，既然已经把吴军赶离了汉水，还是回兵为好。"

芀射说："大夫莫非要把破吴之功让给沈尹戍么？谅沈尹戍调遣方城之兵，离此地不远了。"

芀延："大夫敢保证吴军不再到汉水来么？"

史皇说："孙武用兵，一向诡诈，还是退兵吧。"

囊瓦不耐烦："史皇大夫，力主囊瓦渡江进兵是你，要我退兵回防也是你，好了，别说了！"

众人见囊瓦焦灼烦恼，皆噤然沉默，不敢再说退兵之事。

囊瓦思忖良久。

把吴军放了，刚好是留给沈尹戍吃掉，这是他最不情愿的，他仇恨沈尹戍，甚于仇恨吴军，沈尹戍对他的威胁，也甚于吴军。这是他这种人的一种劣根性，宁肯自己兵败将损，甚至扑倒沙场，永不还家，也不能把功劳归于身边的敌人，如果一定要在吴国军队和沈尹戍之军中间选择哪个为不共戴天的话，他宁可选择沈尹戍。沈尹戍的威胁太直接了，而且近在咫尺。可是，他也在想，继续追击下去，不知孙武所指挥的吴军将玩出什么花样儿，虽然他手下兵力雄厚，也难免落入陷阱，这是他最害怕的，心里一直忐忑不安。停止追击，放虎归山当然好，彼此相安无事，倘若孙武和伍子胥卷土重来，又当如何？话说回来，如此追下去，距离郢都越来越远，倘都城有了闪失，谁能吃罪得起？

追？不追？前进？后撤？囊瓦拿不定主意了。他让大夫史皇占了一卦，卦象是“进也不吉，退也不吉”。这算什么狗屁占断，他一怒把筮草扔得满地都是。楚军将士都吓得不敢言语了，囊瓦这种时候杀人是不眨眼睛的。

与此同时，孙武与伍子胥、大王阖闾策马向高处去，去观看地形。

吴军暂时停止行进，正在埋锅造饭。

不停止前进又如何？吴军身后已经不再有尾随在后的追兵，不再有战鼓和旌旗，不再有连天的追杀声，不再有刺激了。

囊瓦偃旗息鼓，不追了么？

这是一件很讨厌的事情，依孙武之计，把囊瓦拖住，拖他个精疲力竭，肝火上亢，拖到大别山外的柏举战场，一举歼灭。可是，吴军刚刚还牵着缰绳，现在那缰绳要断了，囊瓦一直被牵着的鼻子，要缩回去了。倘若囊瓦一直缩到布防的汉江以南，又成两军隔江对峙之势，可就前功尽弃了，两军重新在汉江两岸对峙，战争进程不可能重复来过，一切就不一样了，吴军士气将大损，正在迂回向柏举战地的唐、蔡两军，空劳数百里的行军，还能再战么？

孙武当然知道战局的严峻。

伍子胥也知道。

大王阖闾也知道。

三个人在马上，怀着一样沉重的心事。

左边是连绵的大山，右边也是连绵的大山。干涸的河道，成了一条宽阔的街衢。风在大山之间的“街衢”直来直往，呜呜打着呼哨。

吴王阖闾打了一个寒噤：“这山谷，好安静啊！”

伍子胥骂道：“狗养的囊瓦，不想玩儿了？竖子实在让人劳神，来日让我拿住，将他斩成肉醢！”

吴王：“休说来日，当务之急乃是让囊瓦继续跟上，孙将军，有何计谋？”

孙武说：“若让鱼儿吞钩，仍需费些钓饵——且请大王看了山势地形再商议良策。”

三人立在山头。

放眼望去，山峦叠嶂，好一个山的世界，山环山绕，山接山迎，山山相挽。这群山之中，那条古河道蜿蜒如龙，在山间游动。山里绝不是决战之处，胜者也仅仅能吃下些兵头将尾，败军也不会损失有生力量。孙武、阖闾和伍子胥目力所及，古河道在前面被一片山峦所拦，分为两叉，呈二龙吐须之势。

孙武道：“大王请看，前面山路一分为二，两条路在数十里外又合而为一。两条路合并之后，距离大别山隘口的出口处就不算太远了，约有百里。”

伍子胥：“若能将囊瓦引入前面的叉路，他可就咽也咽不下去，吐也吐不出来了。”

阖闾道：“好去处！可是，两位爱卿，如何引得楚国军队上钩？”

伍子胥道：“孙将军不是说，仍需费些钓饵么？将军便在前面抛线，投饵，诱囊瓦上钩，伍子胥愿率轻骑五百，抄到后面去赶羊。”

孙武：“此计甚妙。”

伍子胥说：“不知将军准备投放什么钓饵？这钓饵恐怕得足以让囊瓦胃口大开。”

孙武：“伍将军所言极是，这番钓饵，只能是上乘佳肴！”

吴王阖闾忽然转过头来，冷飕飕的目光盯着孙武。

孙武也看着阖闾。

孙武把目光移开，看看伍子胥，伍子胥吃吃大笑，孙武也笑了。

吴王阖闾心中不快：“笑什么？你们搞什么名堂？竟敢要把寡人做尔等的钓饵吗？”

孙武忙道：“臣下不敢。”

伍子胥说：“请大王恕罪。而今战争的格局发展非我等所愿，若不将囊瓦请入瓮中，将前功尽弃。下臣与孙将军反复议过了，若想诱囊瓦上钩，只有以大王的威仪车驾才可号召。”

阖闾气愤地打马下山。

孙武飞马追上：“大王！大王！千万不要误会，臣只想借大王的车服一用！”

……

回到驻地之后。

孙武把君王的冠冕捧到了夫概将军的营帐之中。

这位君王的胞弟见了，大吃一惊：“孙将军，你这是做什么？”

孙武道：“而今囊瓦大有回兵之势，这样恐怕伐楚大计前功尽弃。思量再三，唯有以大王的威仪做诱饵，囊瓦才可上钩。因此，蒙大王恩准，请夫概将军一试，唯有将军可担此重任，为大王分忧。”

夫概连连摇头：“将军你这是害我！”

“怎么？夫概将军怕死？”

“死算什么？来去无牵挂！”

“那么，夫概将军又何惧之有？”

夫概苦笑说：“将军不懂？还是装糊涂？”

孙武这才意识到事情的复杂和严峻，面对疑心甚重、城府很深的吴王阖闾，夫概不敢冒冒失失穿戴起王者之冠服，更何况夫概本是王室中的一员，是君王的胞弟，这番小心翼翼的避讳就更显得必要和必须了。孙武兀自感慨，自己仅从战略的角度去思考和决策，假如真的会引起复杂的王庭内部纠葛，那本不是他所愿意的。倘若错综复杂的王庭兄弟间的关系，影响了战争的大局，那就是千古遗憾了！

孙武道：“大王欣然同意的，倘若大王不肯答应，这冠冕从何而来？为伐吴之大计，将军不必犹疑了。”

“这不是欺君之罪么？你叫我越俎代庖，罪莫大焉！”

吴王阖闾来了，唤了一声：“王弟言过了！孤王与王弟手足亲情，哪里会有这等猜忌？今日，你受命于危难之间，穿戴起来吧！”

夫概跪下，叩首：“夫概实在不敢！”

吴王道：“什么敢不敢的？寡人命你穿戴，是叫你去战，讹诈楚军，哪个敢有微词，立斩不饶！快快起来。”

孙武说：“大王已经行令，夫概将军再推托就不是了。今夫概将军王服车驾，乃是代大王去战，甚至是去死！夫概将军诱敌之战，可不是一番儿戏，而是必须真杀，真战，真死，真退，十分危险呢！”

孙武的话，说给夫概，也说给吴王。

夫概这才说道："既然大王有命，夫概只好从命了。"

说着，夫概的手指在王服上小心翼翼地掠过，眼睛里倏然一亮，一霎间流露出的情感，有渴慕，有遗憾，有喜悦，有贪欲，十分复杂。

阖闾定定地观察着夫概的神色。

阖闾道："命王子夫差同车护驾！"

夫概："大王，何言护驾二字？"

阖闾一笑："啊——寡人是开个玩笑，开个玩笑，王弟速速更衣吧。"

阖闾走了。

夫概这才开始更衣。有道是宝马须金鞍，这句俗话不错，大王的行头，虽然因为阖闾的约束，算不上辉煌，算不上金贵，可那些必要的金碧辉煌的冠冕一装点，夫概就不再是夫概了，他生得与其胞兄阖闾本来就十分相像，如今看上去，更叫孙武吓了一跳，俨然又一个大王阖闾！夫概容光焕发，前前后后扯了王服看个不够，爱个不够，对孙武道："爱卿，为何见了寡人立而不跪？"

"你，你说什么？"

"将军看来，夫概还是夫概么？"

孙武忙道："夫概将军，车驾已经备好，此一举关系重大，胜负系于将军一身，但请好自为之！"

囊瓦为万全之策，正准备下令全军后撤，撤回汉江，忽然听见遥遥有鼓声，吴军杀来了。

囊瓦迅速整队，列阵，战也得战，不战也得战。

两军战在一处，一时不能辨别攻守，队伍也没个头尾，只凭领头的将军车驾和士卒衣甲，才知道分出敌我。囊瓦看上去，并不知道吴军有多少，两山夹峙，一河之宽，看见对面吴军的头，看不见尾，只知是黑压压一片。在两军乱成一团的刹那，囊瓦眼睛一亮：立在战车之上的，不是孙武，不是伍子胥，竟然是王者之尊！那呼啦啦招展在半空的日月星旌旗下，是一张目空一切的赤面。那人犀甲外面罩着一身辉煌得耀眼的冕服，头上呢，戴着号称鷩冕的王冠，五彩的丝绦连缀着二百一十六粒美玉，闪烁华晔。鷩衣上为玄色，象征天，下为黄色，象征地。衣上所绣雉鸟，象征文德，绣着水草藻类，表示心地清净，还有火，意思是明亮兴旺，众望所归，等等等等。就连手中之剑，也是名曰磬郢的天下奇宝。

端坐在车上的，正是吴王“阖闾”！

“阖闾”身边，侍卫剽悍。

持戈兀立在车前的，是王子夫差。

囊瓦如凭空捡到了万金之宝，不顾一切地直奔阖闾而去。

他没想到野心勃勃的吴王阖闾，为了破楚称雄，竟然自己来送死！翦灭一个阖闾，吴国数万大军当然是不战自败。囊瓦不由大喜过望，哈哈狂笑：

“哈哈，太阳果然可以从西边出来！囊瓦万万料不到大王您亲历亲征，恕囊瓦身披甲胄，不给你施礼了。”

“阖闾”微微一笑。

“阖闾，哪里黄土不可埋葬你，何必空国远征，到这里来受死？”

“阖闾”未动声色，只把大手一挥，鼓声大作，兵车徒卒掩杀了过来。

囊瓦增添了十二分的骁勇，勇猛冲杀。两边将士，战成一团。

短兵相接，生死肉搏，杀声在山谷里回旋。这是一场真正的厮杀，真杀真砍，双方都有士卒扑倒在地，血溅河滩。双方都有一种杀不完、砍不尽的感叹，因为战场不算宽，接战的徒卒有限，一个倒下，一个又上，前仆后继，无穷无尽。“阖闾”也立在战车上奋戈击杀，他的临阵，与其说对吴军是鼓舞，不如说极大地激励了楚军。擒贼先擒王。只要杀死或生擒了吴王，这场没尽没休的战事，就有了头了。囊瓦便只捉了“阖闾”去砍杀，一副奋不顾身的样子。

吴军渐渐且战且退了，一堆将士，只顾护了“大王”，全身后撤。

囊瓦渐渐上了钩，上了岔路了。

两军厮杀了好一段时间，看样子，吴军是真的支持不住了，一些散兵护卫着“阖闾”的战车打了个回旋便走。囊瓦哪里肯白白放了这个机会，催动战车就追。楚军“呼呼啦啦”全都上了岔路之后，背后，伍子胥辛辛苦苦绕山而来，率五百轻骑杀上来了，从后面轰着楚军向前赶，像赶鸭子。

此时，真正的吴王阖闾正在孙武、伯嚭的护卫下，向大别山口疾驰，吴军主力将迅速赶到山外，赶到柏举，做短时间的休整，养精蓄锐，以待决战。

前面有“阖闾”牵着鼻子，屁股后面有伍子胥神出鬼没地轰着，全军又行在一个只能并行二十人的山路上，队伍的战线拉得很长，囊瓦想退也退不成了，只有咬紧牙关向前跑。一直跑到窄的山路变成开阔地，开阔地又变成斜山坡，一直与返回来的“阖闾”打了三仗，楚军冲出了休门隘口，告别了大山。

士卒没有大的伤亡，可是全都疲惫不堪。再加上这些日子在山地拼命地追赶吴军，毫无所获。当囊瓦与史皇的兵马会合，当前面再也没有吴军招摇的时候，楚军兵士一个个士气沮丧，怨天尤人，队伍一旦停止行进，就全都歪着，靠着，坐下了，打起了盹儿。

囊瓦问：“这里是——柏举？”

没有将领答话。

囊瓦忽然打了一个激灵：“这里离郢都有五百里吧？”

大夫史皇：“少说也相距六百里之遥。”

六百里！

囊瓦感到六百里是个很可怕的数目，是很可怕的途程。他竭力想弄清楚这一切到底是怎么发生的，是怎么渡了江，又怎么鬼使神差地远离了他应该固守的郢都。如果在郢都，他可以凭借汉水，实在汉水不行，可以凭借郢城城防，等待沈尹戍方城援兵的。可他离开了他的依托，而且越离越远，这一切到底是怎么开始？怎么发生的？

谁也没有答案。

黄昏悄悄地来了。

暮色不声不响地用那昏黄的帷幕遮住了山川和天地。太阳遁走了。天色一片迷茫。

囊瓦的战车前面，非常开阔，空荡荡的。

是大别山的西麓了。

连日来在山地与吴军周旋，突然面对空旷得一览无余的荒野，囊瓦的心里忽然是一片空白，一片空落，感到有些许晕眩。

囊瓦尽力远眺，要弄清楚此身所在。

影影绰绰是吴军的旌旗吗？或者是眼前的错觉？无论怎么说，有士卒来报，唐国和蔡国的军队都已突然出现了，都已经向这里进发，准备一战。

他恍然大悟：就是说，吴军调他和他的军队来此决战？

或者说，调遣他来跳这个陷阱？一切都是孙武和伍子胥谋划好的？人家挽了个绳子套儿，他就钻进来了！所以，孙武一战就掉头撤退了；所以，吴军在山谷虚张声势，是诱他骄傲，让他上当；所以，“阖闾”也出现了，什么？有探马报告吴军有两个吴王阖闾，两个？他怎么没想到会有两个？真真假假，虚虚实实，完全把他弄糊涂了。吴军是在一点一点地紧那套在他脖子上的绳子呢！现在，他把头整个儿伸进来了，而且把脖子伸了很长。

什么吴军军中疾患流行？什么吴军给养不足？还有什么唐、蔡两国士卒思归撤军？都是假的，都是孙武造的势。

什么人在咳嗽？什么人在唱？是蔡国将军鉴么？唱的是蔡国的调子？或者是楚国的调子？蔡国将军鉴，只剩了个血窟窿，怎么会“唱”到了这里？！

那么，是自己人在唱？楚国军兵这么快就思乡了吗？不。这不可能呵。

他似乎又看见了蔡将军鉴那惨白惨白的人头。

颉乙呢？

“把颉乙给我押上来！”

“颉乙不知去向。”

“噢……”

沈尹戌呢？

他现在一点儿也不想沈尹戌的种种不可饶恕的可恨之处了，他暂时不再计较和沈尹戌的短长了，他情愿把破吴之功与沈尹戌平分了，他只盼望沈尹戍快将方城主力调来助战。

没有。

没有沈尹戍的音讯。

天色完全黑下来了。

出师不利，凶多吉少！

想到这里，他的心立即抽紧了。

“撤军！”

他拼命地狂吼！

尽快地逃开孙武手中的绳子套儿。

大夫史皇、武城黑，还有芳射、芳延全都一惊。

“令尹，撤向何方？”

“撤！”他接着吼叫：“传我的命令，全军后撤，后队做前队，快撤！”

大夫史皇拉住他。

“滚开！”

他谁的话也不想听。

史皇跟在他后面，喋喋不休，半路上力主撤退的大夫，现在却不同意撤了：“令尹！令尹！国家太平安定，令尹执掌大权；事到如今，六百里行军，两军对垒，将军就想逃走。下臣以为，如此回撤，只怕你在楚国难以容身，他国诸侯也不会收留。只有死战，才有一线生机！”

“不是你叫我后撤的吗？”

“晚了啊！”

史皇双泪齐下，“噗嗵”跪倒。

“将军三思！”

军队正在移动。

芳延、芳射也跪下了。

“将军，天色已黑，三军如何行走？请将军收回成命，我等愿与将军同生共死！”

囊瓦站住了。

他长长地叹了一口气。

大夫史皇：“传将军之命，三军原地待命！”

也许，只有决一死战了。

囊瓦的脸在抽搐。

他有点儿害怕，可他不愿意让部下看到他的抽搐和战栗。在黑暗中，他剥去了骄横、勇武、暴戾、目空一切的外衣，他的眼里一片迷惘。

只有列阵待战。

夜里，他悄悄在营帐里，向北跪倒叩首，默默祈祷：

“诸神佑我，让沈尹戍即刻率兵来助我吧，诸神佑我……”

四

将楚国令尹囊瓦和大夫史皇的两支军队，引诱“调遣”到柏举战场的这个黄昏，两个大王阖闾，先后来到了孙武的军帐。

一个“阖闾”的“扮演者”是夫概，是阖闾的同胞兄弟。

另一个阖闾，是阖闾自己，身先士卒。

暂时称作“阖闾”的夫概回营，脸上挂着矜持、沉稳、高深莫测的微笑；

本来就是阖闾的阖闾，视察唐、蔡来会的军队营帐之后，又看了战地，回营时，一路是令人毛骨悚然的哈哈大笑。

人们很难辨别得出孰真孰假，一是两人本是同父异母的兄弟，因为血缘的关系，生得很相像；二是因为人们哪敢定睛地端详大王的模样儿？大半是老远地见到华贵耀眼的大王的冕服和威仪赫赫的车队，就赶忙作揖叩首了。

夫概先行回营。

那装潢着日月星旌旗的王者之尊的战车驰入吴军驻地时，士卒不由地纷纷跪伏在地。先一步来到柏举待战的唐、蔡二国诸侯，也分不清真假，毕恭毕敬地作着长揖。孙武当然是分辨得清的——陪伴夫概的是王子夫差，侍卫阖闾的，是太子终累。

夫概对于人们的顶礼膜拜不置可否。

他下了车，唐、蔡二国君侯忙道：

“大王辛苦了。”

“大王亲临险地，身先士卒，楚国岂有不破之理！”

夫概微微一笑。

夫差迅速地瞟了夫概一眼。

孙武赶紧点明了夫概身份：“夫概将军，一身的风尘，还是赶紧去更衣歇息吧。”

夫概说：“孙将军，夫概如此装扮，有几分威严么？”

夫概有几分得意？他在过一时的君王之瘾？

一阵风刮过似的，随着一声声哈哈大笑，真正的大王阖闾回来了。

众人忙施以君臣之礼。

夫概也不例外。

真假阖闾面面相觑。

阖闾还是哈哈大笑，夫概却拿出一脸的谦恭，不笑了。

夫概：“噢——我这也是刚刚回营交令，王兄，待我换了衣裳再来说话。”

阖闾：“稍候片刻。夫概将军王袍加身，俨然也是王者之尊嘛！啊？夫概将军，是不是？”

夫概一惊，忙道：“哪里哪里，天无二日，大王就是大王，将军就是将军。”

蔡昭侯插了一句：“不过，刚刚我还真是辨不出真假了呢，夫概将军气象不凡。”

是吹捧？是挑拨？是故意这样说？还是无意一句插话？不得而知。这话却首先在吴王与胞弟心里同时掀起了波澜。当然，孙武的诱敌误敌之计，是征得阖闾认可才得以实施的；夫概假扮大王，完成最后将楚军调到柏举战场之计，首先是阖闾恩准的。不然，谁敢如此冒犯君王的尊严？诱敌之计，顺畅地完成了。可是，当阖闾看见夫概一身君王的装束的时候，心中倏然间掠过了一丝不快，甚至还莫名地产生了一些忧虑。他忽然就想起了他的堂兄吴王僚之死，他设计刺杀僚夺得王位之前，不是也在吴王僚面前装得唯唯诺诺，诚惶诚恐，滴水不漏么？他不仅不能容忍这等历史的悲剧故伎重演，也绝对容不得任何人冒犯他的天颜。他努力想在夫概这一身鷩冕后面，看到些什么，体察些什么，预感些什么，可是什么也得不到。夫概是一位韬晦很深、城府很深的王室之胄。于是，他顺手打出了一手棋，突然发问，以观察夫概的神色。

夫概深深地施了一礼："夫概还得恭请王兄赦免我这冒充大王之罪。"

夫概低着头。

阖闾又干笑起来，拉了夫概的手，说："将军这是什么话？将军何罪之有？孙将军诱楚误楚之大计，若无胞弟夫概将军身临险境，如何得以实现？胞弟今日做此装扮，实在是替寡人去历险，去死过一回了啊！夫概将军不必多虑，卿是有功的，卿之功勋寡人铭刻在心！"

就算是雪释冰消了。

孙武看着这场"百戏"，脸上毫无表情。

他实在不耐烦这样儿"斗法"。

"大王，楚军已从六百里之外的汉水南岸调到柏举，我军也已长途跋涉，两军相持，决战必不可免，已经迫在眉睫了。速令各营快快歇息，养精蓄锐，明日天一放亮就整饬兵马，列阵决战，也请大王和夫概将军稍事休息如何？"

"就依将军。请夫概将军换了衣裳吧。"

还是看着夫概一身鷩冕不顺心。

夫概道："大王，楚国令尹囊瓦骄横残暴，贪婪成性，为政不爱民，治军不爱兵，他的部下甲士徒卒离心离德，早已不堪一击，我军明晨立即就抢先进攻，即可将囊瓦所部彻底击败！夫概请求以部下五个整军为大王打此头阵！"

“你……刚刚回营，身体疲惫，先行休息吧。”

夫概还欲争执：“大王……”

阖闾：“寡人辗转作战，刚刚回营，实在有些累了。”

孙武道：“大王，臣以为夫概将军所言，极有道理，不妨……”

阖闾忽然莫名地动了气：“行了行了！现在吴、唐、蔡三国军兵尽数在此，面对的六万楚兵也非不知战斗之辈，岂可不周密筹谋，而去匆促冲打？”

阖闾究竟为何动怒？

是大战之前临阵犹疑？抑或是不愿夫概再一次建立功勋，要钳制他收敛一些？

阖闾拂袖而去。

阖闾并未去更衣，也未进膳，连一脸的风尘也没有洗，又在各营中巡看了一番，便又登上了高处，望着远处楚军方位，显得焦灼不安。

夫概在阖闾去后，独自在孙武营中逗留了少顷。

夫概道：“孙将军，依我之见，天一放亮，定要抢个先机，切切不可失掉战机。楚军立足未稳，方城援军尚无消息，时间就是一切！”

“将军勿急，我意已决，大王不会不同意的。”

“请孙将军一定让夫概率先冲杀，孙将军不会不放心吧？夫概麾下虽然只有五千士卒，却个个勇猛过人，一以当十，这话绝非狂傲自诩。不瞒孙将军，夫概部下士卒，个个都是童男子，夫概之卒，在家中唯一接续子嗣的独生子不要，娶了妻有挂牵的不要，两军阵前踟蹰犹疑的不要，儿女情长的不要。我之士卒，学孙将军阵法，训练时亦曾刃加于肩上，习惯了流血。我之军旅行两，凡是率兵之长，个个读过将军的兵法。经此一战，孙将军当会知道，夫概麾下乃天下第一军旅！”

孙武听得瞠目结舌，也许，直到这会儿，他才看到了吴王同父异母兄弟的另一面。这人平日总是一派和气，微微含笑，内心却是高深莫测，虎气雄风！

夫概收住话头，忽而将少有的严峻和狂妄收回，重新换回和蔼与微笑：“啊！孙将军——我言过了，言过了。”

“夫概将军真是雄心勃勃！”

孙武冒出这样一语。

夫概又像往日那样，亲热地捉了孙武的手，揉搓摩挲，道："如若有孙将军与夫概携手，定然纵横天下。孙将军兵法中有这样的意思：将军临机决策只以国家与君王的利益为上，不必等待君王之命。不知夫概的理解是否正确？"

孙武说："孙武已经明白了。"

夫概："夫概告辞。"

送走了夫概，孙武独自思忖：夫概明日无论吴王阖闾是否颁布攻击命令，都要挥军抢先一战了。

战机当然是不可贻误的。

夫概是不好钳制的。他的羽翼已经日渐一日地丰满，不仅城府极深，而且善于把握战机临机决断。论战法他自然高过大王一筹。大王是治国的，夫概是治军的；大王是治人的，夫概是治战的，当然不可同日而语。

夫概建功心切，万一有了问题，怎么办?

阖闾对夫概到底存什么心思?

阖闾如若一定禁止夫概用兵，并由此推导出不准明日出击，又将怎么办?

将军决战不仅在鲜血淋淋的沙场，首先是在自己的庙堂和营帐，这番感慨，不止一次注上孙武心头。将在军中，君命有所不受，当然是治军之道，然而，君在军中，将又何如?

孙武兀自淡淡一笑，挥去这些烦扰，走出了营寨。

天很黑。

营中士卒都已睡熟了。

巡夜的甲徒来回走动，压低了声音咳嗽。

明日，这些安然入睡的士卒，谁个血溅柏举成了异国之鬼，谁个能够侥幸生还?

决战是不可回避的。

明晨决战是最佳的时机。

夫概的决断，便是他的决断。他不准备再去找阖闾费话了，夜长梦多，不必让君王干扰他的决策和挫磨夫概的锐气了。

夫概被大战之前的激情搅扰着，雄心勃勃地回到自己的营帐。

“大王驾到——”

夫概听到帐外的呼号，心里一动。

阖闾匆匆而来，所为何事？

他不能再有片刻的时间欣赏那穿着鷩服的自我了，虽然这一身披挂是如此的令人心醉神迷，志得意满。他知道这是性命攸关的事情，便急急慌慌去脱王袍。真是越急越出麻烦，那王袍的佩饰绸带，勾连在一起，解不开，顿不脱，剪不断，急得他一头是汗。

这时候，大王阖闾和侍从已经走进了营帐。

衣衫不整的夫概急忙行大礼：“夫概不知大王驾到，请大王恕不敬之罪。”

“夫概何出此言？自家同胞兄弟，营帐中不必拘于俗礼的。”

“谢王兄宽宏。”

阖闾尽量地亲切着，扫了一眼夫概脱了一半的鷩服，在极其不经意的眼神儿中，藏着几分赞许，因为心中放下了一件事，表情自然起来。

“寡人深夜来此，只是为了夫概胞弟今日去诱敌迎敌，扮成寡人的模样，实在是替寡人去经磨历险。寡人心中很是感动。你的功劳寡人记下了。”

夫概忙说：“这算不了什么！为了王兄，可以去死的。夫概一定为王兄再建功勋，请王兄让我明日——”

阖闾：“天色已晚，明日再议。寡人在此军旅之中，实在不知如何表彰你的功劳——你看，哈哈，寡人赏赐了你什么物件？”

阖闾一挥手。

走进一个美貌绝色的女人。

营帐为之一亮。

原来是阖闾入楚边境之后选的妃子阿婧。

楚女多情，正是。阿婧那含睇等待什么的样子，楚楚动人。

可是，她是王妃之尊呢！

夫概聪明得很，世故得很，干练得很。他想，大王阖闾今日深夜突然进得营帐，是来看他的动静和反应的。倘若他身上还穿着王袍沾沾自喜，便要种下杀身的祸根。这一点他没有看错。他迅速地去脱那一身尊贵的、难得的、然而又在此时此刻十分地不祥的王袍，完全是让大王宽心。他要告诉阖闾，他对于君王之尊没有半点儿非分之想。他当然也知道，大王阖闾极好女色，曾经称他的眉、皿二妃为衣上的带子，袍上的领子，夜里的席子，乘凉的扇子。没有女人阖闾活不下去，即使在匆匆的行军作战之中，尚且耐不得寂寞，命伯嚭为之选了些随营的嫔妃，营帐之中亦少不得佳丽相伴。对于大王阖闾来说，赏赐给臣属的最好东西，除了官爵，就是女人，这世间最奇妙、最可人的尤物，乃是金玉宝器无法比拟的。今晚，阖闾又给了他夫概最高的奖赏。这番赏赐，难道仅仅是大王在刚刚表现的不快之后的省悟？或者是让他去征战，去建功立业，去死的一番鼓励？抑或是某种抚慰，某种赞赏？是亲密无间、手足之情的另一种说法？也许，这些猜测都没有猜对，夫概思忖着。他想他刚刚披了一身原本不属于他的王袍，如今再痛痛快快地接纳了也不属于他的王妃，这个祸可是闯大了。阖闾为人十分地精细狡诈，可以从草木之末，判明泰山风吼；可以从南风之微细，体察到雷电之骤。什么赞许，什么赏赐，什么手足之情，什么同胞之爱？王僚不是阖闾的同胞手足么？早已是他的刀下之鬼了。王僚死于非命的时候，却正是在他，大王阖闾，制造的一片佳肴浓香之中啊！

夫概觉得浑身发冷。

夫概“咕嗵”一声跪倒。

“大王，夫概纵然有天大的胆子，怎么敢将尊贵的王妃收入营帐？这是万万使不得的。大王折杀我了。”

阖闾一笑：“寡人赏赐，你尽可享用便是。”

“使不得使不得。”

阖闾亲自去扶夫概起身，拉住夫概的手，说：“有何不可？你我不是同胞兄弟么？”

不说这话则已，越说兄弟二字，越让夫概不寒而栗。

阖闾：“夫概将军，寡人的社稷，便是将军的社稷，寡人的天下，便是将军的天下。分而享之乃是寡人的愿望。不必推辞寡人所赐。待到来日破了楚国的郢都，寡人将颁布命令，让寡人之王侯可以随意享用楚国王侯的女人；寡人的大夫可以随意享用楚国大夫的女人；寡人的将军可以随意享用楚国将军的女人。哈哈，这等佳期指日可待了啊！”

说着，阖闾哈哈大笑。

夫概依旧小心翼翼，战战兢兢：“夫概还是不敢擅越君臣之分，夫概只能将王妃在营中毕恭毕敬地奉养。”

“哈哈，”阖闾狡黠地挤了挤眼睛：“那可就听将军之便了，哈哈，阿婧是你的人了。”

阖闾推了阿婧一把，走了。

夫概满腹狐疑地送大王出帐，回来之后，见阿婧还立在帐中。

何等的美艳动人！

夫概仍不敢造次：“王妃请到后帐歇息吧。”

无言。

“请王妃到后账歇息。”

还是无言。

“王妃。”夫概又唤。

“哪个是王妃？”

随着红唇开合，雪白的牙齿一亮，阿婧反问道。

“妾已经是将军的人了。”

这一语又是十分地轻柔，带着几分做作的羞涩。

夫概的心一动。

夫概：“会有这等好事么？”

“妾听命于将军的吩咐。”

这是一语暗示，也是一种召唤。夫概神经质地向四外一望，见守营士卒在探头探脑，便抬手一挥，斥士卒走开。

“夫概可以斗胆随便吩咐么？”夫概走近了问，嗅到一阵浓香，感到心醉，险些忘乎所以。

“不可以。”阿婧反而拿捏起来。

夫概去拉阿婧那双柔嫩白皙的手。

阿婧把手躲到了背后：“不。”

夫概去捉那手的当儿，别有用心地用臂围住了阿婧的纤腰。感觉上，那纤纤细腰热烘烘的，柔软得要命，他身上的汗毛全立了起来，纷纷去触摸这尤物。

阿婧还在躲，一切都是故意的挑逗。

细腰款款的，左右摇摆，如蛇，如柳，忽如壁虎一般贴了上来。夫概上了火，心头突突跳，热血沸腾起来，下意识地“啊”了一声。他这时的勇，这时的力，不亚于两军阵前的拼搏。他不容分说地将阿婧举了起来，扛到了肩上。阿婧立即瘫软出汗，微微发抖，整个人身体蜷起来，盘在了夫概的脖子上。夫概扛着阿婧向后帐而去，边走边叫“看夫概如何吩咐你这王妃”，阿婧在夫概耳边一边娇喘吁吁，一边说：“阿婧只曾担过王妃之名而已，早已被冷落了啊！”

夫概听着，越发地解除了心头的防线。他将阿婧扛到后面，竟然如扔一件什么东西一样，掷在床上。

阿婧“哎哟”了一声，“你摔疼了我了！”

“我要叫你真疼，我的——王妃！”这夫概，冲上去七手八脚地胡乱撕扯剥掉了阿婧的裙裾，浑身发抖地欣赏了王妃的每一处光滑肌肤之后，激情越发不可抑制，哈哈大笑，忽然疯狂地回身拿了墙上挂着的佩剑。

阿婧目瞪口呆。

夫概抽了剑扔在地上，“当啷”一声金属的声音，让阿婧吓得一抖。

夫概握了剑鞘，脸上是变了形的抽搐。

阿婧拉了衣裳，躲到墙角。

夫概轻而易举地把阿婧拉到身边，一只手按住了阿婧赤裸的背，另一只手举起剑鞘，抽打阿婧雪白臀上的两块肉。“啪唧，啪唧”的声音中，是阿婧求将军饶命的哀声，还有夫概配合剑鞘的挥动发出的咬牙切齿的吼声。此时的夫概，以他的方式享用着“王妃”的玉体。他喜欢听“王妃”的哀叫和呻吟，每一声呻吟，都使他飘飘欲仙。他连声问着“王妃，疼不疼？”“你疼不疼，尊贵的王妃？”

阿婧不停地呻吟，越是呻吟，夫概越是狂野，鲜艳的女人赤裸的肉体上，留下了一道道红，红白鲜明。

阿婧无力反抗，只受着，痉挛，痛苦，“呜呜”地哭，呻吟变成了惨叫。

这到底是为什么？夫概无缘无故地殴打、虐待、折磨这样一个曾经是王妃的女人，是本能的变态，还是要得到平日想也不敢想的虐待大王后妃的这种野性的满足？或者是对阖闾的愤怒寻求到了一种倾泻的绝妙方法？

夫概终于扔了剑鞘，站在那里。

缩成一团儿，抖成一团儿，怕成一团儿的女人还在哭泣。

哭。

夫概看着裸体的阿婧，努力在想这一切是如何发生如何开始的？他心里升起一阵怜香惜玉之情。我这是干了些什么？他自己也不明白。这件好事情本不应该是这样子开始的，可是开始了。阿婧丰满的肉体上留下了一道又一道红的伤痕。这是一个成熟的女人，那裸体无伤处闪着柔和的光泽。那些美妙的曲线，从隆起的饱满的双乳那儿升起来，凹下去，在细腰和臀部那儿起伏如浪。夫概看得仔细，太阳穴一直在突突地跳，就是他在虐待阿婧的时候，也没有停止观赏。占有一个女人，对于他不算什么事情，可是随便虐待和蹂躏一个王妃，却是他从未有过的体验。他在抽打阿婧之后，只喘息了片刻，便近似疯狂地扯掉了自己的衣衫，赤裸了他强健的锋棱和突起的胸臂之后，又想起了什么，暂且撇下女人，又折回前帐，去披了白日曾经穿过的王者的鷩服。赤裸着，只披这一件王袍，他此刻独一无二的愿望，便是穿着王袍去随便“吩咐”从前的王妃。

“王妃你转过身来！”

阿婧只有听命。

女人的前面没有伤，只有耀眼的美丽，只有起伏的温柔和诱惑。

夫概扯着阿婧的腿，把女人扯到床边，“侍候本将军，不许你哭！哭个鬼！”

阿婧吓坏了，只好咽了泪，闭上了两只好看的眼睛。

夫概在营帐角落滋了一泡尿，之后，疯狂地行起事来。一面行事一面欣赏着女人美艳绝伦的成熟的胴体的起伏摇荡，和阿婧的颤抖与呻吟，一面还在叫嚷："啊噢我的王妃！我叫你你答应！——我的王妃！王妃王妃王妃，王！"

痛苦的王妃任将军摆布，一直到昏死了过去。夫概倾泻了积郁之后，整了衣衫，出帐看看天色，已近三更。

夫概道：我要叫你真疼！看夫概如何吩咐你这王妃！

五

过了子时，孙武还在营中巡视。他知道，这一天，阖闾九年的十一月十九，是个石破天惊的日子。这天，将在大别山西侧的柏举展开一场旷古未有的血战，尸横遍野是不可避免的。吴楚八十年的战争史，应该在十一月十九这天大致见个分晓，楚国的危亡也应当从这天开始。当然，孙武对于战场，对于敌我状态，对于大战的层次，已经胸中有数了，甚至从序战到战争结局都已设想得详详尽尽，可是，稳操胜券这句话，不是说给自己的，自信、自豪、泰然，更多还是为了安抚全军的。他的内心，交织着激动和焦灼，整整一夜，他不会也不可能有片刻进入梦乡，起来走走反而比躺在营帐好。

他早已下令三更造饭，五更点兵。现在，营寨外，这里，那里，已经开始升腾起火和炊烟了。决战之前必须让徒卒吃饱吃好，谁拿得准自己不是最后的早餐呢，因此，各营都在煮马肉，肉香弥漫开来，让人感到一种人间的味道，感到活着到底是美好的。

他走向自己的营帐。

听见里面在吵嚷，是谁，如此大胆?

帐中士卒："请尽快离开!"

一个尖尖的声音："不。"

"我要用鞭子赶了?"

"你好大胆子。"

"求求你。"

"不。"

"先到一个安全的地方去吧，再不走，就晚了，打完了这一仗，再来看将军，有什么话好说，可以不可以?"

"不。"

"你到底要做什么?"

"我给将军送剑。我费尽移山心力给将军铸成了这柄宝剑，要送给将军。"

"就要决战了，你知道不知道?"

"就为决战而来。"

"三更天了，将军到这时候还没回到帐中来。将军回来了，得让他休息一会儿，让他打个盹儿。他太累了、太累了、太累了啊!你知道今儿五更就要点兵吗?你知道这场战争，要搞得多大吗?你知道会死多少人吗?"

"就为这个……我来的啊!你道我是谁?"

"我知道你是个长头发。"

"我是少夫人漪罗!"

"我知道你!"

孙武听着，早已从声音辨别出这是谁了，这正是他夜不能寐的时候默念着的漪罗。漪罗在帐中争吵，原本扮做了男子模样，哗地抖开了长发。他在外面看见那一头亮如瀑布的头发一抖，看见了那双执拗的、美丽的眼睛里，闪着泪光。帐中忠心耿耿的士卒，不让漪罗打扰他，是怕他累死么?漪罗一定要在此时此刻见他一面，是怕他这个早晨就会战死，和他永诀吗?哦，漪罗，漪罗!你是怎么来的?路上一定是吃尽了千辛万苦?你的胆子太大了，你总是这样任性，这样执拗，这样做出出人意料的事情！你又是如此这般地想着孙武、念着孙武、爱着孙武。可是，在这场浩大的战争迫在眉睫的时候，孙武自己尚且不知是生是死，如何可能保护你？把你丢在这刀光剑影的战场上，孙武的心放不下。孙武不是不想见你，漪罗，可是，此时此刻，他怕你诉说、怕你哭、也怕你爱，他害怕！

孙武的眼睛湿漉漉的。

孙武一时不敢走进营帐，不敢直面他热爱的女人。他对平素很亲近的侍卫说：

“送她走！赶紧送她到一个安全的所在！赶紧。备好快马，不要离开她！打完了仗再回营复命。”

士卒应是，立即备了马，可是，无论如何，漪罗也“请”不走。

“你们叫我见将军一面！只见一面！”

漪罗哭了。

孙武还是忍不住了，走向营帐，快到门口，又站住了，长叹一声，吩咐另一个侍卫：

“把她捆起来！你也去，送她走！”

“将军！你……是铁石心肠么？”

“没有工夫了！走！”

孙武咬牙切齿。

他眼看着两个侍卫把漪罗捆了，扶上了马，打马离营。他蹲在营帐外面，在黑影里，两手抱着头。他不知道漪罗是否看见了他，只听见漪罗拼命地叫：“将军！将军！将军……”

他看见营中开早饭了。

他看着人来人往。

他发现，吃早饭的时候，营中不像平素那样喧嚷，士兵们全都默默地嚼着，嚼着马肉，发出“咯吱咯吱”的声音。

大王阖闾来了。

他赶紧起身恭迎。

阖闾的脸色似有喜色，老远便道：

“爱卿，寡人昨夜命伯嚭用龟甲占筮，得签大吉大利，这才小睡片刻。不料，得了一梦，寡人又梦见裸体顽童奔跑唱歌，在前面笑嘻嘻招手哇!”

伯嚭：“大王吉兆！破楚入郢指日可待。”

孙武：“如此说，大王还犹疑什么？”

阖闾：“什么犹疑？哪个犹疑？寡人何曾犹疑？请将军立即点兵列阵罢，犹疑误事者，格杀勿论！事不宜迟，决战要赶早。”

孙武不易觉察地一笑：

“传令各军旅，加紧约束上中下三军，立即进发，紧随夫概将军所部之后，疾速增援，扩张胜势，全军掩杀，不得有误！”

阖闾听呆了：

“什么？夫概将军已经动作了么？”

孙武看了看天光。

东天已经打出一线青白，与地上的霜华相映，天亮起来了。

孙武说：“依孙武判断，夫概将军五千徒卒，已经接近楚军了。”

阖闾惊叫一声：“啊呀！”

孙武说：“大王不必忧虑，我已在昨夜抽调五百名‘多力’徒卒和三千‘利趾’徒卒，三千五百敢打敢拼善打善走的壮士由伍大夫亲自率领，早已趁夜色悄悄接近楚军营寨，一旦夫概将军发动进攻，三千五百精兵便为前阵，万无一失！”

阖闾没有答话，微微皱了皱眉。

“大王是坐守营帐等待胜利消息呢，还是率军开进？”

阖闾还是没有说话，扭头便走。

走了几步，才吼叫一声：“备车！”

战车早已等在帐前。

阖闾刚刚准备上车，却回转过身来：“孙将军，来来来，请与寡人同乘一辆战车，指挥三军。一切听凭将军号令，将军之令，便是寡人之令，忤逆者斩！请孙将军亲自援袍擂鼓，世有孙将军，才有吴国破楚成功！”

阖闾来拉了孙武的手，一同登上战车。

大王顷刻间藏起了愠怒，把握住了自己。他懂得君臣利害，《孙子兵法》中有两句话他记得清楚。

一句是：上下同欲者胜。

另一句是：将能而君不御者胜。

囊瓦与众将正在一边吃早餐，一边议事，讨论如何与吴军作战，是攻是守的时候，外面一片嘈杂声如海潮倒灌。夫概五千精锐徒卒已经冲到了营寨门口。囊瓦提着戟匆促登上战车，疾驰到门前，立即陷入了乱军之中。

吴军竟然也不肯休整一下，便连夜潜到他的部队周围。老天刚刚放亮，勉勉强强能分辨衣甲颜色，吴军就现身了！什么战阵不战阵的，全然不顾，吴军就是来拼命的，就是来追命的！吴军一直在诱楚军上钩，放了六百里一条长线，如今就是怕楚军会脱了钩，如今就是收钓竿来了。楚军六百里一路狂追，一路寻求吴军决战，可是想打却打不着。将士无不沮丧，垂头丧气，上下相怨。直到被吴军牵到了柏举，谁都明白入了口袋，凶多吉少了。囊瓦昨晚一声撤退命令，全军就像放了“鸭子”，谁知说撤又不撤了，不撤又打不起精神。不想打，没准备打，突然又要打，不仅徒卒，就是率兵之将，也因为来来回回的折腾仓皇得很。昨夜到得柏举，全都懈怠下来，现在无论如何也收拾不起战阵，整个楚军，在心理上对于突然面临的战争失去了承受能力，可以说是一冲即溃的。而吴军，六百里跋涉当然是一里也没有少走，乃是说走便走，说打便打，打与走十分有节奏，走与打目的和结果明晰，等于憋了六百里，等待了将近三个月的求战的欲火，突然间放了出来，个个是一通狂泻！他们在走与打的结合之中，注意了张与弛，比起楚军，不那样疲惫劳顿，而且，更因为将楚军调遣到孙武策划的战地这样一个奇迹，使上下戮力，信心百倍，士气昂扬。吴军将领在心理上对于这场浴血之战成竹在胸，吴军徒卒也对于战事准备了强劲的心理的内应力。因为上述种种因素，尽管吴军冲击囊瓦大营的士卒，不过夫概五千兵、伍子胥三千五百兵，加起来不到一万，却在实力上，实际上大于楚军的六万。长戟拼杀，冷兵器作战，士卒的心力与体力本来就面临着近在咫尺的考验，再加上夫概的精锐之师全是斩断了后顾之忧的亡命之徒，伍子胥的三千“利趾”士卒，行如疾风流水，善于快速反应，五百“多力”徒卒，个个勇武过人，当他们与楚军士卒相对而搏的时候，楚军未战便先自颤栗了。

囊瓦战车冲将出来，立即陷入混战的漩涡之中不能自拔。吴军不惧死的徒众，疾速舍了拼杀的对手，前来砍杀。囊瓦也只有在战车上左杀右挡，仗着力大，挥斧如风。

可是，他毕竟是一军主将，指挥全军比个人冲杀更要紧。他一身系六万人的生死安危。

擂鼓吗？为谁擂鼓助威？鸣锣收兵吗？如何收得住？他大喊大叫，只见他满脸的短须随着血盆大口开合，谁能听得见他的声音？

他的成千成万的徒卒，怎么成了飓风中的一群羔羊！

伍子胥的战车向他冲杀过来了，那一头早生的华发，在风中飘举，手中的戈闪着寒光。

他赶紧回车。

夫概也追杀而来。

他身后，芀延驰车去迎战。

战车下，他的徒卒，纷纷倒下，血流如注，有一条断臂，还握着戟上下；有一个头颅在车前滚动，沾满了鲜血和泥沙，嘴还在翕动；有一支戟高高地插在一具尸体上，人被钉在大地上了，手还在张扬着……

囊瓦转到了混战着的战场后面的位置，停住了战车。

芀射竟然迅速地整理了军队，还有一个整军！

他命令芀射抄了夫概和伍子胥的后路。

可就在芀射之军冲到吴军先头军队背后，去迂回包抄的同时，吴军主力掩杀过来了！

芀射，陷入了蔡昭侯部下军卒的重重包围。

大夫史皇算是在乱军之中能保持头脑清醒的极少数首领之一，迅速组织起了二十辆战车，“轰隆隆”开上前去。

跑在前面的战车上的战马，立即被吴军“多力”之徒砍断了腿，战车竟然“轰隆轰隆”全被掀翻了。

史皇，陷入了夫差军队的重重包围。

楚军被分割成了一块又一块，每一块都是吴军的“盛餐”。

太阳升起来了，升到中天了，喷着鲜红鲜红的血。

太阳从中天斜下来了，虽然还是红，却好像失血的脸，如一颗无依无靠的头颅，扔在山后。

囊瓦不知怎么就在重重围困之中了，他且战，且退，且看。

史皇的战车队伍率先被捣乱了。

他看见史皇的战车疯了似的往外奔突，战车成了史皇的尸床，倒下的史皇，胸口，肋下，肩头，至少插着四五支长戟。

他看见芳射从掀翻的战车下面被揪了出来，立即便被五花大绑捆将起来。

他看见高处，那是谁在擂鼓？

孙武！

还有立在那里袖手观战的阖闾。

他看见又是一队战车，由唐成公指挥着，向他驰奔。

他感到心都抽紧了。

完了。

逃跑吧！

他想为自己寻一条生路。

强烈的求生欲望，使他不顾一切，也不再顾及楚国的安危、楚军士卒的死活，他弃了他的军队，也弃了战车，跳上战马，捡一支戈杀出一条血路。他的戈是那样有力量，那样疯狂，逢之者纷纷倒下。他的眼睛血红的，身上是四五处戈伤，浑身成了血葫芦，他的战马也被捅得周身流血。

他冲出一条血路，冲出了重围。

他向北逃窜，向着郑国的方向。

面前是谁？

蔡昭侯。

蔡昭侯挡住了他的去路，横着戈，一阵冷笑。

“囊瓦！速速下马受死！”

他的战马打了一个回旋。

“囊瓦，你不是对蔡侯的裘服美玉垂涎三尺么？我来问你，如今还想索要么？”

“我要你的头颅！”

囊瓦咬牙切齿大喝一声，催马挺戈而来。

蔡昭侯打了个激泠。

囊瓦虚晃了一下，策马与蔡侯擦肩而过。

蔡侯张弓搭箭，一箭射去，囊瓦的兜鍪应声而落。

囊瓦拼命地打马西逃。

战场愈来愈远了。

太阳摇摇晃晃地，坠落在山后边了。

他，楚国令尹，一人，一马，一戈，在山谷里，在古老的河套，还在狂奔。

一直跑到座下的马瘫倒了，他从马背上摔了下来。

他抓起了地上一把泥土，糊在脸上，放声嚎啕。

……

在囊瓦舍弃了楚军，只身逃走的同时，芳延率领杀出重围的两万多残部拼命地向西奔逃，要逃回楚国去。

三天三夜地奔逃。

吴军紧追了三夜三天。

楚军一窝蜂似的逃奔了三百多里路，到了清发水边，纷纷向水里扑，各不相让，争着渡河。

吴军大队兵马已经赶到。

阖闾此刻的精神极度兴奋，眼见着孙武之谋，夫概之勇，伍子胥之智，将军士卒之通力征伐，成为所向披靡的现实，忧虑疑惑早灰飞烟灭了。倘若夫概冲击楚军有了差池，他当然会连同欺君之罪一起与夫概——也包括孙武，算算总账。而今，囊瓦兵败如山倒，柏举之战已获大胜，他自然不提前嫌，做出十分大度的样子，反而要表彰夫概临机决策的英明和正确了。一路追杀，三百余里颠簸，他也没有觉出疲劳困顿，及至追到清发水，看到楚军残兵败将两万人争先恐后跳河，不由得笑了起来：

“传寡人的命令，急攻楚军，不叫尔等渡河西逃！”

“大王且慢。”

孙武拦住了阖闾。

阖闾不解其意。

孙武："且请大王听听夫概将军的意见。"

"唔。"

孙武注意到夫概已经下令先行之兵车甲徒停止前进了。

夫概说："夫概胸中并无谋略。不过，下臣以为今日临河作战，不可立即穷追。臣听说，一只被围困的猴子，在生死攸关之刻，尚且会做拼死决斗，这便是俗话说的'困兽犹斗'。如果与困兽正面争斗，必定会两败俱伤，这并非上策。弄不好将拖住我部，待方城援军赶到，合力来击。上策可用孙将军兵法中的四个字——半济而击。"

"半济而击？"阖闾思忖片刻，心中叹服夫概对战局和敌我的分析准确精当，所献之计可行，便道："孙将军之谋妙中之妙。"

他就是不言夫概所献之计如何。

但是他毕竟依从了夫概的建议，"半济而击"。

阖闾这时候显示得比任何时候都更加积极，高声命令各部退后一步，列阵待命。眼看着楚军芀延率先带领一些败兵渡过了河，一些将士正在河中泅水，另一些人马在此岸急欲渡河，他一声令下，命吴军奋勇冲杀。

南岸，北岸，河中的楚军大乱。

南岸芀延带过河的人，侥幸过了河，远望长河对岸的军兵如败鳞残甲一般，血肉横飞，不能相救，也不想相救，如惊弓之鸟，仓皇逃自己的命去了；河中的人只有一个念头，快些泅过河去，各奔东西，只怕被溺死砍死在河中；尚未渡河的兵甲，怨恨前面渡了河的楚国同胞抛弃了他们，孤单无援，只有受死的份儿。楚军被清发水天堑，先自截成三段，只待吴军挥戈轻轻一击，北岸未及下水的人尽数被杀死，河中泅渡的大半被斩杀，只有芀延残部一路西逃，算是还有活命的。

清发水，河里漂满了尸体，满河血水黏稠得如糨糊，流也流不顺畅，腥浊的味道久久不散……

芀延率败兵西逃，连头也不敢回，又逃出二百里。屈指一算，自柏举大战以来，已西去五百余里，才到了汉水旁边的雍澨。人也拉不动腿了，马也要跑断肠了，车也要散了架了。芀射回首一望，吴军无踪无影，向南望去，隔江五十里便是郢都，心跳才稍许平缓，遂命令埋锅造饭，吃饱了肚子便渡汉水，回到郢都去固守待援。

炊烟刚刚升起来。

吴军又到了！

芳延连叫都没有叫出来，提上兵刃，夺马便逃。

楚军满山遍野乱跑乱藏。

吴军太子终累率少许人马在山里清剿。

阖闾嗅着炊烟和饭香，吸短了鼻子，下令：隔江便是郢都，各军饱餐一顿，再行渡江破郢，三军将士进餐的时候，必须望着郢都而食！

望着郢都？

吃着郢都？

三军狼吞虎咽，吃着粟米分外香甜，仿佛真个已吃下了楚国的都城，咽下了楚昭王的皮肉。

吴王阖闾正与将士共同大餐，太子终累清剿回来了。

终累的脸惨白："父王，终累已将芳延杀死，回来交令。"

他提着楚将芳延血淋淋的头颅，抛在地上，便再也不敢去看那人头。芳延年方二十，血气方刚，虽然身首两分开，那张脸依旧是充着血气，胀得青紫，牙关紧咬着，似乎还发着"咯吱咯吱"的声音。

阖闾"噢"了一声："寡人险些忘了，那被俘的芳射何在？推上来，让他们父子相会。"

遍体鳞伤的芳射被捆绑着推了上来。

芳射一眼望见了儿子芳延的人头，浑身颤抖了一下，立即扭了头，再也不向地上望了。

阖闾："芳射，没料到你父子这样相逢吧？"

"吴王阖闾什么事情做不出来？"

阖闾一笑："可叹如此骁勇的一员小将！芳射，楚昭王死期已经不远了，我念你是一员虎将，何不降吴？当可建功立业。"

芳射怒目圆睁："尔不怕我来日报你杀子之仇？"

阖闾"哼"了一声："只怕你永无时日了！不论怎么说，寡人敬佩你是顶天立地一位伟丈夫。"说着，环视四周，似乎这番话是说给他的臣下们听的。他问，"何人来成全芳射的忠烈？"

蔡昭侯道："求大王将芳射交与我，蔡侯要祭壮烈死于楚军中的将军鉴！”

“随蔡侯处置！”

蔡昭侯命人捧来了盘子。

他举首望着中天。

天上，黑的云，白的云，在呜呜咽咽的秋风中疾走，地上，汉水滚滚涌流，泛着泡沫，漂着几片干枯的芦叶。

雁声，很凄厉，很遥远的。

蔡昭侯向天祝祷：“蔡国将军鉴，追随蔡侯十年，心地昭然如日月，肝胆若冰雪。受难被囚，东征西讨，为蔡国之危，抛家弃子，舍生忘死，将军身殉汉江之滨。魂飘汉江之上，今日蔡侯，且以楚将芳射之头颅，祭将军鉴不死之魂魄啊……”

蔡昭侯泪如雨下，含悲挥剑，割下了芳射的头颅，放在盘子中间，正欲跪倒，拜祭将军鉴，不料，芳射的无头之躯立而不倒。

那落地的父亲的头竟然咕噜噜向儿子头颅旁边滚去。

父亲芳射的头颅，也许是要去亲近儿子；也许是他离开脖颈的那颗鲜血淋淋的头，没有了根蒂和依凭，把握不住自己；也许是为了儿子落下的头颅不再受到戕害，一路滚动到儿子那儿，不料，头和头狠狠地撞击了一下，人们听到了沉闷的“噗”的一声，儿子芳延冷却的头颅，球儿一般，滚到汉水里去了。

父亲的那颗沾满了血浆和尘土的头颅，定住了，似乎“哎呀”叫了一声，嘴巴开合，无声地叹息着，睁大的眼睛定定地看着儿子的头颅，在汉江的波涛中，溅起血的泡沫，瞬间又死灰一般的白，沉下去，浮上来，又沉下去，又浮上来。

父亲眼睛里有无限的悲伤。

众人惊得屏神凝息，动也不敢动。

夫概冲了过去，向芳射立着的无头之躯猛踢了一脚。

“芳射”倒下了，一腔热血，鼎沸一般，汩汩地倒了满地，溅了夫概一身。

“芳射”的头颅白了，眼也闭上了。

江中，那颗人头，漂得很远，很远……

六

阖闾尚未来得及指挥吴、唐、蔡三国军队渡过汉水，楚国左司马沈尹戍率领从方城调来的十万大军，驰奔而来。

阖闾闻讯，半天没说出话来。

伍子胥道："大王不必过虑，我军气势正在盛头，管他什么左司马右司马，都不在话下的，乘胜列阵攻击便是。"

阖闾缓道："敌众我寡，而且寡人知道沈尹戍善于用兵，须谨慎为上。"

阖闾的踟蹰，如瘟疫一样迅速影响了全军。

率先胆战心惊的是太子终累。

终累帐下五员战将和他在一起秘密商议了很久。终累怯战，怕战，却又不敢贸然进谏父王退兵。

沈尹戍来者不善，这是显而易见的。

沈尹戌自八百里外的方城调来了楚军主力，依当初与囊瓦所计议的，迅速南下。刚刚行至息邑，便得知自大而又贪功的囊瓦渡过了汉水。囊瓦凶多吉少，这是不言而喻的。囊瓦的骄横贪婪和浅陋，虽然他早已忌恨，囊瓦视他为仇敌，虽然他早已心明，可是即将到来的囊瓦的覆灭，并不能给他带来什么喜悦，反而使他满腹忧虑。他痛心疾首地狂呼，“毁我社稷者，囊瓦匹夫！郢都危在旦夕了啊！”他当然不能再去顾及囊瓦六万大军的生死了，只盼望着囊瓦六万人众，能够钳制住吴军，给他一些时间，让他回防郢都。

他率部疾速南下。

他的深谋远虑和临战决断，无疑是高明和正确的。

可惜，迟了一步。

吴军已经在他之前逼近了汉水，与郢都隔河相望，郢都已经岌岌可危。他的十万人马与吴王的六万甲士在雍澨不期而遇。沈尹戌别无选择，只有猛烈发动进攻，战败吴师，才可以免除国破家亡的灾难。于是，他到了雍澨，立即便挥军向吴军冲击。

吴军还没有足够的准备，刚刚列好的前阵立即被沈尹戌冲乱，兵甲纷飞，将士纷纷染血。

孙武立即鸣锣，指挥部队收缩。

沈尹戌素来闻知孙武“兵以诈立”，在应该继续挥师掩杀、扩大战果的时候，他迟疑了。

他看见孙武指挥的吴军向后收缩之后，吴军的阵形一变，忽又开阖，甲士向两侧拥去，中央显而易见露出了破绽。

中央，只有各名“多力”徒卒，手执短刃，虎视眈眈。这些“多力”徒卒，是孙武的“敢死队”，白刃按在脖子上，也不会皱眉的。

孙武的战车在其后，孙武端坐在车上，手中的剑并未出匣，握着那剑鞘，神色是那样的平静和泰然。

谁能料到孙武此刻是虚张声势，还是在冒险呢？是险中求得自保，还是其中有诈？

这时候，完全是一场心理上的拼杀了。

孙武道：“左司马，何不掩杀过来？”

沈尹戌冷笑："沈尹戌来日掩杀不迟，再借你几个时辰的阳寿。"

沈尹戌成于精明，也败于精明。他退兵了，回去重新排阵去了。

沈尹戌虽然小胜之后退了兵，但初次交刃，吴军到底是受了损失，损伤甲士三百人，战车三十余乘。

吴军的营帐里开了锅!

太子终累帐下的五名将军，子喟、直赏、书、奇、夏，在此初战吃亏之后，再也耐不住性子了，要力谏大王阖闾退兵。终累急得满头是汗，拦住五位将军：

"将军们岂非自讨苦吃？"

将军夏道："太子，为吴国存亡，顾不得许多了啊。"

终累："大王盛怒之下，会怪罪于我！"

奇说："太子之为太子，岂可只想一己之宠辱？再不直谏大王退兵，全军覆没，只是旦夕之事！"

终累："不可，不可。五位将军直言退兵，终累实在是吃罪不起，你们是加害于我啊！"

将军子喟道："我等自己做事自己承当，决不连累太子！"

五将军一怒出了营帐。

他们有他们的道理。

终累急得如热锅蚂蚁，在帐中走来走去，他害怕牵连到自己，丢了太子的名分。想来想去只有去求助孙武。

"孙将军救我！"

"太子请起，出了什么事情？"

"我帐下五名将军，子喟、直赏、书、奇、夏，不听我的劝阻，已经去找父王，劝父王罢战退兵去了！"

"怎么会出这样的事情？"

"全怪我平日训教不严。"

"太子不去拦住五位懦夫，找我干什么？"

"将军！他们五个人……不关我的事啊！倘大王怪罪下来，终累吃罪不起。"

孙武十分气愤："哦，太子殿下，你怕的是受连累！我且问你，你怎不怕五位将军动摇军心？你怎么不怕吴军一败涂地？你不去训教你帐下的将军，来日……”

孙武想说，来日吴国社稷恐怕要毁在你这懦弱的太子手上，话到嘴边，又咽了回去。

当务之急，是制止五将乱营，是绝不可使吴王临战犹疑！

他理也不理终累，忙去见大王。

他让自己尽量平静些，尽量拿出自信，去说服和影响君王。

吴王与伍子胥、夫概、夫差几人正在军中疾走，重新整饬兵马排阵备战。

五位将军跑在了他们面前，拦住了去路。

军中甲士徒卒全都吃了一惊，静静地观看。

阖闾皱眉：“五位将军这是做什么？起来说话。”

将军奇道：“我等请大王早发军令，还师回吴！”

伍子胥怒叱：“休要惑乱军心！”

夫概笑眯眯：“尔等怯战怕死了吗？”

子喟：“我们五人追随大王千里攻楚，从来未言一个怕字。今日为吴国存亡，万般无奈，愿以死进谏大王退兵！”

夫概还是笑吟吟：“哦，死谏？以死来要挟？”

伍子胥：“那就立即死去吧！不必啰嗦！”

退兵，这个谏议，触动了阖闾敏感而又脆弱的神经，他没有说话。

孙武也没有说话，反而好像很有兴致地抬眼望着汉水兴波。

将军书道：“大王，吴军是倾巢而动，空国远征啊！三万精兵强将全在此汉水之滨，国内十分空虚，这是不必避讳的。近闻毗邻吴国的越军已在蠢蠢欲动，若此战失利，楚国和越国联合攻吴，只怕是大王与数万甲士有家也难归了啊！”

将军直赏说：“大王，吴军千里兴师抵达汉水，诱楚误楚，牵着囊瓦之军走了六百里，追击囊瓦残部又打了五百里，从秋到冬，三个月，迢迢两千里下来，数战之中阵亡了不少甲徒士卒，人马疲惫，辎重粮草也因为与后方断绝补充不上。不消说被沈尹戌老儿战败，战败战死反而痛快，只怕是陷在这雍滏之地，拖也拖到死呢，请大王三思。”

五将军死谏

阖闾还是不语。

他的心上实在是无比沉重。

他清清楚楚地知道，吴军千里征战，深入了楚国境内，已陷入了“死地”。而今，沈尹戌兵强将勇，人多势众，又咄咄逼来。他这里的处境极其不妙，向西一望是汉江，向南一望，还是汉江，向北看去，又是清发水。三面环水，受水之围，一面是沈尹戌，楚兵紧逼，这可如何是好？决战如果失利，越军当然会乘机进犯，吴国就危如累卵了。一想到这些，他就会出一身的汗。可是，翘首向西一望，云雾迢迢之处便是楚国都会郢城，郢城已经近在眉睫，如果战胜了沈尹戌，楚国是唾手可得的。吴国和楚国打了八十年的仗了！他登上王位，望郢思楚，梦不安寝，也是将近十年了！怎可就这样放掉了郢都？战，不战？进，还是退？两个虫子在噬咬着他的心。他脸上已经遮掩不住焦灼和烦躁，他实在拿不定主意了。他其实也想听听五位将军直陈利害，但他又更想听到孙武、伍子胥把死谏退兵的将军批驳得体无完肤，哑口无言。他想要一颗定心丸。此时此刻，此情此景，谁会给他一颗定心丸呢？孙武为什么不吭一声？伍子胥何必只是暴跳如雷？夫概干嘛要一脸的阴笑？夫差的手怎么将剑抽出了一半儿？

周围的士卒都在看着他。

那样多的眼睛，眼睛，还是眼睛。那些眼睛里有焦虑，有担忧，有舍生忘死，也有思乡思归，有勇气，也有怯懦，都在等待着他的一语定生死。

他不说话。他不知道说什么好。

将军奇："大王，您挥手之间便是吴国兴亡，从长计议，退兵是上策！"

将军书："大王，事不宜迟。孙将军兵法不是说安国全军么？"

他在用孙武之矛，攻孙武之盾。

孙武淡淡一笑。

将军子喟："大王，沈尹戌拥兵十万，吴军何必以卵击石？"

伍子胥怒不可遏："子喟将军，你不会不知道吴军连战连胜，一路告捷吧？为何战胜反而怕死？一味要助他人威风，灭我士气？"

子喟嘿嘿冷笑："大王明鉴，子喟百战从不惧死，可是，大王千里兴兵来报伍子胥一个人的匹夫之仇，对君王对吴国是有百害而无一利的，大王速速退兵为上！"

伍子胥尚未答话，夫差拔剑上前："尔等休要胡言！决战之前你们前来乱我军心，又反诬功臣，是何居心？你，你，还有你，你们五位将军未经密谋，如何一同妖言惑众？尔等到底受何人主使，如实道来！"

事情复杂了。

子喟把脏水泼向了伍子胥，夫差却把矛头直指向了太子终累。吴王阖闾清楚，立终累为太子，王子夫差早已心怀忌恨。他也早就为自己百年之后终累和夫差将有一场争夺王位之战，惴惴不安，成为一块心病；

现在，夫差火并的对象也绝不仅仅是五位将军，而是终累。这一点，他十分清楚。

他怒冲冲瞥了夫差一眼。

夫差之剑“当啷”一声收回鞘中。

又来了一个夫概，他和颜悦色地说：“大王，夫差将军所言不无道理。当初，吴军与囊瓦决战，岂不知后面会有沈尹戍方城援兵么？老天有眼，不叫囊瓦与沈尹戍合在一处，乃是天假吴国战机。倘那时楚国两军合起来，大王不是也决心一战么？现在，楚军分批叫我吴、唐、蔡三军各个击破，五位将军反而联袂来进谏，夫概实在不解其意。”

挑拨？

想看王子与太子两虎相斗？

可是那聪明的夫概，并没有去点明五将是否受人主使，他也不会言明的。

五位将军刹那间一愣，全又重新跪下了。

将军子胥涕泪交加：“大王！我等全是为吴国存亡来进谏的啊！大王是我们的大王，吴国是我们的吴国，倘敢心存二心，五雷轰顶！”

五个将军轮番央求：“大王！”“大王……”

士卒越聚越多，全竖着耳朵，瞪大了眼睛。

阖闾忍不住问孙武：“孙将军有何高见？”

孙武平和地说：“五位将军的意思是，即刻退兵？”

“孙武将军深谋远虑！”

孙武款款地说：“吴、唐、蔡三国之军，临阵退逃，士气必然一落千丈。退兵须北上，必经清发水。清发水一役想必各位记忆犹新。请问五位将军，何人敢担保楚军让我大摇大摆渡河北去，不会也来一番‘半济而击’？谁人可与沈尹戍默契，不叫楚军围追堵截？”

子胥、直赏、书、奇、夏五位将军全哑了。

阖闾说：“寡人明白吴军的处境了。”

孙武：“这要感谢五位将军把三国六万大军的处境分析得如此清清楚楚。”

阖闾冷笑：“五位将军还有何话说？”

子嚊："但请大王再三思量是战是退。"

孙武："哦，五位将军果然是要以死进谏么？"

五个人看着孙武，知道这话将引出的结果，都惊呆了，没有回话。

孙武说："大王，成全了他们吧。"

夫概笑眯眯："如此，两全其美。"

夫差："子嚊，还等什么？"

伍子胥："各位匣中之剑，此时不用，更待何时？"

五位将军只好拔出剑来。

子嚊："大王……"

他妄想吴王阖闾能为他们最后说句话。

阖闾忽然背过了身。

子嚊："也罢！免得子嚊他日眼看着吴军惨败，眼睛流血。"

阖闾又忽地转回身来：

"军中谁敢再言退字，败字，枭首示众！来呀，行刑官！"

子嚊："不，不……不必费事了。"

他把剑刃放在了脖子上。

五位将军都只好把剑往脖子上横着，有人颤抖，有人果决，也有人望着剑锋怆然垂泪，口中念念有词，还有一位将军，呵呵地冷笑。

旁观的士卒一点儿声音也不敢出，屏住了呼吸。

五颗人头，纷纷落在了地上，沾满了尘埃。

随着五个将军颓树一般倒下，成千成万的士卒一片唏嘘。

阖闾眼里忽然掠过一种惊惶。

不会兵变吧？

伍子胥把五个人头的头发抓住，用一只手提起五颗血淋淋的头颅，跳到高处：

"三军将士听着！无论将军大夫士卒甲徒，有敢言退守撤兵者，五位将军便是榜样，人头落地便是下场！五颗将军人头，悬于营帐，警教众人，见到这五颗人头，便看见了大王必战必胜之志！"孙武站在伍子胥身边，道："山不可摧，海不可移。即时即刻起，号令各营，放开战车上的马匹，埋了战车的车轮，捣毁渡江的舟船，绝了我等的退路，全军上下，背靠汉水，与楚军决一雌雄！”

三军静肃。

彼此听得见咚咚的心跳。

孙武接着道：

“孙武不必多言，吴国之甲士徒卒都已经进入楚国纵深，身临绝境。而今三面环水，一面受敌，粮草已断，退路已绝，兵家称之死地。在此之前，三军将士行军打仗，其疾如风，其徐如林，侵掠如火，不动如山，难知如阴，动如雷震，藏于九地之下，动如九天之上，攻破囊瓦，就像是决积水于千仞之谿。以此百战之勇，百胜之师，而今投入死地，六万勇士别无选择，唯有死战，以死相争，岂能不胜？所谓投之亡地然后存，陷之死地而后生，生路便在决战之后，渡过汉水，轻取郢都。众将士伐灭楚国，凯旋还乡，指日可待了啊！”

……

六万军兵求生的欲望，死战的决心，使这支军队变得疯狂起来。人人的眼睛都是血红的，个个都如进行最后争斗的困兽，而将军的命令，也都变成了生还的号角，没有人半点懈怠和违拗。孙武在初次与沈尹戌交兵时，看其获得小胜而不再进攻，便判断沈尹戌部，其实是兵马劳顿，而且对于连战连胜的吴军，心存疑惧。基于这番正确的判断和吴军陡然高昂的士气，便立即调兵遣将，排阵向沈尹戌发动了猛烈的进攻。这回是大王阖闾亲自援袍擂鼓，上中下三军，分别由孙武、伍子胥、夫概统帅，进攻时，三军呼应，虚虚实实，采取了以石击卵的战略。正面佯攻是虚，两翼强攻是实，或反过来，让沈尹戌摸不着头脑。吃掉一块楚军，吴军立即退回，退回不过一两个时辰，突然间又发动强攻，如是再三，打得沈尹戌部下惊慌失措。沈尹戌也组织了进攻，这时，吴军如草上一条灵敏的恒山长蛇，击其头部则尾巴来救，击其尾部则头来救，击其腹部则首尾一齐来增援。知道自己不是战便是死的吴军士卒，以一当十，挺戟冲杀，不顾一切；知道可战与不可与之战的吴军统帅孙武、伍子胥、夫概，则是清醒的，旌旗和金鼓指挥着自己的军队，也调遣着楚军。

两军在雍澨，整整决战了三天！

战场的情形十分惨烈。

在这初冬的汉江边上，老天苍白了脸，地上枯树枯草全都踏平了，满是血的霜，血的薄冰，血的沼泽。两军像推磨一般在方圆不过三五十里的地界，寻求肉搏。血刃相搏时金属迸击出的火花和金属断裂的声音，连同锐器割断喉咙、刺破铠甲、搅动五脏六腑的声音，还有冲杀声、惨叫声、呻吟声不绝于耳。吴军让出营寨三次，楚军夺得吴军营帐三次，又被吴军夺回三次。双方在这拉锯一样的血战中，没有一个幸存者的身上不是沾满了鲜血和烂肉的。楚军开战不久，便有士卒成缕成行的开小差了，他们的家乡不算远，人人有后路。比起身陷死地，只能死战的吴军，楚军的士气逊色得多。沈尹戍纵有天大本事，刚刚接手的方城之军也指挥得不那么得心应手。楚军总有办法逃离战场回家的，即便沈尹戍捉到开小差的斩首示众，也屡禁不止。留在战场上的楚军士兵，当然和吴军士兵一样，抱着杀死一个敌兵够本儿、杀死两个便赚一个的心理，只想杀人。这时候，人人都想杀人，人人的愿望都变得简捷而酷烈，唯一的欲望便是把雪亮的锋刃插入对方的胸口。人，只能一个一个地杀死。即使是杀几万只羊，也需要气力和勇气，何况十六万人战在一处？没有一个人三天三夜合眼睡一会儿，杀到最后每个人都变了样儿，狂泻着凶光的眼睛全是血红的，除了牙和眼白，脸上都看不出皮色，都糊满了血痂，执戈的手和身体都稳不住了，想停也不好停下来，除非躺倒。利刃割破皮肉，根本算不得受伤；丢弃一只耳朵或一只手，也说不上是巨大损失；看见身边的人倒下，已经不为所动，不再多看一眼。兵士们挥动着已经卷了锋刃、变得迟钝了的戈戟，样子都有些机械了，很像是在重复着干一件什么总是干不完的活计，割不完的荒草榛莽，伐不尽的山野乔木。脚下的尸体横七竖八，闪展腾越不方便，就挪个地方厮杀。挪个地方也会有血汪着，说不清是活人的血还是死人的血，混浊而黏滞，一脚踩上去，就被粘住了，拉不开。也有听见鸣金收兵也收不住的，交刃双方会取得某种默契，非得有个结果，不是自己完蛋，便是别人完蛋，才肯罢手回营。回营不过嚼一口干粮，撕几块烤得半生不熟但却十分新鲜的马肉，吃得满嘴是血，然后听到了鼓声，再去干。两军士卒的嘴都干裂了，一串串血泡，喉咙也都嘶哑了，再也喊不出豪迈的杀声了，然而，嘶哑的怒吼、嘶哑的惨叫，在初冬的风里显得更加凄厉、更加惊心动魄。沈尹戌的楚军渐渐不行了，他又一次收兵，给将士们些水喝，打算重整旗鼓，做最后一搏。

火！忽然间沈尹戌看到了火光冲天！

营中起火，火烧连营！

沈尹戌和军卒惊慌失措地向上风逃出。

孙武率军迎头而来，将楚军往火蛇奔窜的下风口地方赶去。这正是孙武事先谋划的“发火有时，起火有日”的干燥的日子，正是孙武所策划的“火发于内，应之于外”的制胜之策。楚军逃出来的四散逃命了，逃不出来的，雍澨就成了他们的焚尸炉！沈尹戌再也无法阻拦和集结被大火围困的士卒逃散，他剩下了一个人，一无战车金鼓，二无马匹旌旗，他呆呆地望着四散溃逃的士卒，再也无力收拾残局了。他的右胸、额头和左腿，都是戈伤，他一瘸一拐地跑去拦阻他的甲士，嘶哑地呼喊着，哭叫着，央求着，可是没有用，他被冲撞得趔趔趄趄。

到底这一仗打完了，他自言自语。

楚国也要灭亡了，你沈尹戌也是时候了，他痉挛地笑。

这时候，他发现自己征袍的衣角上带着火，那火舌借着风势，上来舔着他的脸、他的鬓发。他听见了滋滋冒油的声音，闻到了自己散发着焦糊的味道，感到了灼痛。

不，不必将火弄灭，烧吧，烧。就这样灰飞烟灭落个干净，免得被阖闾俘虏了，受尽羞辱。

多好的火，多明亮的火苗！

可惜——

火苗“噗噜”一阵，灭了。

他赶紧又去拦阻他的甲徒，那样子像个疯子：

“请把我的头颅带走！谁能把我的头颅带走！”

没人理会。没人把他的头颅当成一回事儿。

“请把我的头颅带走啊！谁能把我的头颅带走哇……”

他终于两手抓住了一个士卒。

士卒想拼力挣脱，沈尹戌死命地捉住不放。

士卒这才认出了对面是谁："啊！左司马！将军！"

"你是何人？"

"徒卒吴句卑。"

"请把沈尹戍的头颅带回楚国吧，随便埋葬在楚国的什么地方。"

"将军和我一起逃命吧！"

"不。"

"为什么？"

"沈尹戍宁愿一死，也不愿被俘。"

"啊……"

"吴句卑，把我的头颅带走，很方便的。"

"好吧，吴句卑在，司马的头就在。"

沈尹戍割了自己的袍子，铺在了地上："是你来干，还是我自己来干？"

"劳驾将军自己吧。"吴句卑"咕嗵"一声，跪倒在地。

沈尹戍颔首，嘴角是一丝苦涩的微笑："其实很方便的。谢谢你了。很方便。你这样大忠大勇的勇士，沈尹戍怎么没发现？沈尹戍有眼无珠啊！谢谢啦。谢谢！"

沈尹戍横剑割了自己的头颅，手提着自己的头，竟然又立了片刻，才摔倒在地。

士卒吴句卑哭了，浑身打抖。

他把左司马沈尹戍的头颅用那一袭征袍裹紧了，腋在了腰带上，抬腿就逃。

无影无踪。

除掉丢在战场上的成千累万的尸体，除掉还在焚烧着的楚军士卒之外，楚国军兵全部无影无踪了。

胜利了！

终于艰苦卓绝地获得决战胜利的吴军，没有欣喜欲狂，没有欢呼雀跃，甚至没有一个人脸上有一点儿笑容。

有一个士卒哭了，压低了声音，哭得很伤心。

一群士卒扶着戈，眼角也湿了。

另一些士卒“嗨嗨”地叫着，坐下去了，坐下就起不来了，索性倒下去，躺在那些横七竖八的尸体之间。

战场静下来了。

死寂。

孙武在终于停止了厮杀的冬日的战场上站着，心中突然一片空白。他的征袍和犀甲都已被戈划破，在风中窸窣作响。他的脸上身上，溅上了血，现在那血污凝固了，扒着脸紧巴巴的，很不好受。他既不想去收拾军队，也不想重整旌旗，甚至连下面是否渡河破郢，如何渡河破郢，连想也不愿意想。他忽然什么也不想做，只想这么站着，让宁静无边无沿地弥漫。他打了个冷战，这才意识到寒风到底是肃杀凌厉的。看看西边的天，白花花的太阳起了毛，刺得眼睛生疼。冷风送来了焚尸的焦糊的味道，他知道火攻的时日和战策，却不知道有多少楚军士卒被烧死，也不知道吴、楚两边军兵到底有多少人再也不能还家。他忽然不忍心，或者说不敢再看一眼横陈在冰冷的雍澨大地上的那些年轻的没有生命的脸、残缺不全的肢体和覆盖在地上的污血结成的薄冰了。

你这是做了些什么？

你的兵法，就是用来置这些年轻士卒于死地的么？

你到底把应该置于死地的置于死地了，置于死地虽然不容易，可是你想置于死地他们就置于死地，真正地置于死地了。

他突然抑制不住哈哈大笑。

声音嘶哑而陌生。

他努力使自己镇静下来，不再去想什么生生死死。

他把眼睛望着灰土土的天。

忽然想起了遥远的漪罗，想起了漪罗的聪慧、美丽、刚烈和任性。那任性竟也是美丽的，想象中的漪罗笑起来是那样的灿烂，嗔怒的时候也是那般动人。可是，在漪罗到营帐中来的时候，你怎么会忍心赶她走？如今她在哪儿？是死，是活？哦，还有身怀六甲的帛女，不知如今在做什么，孩子生了吗？母子平安吗？是男，是女？是名叫星，还是月？想起这些，他的心有些发酸。

郢都遥遥在望了。

姑苏可是越来越远了……

他有点惊奇自己内心萌动着从来不曾萌动过的情绪，或许，是因为三个月来的战争太累人，太劳神，精神太紧张了吧？战争的过程，对于一位执着于兵法战策的将军，可以说是至关重要的，每一个过程和环节的实现，都会因为“料事如神”和“用兵如神”而平添自信，对于将军，战争的每一次胜利都是致命的诱惑，可是一旦最后的战争结束了，结果却显得很苍白，不，岂止是苍白，他甚至感到空落、茫然和可怕。

忽然看见老军常跪在地上，脱下自己的衣裳，盖在长子甲的尸体上。老人用青筋突露的两只手，认认真真地覆盖着爱子那张失血的脸，嘴里不停地嘟哝着什么。

他不想看。

他想走开，走到一边去。

“孙将军！”

老军常在唤他。

他回过头来。

老军常将那盖好的“尸布”掀开了：“孙将军，你看，我的儿子，伤口都是在前边，都是在前边啊……”

叫他说什么呢？

三个月里，老军常失掉了两个儿子！

他说：“来人！把常甲……不，把阵亡的将士全都掩埋了！”

他还是走了。

一抬头，看见千疮百孔的营帐前，还悬挂着“死谏”退兵的五将军的头颅，那些头颅已经干瘪了，似乎已经掏空了，只剩了五个空壳，五个干黄的葫芦，在风里悠来荡去。

他对一位士卒道：“放下来。”

士卒不解其意：“将军，你说什么？”

“叫你放下来就放下来。”

“放下来怎么办哪，将军。”

“愚顽！随你去处置！”

第三部

一

阖闾九年十一月二十九日，吴王阖闾率领浑身是血迹和征尘的吴军，浩浩荡荡开进了楚国都城郢都。

吴军渡过汉水，攻陷郢都，不料却轻松得很，并没有费多大气力。驻守郢都的楚国军卒，只剩了些君王的卫队，听到沈尹戌和囊瓦全军覆没的消息，早已惊慌失措了。楚昭王年十七岁，哪经得起如此之大的变故？一听噩耗，下面就不由自主地淌了水，裤子全湿了，吓得小便失禁。他尽量地掩饰着心中的惊慌和下面的骚湿，在臣下面前撑着最后的面子，命大夫申包胥到秦国求援，又命大夫缄尹固抵抗，以争取逃跑的时间。

缄尹固万般无奈，就乞助于城中豢养的一群大象，在象尾上捆了茅草，点燃了茅草，把大象轰出了城门。尾巴着了火的大象惊惧万分，拼命奔窜，一直冲入吴国军中，践踏吴军。

火象阵！

楚国大夫让火象打了头阵，却没有一兵一卒随后冲杀，人都从郢城西门护送着楚昭王逃跑了。楚昭王一出城门就跑掉了一只鞋，回头要去寻找，楚大夫和亲眷拉着不让他动。昭王怒叱众人，表现了一番临危不惧和舍生忘死，道："楚国虽然贫穷，难道会在乎一只鞋吗？你们懂得什么？寡人不愿意出城的时候是两只鞋，回来的时候剩了一只！"

昭王还能回来么？

不知道。

反正，昭王的大象用燃烧自己的果敢行动，为楚昭王逃命赢得了一天的时间。第二天，大开的城门，空荡荡无人把守，吴军趾高气扬地入城了。

阖闾在临近城门的时候，感慨万分：

"寡人到底来了！"

终累忙道："父王想得到的，有什么得不到呢？"

阖闾回头白了终累一眼，终累忙闭了嘴。

终累在雍澨大决战之后，征衣上没有溅上什么血迹，惹得阖闾在帐中单独教训了他一个晚上。

阖闾在战车上，心中十分高兴："孙将军，伍大夫，郢都百年繁华！西通巫峡巴蜀，东有云梦丰饶，吴国得一别都矣。寡人与爱卿共同享用楚国之富！"

伍子胥说："只可惜杀我父兄的楚平王老儿已死，竖子楚昭王也已逃……"

说着伍子胥两眼湿润，越想越是不解心头之恨，便张弓搭箭，向城中胡乱射去了一箭。一声弦响，箭羽穿过了郢都的宫门、茅门和寝门，不知落在何处。

孙武若有所思。

阖闾又道："孙将军，都说是楚女细腰，婀娜多姿；楚女多情，明眸善睐，百闻不如一见哪，哈哈，将军，听说你一向不喜好女色？"

阖闾兴致极高。

孙武没有听见，还在思绪中。

阖闾叫了一声："孙将军！"

孙武这才醒悟："啊——大王，臣在。"

"将军想些什么？"

"唔，臣下在看郢都城门的拱顶……"

他是在看城门的拱顶么？

"哦，孙将军稍后可以尽情赏玩楚国的城池、宗庙，还有那些后宫佳丽。"

孙武"哦，哦"地应着。

阖闾说："寡人费时十载，望郢十载，终于梦幻成真了啊！寡人还有一事请将军能够教我。"

"臣下不敢言教。"

"寡人之军远离故土，行军作战，出征千里，正如将军所说的那样，十万之师，辎重粮草，一天要耗费千金。远途运送粮草，国内国外骚动不安，粮食价格飞涨，屈指算起来，要有多少百姓忙于徭役呢？"

"七十万家。"

"七十万哪！"

"大王为此焦虑么？"

"寡人正是为此夜不能眠。"

孙武"啊"了一声，似乎为阖闾的话所动，笑笑说："大王不必多虑的。孙武在兵法十三篇中已经为大王分忧。臣在军事篇中说过，战争之旨是廓地分利，利在何处？利在敌国。军队深入敌国腹中，务必要取食于敌国，这便是'因粮于敌'。所谓'掠于饶野，三军足食'。"

"呵呵，"阖闾笑了，道，"一个'掠'字好极了。攫掠在楚地，三军还愁什么粮草？"

"正是。"

"噢，寡人想起来了，孙将军兵法中不止一次谈及于此，还有四个字，叫作'掠乡分众'！如此说，何虑之有？寡人谢谢将军指教，谢谢了。"

孙武疑惑地看了看笑模笑样的大王。

怎么？大王岂不是明知故问么？

战车和大军已“轰轰隆隆”进入了城门，城门上的拱顶厚达四十尺，孙武忽然觉得像是进入了隧道。

他还在回忆那萧瑟阴晦的雍澨。

那一场苦战呵……

整整三天的流血和厮杀！

通过了券门，光线陡然亮了起来。孙武的思绪忽又飘到了近前：哦，这楚国都会，城郭是囊瓦的祖父子囊开始修建，说是前后建了五十年。屈指算来，楚人立郢城为都，已经是一百八十三个年头了。楚文王建了郢都，楚昭王弃了郢都，来来去去，谁曾料得这沧桑变易？据说，楚国郢城水陆通达，通鱼盐之货，做生意的人来自四面八方，郢人摩肩接踵，是热闹非常的，可是，现在街市上一个人影也没有！一支箭从城门口射去，穿过空空荡荡的长街，什么遮拦也没碰到，无声无息地落在了地上，毫无威风与威力可言。

伍子胥惊道：“怎么，郢都已是一座空城，人都逃空了，还是死绝了？”

阖闾说：“把城中的人给寡人像轰鸭子一样轰到街衢两旁，命楚国这些有眼无珠的狗东西迎接寡人胜利之师，有不从命者，立斩不饶，暴尸于市！”

当然，吴、唐、蔡三国军队，从血火中走过来，旌旗坼裂，战车“咿咿呀呀”诉说着疲惫，战马汗气中夹杂着血腥，士卒将军少有不带着戟伤箭伤的，他们身上的伤痕写着九死一生。大军一路的潦倒劳顿，终于以胜利者的姿态驰驱入郢，这是梦里的郢都，是侥幸活着的人的生门呵！本该欢喜一番，骄傲一番，耀武扬威一番的，可是，城中杳无人迹，空空荡荡，实在叫阖闾大军上下打不起精神，实在没有意思，向谁炫示？向谁骄傲？向谁施威？

阖闾命大队人马暂时停止行进。

派到城中的士兵，用戈，用剑，用鞭子，把瑟缩在家中的妇孺老幼驱赶着，轰到了街衢，导演着一场“欢呼”大军入城的活剧。百姓被威逼着，无法表演热烈欢呼和高唱万岁的场面，无法扮演欢乐和崇敬。这些亡国破家的庶民，唯一做得到同时也不得不做的事情，便是匍匐跪倒，而且不抬头。吴军士兵打着，骂着，楚国平民哭着，叫着，一时竟也喧嚣起来，“热闹”非凡。有一老者，率领全家老小十几口子，做了出色的箪食壶浆迎接吴国胜利之师的表演。他们分开众人，举着果脯，抬着猪头，提着酒器，浩浩荡荡来到吴王阖闾车前。

全家十几人全都披麻戴孝！

阖闾一怔。

“来者何人？”

“楚人。”

“寡人知道你是楚人，问你名姓。”

“楚国老朽，不值得大王一问。我不过是一草芥庶人而已。”

“你来做什么？”

“全家老小一同来恭迎大王挥师进入郢都。”

“为何全家披麻戴孝？”

“老朽年事已高，顺便也将送大王一命归天的祭礼办了，免得到了大王被尸布裹着送出郢都那天，赶不上祭拜。”

阖闾勃然大怒，连声喝叫，命士卒将其全家腰斩，焚烧，把骨灰扬在街上。立即有士卒冲上前来，去捉老人一家。那楚国老者的家人，吓成一团，哭叫连声。老人却从容地将手中的酒洒在地上，大笑三声，然后假哭，干嚎得甚响，并无眼泪，也无哀伤的表情来配合。士卒忙把他拖走，他一路叫啸不停：“阖闾，郢城就是你等的墓穴！”“亡吴必楚！”“老夫先行一步，在阴世间等着你了啊，阖闾！”……吴王阖闾被气得额头青筋“噗噗”乱跳，一边命令军马长驱直入郢城，无意再看什么盛大的“欢迎”；一边下达了进城的第一个通令：

“传寡人之命！三军数度苦战，置生死于不顾，人人皆是破楚入郢的英雄，个个皆可称之为功臣，与寡人共享楚国之丰饶。寡人命令三军，行‘因粮于敌’之策，可以尽情攫掠，王可以享用楚王宫中王妃，大夫可享用楚大夫之妇，将军可享用楚将军之妇，以此类推，将士官兵俱乐，让天下人尽知，随寡人征战者都得其福！”

吴王阖闾命令一下，手下三军，除掉卫队，都像鸟雀一般散向郢城。队伍再也没有了队伍的模样，将军、士卒们狂欢着，跳跃着，手舞足蹈着冲入民宅，抢夺财物，焚烧房屋，奸淫妇女，有三五成群的，有散兵游勇的，也有为分赃不均自己人大打出手的，还有只身进入百姓家寻欢作乐再也没出来，死于非命的。将军士卒干起这桩事情，像雍澨之战一样奋不顾身，而且，有更高的兴致。烧杀，抢劫，奸淫，简直就像玩儿一样。

阖闾看着将士“各得其所”，十分高兴，十分得意，在楚王宫中，拈须对孙武道：

“将军，看这些孩子各有所得，寡人总算没有辜负他们啊！谢谢孙将军教我。”

孙武：“大王，破楚入郢全是大王的洪福，大王的神威，大王的决策，孙武实在不敢称一个‘教’字。”

阖闾：“寡人说的不是这个。寡人说的是孩子们在楚国恣情欢乐，消尽战争之疲惫和劳顿，随便可以拿想拿的东西，享受胜利之福，全凭将军‘掠乡分众’之策。士卒既然亲身经历了战胜的利益，还愁他日不为寡人之吴国效死作战么？”

孙武瞠目结舌。

是的，掠乡分众也罢，廓地分利也罢，因粮于敌也罢，重地则掠也罢，掠于饶野也罢，这些，都是他写在竹简上的，都是他兵法中的一个不可或缺的部分。

那么，吴军士卒像疯狂的盗贼一般，任意放火，奸淫，抢劫，都是你的主谋？都是你的兵法？都是你的谋略？

孙武觉得身上一阵发冷。

孙武说：“大王，军队深入敌国重地，就地取粮，用以三军之需，是必须也是不得已而为之的事情……”

“啊，”阖闾打断了他的话，“寡人已经懂了，已经懂了！爱卿你看，夫概、夫差，还有子胥、终累，都去消解战争的困乏去了，孙将军怎么还不动作？孙将军到底想要些什么？”

是呵，你到底要什么？

孙武也说不清楚。

“哦，”阖闾拍了一下手：“将军是不是还在想着你的妙人儿漪罗？一经那绝色佳人的手，天下再也没有能提起兴致的物件了吧？啊？哈哈……”

吴王笑得邪。

孙武：“大王，三军攻取郢都之后……”

“好了好了，寡人来日再听爱卿谈兵。”

吴王颇不耐烦。

吴王怎么能够耐下性子来听孙武论兵谈策呢？他入主楚王宫之后，第一件事情，便是把那些来不及跟随楚昭王逃亡的楚王妃的肉体完全占领了。此时此刻，在后宫，楚昭王一个年轻美丽的妃子，被剥得精光，两手正被捆绑着吊在床头，两脚被捆绑着吊在床尾，整个儿一只凫水的寒鸭，动弹不得，呼救无援，美丽的噙满了泪水的眼睛茫然地张着，失去了半点反抗、挣扎的能力，就连寻死的机会和可能也完全丧失了，只消吴王阖闾高兴，便随时来蹂躏个够。吴王阖闾把这看作是自己作为王者之尊应该分得的一份儿战利品，想方设法儿地享用和消受。享用和消受这些红粉佳人的时候，吴王不无感慨：是呵，十年一梦，破楚入郢的大功已经告成，十年之久的戒奢求俭，什么不食腴美的佳肴，不穿华贵的衣裳，睡觉不铺两重席子；还有什么车也不要雕饰，马也不戴璎珞，青铜器物连花纹也不要，这一切一切折磨自己约束自己的清规戒律，折磨到头了，约束到头了，止住罢！他的吴国西破强楚，会盟诸侯，称雄天下的日子到了。

孙武清楚地看到了这一点。

吴王寻欢作乐去了。顷刻间孙武便听到了钟磬琴瑟的声音，歌唱的声音，还有饮酒和咳嗽的声音，大约是吴王在逼迫悬挂的美人饮酒。

孙武只好退下。他惊讶而又忧心忡忡地看到了吴王阖闾的变化。吴王阖闾自从入郢以来，纵情声色，饮宴歌舞，身着华服，骄矜自大。再也不肯像以往那样心平气和地和孙武谈兵法、论国策了。与其说入郢的胜利冲昏了吴王的头脑，不如说是阖闾那压抑了十年的骄横淫奢的本性终于得到了释放。吴王的变化，如瘟病一样迅速在吴军上下蔓延。吴军将士大有天下第一师旅的模样，飞扬跋扈，抢掠百姓，也时常欺辱蔡、唐之军。蔡、唐之军已经知趣撤退。吴军上下个个居功自傲，自然也有觉得大王赏罚不公的。

郁郁不乐的是夫概。

夫概在整个儿破楚作战中，建立了决定性的功勋。在调遣囊瓦军队到柏举受死时，夫概扮作吴王，其实是自愿替吴王死了一回，不料这件事冒犯了天颜，吴王阖闾心中不悦，却做了一个表面文章，赐给夫概一妃，观察夫概形色。看他是否真的存有褫夺王位、取而代之之心。这是其一。其二，是趁着囊瓦军队渡过清发水的时候，半济而击的计谋和向囊瓦部发起总攻的决策，都是夫概在起作用，而吴王却故意视而不见，只字不提夫概之功，有意削平夫概的锐气。

夫概心中虽然愤懑不平，脸上却一团和悦，一夜，踱步到孙武住所，不要人通报，径直而来，孙武正在读简。

孙武一惊，“夫概将军，怎不让人能报一声，也好恭迎大驾啊！”

夫概笑：“怎么，长卿，是不是夫概的行踪过于诡秘？”

“这是什么话？”

“玩笑，玩笑。孙将军，夫概一向是磊落丈夫，从不蝇营狗苟，倘若这话别人不信便由他不信，孙将军心里有数，夫概是知道的。”

“当然，”孙武道，“当然。”

夫概说：“长卿，将军们都在城中寻乐，如今正是把偌大楚国当成丰盛的宴席，大家你一口我一口品尝的好时光，将军却为何一人独坐帐中啊？”

“夫概将军又何故一人踽踽而行呢？”

夫概：“啊，夫概比不得长卿。长卿功高盖世，夫概无功，还是尽量避些风头为好。啊——我可真想回到姑苏去赋闲了。”

孙武听出了夫概话里有话，棉中裹针，含着牢骚，有某种失落感。

可是孙武不愿意就这个题目谈下去，王室兄弟之间的纠纷，他是应该而且必须避讳的。

夫概精明，看得出孙武不会就此和他谈下去，只好另外找个话头，便笑眯眯地又要过来拉住孙武的手温柔地抚摸。孙武先自起了一身鸡皮疙瘩，缩回了手。

夫概问：“孙将军读什么书呢？”

“《易》。”

“《周易》？易书是周天子的国宝，博大精深，怎么，将军——也会演绎《周易》么？”

“不不，孙武读易，不过为的是消磨时光罢了。”

“噢——如此说来，将军也是烦闷的了。呵呵，来日夫概为你寻觅一个消烦解闷儿的物件儿如何？”

“什么物件儿？”

“给将军一个小的——呵不，大的惊喜。”

孙武望着夫概。

夫概只是笑，笑得神秘兮兮的。

这人从来是神秘莫测，莫测高深。

他指的“惊喜”到底是什么？

难道是——漪罗？

漪罗早已不在罗浮山中铸剑了，于今何在？

夫概：“我实在不懂，长卿如若不是为了占卜，那么你读易的目的何在？”

“一个易字，取的是蜥蜴皮色变化的意思。伏羲氏抬头观象于天，俯首观法于地，于是有了河图洛书，有了伏羲之易，之后又有夏朝《连山》，连山氏即是神农别号；殷代有《归藏》，而归藏氏又是黄帝别名。周文王被囚禁在羑里七个年头，演绎出《周易》来。《连山》，说的是万物如山，连连不绝；《归藏》，说的是万物归藏其中，其大无边；《周易》的一个周字，又有周匝于天地，可以包容一切的意思。这些，夫概将军早已知道得一清二楚。这集中了伏羲、神农、黄帝、周文王智慧的易书，其大泱泱，哪里只是教人占卜之术？孙武反复研读，触类旁通，阐发推衍，得益匪浅。兵勿妄动，兵贵速决，密军机，严戒备，审视利害，明辨进退，所有兵略，都可从易书中得些启示，因此孙武才读而不倦哪！”

夫概连连点头，暗暗称服，脸上却做出许多的遗憾来：“孙将军这一番话，真是让我茅塞顿开。只可惜，夫概本来是想请将军占断一下我近来之吉凶祸福，指点我什么会变易，什么不易的，看来，孙将军是不肯的了。”

“夫概将军你只有吉，只有福，哪里会有凶与祸。凶和祸从何而来？”

孙武望着夫概。

夫概连忙应：“对，对，对。”

孙武收了手中的竹简：“夫概将军如果想占卜，我倒是也可以给你一点儿惊喜。”

“什么惊喜？”

孙武狡黠地笑了笑，吩咐老军常说：“请先生来说话。”

来了一位奇人。

颉乙。

相貌丑陋的江湖郎中。

身躯瘦弱，额头一块顽石，颧骨两个小丘，下颏过分突出，好像地包着天。唯有两眼与众不同，瞳仁黑绿，熠熠有神。

夫概立即认了出来，这是在吴楚两军对峙的时候，载了一船药草，故意被囊瓦俘去的江湖郎中颉乙。

夫概一直不知颉乙死活。

“颉乙！先生别来无恙？”

“托将军的福。还可以浪游天下，为人医治些杂症。”

“先生不是和蔡国将军鉴一起被囊瓦俘获了么？有什么法术金蝉脱壳呢？”

孙武笑了笑。

颉乙：“多亏孙将军惦记老朽，一叶小舟载我离了那是非之地。”

孙武说：“夫概将军不是想测一测吉凶祸福么？颉乙先生是最擅长推演伏羲易数的了，何不一试？”

夫概略略打了一个怔，说：“啊——算了算了。恐测出不吉，无所措手足。”

孙武知道精明过人的夫概，不愿意在占卜时有第三人在场，便说：“也是，如果人把来日都知道得一清二楚，好比预先背了棋谱再来博弈，毫无趣味。不过，夫概将军不是善弈么？何不同颉乙先生一戏？颉

奇人对弈，缩于袖间。只凭眼色，那些棋子便跳跃厮杀

乙先生确实是异人，下棋也与常人不同。”

“噢，那我可要领教了。”

颉乙：“还请夫概将军高抬贵手。”

“且先让你半个子。”夫概笑眯眯地说。

颉乙冷笑了一声：“将军看不起我草芥郎中？”

夫概忙说是玩笑。

两人对坐棋盘左右，孙武立在一旁观战。

黑先白后。夫概执黑子，右手食指和中指夹着棋子儿，优雅好看而又凶神恶煞地先落了一子。

颉乙却坐得很直，两手放在膝盖之上，右手在下，左手在上，两手大指抵在一起，没有去取棋子的意思。看上去，颉乙神平气和，绿黑的瞳仁沉静如玉，不像是临阵搏杀，倒像是在养神。

夫概：“请先生走棋。”

一句话刚落了音，只见一枚白子忽然自己跳将起来，飞上棋枰，“啪”的一声落在石头制的棋枰之上，虎视眈眈地占了角。

夫概大吃一惊，半天看着颉乙说不出话来。

颉乙说：“颉乙这是小儿之戏，让将军见笑了。”

“先生果然是奇人！果然是奇人！”

孙武：“若是胜了奇人，夫概将军岂不是奇中之奇了么？”

“看来还真得认真对付。”夫概兀自嘟哝了一句。

颉乙还是不动声色。

夫概开始调兵遣将。这位久经沙场的将军，面对其貌丑陋、身材瘦干的郎中，自大，骄矜，轻蔑，都一扫而尽。他外表和悦，内心却是十分残忍酷烈。他想凭自己的智谋和韬略，杀颉乙个片甲不留，无地自容，让孙武也看看他的手段。颉乙却是稳扎稳打，排兵布阵，前后左右呼应，在这人们皆称是半人半神的尧帝创造的棋枰之上，颉乙不动一个指头，却用心神意念调动得棋子砰然碰撞，落子做金石之声，惊心动魄。夫概野心很大，一上手，便驱使一彪又一彪军马占领有利位置，四角四边都不肯放过，不一会，棋枰上到处都可见黑旗摇曳。只要颉乙的士卒驱进，夫概便去肉搏，来一番生死绞杀。战幕刚刚拉开时，颉乙那有生命有灵性的白卒，步履轻快，渐渐地也变得严峻了。双方主将全神贯注于这场激烈、瞬息万变的战役之中。夫概的头几乎被棋枰吸住，时刻俯临战场。颉乙也时常在发兵之前思索再三，思考时，两只黑绿的眼睛却不向棋上看，抬眼向上翻。夫概在这时候，难免瞥一下他的敌手，看见颉乙眼睛并不看棋盘，手并不动棋子，心里就打鼓。夫概拉得很长的战线，渐次被颉乙割断了联系。颉乙十分注意巩固和发展阵地，注意士卒做活，那白方棋子儿一个个几乎都联了起来，互相联络着，互相呼唤着。夫概有点儿紧张了，这时候，棋枰纵横十七条线，在他眼里便是一条条一道道山脉河流阡陌；二百八十九个交叉点，就是一个个关口、山隘、驿站和兵营。每人手中都是一百五十个棋子儿，他已经把一个棋子当成了一队徒卒。他听到了嘶哑的呼号和白刃的拼打声，他从被吃掉的子儿那儿看到了死亡和流血。他近似疯狂地咬住颉乙的白色徒卒不放，他手中黑子的使命也不再是“围棋”，而是围猎和围歼。

看看棋坪上胜负已显，颉乙道：

“我一个江湖郎中，勉强拿得出手的，乃是汤头歌诀，望闻问切，在棋坪上排兵布阵实在是不行。不过，我倒是跟随师傅扁鹊见识过异人弄棋，今日不吝棋陋，玩儿给二位看看，逗你们一乐。”

说着，那颉乙又沉静下来。

棋坪上开始起风，风只旋舞于棋坪左右，卷动得棋子如同一条黑白之龙盘旋成一根圆柱形状，扶摇直上，不知其终。接着又萃然落下，黑白在坪上迸射，跳跃，相互碰撞，如同要开始一场绝杀。绝杀还没到酣处，颉乙左手抬起来，向下缓缓一压，黑棋也罢，白棋也罢，全停止了运动，静静地归回了原位。

夫概出了一身一头的汗。

孙武半晌不解颉乙其意。

颉乙狡黠地笑着说：“人间棋局，无论断杀得怎样精彩，到头来，都有收官的时候……我们，算了吧？”

夫概不敢恋战，伸了伸懒腰：“你说算了就算了吧。来日再决个雌雄。”

夫概没有丢面子。

颉乙给了夫概面子。

颉乙说：“夫概将军棋风真是大气磅礴，领教了。”

夫概连道：“不敢当。”

颉乙立了起来，又道：“将军你有心囊括所有，有时候未免不知前有凶险，甚至会忘记了自己的棋要‘作活’。”

颉乙说罢便走了。

夫概怔着，这才知道自己汗气如蒸，屁股下面的绣团都湿了。半晌，想要站起来向颉乙背影拱手，颉乙早没了踪影。

二

夜半时分，孙武在城上巡看，见远处一片灯笼火把，人头攒动，忙策马过去询问。

伍子胥四处搜寻楚平王墓。

伍子胥破楚入郢之后，要做的第一件事就是这个。这目光远大尖锐、生性坚韧不拔的大将之才，忒重亲情，为了给父兄报仇，苦斗了十载。一望见郢都，子胥就百感交集。这熟悉的城池，久违的街衢，生你养你的楚国啊！你和哥哥伍尚，流连在父亲伍奢的膝前玩耍，就像是昨天的事情。父亲伍奢官居太傅，身为太子的老师，父亲带给你那显贵荣华的童年，一晃儿就逝去了么？怎么会人事沧桑，楚平王要杀太子建？要杀太子建，就要诛了太傅伍奢，诛杀太傅伍奢，就要杀掉他的两个儿子，于是你伍子胥就成了楚平王设计缉拿处死的人了，世上怎有如此道理？人心怎会这般恶毒。往事是这样不堪回首！伍子胥真不愿再去打开往事的铜锁。可是，萦绕在他心头的充满血和恨的往事，从来就是锁不住的。他记得，楚平王差使者，假意托父亲伍奢之命，召他兄弟入宫。他看穿了楚平王暗藏剪草除根的杀机，把箭搭在弦上，对准了使者两眉正中，使者吓得退下了。哥哥懦弱，随使者去了，一去不回。伍氏门中只有他活着，逃出了楚国。一路逃亡，那是怎样地艰辛苦难啊！临近昭关的时候，官府到处悬影缉拿他，士卒到处盘查他，他一夜之间，一头青丝变成了白发！从此成了白发人！颠沛流离的逃亡途中脚插到牛粪里取暖，蜷缩在山洞里发着疟疾，最后沦落到一支竹箫，半个破瓢，沿街乞讨残羹剩饭的地步。世间有善！在后面是楚兵追杀，面前是江水滔滔的危亡关头，江上漂来一叶小舟。撑船的渔丈人唱的歌谣他终生难忘：

风雨沥沥兮涛声不已，

修我柏舟兮与子偕行……

芦中人，出来罢，芦中人，出来罢！那天，渔丈人唤他出了芦苇荡，把他渡过了江。他没什么报答渔丈人的，解下佩剑，说："这把宝剑价值百金，权且当作酬谢，请……"渔丈人道："楚王有令，你的头值五百石粟米，另加上大夫爵位，区区剑器怕当不了谢礼吧！"他愕然，双膝跪倒："请一定收下宝剑，一会儿楚兵来时，还请帮助遮掩实情！"渔丈人仰天长叹，"如此说，倘若楚兵追上你芦中人，老夫是无法逃脱加害于你的干系了。芦中人，芦中人，老夫唯有一死来为你宽解疑虑了！"

渔丈人投江自尽。

岸上突然跑来一个孩子，是渔丈人遗下的孤儿，孩子扑倒在江边号啕大哭……

那滔滔的江水……

芦苇荡，失祜的孩子，在风声中呜呜咽咽。

还有柏木舟。空空荡荡的柏木舟，像一个空空的鸡蛋壳，在江涛的漩流中上下浮沉，随波逐流……

芦中人！芦中人！

渔丈人的呼唤余音在耳，那柄佩剑静静地躺在匣中，渔丈人的弃儿安在？向谁去报答这份儿恩情？

仇恨呢？楚国郢都已破，楚昭王已逃往云梦，楚平王已死，向谁雪耻报仇？

掘墓！

掘楚平王老儿的坟墓！

掘墓掘墓，掘！伍子胥疯狂地叫喊着，率领一百徒卒，连续三天三夜，搜寻楚平王坟墓。他的脸变了形，他的眼睛里爬满了血网，他的一头白发乍撒开来，像硕大的蒲公英。他有点儿疯魔了，他率领着，驱赶着，吼叫着，令士卒一通乱掘，如若寻不到楚平王坟墓，他也许会这样一直掘下去，掘到自己躺下再也起不来。楚平王临咽气的时候，大约是想到了会有暴尸的日子，将坟墓修得十分隐蔽。在郢城郊外一座石桥下挖到平王墓的这个午夜，士卒都累得筋疲力尽了。伍子胥依旧精神抖擞。楚平王的木椁墓离地九尺，四层台。灯笼火把照耀之下，可知主墓室前后左右又是墓室，陪葬器物数千。兵俑，舞俑，乐俑，立着的俑，跪着的俑，陪伴着死人。墓中既有车马器，兵器，还有编钟编磬，瑟，鼓，琴，金银器皿，金饰银佩，竹简，鼎，釜，盘，觯，陶的和木的杯，豆、俎、壶，应有尽有。硕大的棺椁，彩绘精美的凤鸟在一片云蒸霞蔚之间，光怪陆离。一派升腾气象与死人的僵尸形成鲜明对比。青铜的镇墓兽鬼气十足，活埋于棺坑下面用帛包裹的梅花鹿，到死还立着。士卒们一边掘墓，一边惊讶，赞叹，哄抢。楚平王的棺椁终于被掘出来，劈开了。楚平王的尸体被士卒抬起来，掷到地上。尽管是在灯笼火把的微光里，也清晰可见楚平王那张黄脸，竟栩栩如生。一见空气，老儿皮肤的亮泽忽然就暗了下来，由黄变成了灰白，黑斑跳脱出来。两腮瘪下去，几乎成了两个洞。不知为了什么，楚平王的两眼还木然地睁着，如有许多未了之事挂在心上，不肯闭眼。士卒们有人扑上去，把楚平王嘴里含的珠抠出来，有人去撕扯平王衣上的玉，来回折腾着死人。伍子胥此时面向郢都老家居住的地方，号啕大哭，涕泪横流，嘶哑地叫喊道：

“父亲在天之灵安了罢，不孝儿伍子胥为你报仇雪恨了！兄长在天之灵啊，子胥为你报仇雪恨了！”

伍子胥洒酒祭奠了父兄，回身就奔向平王尸体旁边。

士卒惊讶地闪开了。

没人敢说话，没人知道他要干什么，拿楚平王尸体怎么办。

哈哈狂笑。

笑得惊魂动魄。

笑时眼泪直流。

疯了？

伍子胥笑得头上的白发抖动，嘴里叫着："老儿，认得你爷爷伍子胥吗？留得子胥豪气，十年之后又来会你了啊！哈哈，老儿你死也不闭上眼睛，就是想看看今日吗？我叫你看！我叫你看！看个够！"

说着，伍子胥左脚踩着死人的脚，右手两指插到死人的眼窝里，只一剜，就剜下了死人的左眼，又一剜，右眼珠也抠了出来。

"拿皮鞭来！不让老儿吃皮鞭，我心不平！我要鞭尸三百！"

"叭"地一鞭下去，抽在尸上虽不响亮，却叫那皮囊立即绽裂了；再一鞭下去，死人皮囊里臭的腥的和烂肉一起飞溅，溅了伍子胥一头一脸。士卒们惶惧地后退。伍子胥边抡皮鞭，边记数，边叫骂。渐渐地，死者完全变成了烂肉，分不出五官。抽到一百多鞭，有人冲来擎住了伍子胥的手。

"伍子胥，且住！"

谁敢拦住疯狂的复仇者呢？

申包胥。

楚大夫申包胥躲在蓬草里，清清楚楚地看见了这一切，实在忍不下去了，从藏匿之处跑了来，不顾一切地拦住伍子胥。他们两个从小是知心好友，现在却各有其主，不共戴天。

"申包胥，你好大胆子！"

"伍员，人多可以胜天，天公降怒也能毁灭了人。你这样残忍，就不怕触怒天公吗？"

伍子胥冷笑道："我如今是天色已晚，而路途遥遥，无法再顺从俗人情理了。楚平王老儿杀我父兄，几次险些置我于死地，才是触怒了天公，暴尸领受皮鞭才是天意！你可记得，当初子胥逃亡，对你发誓说，我必定颠覆楚国，你说你定要楚国兴盛。申包胥，楚国于今安在？"

申包胥：“申包胥不是还在么？楚国怎么能说灭亡了呢？”

“那好，来人，把申包胥拿下！”

申包胥：“且慢！伍子胥，你不怕天下人咒骂么？你是楚国旧臣，侍奉过楚王，如今凶残到了蹂躏死尸的地步……”

“你难道想抱住楚平王僵尸殉葬？”

“如此，也是申包胥的荣耀。”

“你愿意代死人受皮鞭之苦么？”

“愿意。”

“啪”的一鞭，倏然飞起，倏然落在申包胥头上。申包胥的脸斜着留下了一道血痕，死人的烂肉沾了一脸。

申包胥一动不动。

伍子胥又呵呵冷笑：“你尽可放心，我伍子胥十年归来报此深仇，绝不会便宜了楚平王老儿的。来呀，不要叫申包胥碍我手脚，先把他捆了！”

士卒冲上来扭住申包胥两臂。

“芦中人！芦中人！请高抬贵手！”

跟随申包胥的年轻人“扑通”跪倒。

芦中人！

这熟悉而又陌生的称呼！

“你是什么人？”伍子胥问。

“当初用柏木舟渡您过江的渔丈人，大人你还记得吗？那是我的父亲啊！”

渔丈人？

伍子胥心上涌动着一股热流。忽然想起了那追兵，江涛，柏木舟，芦苇荡，还有为了他投江自尽的老渔夫。

“起来，快起来。”

对于伍子胥来说，楚平王的仇也算是报了个淋漓尽致，尸也鞭了，城也破了，楚昭王也亡命他乡了。可是当年渔丈人为他而渡，为他而死的大恩大德，一直是他的一块心病。仇也要报，恩也要报，这是伍子胥这位血性男儿性格中相反相成的两部分，他的身上有这些豪侠色彩。他的豪侠刚烈的秉性中，却又缠绕着解也解不开的伦理亲情。

“既是渔丈人——恩人的后人，快快请起。我一直图报你父亲渡江救命的恩德，快说吧，你想要些什么？”

“伍大人，今生今世我绝不会别有他求。申包胥申大夫重义轻生，有恩于百姓，我替我的亡父求你赐申包胥大夫一条生路。”

伍子胥面有难色。

沉吟片刻。

他似乎又听到了那声音：

“风雨沥沥兮涛声不已，

修我柏舟兮与子偕行……”

又听到了那噬咬他心灵的呼唤：“芦中人，芦中人！”

伍子胥无可奈何，叹了一口气。

“申包胥，一来你我总算少年知交，二来渔丈人于我有救命的恩德，三来，伍子胥还要你看看我如何彻底灭了楚国，今日放你一条生路，永世不要见我！”

伍子胥拉过申包胥衣角，用剑割断。

孙武驰马而来。

申包胥和渔丈人的儿子逃之夭夭，当夜便渡江，申包胥到秦国去求援兵。

伍子胥回身去完成他未完成的事情，鞭尸三百，一下也不能少。

“一百三十七，一百三十八……”

死尸的臭肉烂骨溅了孙武一身，孙武用手来擦，擦不掉，粘粘渍渍，手指拉不开。

孙武：“刚刚放走的是什么人？”

“申包胥，一百三十九！”

“申包胥？”

“我没有办法啊！一百四十！渔丈人对我有救命之恩哪！一百四十一！”

“伍子胥啊，伍子胥，你怎么可以放虎归山？成你是恩怨亲情，毁你也是这些恩怨亲情！来人，快快去拿了申包胥！”

伍子胥的鞭子停了一霎。

他难道不知道释放了申包胥是冒险的事吗？他知道。

可他没有办法让自己不这样做。

他更发狠地挥动起了皮鞭，只在死尸身上发泄，一百四十二！一百四十三！一百四十四！

孙武呆呆地站着，拿伍子胥无奈，这人简直是疯了。

天色微明。

郊外不远处，升腾起一片大火。

楚国囤粮的粮仓高府，让吴军给烧了。

孙武出城前，看见吴军士卒在毁楚国的宗庙。吴军士卒把楚国国家的象征，巨大的九龙之钟砸成了碎片取乐。

到处都在烧杀抢掠。

眼前，伍子胥的手下，为了争夺金银葬品，又在拳脚相见，乱糟糟如一团野蜂。

伍子胥却只顾鞭尸：二百八十一！二百八十二！

孙武被入郢以来的现状搅得心乱如麻：吴王阖闾与王子夫差一心享乐；将军夫概满腹不平；太子终累追杀楚昭王尚无结果；伍子胥归报楚王之仇近似疯狂；吴军上下一片散沙，到处惹事；楚国百姓老幼妇孺全都仇山恨海，伺机报复……他说："伍将军！赶紧整饬三军！士卒烧了楚国粮仓，毁了楚人宗庙，如此下去——"

伍子胥："二百八十四！孙将军，二百八十五！这不是你'掠乡分众'的谋略吗？二百八十六！"

孙武半晌说不出话来。

"二百八十七！二百八十八！"

"如此下去，凶多吉少，不如退兵！"

"你可问大王肯退么？二百八十九！"

当然不肯。

伍子胥终于抡完了三百之数，提着皮鞭呆呆地立着。

士卒还在乱掘乱抢陪葬物。

"都给我滚开！"伍子胥吼道。

士卒散去。

伍子胥颓然地扔了皮鞭，坐在一块石头上。

太阳升起来了。被鞭笞成一摊烂肉的楚平王尸体，臭气在蒸腾，发散。到处是腐烂的味道。有绿头蝇嗡嗡嘤嘤地飞来。天上，饿鹰在视着尸肉打旋。伍子胥的头脸和身上沾满了臭的，烂的。他满脸的疲惫，木然，满脑子都是空白。他自己也说不清楚，这三日三夜到底都做了些什么。

孙武："伍将军，你不会不明白，百战得胜，攻陷城池，倘若不巩固战果，不修功德，是何等结局。"

"孙将军，请你让我安静片刻！"

孙武无奈，只好打马离去。

孙武回到府中，老军常疑惑地问："将军到哪里去了，怎么带来了一身的腐臭？请将军沐浴更衣罢。"

孙武也觉得腐臭的味道如影随形，两手又粘又腥，胃里翻腾着，要呕吐，忙去沐浴。可是，沾了尸臭的两手，洗了一遍又一遍，还是腥臭难闻。

屋子里洒了清水。

点了薰香。

还是不行。

孙武十分懊恼。

颉乙来辞行了："谢谢将军的款待。颉乙生性落拓，从不在一处久留。游于四方，扶困济危，治病救人。休为王侯所拘缚，这是我恩师扁鹊的教诲。我说过，将在郢都迎候将军，今愿已足。来日还有缘分，来日再会。临行有一言相告，那夫概与吴王已存二心，大有囊括天下的企图，他日恐将军要因夫概而遭祸，请将军好自为之。还有将军的妻妾，九死一生，九生一死，将军好生待她们。这些废话，信不信全凭将军。"

"何不留下再住些时日，你我的棋还未分上下。"

"将军的大将棋风，颉乙叹服。何必要颉乙败归？孙将军，得放手处且放手啊！颉乙告辞！”

颉乙飘然而去。

颉乙走后不到一个时辰，夫概又来登门拜会。

有了颉乙的一番忠告，孙武也犯疑惑：夫概怎么走动得这样勤？

夫概昨夜与颉乙下棋，颉乙一句话暗暗道破了他的心事，便想与颉乙单独做一次深谈，以测吉凶。

夫概说：“孙将军，夫概又来搅扰了。”

“哪里，难得夫概将军不弃。不知有何见教。”

“今日我如约为你带来一个惊喜，换你给我的惊喜回去。”

“孙武不懂。”

夫概满脸是神秘地笑。

“给你的惊喜么，乃是赠你一个贴身的童仆。”

噢，不过如此。

“夫概要带走的惊喜么，乃是请颉乙先生到我府中小酌。”

孙武：“实在不巧，颉乙先生是世外之人，留他不住，已经走了。既然颉乙先生走了，无法交换，夫概先生所赠之童仆，我也不敢无功受禄了。”

夫概心里为颉乙的离去感到遗憾，旋尔，又作笑眯眯状：“孙将军不要我带来的童仆么？”

“我不需要什么童仆。”

“此话当真？”

“身边有老军常就足够了。”

“老军？怎能同日而语！来吧！”

一语未了，门帘一挑，走进一个“童仆”。

三

孙武打量着夫概带来的“童仆”。

一身蓝粗布的衣衫，裹着秀颀的身材，衣衫显得过分宽大，但衣纹流动着的是成熟和温柔的曲线。那“童仆”跨进门来，就不再往前走了，背后的光线把他的影子拉长了，铺在地上，“童仆”始终低头看着自己的投影，手里还拿着一柄青铜剑器。

“漪罗！”

尽管那“童仆”是男子装扮，孙武也没有仔细辨认，几乎是只凭一种感觉和感应，便脱口叫出了漪罗的名字。

那张美丽的脸抬起来了，两眼扑闪扑闪，望着孙武，忽然漾满了泪。是别后幽怨的倾诉？或是重逢的惊喜？还是所有的惦挂、思念之苦，终于找到了宣泄的由头？不得而知。

孙武也为之动容，可是，碍着夫概在面前，尽量矜持，不好动作。

夫概哈哈大笑："哈哈！孙将军，如此可人的'童仆'，你要呢，还是不要？只恐怕将军不要，漪罗也不会跟我回去了。哈哈，漪罗，你哭什么？快去吧，去吧，你，还有你，千万不敢忘了穿针引线的人噢，夫概实在是用心良苦哇！"

孙武由衷地向夫概躬身作揖，拿眼却去睃那漪罗："孙武在此谢谢将军！"

夫概笑吟吟去捉了孙武的手摩挲。

孙武此刻无论怎样难耐，也只好耐着性子，让夫概弄个够。

夫概："将军不要多礼。夫概一向敬重孙将军的兵法韬略，岂能不竭尽全力成人之美？我一向以为，天下知夫概者，孙武；知孙武者，夫概。你我堪称知己。"

孙武琢磨着，不知这话何意。

夫概："只是——漪罗，为何不谢谢夫概呢？"

漪罗："漪罗恐怕辜负了夫概将军的美意。我把师父干将铸成的依剑送给孙武将军，就走的。"

说出一个"走"字，漪罗的眼泪扑簌簌落得更急了。

夫概"哈哈"大笑："走也罢，留也罢，不干我的事了。"说毕，夫概走了出去。

夫差在门外。

夫概："王子驾到，何故在门外徘徊？"

夫差："怕搅扰了人家的美事呵。哦，叔父大人可真是煞费苦心哪。"

"成人之美，有何不好？"

"好。好。"

"王子找孙武有何事？"

"父王命我请孙将军到宫中饮酒，打算赐个美貌女子给孙将军享用，看来是多此一举了。"

是的，多此一举。

孙武一直等到夫概走出了门，才招手："漪罗，过来。"

漪罗不动。

漪罗可不是随便供人驱使的。

孙武知道这个，知道在漪罗面前他不再是什么百战百胜的“将军”，只有主动些，走过去。

刚刚贴近漪罗，青铜的剑鞘横过来，塞到了孙武的怀里。

无限的娇嗔。

孙武接了那剑，眼睛一亮：“好剑哪！稀世之宝。这便是三百童男童女鼓橐装炭，干将铸就的‘依剑’么？”

“剑上有字，将军不会自己看吗？”

“啊——是，依剑！”

“师父让我带给你，漪罗的使命完成了，告辞了。”

漪罗转了身，假意要走。

孙武拉住漪罗的袖子：“你往哪儿走？漪罗！”

漪罗推开他的手：“不敢妨碍了将军看剑。那剑，可是天下无双，价值千金呐。”

哦，怪他看剑不看人。

孙武笑了：“孙武有眼无珠。”

“小女子可不敢这样说将军。”

“漪罗，谢谢你赠剑给我，我也有一物赠你。”

漪罗诧异地看着孙武，苦笑了一声：“噢，投桃报李么？将军，依剑可是无法以物相抵的。”

“此物非同寻常。”

漪罗赌气背了身。

孙武回身取的是——依琴。他小心翼翼地像捧着一件一碰就碎的珍宝，来在漪罗的背后。

“请笑纳。”

漪罗说声“小女子领受不起”，生气地一转身，琴“嗡”的一声落在了地上，七弦一同喧响。漪罗这才知道是她的依琴。对于漪罗来说，不知不觉间，这张七弦琴已经成为连接她和孙武的弦索了。乍到孙武府中，她用指尖在琴上弹奏《深潭赋》与《梅花引》，诉说情愫；当孙武吴王台上杀死了她姐姐皿妃之后，她扯断了琴弦，以泄愤怨。她离开孙武出走，带着琴；孙武到罗浮山中铸剑处寻她时，她又把这张琴交给孙武，等待的便是这剑胆琴心的相应相合的时刻。将军孙武行军，作战，浴血破楚，挥师入郢，虽然九死一生，却始终带着这张依琴。仅仅看到与将军相依相伴的七弦琴，就可以知道他的心自始至终都惦挂着漪罗，这是足以解释一切误解，同时也可以说明以往的。漪罗的心里立即荡漾起柔情，喃喃地说着“噢，依琴！”便去拾起了依琴，抚摸着琴身，又惊又喜。

“将军一直带在身边？”

“须臾相伴。”

“从未弹起？”

这是一句双关语，孙武自然明白：“心中底事，何须弹动？不弹自响！”

又是一语双关。

漪罗把琴放在几案上，纤纤素手在琴弦上像微风一样拂过，发出淡淡而又清越的声音：“记得将军说过，这张琴颇有来历。”

“是呵，所以，依琴障目，忘了将军。”

这是回报刚刚漪罗怪他见剑忘了人的那“一箭之仇”？

漪罗开心地笑起来：“百战百胜的将军，也会这个？”

孙武轻轻地而又饱含了感情地叫了一声：“少夫人！”

“我的——将军！”

一句回应，漪罗已经扑上去，搂住了孙武的脖子。多情的女子已经没有能力再拿捏，再任性，再冷静了。她的眼睛里又流泪了，嘴上不知喃喃地说些什么胡话，醉话。她化在了孙武的身上，倚在历尽艰辛终于找到的可以依傍的那宽厚有力量的肩膀上。孙武浑身热血沸腾。他如何能想象得到，在这充满了血腥味的紧张、艰苦、危机四伏的战争中，会得到如此的慰藉，如此的温存。他紧紧地拥抱着他的少夫人，似乎害怕一撒手，漪罗就会跑掉。他感觉着女人那热辣辣的脸、手和唇，感觉着从未感觉过的温软。他不敢说什么。说不定说了什么，就会把这种幸福和幸运到极致的感觉吓跑了，冲撞掉了。女人泪如泉涌，这时候，哭个够，才算幸福得够。那微带咸味的泪，蹭了孙武一脸，流到他的脖子里，他觉得要把他的心泡软了，泡化了。他甚至两眼也湿漉漉的了。离别得太久的久违了的漪罗，如今已经真正地成为少夫人了，那丰满成熟的身体的每一处，都在说着一个带着一点儿野味的“爱”字。窗外，血腥杀戮，疯狂抢掠，不时有着的冷铁的搏击，还有楚天的悲风，一切一切都在这里不复存在了。这是唯一可以逃避的另一个世界。还有那兵韬，战略，进攻，撤退，迂回，一切一切与吴国天下，与三军徒卒有关的东西，唯有在这里，在这会儿，他才真正地忘却了，摆脱了。

“漪罗，你是怎么来到夫概帐下的？”

“我不是说过了吗？漪罗来给将军送剑。”

“只怕是连人带剑一同送与孙武吧？”

“将军怎么说，便怎么是。”

“既是人与剑送与我，如何会到了夫概帐下？”

“将军心里只有征战，哪里容得下我？”

“你就直奔夫概将军营帐而去？”

“哪儿？我曾到战场去找过将军，未得一见。后来，我就跑到了夫概将军那里去了。不见将军，我是死不回头的。”

“一路的千辛万苦！”

“辛又如何？苦又如何？有道是苦尽甘来，能随将军左右，漪罗心满意足了。”

“在夫概帐下多少时日？”

漪罗推开了孙武。

刨根问底是何用意？漪罗说：“将军要审问么？审个明白好了。”

“千万不要误会，我不过是随便问问。”

“漪罗由夫概派人呵护，说来已经半月有余。”

“半月之久？那夫概待你可好？”

“好。十分地好。好又怎样？将军也会嫉妒不成？”

是的，夫概待漪罗的确是十分周到。漪罗这样一个姣美的女子到了军中，自然十分惹眼。男性徒卒们早已难耐枯燥，远离妻室，甚至平日连一个异性也见不到，一天又一天，都是在危险的军旅生活和行军作战中度过，这下子见到一个红粉佳人，如同黑夜里看见了亮光。漪罗自然成了三军注目的对象和谈论的话题。便有不轨之徒夜里偷窥漪罗的帐篷，被夫概拿去，喝令斩首，以惩效尤。夫概言道，“有敢对漪罗非礼者，立斩不饶。”之后，又让漪罗与吴王赐的阿婧在一起，每逢大的战争，先行派人安顿好两个女人躲避。夫概劝说漪罗不必急于去见孙武，军务倥偬，孙武难得一顾。夫概料得入郢之日不远，到时再与孙武见面，才是良辰吉日。夫概确实是把漪罗当成联络孙武的一个重要筹码，煞费苦心的。漪罗因与孙武闹气，也想先观察一下行色，才在入郢之后来见孙武。临来之前，夫概设酒款待漪罗，以孙武少夫人之礼，恭恭敬敬事之。阿婧与漪罗恋恋不舍，未免相对垂泪，相约常来常往，永做姐妹。夫概则笑眯眯地说，“日后少夫人与孙将军重归于好，显贵于朝中，万万不敢忘了夫概”，“夫概实在是敬重孙将军和将军的兵法韬略”，“夫概与孙将军携手，还愁吴国社稷不固若金汤？”夫概对漪罗不但是秋毫不犯，而且有恩。可是，孙武一见面便一遍一遍问其根由，无法不把漪罗问得上火。这女子虽然已经长大成熟，历经了磨难，刚烈的性情却并无改变，就没好气地问孙武：

“将军到底要问什么？”

孙武：“漪罗，休要动气！你到这里来，乃是我梦寐以求的。孙武只是不懂，这夫概何故下如此大的功夫？”

孙武便将异人颉乙午前所说的话，一一说与漪罗。漪罗听了，只是发怔。孙武长叹一声道：“你我难得重逢，见了面，何苦又要这些事来搅扰？今日你我约法三章，莫谈国事兵略，只说儿女情长，如此怎样？”

漪罗：“将军你也变了么？”

“哦？此话怎讲？”

“你也会说儿女情长么？”

“我太累了，颇有些疲惫。你想，吴、唐、蔡三军，挥师伐楚。牵着囊瓦兵马到柏举会战，之后又与沈尹戍战于雍澨……”

“你这不是在说战事吧？”

“噢噢，你看我——实在是让魔鬼缠身了。不说了不说了。”

“将军你——”

“今日不许称呼将军，此处没有什么将军。”

“长卿。”

“唔。”

“漪罗一定要你好生休养身心。”

“如此甚好，孙武福分不浅。好久未听你弹琴了，在大乐师公孙尼子门下，琴艺想必大有长进。”

“那是自然。三日不见，当刮目相看。”

“不不，是洗耳恭听。想我孙武，运筹帷幄，决胜千里，充耳所闻，皆是战车辘辘，战马萧萧，雍澨一战三日三夜……”

“又来了。”

“噢，怎么又来了？”

“听漪罗为你奏琴吧。”

“请。”

漪罗开始调整琴弦，孙武凑近了漪罗。漪罗忽而停住了手，吸短了鼻子：

“长卿，你怎么——怎么身上有一种异味？”

孙武也吸了吸鼻子：“是，是啊！伍子胥伍大夫鞭打楚平王尸体，我手上沾了那腐尸的臭味。”

“漪罗帮你洗一洗吧。”

“洗得净么？”

“除非将军解甲归田！”

四

吴国太子终累在破楚入郢战役中，因为胆怯懦弱，不仅没有建立功勋，反而成为阻止吴王决战的五个将军的后台。五个将军被吴王赐死，终累吓得浑身发抖。战后入郢，吴王阖闾没给他好脸儿，他从此失宠，太子的位置岌岌可危，悍野的夫差随时想取而代之。胸口里憋了一口恶气的终累，痛心疾首向父王阖闾请战，要去追杀楚昭王，以便挽回影响，证明他作为太子当之无愧，来日继承王位理所应当。阖闾应允了，终累率领一千徒卒立即向楚昭王逃去的云梦追击，星夜兼程。

十七岁的楚昭王逃亡的情景十分狼狈，随行大夫蒙谷日夜抱着楚国法典，胞妹不停地啼哭，随从也都惶惶悚悚。开始逃亡的方位是向西，打算逃往云梦。可是半夜又遇到了一伙不知何处来的强盗，只听强盗吆五喝六，都操着楚国口音。强盗手里执着戈，抢了些财物，险些把楚昭王刺死。昭王又受了一阵惊吓，认定如果往西逃到楚国的云梦，还不如到别国避难好些，便掉头向东北方向郧邑奔窜。

终累追击楚昭王，到了云梦，扑了个空。

“人不解甲，马不卸鞍，追！不追杀了楚昭王，死不还家！”

这时的终累确是满腔英雄气概。

楚昭王逃到郧邑，郧公怕受连累，立即把昭王护送到随国避难。

终累在郧邑又是竹篮打水一场空。

终累道：“人道是狡兔三窟，不错，楚昭王果然狡诈。终累今日是咬住你楚昭王不放，看你逃到天边去不成？”

终累还是没有气馁。

楚昭王藏匿在随国。

终累追到了随国。

随国君王闻报严阵以待，城上布满了弓弩手，城中军兵整装待战，城头高挂起吊桥。终累率一千徒卒在城头喊话，要随王交出亡国之君楚昭王。城头回话道：随王只准吴太子终累一人进宫说话，要吴军徒卒退回一箭之地。终累不敢只身去闯虎穴，便与徒卒商量好了，待吊桥一放就打马往城里冲。然后假意喊话，依了随王要求。吊桥放下来了，终累的一千徒卒刚要动作，城上忽然放下箭来，徒卒只好后退。

终累硬着头皮，喝退了随行的徒卒，大模大样而又心惊胆战地过了吊桥，只身一人进城去见随王。

城内，避难的楚昭王比终累还要害怕。听说终累追了上来，就泪流满面，央告随王保护。随王虽是小国之君，仰仗背后强盛的秦国，并未慌了心神，先请巫师占卜。连占了三课，都说交出楚昭王是大凶。楚昭王如得了救命稻草，连连作揖，拜请随王担待，并且把兄长子西叫来，用剑在子西胸前划了个十字，蘸着血和随国订立盟约，永结为好，图谋复兴楚国大业。随王有秦国在背后支撑，又有占卜定了心神，再加上盟约誓言鼓气，下了决心保护楚昭王，才召终累来见。

随王宫前放着一只巨鼎，烧着一鼎油，火“噼噼啪啪”跳跃，油鼎里滚滚沸腾，发出“咕噜咕噜”的声音。

随王：“来人可是吴国太子？”

“正是终累，参见随国君王。”

说着，终累回头去看了看那油鼎，仿佛担心沸油会浇到头上。

“太子来到随国有何贵干？”

“未知君王是否听说，吴国三军十五战十五胜，如今已经驻扎郢都，楚国已灭。”

“寡人虽是小国之君，孤陋寡闻，却也听说了吴军烧了楚国粮仓高府，砸毁了楚国九龙之钟。”

“如此甚好。”

“太子此话怎讲？”

“君王既然明了时势，吴、随两国便好合作。”

“不敢说合作二字，相安无事便好。”

“终累实在无意打扰君王。因此只带随从若干，请君王把亡国之君楚昭王交与我带回。”

“太子焉知昭王在此？”

终累呵呵一笑，他眼睛很尖，看见后面帷幕索索抖动，帷幕下边露着一只脚。

“楚昭王可以出来了。”

随王刚要制止，帷幕后走出了一个人，却是楚昭王的兄长子西，他生得与昭王一似活脱，这时候又换了昭王的衣服，即便是楚国宫中侍从，也难辨真伪。

子西：“终累，要我随你同去么？”

终累并未看出此“昭王”非彼“昭王”，忙向随王作揖：“请君王替我把楚昭王小儿拿下！”

随王：“昭王既然到了随国，便是寡人的客人。寡人岂能为后客而擒拿前客？不仁不义之举，寡人不为。请太子鉴谅。”

子西：“终累！不必劳烦随国君王。尔等不是要斩尽杀绝么？来吧！连日来，亡国逃窜，千难万险，死也死过几遭了。”说着，子西扯开袍子，刚刚用剑划过的伤口血淋淋，前胸皆红：“楚国已破，君臣何惧一死？我活着与你同去，终究也不过是一条性命交与阖闾。来来来，别让随国君王为难，也休叫你无功而归。”

“你，你要做什么？”

“你看这鼎中油已烧沸，你我同下油鼎，成全了你，也成全了我，何乐而不为？”

子西一把抓住了终累的手，便向油鼎那儿拉。

终累惊惶失措，“咕嘟咕嘟”冒泡儿的热油扑脸，身上却全是冷汗在爬。他拼力甩开子西的手，子西也不强勉。终累跑到一侧，向随王叫道：

“君王！我是吴国使节！”

随王：“太子既是使节，更叫寡人为难了啊！来人，好生送吴国使者出城。”

侍卫挺戈而来。

那样子像是押送终累。

终累边走边回头骂道：“楚昭王小儿，且让你苟活几日。你这丧家之犬逃得脱今日，逃不脱明日！”

子西哈哈大笑：“孺子终累！你道我是楚昭王么？我乃将军子西！来日复国，看我用你的心肝煮羹，与王兄共尝。”

终累匆匆忙忙出了城。

如何向父王交代？即便大王阖闾饶了他，凶悍的夫差会放过他么？他的名誉会不会从此扫地？群臣怎么看他？这件事情是不是会影响他来日继承王位？他闷闷不乐，一路一言不发。他后悔自讨苦吃，争了这样一个苦差事。他甚至想自戕，自己剁掉一条手臂，或者割下一块肉来，或者切开皮肤，伪造剑伤戈伤什么的，也好让朝中上下肃然起敬，可是他没有这个勇气。

吴王阖闾正在楚王宫里大摆生日寿诞。吴王近日心情极佳。终累像霜打了一样，来了。吴王阖闾把他召到一边问话，似乎早已料到不会有什么好消息。

阖闾：“楚昭王何在？押来见寡人。”

终累：“回禀父王，儿臣未能押来楚昭王。”

阖闾：“那么，把他的人头呈来。”

终累：“这……”

阖闾：“活不见人，死不见尸？”

终累：“是……”

阖闾：“没用的东西，你还回来做什么？”

终累：“父王，请容儿臣禀报。”

夫差早在一旁察言观色，颇有些幸灾乐祸。

终累：“父王，儿臣率领徒卒，追击楚昭王至云梦，又到了郧邑，最后追到随国。随国军兵遵其王命，从城上放箭，上万军兵列阵待战，只准儿臣一人进城。儿臣人等寡不敌众，便只身一人赴汤蹈火，要随国君王交出楚昭王。楚昭王仗恃随国保护，竟敢走出后宫，破口大骂。儿臣立即拔剑，奋勇去刺，一剑刺中昭王胸口，顿时楚昭王血溅殿堂，不知人事，恐已伤及心脏，没有几日阳寿了……”他绘声绘形，一边编造谎言，一边观察着阖闾神色。阖闾：“果真如此？”终累：“儿臣句句是实。”夫差冷笑：“只怕未必。父王，您还记得，昨日刚刚得报，楚昭王依旧是从前的车服仪仗，在云梦召兵募勇，妄图卷土重来。兄长所言伤及心脏之事，恐怕是神话罢？”终累“咕嗵”一声跪下：“父王！”阖闾：“下去！下去！”夫差：“既然兄长让楚昭王血溅殿堂，既然一千徒卒遭随兵狙击，为何无一人受伤？无一人衣上有半点血痕？”阖闾：“别说了！”阖闾拂袖而去。阖闾不愿听兄弟两个吵，也不想立即做出决断，废了终累立夫差为太子，虽然他知道夫差代替终累，只是时间问题。他对夫差的锋芒外露，剽悍蛮野，聪明才智，以及如何急于争夺太子之位，看得明明白白，知子莫如父。也正因为如此，他还要钳制夫差一二。他知道，他的王位，是夫差、终累，还有别的什么“至爱亲眷”窥视的最后日标。

终累带来的坏消息，令吴王阖闾的好心情一扫而尽。他闷闷不乐回到了庆寿的盛诞之中。

饮酒、歌舞、祝寿、欢呼、夸耀吴王雄才大略文治武功。描绘吴军百战百胜所向披靡。柏举、雍澨、败将囊瓦、倒霉鬼沈尹戍，还有楚女细腰。吴戈锋利。如此等等，总有说不尽的洋洋得意的话题，说不尽的光荣梦想，说不尽的苦尽甘来，说不尽的恣意享受楚国山川，楚国酒肉，楚国女人的理由。

孙武："大王，臣有几句不合时宜的话，想说与大王知道。"阖闾心里正不自在："嗯？"

"臣再三思虑，大王胜利之师，击败了楚国囊瓦、沈尹戌之师，攻取了郢都，可是不能说是全胜。"

阖闾："啊？"

"战胜了，攻取了，倘若不修功德，军心散漫，后患无穷，还不如及早退兵。"

阖闾："孙将军这些话，将军兵法上不是有么？寡人知道了。"

"大王！"

"好了好了，郢都军政诸事，自现在起，寡人全都交与王儿夫差处置，说与他吧。"

夫差："谢父王委以重任，夫差定会勉力为之。父王万寿无疆，儿臣敬父王一斛酒。"

夫差受宠，心里十分得意。

孙武一怔，又转头要对夫差说："王子……"

伍子胥拉住孙武衣袖："孙将军你是怎么了？将军不是要实践你的兵韬战略么？郢都虽破，楚昭王尚在，吴国常胜之师岂能半途而废功亏一篑？来来来，为孙将军来日生擒楚昭王再建奇功，痛饮三斛！"

众人举酒。

孙武未动。

阖闾瞥了孙武一眼，拂袖而去。

宴席不欢而散。

天阴沉下来了。

孙武踽踽独行，回"将军府"去。腊月的风，刀子一样割脸。街上到处是残垣断壁。东一处，西一处，零零散散的灯光，像鬼火跳跃。几个寻欢作乐的徒卒，带着酒气，趔趔趄趄迎面走过。经过劫掠的郢都一到天擦黑就像一座死城。这时候，天上成群结队的老鸹就肆无忌惮地叫着，盘旋着，寻找着腐尸。快到府中的时候，孙武绊了一跤，回头一看，是一具无名尸体。他恼怒地回身狠狠踢了死尸一脚。

“将军府”里灯烛通明。

孙武走进来，漪罗便像燕儿似的翩翩地飞了过来。这使孙武感到一种从未有过的温馨。漪罗大约是等着孙武回来，等得很焦急了，所以孙武的归来，给她带来了抑制不住的惊喜。她一边叫着“啊，将军回来了”，一边跑来帮孙武宽衣。

她拿起孙武的袍子，放在鼻子上嗅了嗅。

这个下意识的动作，却一下子触动了孙武的内心。漪罗带给孙武的那几缕温馨，转瞬即逝。孙武的内心到底是十分沉重。他对着枝形灯站了许久，两眼里闪动着火苗。他在沉思，到底是谁半途而废？到底是哪个功亏一篑，是他孙长卿呢，还是阖闾夫差伍子胥？他明明白白地意识到，他的谏议，在吴国军队开入郢都那一刻就失重了。他也知道，时过境迁，大王以及夫差伍子胥们想的和他完全不同，而这包括大王在内的显要，力量实在是太大了。人们都只想着恣意享乐，三军一片散沙，不是他援袍击鼓能够聚拢的。

漪罗端来了茶，小心翼翼地观察着孙武的神色。

“将军，请用茶。”

他无心用茶，只拂了拂袖子，不料碰翻了茶盅。

孙武头也没回。

漪罗一动不动地侍立。

半晌，无声。

孙武终于感觉到了什么，转回身来，看见碰翻的茶盅，还躺在青铜盘子里。

“哦，是我不小心碰翻了茶盅么？”

“不，是茶盅不小心碰了将军。”漪罗乖巧，这样一说，叫孙武宽慰了不少，笑了。

“你——呀！实在乖巧。”

“真怕将军发火。”

“我心里早已经发誓不对你无端发怒了。”

“谢谢——长卿！”

漪罗的眼睛又打着水闪。

“是不是烫了手？”

“就是烫了手，又有何妨？我给你换一盅茶去，茶是君山的名茶呢。”

“我实在无心品茶。”

“为什么？”

“我心里烦闷得很。”

“既然烦闷，就去沐浴吧。兰汤已经备好了。沐浴一番，会消解疲劳和烦闷，再说，那些味道倘若不洗……将军如何安寝？”

说到这儿，漪罗两腮飞红，莞尔一笑，转身去为孙武准备沐浴的热水去了。

是该好生地沐浴，换些带着皂角香味的衣裳。不知是不是心理作用，孙武自己总觉得身上有一种血腥气，而且，那种味道仿佛是深入骨髓了。

他想还是老军常侍候他沐浴更好些，可是，推开老军常的门，见老军常正坐在木桶里洗个乌云滚滚，翻江倒海。这些天，老军常也不知犯了什么魔征，也是没完没了地洗。

洗完了澡，孙武似乎觉得身上真的清爽了许多。洗不掉的，只是心头的郁闷。他尽量挥去郁烦的情绪，他的漪罗，已经躺在帐中等他了。纱帐里，漪罗那张俏丽的脸，轮廓模糊起来，显得又朦胧又神秘，一双眼睛，像夜幕上的星星。当孙武的目光和漪罗的目光相碰的那时候，那星光忽而藏起来了。藏起来，反而显示出不可抵御的诱惑力。

孙武撩开了帐子。

他闭上眼睛小心翼翼地用指尖去感受和感觉漪罗柔滑的玉体，感受和感觉那种销魂蚀魄的温柔和温暖，感受和感觉那玲珑的曲线。漪罗近似无声地呻叫了一声，抱紧了他。他心里立即涌起一阵激情的热潮，浑身痉挛了一下。

漪罗抽了抽鼻子，附在他耳边说：“长卿哦你，洗干净了么？”

一切温和、温柔、温情和温馨的感受全跑掉了。

难道还有那味道么？

血腥味，冷铁味，还是腐尸的味道？

他推开了漪罗，动作有些粗暴。

他披衣起身，在窗前呆呆地立着。漪罗不知道做错了什么，说错了什么，侍奉这古怪的将军，到底应该怎样做？她蜷缩在被里，默默垂泪，理不出头绪。孙武独自一人默默地站了好久，忽然又全身披挂，出了门，走上了郢都城头，去巡视夜哨。

时间大约是午夜了，天很冷。

孙武裹紧了征袍。

身后有人咳嗽，回头一看，是老军常。

“回去！你回去！跟着我做什么？”

他吼道。

老军常呆呆地看着孙武，吓坏了，“噢”了一声，转身蹒蹒跚跚从城头走了下去。

五

郢城似乎转过年来没有春季，忽然就是初夏了，千树万树仿佛在一夜之间举起了新叶，一夜之间就又变成深绿。天地之间的草木之阵，是攻不破的。弹指之间，吴王阖闾率军进入郢城已经是半年有余了。楚国元气已损，无力组织军队征讨，吴楚也就暂时没有大的战争。烧杀抢掠的高峰期已过，按照吴王的政策“以班处宫”，吴大夫占了楚大夫的家宅，徒卒占了楚国百姓的民宅，已经没什么大惊小怪了。三三五五的楚人投毒、暗杀、放冷箭的事情虽时有发生，也成不了大气候。平日在郢都城中见到的楚人，都沉默着，沉默得让吴人摸不着头脑；一到傍晚，郢都常常是一片死寂，那种静寂，也让人总觉得有什么事情将要发生。

孙武除了巡查城中徒卒哨位，大部分时间都沉浸在他的著述之中。他有一个宏伟得一提起来就会让他怦然心动的计划，当年呈给吴王阖闾的十三篇兵法，将依据战争实践，写成八十二篇，并且是图文并茂，另有若干阵图。这将是一部前无古人的战争大典，是战争论，将军论，也是君王安国全军的指南。他在他的竹简之上，构筑着他所理想的国家和军队，倾诉着他越来越觉得应当让君王遵从和恪守的“不战而屈人之兵”的大谋略。每当他进入这样一个境界，他就觉得胸怀间展开了万里图轴，战马嘶鸣，战车奔驰，三军威武之吼，不绝于耳。漪罗总是悄没声地在左右侍奉；研墨，削简，将竹简一策一策地编好，甚至还会指出一些笔误。孙武著述的时候，是严禁老军常走动的。老军常的脚步越来越迟缓拖沓，嘴里也常常喃喃地咕噜个不停，除了扫扫庭院，便洗个无尽无休，好像今生今世是洗不干净了。漪罗则隔一段时间，便来瞧瞧，来打杂儿。裙裾窸窸窣窣在房中打个旋，很美丽的。当然，有时候也会把孙武从思绪中拉到现实中来，拉到美人儿的石榴裙下，当他稍事歇息之后，再重新思考他的战略的时候，头脑会变得更灵敏灵活，连文字都会更加顺畅了。

漪罗闷了，偷偷去看望夫概府中的阿婧。

阿婧是漪罗在郢都唯一熟悉并且可以相互倾吐衷曲的女人，从前，阿婧还与漪罗死去的姐姐皿妃很要好。

女人必须找到对象互相倾诉，这是女人生命的需要和营养。可是，漪罗每次去找阿婧都避开孙武，孙武对夫概存有戒心。

一日，漪罗又来找阿婧。

从后院角门进去，一向如此。

童仆带着漪罗绕过后园。园中有花树，山石，还有菜畦，种些瓜茄芫荽之类。阿婧在藤萝架下面等待着漪罗。

阿婧那样子很激动，很高兴的。她盼望漪罗来说说话，给她寂寞的生活带来一点儿新鲜的风。

漪罗美丽的脸刚从角门儿闪进来，阿婧就站了起来，要迎上去。

夫概却走来了。

夫概：“阿婧，不在房中，到此做甚？”

“将军没看见藤萝花开了吗？”

阿婧忙向漪罗打手势，打哑谜，她也不愿意两个人在一起的时候，夫概掺和。她早就凭着第六感官，感觉到夫概其实对漪罗未存好心，只是碍着孙武，没有贸然动作罢了。

夫概看见了漪罗，却装作没看见："唔，观赏一番藤萝花树，对你益处匪浅，你会开心些的。"

"阿婧可以一个人观赏么？"

"当然，一个人。呵呵，当然。只要你会对我笑一笑，你很难赏赐给我一个笑靥。"

"阿婧该死。"

糟糕，漪罗走过来了，绕过了山石。

夫概哼了一声装作背了脸。

"夫概将军！"

阿婧提高了声音。

漪罗一惊，一脚踩到了菜畦里，赶紧躲藏。

夫概回过身来："唤我何事？"

"将军还有什么事情吩咐么？"

"我问你何事，你却反而来问我，莫名其妙。没事，我没事，不打扰了。"

夫概走了。他不想吓跑了漪罗。

漪罗这才从山石后走过来。

漪罗："糟糕，鞋子和裙子都弄脏了。"

阿婧："姐姐赔你好不好？"

"你瞧，我们偷偷摸摸的，倒像是做了什么见不得人的事情。"

"你的将军，不愿意与我的将军过分亲密；我的将军又千方百计地想通过你和你的将军联络。你的将军和我的将军一掺和，事情就复杂了么。"

"什么你的将军我的将军？难为你的舌头灵巧得像黄雀儿！阿婧姐姐，说真的，你的将军对你好些了吗？"

阿婧叹了口气，摇摇头，苦笑。

她的身上几乎总是有伤痕的，她是夫概发泄的对象。夫概只让她的前边和脸蛋儿保持着完美，以供赏玩。虐待阿婧，是这位将军的一大乐事。每回行那种事情的时候，夫概都像是临朝登基一样，像是君王处理朝政一样。

阿婧：“你我姐妹在一起说些快活的事情好么？你的那位将军呢？如何？你还记着他在姑苏台杀掉你姐姐的仇么？疙瘩可曾解开？”

“我一想到姐姐，恨他就恨得咬碎了牙齿。可是……他也是万不得已的。他可不是那么凶神恶煞，只是有时候有些古怪。哦，他有时候完完全全像个娃娃。”

“娃娃？”阿婧咯咯笑起来，“娃娃？那位孙将军？”

“倘若永远没有战争该多好呢？我真想劝他解甲归田，回到罗浮山去。”

“是呵，带上你的‘娃娃’。”

“……”

“只怕我熬不到你们归隐罗浮山那天了，我还能回到姑苏么？漪罗，我总是提心吊胆的。我怕，我怕我不是让夫概将军折磨到死，也会被大王处死的。死，只是早晚的事情。”

“何出此言？”

“我有预感，早晚夫概和大王，他们兄弟会火并的，早早晚晚……啊，你看我说了什么胡话啊！”

漪罗心一沉，半晌无言。

“好了，漪罗。人活在世，如露水一般，能有几时亮泽？到头来还不是……姐妹难得一会，来，你我投壶饮酒，及时行乐。来吧，来。”

阿婧拉了漪罗，到房中去游戏。

大约阿婧一个人闷了，常常独自投壶消磨时光。那青铜的大肚喇叭口儿壶便放在她的卧室，壶里和地上，胡乱丢着柘木做成的矢，矢最长的三尺六寸，中长二尺八寸，最短是二尺。

阿婧装模作样地作揖说：“阿婧有这杆不直的矢，口儿不正的壶，承蒙君子不嫌弃，愿以博君子一乐。”

漪罗：“这是做什么？”

“男人们投壶玩耍，开头都是这样说白。”

“我该怎样答对？”

“你就说：‘阁下一番盛情美意，待之以美酒佳肴，怎么可以不从命呢？’”

漪罗咯咯地笑：“噢阁下，盛情，待之以美酒佳肴……不行不行，酒在哪儿？佳肴何在？”

阿婧：“美酒自然有，而且是古越龙山。佳肴么，姐姐给你准备了上好的蜜饯李子，来吧，谁输了谁饮酒。”

“不，赢了饮酒。”

“当然是输了才罚酒。”

“我不干了！”

“好，好。依你，依你，行了吧？”

漪罗撒娇，阿婧哄着。两个女人各取了四支矢，一赌输赢。漪罗每投一矢，总是先自默默祝祷一番，祝祷了将军孙武一帆风顺，又祷告上苍保佑将军身体康健，再祷祝，还是为孙武，但愿漪罗能长侍左右，白头偕老……漪罗聪慧灵巧，连投四支木矢，全部都投入壶中。于是，便把笑声撒满了幔帐，抢着去食蜜饯，去饮酒，一盏复一盏，惊得阿婧目瞪口呆：

“漪罗你，有偌大酒量？”

“当然，漪罗跟着乐师公孙尼子，公孙尼子大师饮酒如长鲸吸水；后来又随铸剑大师干将冶炼在罗浮山，鼓橐装炭，火烤前胸，风拂后背，全靠些酒劲。强将手下无弱兵。”

说是说，漪罗连饮四盏，到底有些星眼蒙眬，神欢体轻了。

阿婧在投壶之前，也祝祷。她暗暗祷告老天神佑，让她能有朝一日逃出夫概掌心，或者让那夫概得箭疮暴死……一番祷告之后，投壶便不再是投壶，而是求兆占卜了。她有些紧张，觉得手中的矢千钧重量，命运攸关。横下心来孤注一掷，不中，又投一矢，又不中，四支矢全都没有遂愿投入壶中。

也许这真是天意？也许真是不能奢望什么了？她呆呆地看着青铜的壶，近似无声地叹了口气。忽然自己去取了一盏酒，一饮而尽，接着，又为自己斟酒。漪罗忙去抢了酒器：“阿婧姐姐，你这是做什么？”

“我高兴……”

嘴里说高兴，眼里却泪如泉涌。

夫概看看两个女人玩耍了约有一个时辰了。夫概情绪正好，便走过来了。

阿婧忙咽泪装欢。

漪罗：“我告辞了，”说着要走，不料，酒上了头，身体飘起来，险些跌倒。

夫概要来搀扶，伸出了手，又缩了回去。为了笼络孙武，他对漪罗从来不敢造次，便叫道：“来人，搀孙将军少夫人坐下，拿螺蚌葱豉醒酒汤来！”回头又对漪罗打了个拱：“少夫人该醒醒酒再回去不迟。再说，夫概一向不敢得罪少夫人，为何见我如被蜂螫，夫概真是那么可怕么？”

漪罗脚下发飘，心里却十分清楚，说：“漪罗与阿婧姐妹在一起玩耍，小儿之戏，不愿打扰将军。”

阿婧：“漪罗，跟我到里面歇息，待消了酒力再回府中去。”

“且慢！”夫概厉声道，立即又笑眯眯：“少夫人不是喜欢投壶么？夫概愿博少夫人一笑，投壶之戏，不可这样简陋的，来人呀，乐工侍候。”

夫概命乐工排好，奏乐曲《狸首》。先是序曲，接着是鼓声和鸣。夫概抓了一把木矢，恭恭敬敬递与漪罗。漪罗推托说不胜酒力，头痛。夫概便兀自投壶，三尺六寸的矢，矢矢中的。夫概得意，笑道：

“夫概来日当恭请孙将军与少夫人到府中饮宴，并且施以骑射之礼。我一向敬重孙将军。如今天下，能够让吴国争霸称雄的，并非那些君王、王子，也不是伍员、伯嚭之流，唯有两个人，少夫人可知是哪两个？”

漪罗捧着童仆送来的醒酒汤：“漪罗孤陋寡闻，实在不知道。”

夫概哈哈大笑，又连发两矢，铜壶中的声音响亮：“这两个人如若取吴国天下，不过如壶中投矢一般容易，你道是谁？一个近在眼前，一个在少夫人身边，非孙武与夫概莫属！”

漪罗一惊。

手中的醒酒汤洒了一身。

漪罗：“哦，漪罗真是醉了。”

夫概：“请少夫人说与孙将军：今日得报，秦国已经与楚军合在一起前来征讨，越国也在逼近吴国边境。天将降大任于夫概、孙武，机不可失啊！”

“漪罗从不问帐前之事！”

夫概上前抓住了漪罗的手。

漪罗拼命挣扎，脱了手：“将军休要非礼！漪罗告辞了！”

“夫概送你回府！”

阿婧：“夫概将军，且住吧！漪罗来，乃是来会阿婧的，孙将军不知。此事与夫概将军也毫无干系。”

“备我的车，送漪罗回府。”

漪罗：“不必了。”

夫概：“岂有不送之理？备车！备车！你们还愣着做什么？”

夫概向下人大吼。

漪罗无论怎样推托，也推不掉夫概的这番“盛情”，她几乎是被夫概的童仆架上了马车。夫概并未就此罢休，竟然亲自驾车“恭恭敬敬”送孙武的少夫人漪罗回府去。马车招摇过市，惹得市人伫足瞩目。

孙武也得到了秦国出兵与楚国残军合在一处，来进攻郢都，以及越国乘吴国中空虚，进犯吴国边城的消息。

申包胥到秦国乞求援军的消息和细枝末节，迅速传到了郢都，传遍了楚国。亡国奴楚国人如服了一剂起死还阳的大补汤，吴国占领军上下也没有人不为申包胥的悲壮而动容的。孙武暗暗叹道，伍子胥囿于感情放走了申包胥，自己晚了一步，未能阻止申包胥逃亡，立即要得到报应了。他也叹服申包胥的坚忍和壮烈。那申包胥，日夜奔跑，到了秦国，立即求见秦哀公，以他对于吴、楚、秦之间关系的精辟分析，乞求秦哀公发兵。他说，吴国贪心，如同巨蟒和野狼。破了楚国，吴国就是秦国的邻国了，秦国就是下一个楚国！秦国如能出兵，楚国就是灭了，秦国也可分得利益；楚国倘若复兴，楚国将世世代代尊奉秦国，秦国自然平安。秦哀公一时难以拿定主意，顾虑重重，便请申包胥暂时到馆舍安歇，等到与朝臣商议之后再说。申包胥摇摇头，说，如今我的国君还逃命在荒野草莽之中，君王无处安身，小臣怎么敢到馆舍去安寝？说罢，站在秦国的王廷，痛哭流涕，拒绝进食一粒米，不肯喝一口水，一直到两眼哭出了血，人也奄奄一息，依旧呜咽不住，哭了七日七夜！

秦国君臣百姓，都在关注着每时每刻绝食痛哭的申包胥，消息像风一样从秦国传到楚国，楚人也在担心地夜夜为申包胥祷告上苍保佑。民间都在传着，申大夫哭了两天了，三天了，四天了……秦哀公感慨万分，十分敬重申包胥，痛下决心出兵伐吴，并且当着申包胥的面赋了一首《无衣》诗以明心志：

“岂曰无衣？与子同袍。王于兴师，修我戈矛，于子同仇！”

申包胥听罢，“噗通”一声跪倒，一连给秦哀公叩了九个头，磕得满头是血，晕倒在血泊之中……

秦国派将领子蒲子虎，出动了五百辆兵车四万军卒，与楚将子西会合楚国将领，收拾残部；楚国百姓，纷纷拿起武器，投军复国。到处在说着申包胥七日七夜哭秦廷的悲壮故事，到处都在说着秦哀公那首《无衣》诗；不要说没有衣裳，秦国的君王与楚人同披一件袍子，与楚国同仇敌忾！

“岂曰无衣？与子同袍。王于兴师，修我戈矛，于子同仇！”

这首诗也到了孙武手上。

他思索着如何破秦楚联军之计。

夫概送漪罗回来了。

孙武一怔，可是，到底不能失礼，便先与夫概互相寒暄一番，请夫概坐下。

漪罗却像避猫的老鼠一样，要溜回房中。

“漪罗，”孙武道，“适才你到哪里去了？”

“我——去找阿婧姐姐说话。”

孙武“啊”了一声。

夫概笑眯眯，去捉孙武的手，没捉到：“孙将军，长卿！自你从齐国到吴国以来，无论将军赋闲待诏，还是拜将军印之后；无论是恬淡的时候，还是柏举、雍澨血战，你我都堪称知己。而今，少夫人漪罗又与阿婧亲密无间，称为知己。实在是幸事。”

漪罗：“将军叙谈吧，我煮茶去了。”

孙武“唔”地答应着，心里老大不高兴。漪罗背着他，到夫概府中去“说话”，令他气愤。他对夫概的图谋早有预感，对夫概过分亲密的表示早就疑惑。可是，心中虽然生气，脸却并未挂上去。他目送漪罗走掉。

夫概：“孙将军以为如何？”

孙武：“你指的是——”

夫概：“我是说，自从夫概有幸结识孙将军以来，夫概便将孙将军引为知己，堪称莫逆，不知是不是高攀了？”

孙武：“哪里哪里。承蒙夫概将军不弃，承蒙抬爱。”

夫概笑模笑样，“怎么可以说是抬爱呢？将军兵法，乃是万世兵家盛典，夫概佩服得五体投地。”

“夫概将军今日来此有何贵干？”

夫概凑近前，没去抚摸，眼睛定定地“咬”紧了孙武不放：“夫概愿与孙将军共图大业，不知足下意下如何？”

孙武一惊：“你是想……”

夫概要让那句取而代之的话，从孙武嘴里套出来：“我想什么？说说看。”

“我如何知道？”

“孙将军怎么会不知道？”

“我实在是愚钝。”

“长卿倘若愚钝，天下便没有聪慧的人了。”

“如此说来，我已看穿了你的心思？”

“知我夫概者，莫若长卿先生，此话看来没错。你对如今天下时势看得怕是最清楚的了。如今，秦国派战车五百辆，徒卒四万，与楚军合在一处，前有秦兵征讨；后有越国数万大军，乘我国内空虚，紧逼边邑。天赐良机于你我，天降大任于你我，怎能有负于苍天？”

“唔，夫概将军的意思是，你我同心协力击溃秦楚之军，再为大王建立功勋。”孙武故意绕弯子，想“逼”得夫概说出那句话来。

夫概激动了，突然去抓了孙武的手，手心全是粘粘渍渍的汗：“不止于此，我的意思是机不可失！天不可负！”

他还是不肯说出一个“反”字来。

孙武扔了夫概的手，冷笑道：“孙武总算明白了！”

“啊，此乃吴国之幸！”

孙武缓缓道：“孙武前日在园中散漫，见一情景，愿说与夫概将军借鉴。”

“说与我听。”

“我看见那最高最高的树枝儿上，有一只蝉喝着露水，得意地吟唱。蝉哪里知道，身后有一只饿得发慌的螳螂，马上就要吃掉它，螳螂只知道要吃掉美味的蝉，却不知道，它的后面，又有一只黄雀伸直了脖子，要拿它螳螂下饭。黄雀得意洋洋，正在做着吞食螳螂的美梦，它更是万万不曾料到，树荫下又有弹丸正在瞄准射击它。这便叫作——螳螂扑蝉，黄雀在后。”

“噢，黄雀在后。黄雀到底在哪一个后面？”

“当然在扑食蝉的螳螂身后。”

“这就是说，黄雀在后，有利可获，是在冒险？”

“恐怕是在眨眼之间，黄雀不是成了笼中之物，便是毛血横飞！”

“这黄雀得到孙将军点拨，情形一定是大不一样了。”

“是啊。依孙武之见，黄雀还是不要贸然扑食什么螳螂，必得知道世间的事情有可为与不可为。”

“啊不，我指的是那黄雀如果得到孙将军鼎力相助……”

孙武定定地看着夫概：“孙武必得知道这只黄雀是哪一个，是否值得相助。”

夫概依旧不死心，道：“倘若是夫概请孙先生合作……”

孙武望夫概良久，说：“我孙武既然得到大王知遇，岂会跟在黄雀身后啄食甲虫？鸿鹄之志，在于吴国富国强兵。假如来日孙武饮血战地，发丧的时候，世人可以明察，戈伤剑伤只能在胸前，就是用火焚烧我的尸骨，灰里捡出的，也只能是敌人的箭头！”

夫概听了这番话，知道无法说动孙武。

他的心沉下来。

万幸，到底没有道出一个“反”字来。

聪明的夫概，突然哈哈大笑：“说得好！说得好！孙将军一片丹心，忠心耿耿，是我等的福，王兄的福，也是吴国社稷之福！有将军这番话，夫概就是做了沙场之鬼，也不必为吴国担忧了！孙将军，你没听见吴国朝野都说你我是一根线上的蚂蚱，是捆在一架战车上么？看来夫概拿孙将军当作知心知己，没有看错，哈哈哈哈……”

夫概笑得响亮，笑声听上去却阴森森的。

话锋这么一转，反而成了夫概试探孙武是否对吴王阖闾存有二心了。言谈话语之中，还藏着另一层意思：不论你孙武愿意与否，不论你孙武承认与否，他夫概和孙武已经是上了一条船了，一荣俱荣，一辱俱辱，孙武很难摆脱这个既定事实了。这是令孙武十分恼火，又十分无奈的，因为夫概并没有任何把柄落入孙武的手里，也没有什么口实让孙武抓住。

夫概又道：“孙将军一定知道如今从秦国传来的那首《无衣》诗了，诗中写道，‘岂曰无衣，与子同袍……修我戈矛，于子同仇！’”

孙武：“这是秦哀公决心与楚残军联合攻打吴国时所作，敢问夫概将军，莫非也打算颠覆吴国社稷取而代之吗？”

夫概正色道：“孙将军，这话不可乱说，除非将军有这个想头。”

孙武“哼”了一声。

无言。

沉默。

漪罗送茶来了。孙武端起一盏茶：“夫概将军请用茶！”

这是——端茶送客。

夫概知趣：“孙将军，告辞了，后会有期。我还会来探望将军，就教兵法。”

孙武：“送客！”

夫概仍然是笑眯眯的，走了。

漪罗战战兢兢，想解释一下今日之事，低声唤：“将军……”

“出去！”

漪罗忍泪，心里委屈，低头往门外走。绊了一跤，险些摔倒。

阖闾驾到。

孙武面对着吴王阖闾坐下的时候，心里一阵茫然。他为夫概之事不知如何是好，他想对吴王说夫概之事，可是，他忽然不知该从何讲起了。难道可以将此禀告吴王，说夫概反骨毕露？或者让吴王警惕其王弟野心勃勃？那么你从何得见？你有什么把柄？吴王阖闾会相信你的禀告你的告诫和你的预言么？倘若相信了，你和夫概是怎么回事？吴王会不会为了肃清夫概亲信而大开杀戒？吴国军队远在楚地，这一场内讧，或者是内耗，会殃及些什么人？会不会对吴军不利？孙武思忖了许久，话到舌边又咽了回去。

阖闾拿眼看着孙武，又瞟了瞟前来上茶的漪罗，道：“寡人听说漪罗费尽千辛万苦到了郢都，心中甚为欣慰，将军身边有人侍奉便好。”

孙武：“谢谢大王关怀。”

阖闾：“寡人带了些绸缎，赐予漪罗。”

孙武：“臣下之妾妇怎能有此荣耀？漪罗，还不快快叩谢大王！”

漪罗忙跪下，叩头，谢恩。

孙武：“你下去吧。”

漪罗战战兢兢地走了。

阖闾一直目送漪罗出门，似乎想着什么，又似乎有无限惆怅。

阖闾：“爱卿，怎么？你与那漪罗好像有什么不快活的事情？”

“没有，没有。儿女情长，区区小事，怎敢劳大王关切？”

“寡人但愿将军在楚地活得愉悦。”

孙武终于忍不住，把话头引到正题了：“大王，非是臣下心中有什么不愉悦之事，只是我在想日前所见一事，很有点儿寓意。”

“说来寡人听听。”

“臣看见高树之上，有蝉吟唱。蝉的身后，有一只饿得发慌的螳螂，要吃掉那只蝉。螳螂的后面，又有一只黄雀，欲将螳螂吞下充饥……”

阖闾："唔，螳螂扑蝉，黄雀在后。"

"正是。"

阖闾："爱卿指的是什么？莫非说，寡人便是那只寒蝉么？"

"不敢，臣下怎敢将大王比作寒蝉？"

阖闾定定地看着孙武，似乎孙武的脸上写着什么。

阖闾："什么蝉什么螳螂什么黄雀？什么乱七八糟？孙将军，纵然秦军，越军，楚军，在前，在后，在左，在右，吴国常胜之师所惧者何？将军不必煞费苦心了，寡人志在亡楚，楚昭王不死，寡人是不会退兵的。回宫！"

阖闾拂袖而去。

孙武呆若木鸡，没想到阖闾想也没往夫概那儿去想。

漪罗吓坏了，在门外，出了一身的汗。

吴王阖闾走出孙将军府，忽然站住了，若有所思。少顷，才上了车，扬长而去。

六

秦楚联军已经接近楚国边境。

吴王阖闾紧急召集群臣，寻求对策。

众臣对于强大的秦国出兵援楚，对于越国乘机攻吴的时局突变，莫衷一是。

夫概请战。

“大王，秦军去国远征，水土不服，兵马劳顿，楚将子西收拾的残军，余勇无几。夫概愿率军与秦楚联军一决雌雄。请大王宽心，夫概定会杀得秦楚联军片甲不存，让楚人永世不敢梦想复收郢都。”

阖闾：“倘若失利，又当怎讲？”

“夫概愿以性命担保，如果失利，就做军中雄鬼，死不还家！”

阖闾：“孙将军以为如何？”

孙武道：“依我之见，秦兵虽然兵强将勇声势浩大，可是彼等对吴军战法不明，再加上远途行军，进入楚境，地理不熟。而楚军虽然是残军，可是复国心切，亡国之痛深切，不仅徒卒，百姓也会赌上性命，敢拼一死。我军可发兵列阵，避楚军锐气，击秦军不备。所谓避其锐气，击其惰归，则定胜无疑。”

夫概：“孙将军所言极是。请大王即刻下令，让孙将军与夫概一同率军迎战，万无一失。”

孙武不知夫概又把他扯在一起，是何用意？可是，他既不能临阵推托，也没有足够的证据把夫概的图谋立即戳破。

阖闾问夫差：“王儿以为如何？寡人已把郢都守备大任交付于你，你不可辜负了寡人良苦用心。”

夫差：“依夫概将军对时势鞭辟入里的分析和夫概将军的智慧，儿臣以为，夫概将军一部便足以破敌。”

阖闾沉吟。

夫差想的不仅仅是如何击败秦楚军队，对他来说，心腹之患，一个太子终累，一是王叔夫概。终累在追击楚昭王没有结果之后，内心忧郁不安，得了一场大病，至今卧床不起。夫概虽然不是阖闾身后继承人，可是这人狡诈多端，雄心勃勃，常常透露出窥视王位的野心，不是久居于君王之下的人。这一点，不但夫差有所察觉，阖闾早有戒备。在破楚入郢的战事之中，阖闾和夫差都惊讶地发现，夫概所率的军队勇猛顽强，夫概的羽翼一天天丰满。夫差算计，刚好趁此机会，让他去战，估计胜是没有问题的。胜则皆大欢喜，夫概的军队不能不有折损，如果万一战败，准备好后援部队，万无一失，同时也能削一削夫概气焰，何乐而不为？反正是要发兵的，就派夫概好了。

至于孙武是否随夫概前往，他当然注意到夫概与孙武过从颇密，但并不认为两人去率兵打仗会有什么阴险，无可无不可，只看是否对战争胜利有益处了。

夫差说：“夫概将军可率军前往，孙将军嘛——”

阖闾打断夫差的话：“长卿就留在郢都，为寡人图谋彻底扫平楚国大计。”

夫概：“大王如若命孙将军同往，稳操胜券。”

伍子胥："怎么，夫概将军自己对于击破秦楚军队没有把握？刚刚不是说要杀得敌军片甲无存么？"

伍子胥对夫概的骄矜和野心也早有不满。

阖闾："如果夫概将军不能取胜，子胥可代他挂印出征。"

伍子胥："伍子胥愿往！"

孙武："如此甚好。"

夫概几乎被激怒了："大王，夫概不用辅佐，只一人破敌足矣！刚刚已经发誓，我愿重复一遍，此去必胜，倘若有了闪失，夫概做乱军中之雄鬼，死不还家！"

阖闾："好好好，寡人有夫概这样忠勇的兄弟，幸甚乐甚！夫概将军此去定会所向披靡，以一当百！来来来，寡人设宴为你饯行！"

"不必了，夫概即刻点兵出征。"

孙武在他们对话期间，思忖了一番。他最担心的是夫概一人领兵，离开吴王和众臣，不定会干出什么惊天动地的事情来。因为，夫概的"反骨"，他已经看破，于是，突然插话："且慢！大王，夫概将军此去关系重大，如能选一位大将同往，可保万一。"

阖闾眼睛眯起来："孙将军要去？"

孙武："不妨请子胥将军同去。"

夫概："孙将军看不起夫概么？好了，今日我当着大王的面儿，把玉含在嘴里去战，我心可鉴！来日两军阵前，我将砸碎了金锣，只带鼙鼓，我志可明！"

死去的人才在嘴里含玉的。夫概扯了身上的玉佩，塞到了嘴里，表示了视死如归，死不回头，死战到底的决心。两军作战，鸣锣收兵，击鼓前进，夫概说阵前将砸碎了铜锣，只带战鼓，则宣告了他将背水一战，不给自己退路。这时的夫概一扫往日的温良、和悦、谦虚、含蓄、不动声色等等作态，五官挪位，叱咤王廷。

阖闾看上去很激动："将军之勇，不可轻慢。来呀，取寡人的磐郢之剑来。"

侍从呈上天下名剑。

阖闾亲自将剑交到夫概手上："寡人将磐郢宝剑赠与将军，奖掖将军之勇。来日将军凯旋归来，寡人要亲自为将军牵马驾车！”

夫概“咕嗵”一声跪倒，磕了九个头。

“将军即刻点兵出征去吧！”

夫概嘴里含玉，呜噜了一句什么，立起身来，对任何人都没有转一转眼珠儿，腆着肚子，走下殿堂。

他那样子急匆匆的，像是抢夺了一件什么东西，赶紧逃开。

众将散去。

夫差问阖闾：“父王，为何不命孙武和夫概一同去作战？”

阖闾淡淡一笑：“你真是乳臭未干！”

孙武回到府中，时已黄昏。

刚才是一天浮云，到晚忽然聚拢在一起，吞掉了夕阳。天阴得很厉害，灰土土的云低垂着，给人世间只留了一条窄窄的缝隙。孙武的心里闷得发慌，好像也塞满了一团一团的云朵，透不过气。他看什么什么不顺眼，进到房中，关门的时候，用力过猛，门“咣”的一声反弹回去，开了。他再摔门，门又被风给忽悠开了。楚国瘴疠之气弄了他后背背着无数的红疙瘩，只是专门到了这时候才开始痒，痒得又抓挠不到。坐在几案前，无心观阅那些成堆的竹简，以手去推，撞了瓦砚，浓墨溅得几上席上到处都是。他心里焦躁得很，这是他从来没有过的体验。当年在齐国司马穰苴灵前，尽管是危机四伏，他没有焦躁过；初到吴国，被闲置在姑苏馆舍，也没有如现在这样焦烦；在惊心动魄的战争之中，每一次战役开始之前都是很煎熬人的，他也并没有如此心乱。现在是怎么了？到底是什么改变了他？他一向是运筹帷幄，胸有成竹的，现在怎么会有一种说不出道不明的可怕的预感？而且，现在，他所预感到的是对吴国社稷和他自己的命运都至关重要的危机，却又没有办法判断会在何时发生。

是因为吴王阖闾不再听从他的谋略？

是因为阴险的夫概？

夫概狡黠到了极致，他正在企图噬咬着吴国的王廷，让你感觉到了他是吴国的隐患，可是你又说不出来。他处心积虑地要把孙武和他拴在一起，孙武竟没有办法也没有由头事先把自己洗涮干净。所以，孙武在一连串的烦恼中又添了烦恼，他没有办法不让自己焦躁。焦烦源起于他智慧的判断和智慧的无奈，焦烦的根苗是这场无形无影之战比起百万大军迂回作战更难捉摸，更耗人的精力和精血。

“漪罗干什么去了？唤她来见我！”

孙武向老军常嚷道。

漪罗正心神不安地在房中谛听着孙武的动静，这时候，赶紧应声而来。

她知道，自己犯了大错，或者说犯了大忌。她不该背着孙武到夫概府上去的。

可是，阿婧又不是魔鬼，为什么不可以去见呢？夫概想什么，图谋什么，与漪罗有什么关系？

漪罗来了，孙武反而不说话。

漪罗心里打鼓。

漪罗小心得很，走路几乎是没有声音，去擦拭案几上的墨渍。

孙武看到漪罗那样娇柔娇弱，想发火也发不出来。

“天怎么这样闷？要下雨了。”

“是要下雨了，将军。”

孙武没头没脑地说，漪罗没头没脑地应和。

沉默。

总得再找点话说，否则会被闷死。

孙武：“你——懂得未雨绸缪这句话的意思么？”

“记得，《诗经》上的意思是：趁着天空还晴着，趁着雨丝还没下来，快用那桑根缠绕好破旧的窗棂。我说得对吗？将军？”

孙武：“唔。”

又过了一阵，孙武忽然自言自语：“可是你刚刚看到云彩，闻到别人还没闻到的雨的腥味，你说要下暴雨，要打雷，房子要塌了……人们能相信吗，能不骂你疯癫么？”

“将军，不可听风就说雨。”

“胡说！”孙武要发怒了。

漪罗："将军又要发火吗？将军不是发誓再也不对漪罗发火吗？"

"我对我自己发火！"

"发火会伤及肝脾的，将军。"

"唔。"

"……"

"今天这天气，实在是闷得出奇。"

"下了雨就好了。下了雨就会痛快了。"

孙武叹了口气："漪罗呵漪罗，我难道不知道大怒伤肝么，我莫非无端生事，愿意对你发火么？可是你到夫概那里去做些什么？"

"去看阿婧。姐妹间说说话有什么不可以呢，将军？"

"也去看望将军夫概！"

"即便看望了夫概，将军，就犯了罪过么？"

"夫概对你甚好。"

"好。岂止一个好字能够概括？夫概对我有恩。"

"恩重如山！"

"将军你是知道的。当初漪罗与将军相见，便是夫概将军搭桥引线。这一回漪罗与将军重逢，又是夫概的一番苦心……"

"应该说是煞费苦心。"

"是的是的，是煞费苦心。将军说煞费苦心，便是煞费苦心好了。"任性的漪罗叫道。他不知道孙武为什么这样不近人情。

"所以你到这里来，说是找我送剑，却是先自在夫概帐下混迹了半月。"

"将军你说什么？什么叫混迹？"

"我明白了。"

"将军你明白了什么？"

孙武冷笑："螳螂扑蝉，黄雀在后。"

"什么黄雀？"

孙武："唯女子与小人难养也！"

漪罗见孙武真的动气，话越来越离谱，有些发慌："将军你……"

孙武还是呵呵地冷笑："那夫概居心叵测已非一日，他谋反篡位的阴谋也不是一天两天。你，漪罗，你就是夫概的钓饵！”

漪罗大惊失色，跪倒在孙武面前：“将军你可不能这么乱说，小女子实实在在担不起这样的罪过啊！”

孙武嘲讽地：“你休要过谦了。”

漪罗辩白道：“有道是风起于阴阳之界，动于青草的叶尖，行于山野大漠，有风然后才有浪。可是，漪罗不知这风到底从何处吹来，掀起了这样的轩然大波，这杀身之祸从何说起呀——将军！”

孙武：“福是祸的根苗，祸是福的因由！”

漪罗：“我跋山涉水到你这里来，就是为了遭祸么？”

孙武哈哈狂笑，笑得比哭还要难听：“唉唉，我孙武真是把你当成了贴身的绫罗，解忧的草哇，你也像那天上的月亮，忽圆忽缺，捉摸不定么？漪罗啊漪罗，你又懂得诗书，你又知琴韵，你又善解人意，你简直是聪明绝顶，我做梦也想不到，你还颇有些权谋韬晦之术！那夫概一边千方百计把我扯到他反叛的阴谋里去，一边又让你来搞什么‘美人计’！来日夫概谋反之罪大白于天下，我是倾天河之水也洗不清啊！我孙武也算是半世英雄，险些被你一个小妇人弄入陷阱。区区小女子你，你竟敢加害于我！有道是贪图钓饵，早晚吞钩，可是你大概不曾想到，钓鱼不成，钓饵反被鱼食！”

孙武越说越冲动，逻辑推理，越推越远。他本来是想压抑着内心的火气的，可是他到底压抑不住。孙武判断夫概把漪罗要当成“钓饵”是完全正确的，可他进一步说漪罗与夫概沆瀣一气，设陷阱，做成“美人计”，伟大的将军就大错特错了。孙武自己并没有意识到，他在吴国拜将之后，无尽无休的战争生活，在悄悄地、无情地改变着他。战争的节节胜利，使他变得非常自信，自信得有些偏执了。将军身经百战建立功勋，他对于建功立业看得比以往任何时候都重。功勋简直成了他的包袱，他是绝对不肯轻易抛弃和毁掉的。他把自己的命运，自己的功名和吴国的社稷紧密地联系在一起，他敏感而又警觉着一切可能危及吴国的任何人和事。他早年在演兵场上杀了两位王妃，他眼看着勇士要离在江中溺死，说明他的生命中本来就有冷酷的东西，而连年的征战，浴血搏杀，使他那些冷酷的元素，膨胀了。他向来善于临机决断，向来为了自己的既定目标，敢于去历险，敢于去死，还有什么东西，他不敢于抛弃呢？如今又正是他半生中最焦烦的时候，而这无法排遣的焦烦，渊薮之一，便是夫概的阴谋。今日，他的冷酷，他的偏执，乃至他的焦虑和烦躁，全部都使在了漪罗身上。当他推断出“美人计”“陷阱”“钓饵”“加害”的结果的时候，竟然疯狂地去取了挂在墙上的那柄“依剑”。

他抽出了寒光闪闪的剑。

剑发出了“嗡”的一响。

漪罗几乎吓瘫了，惊叫：“将军！你，你，你要杀死我吗？”

孙武的手抖了一下。

那根爱的神经被弹动了，他如何下得了手呢？

漪罗哭了，哭得很委屈，很伤心。她声嘶力竭地吼道：“不劳你的大驾！我……自己能死！”

“当啷”，孙武把剑扔在了地上。

天愈来愈暗了。风贴着地皮在运行，房中可以听到风的呜咽声。雨到底是要下来了，孙武忽然就觉得冷，打了个寒战。

漪罗忍住了如泉水涌流的泪，抽泣着，绝望地爬过去，拾那剑。她张开泪眼，看着自己亲手铸造的依剑，感到一种断肠之痛；难道就这样一剑割断了喉咙，割断了尘缘么？依剑哪，依剑，自己造的剑割断自己的生命，这是为什么？漪罗你真是够凄惨的了，你生于乱世，你颠沛流离，你还没有好好地活过呢！你是怎样就把你的爱托付给了这个冷酷的人？你究竟是为什么要给他铸剑又要到战场来找他？你难道不知道他曾经毫不怜惜地砍掉了你姐姐的头颅么？她想着，想得心痛，她思忖，长剑一横，就再也不会有所思，有所爱，有所恋了吧？可人死了之后，魂魄依托什么？孤魂能找到姐姐么？能回到故乡去么？她摇了摇头，两眼茫然，透过泪水，看了看孙武。孙武背对着墙。雨终于下来了，铜钱大的雨点敲打摇撼着窗棂，风雨声裹挟着电闪和雷鸣扫荡着世界。每一种声音，都让漪罗打抖。孙武大约是心火降不下来，索性又去推开了窗子，站到窗前去任风雨斜扫。漪罗哽咽着喃喃自语，雨下得好，真好，下他七七四十九天吧，洗净漪罗身上的血，让干干净净的漪罗，干干净净地去吧……

可是，死也要死个明白。

“孙武！”

她嘶吼。

孙武的身体抖了一下，没回头。

“孙武，你听着。漪罗死要死个明白。你糊涂了？你疯癫了？你说明白我再去死不迟，你从何得知我策划谋反？你从何得见我是夫概同谋？你太看重我了，将军！”她又泣不成声了。

“鸟……之将死，其鸣也哀，人之将死，其言也善。你是将军，你以杀人为业。你曾经用我姐姐皿妃的头颅，来证实你的称职；你又要用我的鲜血证实你的清白，就因为这个，你永生永世不会清白！谁来证实我和我的姐姐是无辜的呢？漪罗铸此依剑，是叫将军到两军阵前去斩杀强敌的啊，战场是非常之境，杀人流血你可以不皱眉头，可这里是你的馆舍啊！你真要让这依剑上沾满漪罗的血吗？将军啊……”

雨哗哗地下着。

满世界都跑着腥气。

漪罗哭一阵，说一阵。不倾诉尽心中的愤怨她是不会去死的。

“将军！”

“别说了！”

孙武这才转回身来。

漪罗：“你听着，漪罗今天冤死之后，就去找姐姐，我和姐姐要天天回来，屈死的鬼要纠缠你的灵魂，叫你从今以后永永远远时时处处不得安宁！”

姐姐？漪罗和她的姐姐？……

孙武又打了一个寒战。雨，还有风，扑向了灯苗，灯苗闪闪烁烁地挣扎着，帷幕飞起来，哗哗啦啦响。孙武莫名其妙地看到了一个漪罗，还有一个漪罗，不，也许是一个皿妃，还有一个也是皿妃，白的裙裾，失血的白脸，飘飘悠悠而来。孙武的心里，让漪罗搅得乱糟糟的。他几乎不敢去看漪罗，不敢去看那剑了。

漪罗不再说话，擦干了泪，还整了整鬓发，默默地拾起剑来。

“将军，还是你来动手吧！”

孙武的心在打颤。

“来呀！很简单的。”

“……”

“你不来，我就自己来。”

漪罗忽然把剑一横。

孙武猛地扑了过来，夺了剑，把剑远远地掷到了墙角。这几乎是一个下意识的动作，在这一刹那，关于社稷，关于夫概，关于谋反，关于什么“美人计”，都失去了驱动力，而那复杂的、一时还理不出头绪的、说不清楚的、内心的感情的潜流，终于冲破了理性的硬壳，占了上风。他的跃起的动作是不顾一切的，乃至于青铜依剑割破了手指，他都不在乎，也没有觉察到。

漪罗昏昏沉沉倒在他的怀里。

他紧紧抱着漪罗，一动也不敢动，似乎害怕一动一撒手，这人就没了。

灯被袭来的冷风吹灭了。

房间里黑极了，黑极了。孙武感觉到漪罗忽然抱紧了他，漪罗哭着悄声说：“将军，漪罗活着是你的人，死了是你的鬼，你还不信么？”

他不知道说什么好。

他喟然一声长叹。

他说：“漪罗，备了车马送你到夫人那里去好吗？这里，郢城，不是你待的地方……”

七

夫概惨败。

他的军队怎么会溃不成军？出乎他的意料。他没想到强大的秦国军队竟然没有出战，只是在后面“隔岸观火”，只作为后援。也没想到楚国将军子西纠集起来的残部竟然是一支敢死队。楚国军队哪里是什么军队呵？成群搭伙的楚国百姓，拥入楚军行伍之中，队不成队，列不成列，只知道拿起武器来拼命，拼一个够本，拼两个赚一个。楚将子西率领着一支军队在正前方与夫概相遇，这支红了眼的部队够对付的，可是夫概更没想到左边，右边，还有后方，神出鬼没地冲来了不怕死、不怕戈钺的老百姓。夫概的队伍被冲得乱七八糟。在楚城稷邑，夫概败了；退守沂地，又败了。楚国士卒一是复国之心急切，又有百姓相助，个个骁勇；二是仗恃着背后秦国军队势力大，有恃无恐。倘若夫概依了孙武的谋略，避开楚军锐气，先去击溃秦军，战争的结局也许不会这样惨。

究其实，夫概在此一战役中的心思不尽在这一战役中，他想的完全是另一回事，想的是及时抓住时机谋求君王的王位，这是他数年来朝思暮想的最终人生目标。他在出征之前，曾经用自己的性命做赌注，赌这一战的输赢，更主要的是赌来了单独率兵的兵权。现在既然已经战败，恐怕回去见吴王阖闾只能是凶多吉少。一不做二不休，他决定立即挥兵东进，回到吴国去。他思谋着，秦楚之兵不会善罢甘休，定会进军郢城，钳制住阖闾，阖闾一时回不了姑苏，也顾不上姑苏，吴国都城姑苏正是空虚，君王之位正在虚席以待！想到这儿，夫概激动得手心出汗。他想他虽是打了败仗，可是塞翁失马，安知非福？败于秦楚，恐怕正是神的某种昭示，神在召唤他当机立断，取而代之。

遗憾的是未能拉孙武来入伙。

还有一个小小的遗憾，是他的美人阿婧。临行时，大王阖闾说，“夫概将军不必带上美人去征战，一是请将军一心一意率兵打仗，二是免去美人劳顿。”其实阖闾的用意并非如此，那王兄是把阿婧留下当成人质的。留下便留下，也没什么了不得的。不料，在夫概率兵出征的前一天夜里，这阿婧竟然沐浴之后，悄悄穿戴一身缟素，到外面用三尺白绫套在战车车辕上，盘着腿，自尽而死！死就死罢，偏偏选这样一个死法，偏偏要在他领兵出发之前死掉，夫概嘘唏之余，又是大惑不解，又是恨这女人带给他晦气。夫概无暇顾及这些儿女情长，吩咐人把阿婧草草埋到郢城郊外，吩咐葬时让阿婧的头向着姑苏，心想也算对得起这女人了。

阿婧到底没有做王妃的福分，他想。

夫概的心中，没有在这些憾事上纠缠，他焦急地召集亲信，部署一番，又对部卒，煽动一番：

“夫概之为败军之将，因由是大王不肯分兵给我。孤军远征，败是意料之中的事情。奈何在临行之前，大王已命我以头颅作为赌注，回去再见大王，夫概恐怕是头颅不在了。夫概头既不存，帐下诸位命也难保。大王空国远征郢都，从去年三月至今，整整十八个月了。大王流连郢城，哪顾得徒卒死活？跟随大王，谁知还要经受多少时日的征战之苦？谁知道会战死暴尸在楚国哪一片土地上？与其回到大王帐前死，或跟随大王继续征战死，不如活着回到姑苏去见白发爹娘和娇妻弱子！回家吧！回家吧！这是天意！跟随夫概杀回姑苏者生，不肯顺遂天意者立即斩首！狐疑不前者，私下议论者，刖足！率先进城者，重金封赏！”

部卒哪个敢擅自离开夫概？夫概的亲信早已在四周拉满了弓弩。人们谁不想回到姑苏去见亲人？疲惫的甲徒早已厌倦了战争。夫概一番煽动，下面部署好的亲信开始应诺，片刻的静默之后，接着是一片呼吼，简直是群情激昂了。夫概的聪明之处，在于他深深琢磨透了手下徒卒心理。这些来自寻常百姓家的子弟，抛家弃母，已经在战场泡了十八个月，在血里泡了一年半有余了！他们周围的士兵，一个又一个倒下了，再也不能回家了。谁都知道生命其实是很娇弱的东西，很可能在瞬间就死掉的。他们厌倦了无尽无休的战争。与其在战场上冒险而死，还不如冒险回家，也许会生还。而且，这不是单个逃亡者的冒险，这是一次集体的赌博，集体的冒险。尽管夫概有率先回城重金封赏的许诺，可是这并不重要，在这个时候，在十八个月的战场生活之后，在秦楚联军就要冲杀过来的时候，一句“回家吧”，是最实际，也是最具有诱惑力和煽动性的了。

夫概命部下驱动战车，拼命向东，向姑苏方向狂奔。

徒卒拼命跟随着。

向东，向东!

姑苏城没有抵抗。

姑苏大开城门，迎接君王的胞弟，将军夫概“回守”姑苏。

夫概大摇大摆走进了王宫。

夫概大模人样地在“王兄”所有坐过的绣团上坐了一遍，他顺理成章地用君王的服饰装点了自己。

他封赏部下。

他大宴“臣下”。

他终于可以无顾无忌地自称“寡人”了。

他的部僚们，诚惶诚恐诚心诚意地欢呼“大王万岁”。

守城的，忠于阖闾的军卒几乎没有敢动手，就逃之夭夭了。因此，他完全是“和平解决”了姑苏。在一片改朝换代的庆祝之后，王宫复归于森严。他命诸“臣”各干各的事去，他坐在兄长阖闾坐过的绣团之上，一个人，环顾空空荡荡的宫殿。高大的宫殿，在这秋日里，像墓穴一样阴冷。他不敢相信，这一切，“寡人”和“万岁”，都会是真的。他曾经设想过种种获得王位的方式。他想过，如阖闾刺杀王僚那样，在盛大的筵席中间，用匕首贯通阖闾的胸腹；想到过，在乱军之中，从背后引弓发弩射杀阖闾和他的继承人；设想过在大的战役中间，突然兵变，反戈一击，让阖闾死在营帐；也想过，在阖闾巡视城头，要不就是游弋太湖的时候，把这位王兄推下城头摔死，或者掀到太湖去喂鱼……每次想到阖闾的不同死法的时候，他都激情奔涌，不能自已。所有的构想都是惊心动魄的，都有鲜血迸溅。想到这些冒险的时候，有一种雄性的快感，都会使他狂妄一阵，也会突然对阿婧有了强烈的欲望，去享受一番王妃美丽香艳的肉体。可他没料到，种种设想都和现实相距千里，他竟会说是君王就是君王了。仿佛阖闾出让了宫殿，出让了宫中佳丽，出让了王冠，出让了座席，让他迈着方步，无遮无挡地走上了王位。

事情怎么会是这样？

你，夫概，你还是你么？

他咳嗽一声，声音在空落落的宫殿打了个旋，回声嗡嗡的。

是真的。

当然，是。

这样的结果，有点让他心里慌。他觉得摸不着边际，对未来没有什么把握。当然，首先是因为阖闾并没有按照他设想过的种种死法，选择一种去死。阖闾还活着，隐患不仅存在，并且每时每刻可能发作。而最令他不安的是，在他大宴部下、一一封赏的时候，感到没有什么人值得他重用，值得他依靠，值得他封赏。他让各人拿了金银宝器，却让他的上大夫、大将军的位置空着。阖闾是一棵老树，林子里的鸟都在阖闾的枝上栖。有阖闾在，谁会投奔他？阖闾有一个伍子胥治国，有一个孙武治军，又有伯嚭、华登、王子夫差……他可真是孤家寡人了，朝中只有敢于提头效死的匹夫，没有可与谈国事，可与谈兵的。

这才是真正的危机所在。

到哪儿去挖一个孙武来呢？

他叹了口气。

如若想要使鸟儿到他的枝上来栖，他知道，必须早栽树，栽了树，多浇水。

灵机一动，他决意到孙武府上去走一趟，先一步网住孙武的家小。

漪罗刚刚被送回姑苏，安顿下来，夫概就入城称王了。

漪罗听到这个消息，一屁股坐下，出了一身冷汗，半天惊得说不出话来。死去的蔡国将军鉴，出征前曾将三岁的孩子托付孙武收养，做养子，改姓孙，叫孙驰。孙驰今年四岁了，生得活泼可爱，绕在漪罗膝边，连喊了几声庶母，漪罗都没听见。依她的阅历，还难以判断会有什么样的灾祸，未来是什么样子。可她明白事情真的变得很麻烦了。她不知道在孙武面前，是否还能说清楚。她只知道，孙武在阖闾的麾下，夫概与阖闾少不得一场拼杀。孙武是不会改变初衷，改换门庭的，那么，夫概倘若坐稳了王庭，孙氏门中不会有好结果；阖闾倘若卷土重来，孙武会不会把她当成夫概的人处置了呢？也未可知。

她心乱如麻。

可她不敢把这些事情说与帛女，她在处理和帛女的关系上是很小心翼翼的。

帛女在孙武出征后的第七个月生了个儿子，取名为孙星。婴儿还不满一周岁，刚刚牙牙学语。帛女听到夫概立而为王的消息之后，也是一惊，思忖片刻，命家人田狄把少夫人请来说话。

漪罗还在发呆。田狄唤了几声“少夫人”，漪罗才听见，忙应着，到帛女房中商议对策。

帛女：“漪罗，你是在军中待过的，依你之见，长卿和夫概相处得怎样？”

漪罗：“漪罗在军中待的时日甚短。”

帛女：“我不是问你长短。只是问你他二人相处得如何？”

漪罗：“依我看，将军和夫概是生死冤家，死对头。”

其实，在军中，夫概和孙武的关系还没到你死我活、剑拔弩张的地步。在破楚入郢的过程中，夫概还不敢明明白白地言一个“反”字，仅仅是渗透、暗示、试探、拉拢而已，孙武也只是判断，警惕，小心翼翼，敬而远之，言不涉邪，凛然拒之。说他们已经是生死对头，完全是漪罗加进了自己的感觉。

帛女“啊”了一声，说，“我明白了。”

帛女料道夫概与孙武免不了一场厮杀，为此，她想她必须事先有所准备：“漪罗，你立即带上两个孩子出城，先躲到罗浮山去，事不宜迟。田狄，你备车，跟着少夫人上路。”

“我？还带两个孩子？星儿还不满周岁，尚在哺乳，哪里离得了母亲啊？”

“现在还说什么离得了离不了？”

漪罗：“夫人你呢？”

帛女：“我在姑苏等将军回来。”

漪罗：“那么漪罗也等。”

帛女：“休要说傻话。如今夫概篡位，姑苏城必有一战。”

“如此说，漪罗更不能走了，要走一起走。”

帛女淡淡地笑笑说：“漪罗，我知道你的一番用心了，在我心里便是安慰。可是，倘若一起走，目标大，你以为走得脱么？我之所以叫你走，也并非只是为你。你看，驰儿今年才四岁，又是蔡国将军鉴的遗孤，你我都是要舍得自己性命来保护的。星儿还不满周岁，乃是将军的亲骨肉，只要星儿无事，帛女还有什么可以忧虑的呢？我这就把两个小孩子托付于你啊！”

帛女说时，一如平时那么平静泰然。漪罗却担忧会有什么事情发生，心颤颤的，两眼迷茫茫的，都是泪。

帛女说：“或许不会有什么事的。即便有什么事，我也是经过了的，不怕。”

说着，收拾些孩子用的衣物，带些银钱。田狄已然备好了车。帛女便催漪罗抱上一个，领上一个，命她出门去，叫她快走。

“大王驾到——”

一阵喧嚣，夫概来了。

漪罗被堵了门的徒卒拦回到房子里，帛女忙示意下人把孩子带到后房去，然后，拉了漪罗一把：“坐下。”

两个女人端坐在席上。

帛女心里存得住事，漪罗如坐针毡，是准备搏斗的样子。

夫概身后拖着仪仗，走了进来。

侍从们见两个女人只是坐着不动，便持戈喝道：“大王驾到，焉敢不跪？”

夫概反而回头白了侍从一眼：“不得无礼！”

夫概看着两个女人根本没有以礼相见的意思，帛女低眉，好像没看见他老大一个大王进来，漪罗却是怒目而视，如同要斗架的蛐蛐儿。

夫概忍气吞声，先施一礼：“啊夫人，少夫人，别来无恙？”

两人都不开口。

“为何不肯开口？”

帛女：“帛女实在不知道如今该如何称呼你。若称你为将军，你已经不再是吴国之将；若随了俗，称你为大王，记得吴国大王不是这般仪容，大王正在楚国郢都屯兵。那么，称你是——哦，直呼其名吧，又有失恭敬。这叫我等如何是好？你叫帛女和漪罗为难了！”

漪罗心想，别看夫人不露声色，说话却是句句含着针，藏着刺。

夫概的脸，一红一白的。

他却一如既往，把脸上弄得笑眯眯的：“寡人一向与长卿相与很深，互相视为知己。长卿离开姑苏十八个月，鞍马劳顿。寡人回到姑苏，第一个就来拜望二位，看望夫人、少夫人。切莫辜负了寡人的一片好心。”

漪罗学着帛女的方式，话里也长出了刺儿：“夫人，他说些什么？漪罗从来不知我家将军的知己中有自称寡人的。”

帛女：“好了，孙将军远在郢城，这里只有我们两个弱女子，你既然已经自称了君王，要怎样便怎样吧。不过，依帛女妇人之见，你自称王者之尊，王袍加身，率先对我等手无寸铁的妇人下手，恐被天下人耻笑的。”

夫概哈哈笑起来：“哪里哪里。依夫人、少夫人看来，寡人是要对二位不敬么？”说着，板起脸来，“倘若寡人打算取你等项上人头，何须亲临府上？只消一个眼色，就办得到的。”

帛女还是很平静：“当然。”

夫概坐下了：“寡人岂肯一人独享天下荣华？一旦得了社稷，立即想到故交，这才来拜望夫人和少夫人。夫人、少夫人千万不要心存芥蒂。哦，少夫人，漪罗，你大概不会也不应当忘记，是谁把你从战场上接到楚国郢都？是谁把你先自安顿在军帐之中，悉心保护，爱怜有加？是谁把你送到孙将军帐下，让你与孙将军破镜重圆？哈哈哈哈，寡人与你漪罗，与孙将军，与孙氏门中不解之缘，早已是路人皆知；寡人和尔等荣辱与共，难道不是么？”

帛女迅疾地看了漪罗一眼。

漪罗的脸通红：“夫概！这只能证实你图谋已久。倘漪罗早知你的图谋，定报与将军，与你不共戴天！”

夫概：“晚了，只怕是晚了！”

这话是什么意思？

帛女知道夫概的阴谋了：他是一定要把孙武拉入反叛的行伍中来，叫孙武有嘴难辩。那么漪罗呢？漪罗和夫概果然是有“缘”么？她不知道。

漪罗一跃而起：“看来只好以死相拼才可证实清白了！”

帛女拉住了漪罗。

帛女知道，她和漪罗拼个一死，是极其容易的事情，四岁的孙驰和不满周岁的孙星怎么保全？

夫概立了起来。

“寡人国事繁忙，不多耽搁。今日寡人前来过府看望，足见寡人求贤若渴，这番心意当为天下人传为美谈。寡人今日就封孙武为大将军，二位夫人也有封赏，并且增派士卒，保护将军府上下安全。”

帛女：“不不，使不得！”

漪罗：“我们受用不起！”

夫概狡黠地笑着，一摆手，便有侍从从外面依次走来，呈上了黄金、绸缎、宝器，摆了小半间屋子。

夫概冷笑着，抖开了一个美玉雕琢而成的九连环，晶莹耀眼，玲珑可爱：

“夫人，这玲珑玉连环，乃是昆山之玉雕琢而成，是蔡国君侯送上的贡品，你看它环环相扣，真是世间奇珍哪！寡人将它送与小公子把玩，寡人之心可鉴！”

夫概昂然而去。

帛女和漪罗瞠目结舌。

如今该怎么办？把那些夫概别有用心的赏赐扔到街上去吗？不行。立即依照原计划逃走吗？也不行。门里门外都是夫概增派的徒卒，一个个荷戈持戟。不用说，她们已经被严加看管，已经被软禁起来了，就是她们想要自杀，想要死给夫概和世人看个明白，也没那么容易了。

漪罗：“姐姐，我们——怎么办哪？”

帛女拂袖而去，不言不语，不答不理。

漪罗随了过去，欲抱起幼儿孙星。

帛女推开了漪罗，抱上孙星到另一间屋去了。

漪罗呆呆地立着。

她想哭。

八

夫概知道阖闾会迅速做出反应，却没有料到会来得这样快。他的屁股还没把君王的绣团坐热，庆祝的宴会上吃下的佳肴还没有消化，防御系统还没有弄妥帖，特别是按照他事先的谋划，派人去越国，请求越国国王允常派军队来呼应，使者尚未归来，急先锋夫差，便已挥军掩杀过来了。事态发展并不如他预料的那样，秦楚联军虽然强大，却不能钳制住阖闾的部队，腿长在阖闾自己身上。对于吴王阖闾来说，姑苏和郢都相比，阖闾是宁肯拱手把郢都让出，也决不肯失掉姑苏的。因此，阖闾的军队无心恋战，军心已散，孙武、伍子胥也无力回天，两军相遇，“轻松”地就败下阵来，正是应了孙武兵法上的那句话“战胜攻取而不修其功，凶，命日弗留。”是的，破楚大获全胜，郢都攻了下来，却烧杀抢掠，不修功德，吴国军队想留也留不下的。孙武又说过，兵贵胜，不贵久，可他们已经弃国征战整整十八个月了，谁不想回家？现在一传开夫概跑回姑苏称王的凶信，徒卒们知道“后方起火”，将军、大夫们知道被掏了老窝，心上全都长了草，思归心切。

政权更替，王位争夺，政局的突变，改变了战争的格局和走向，吴国三军上下，都想着弃楚还吴。阖闾听到夫概谋反篡位的消息，暴跳如雷。他早已看出夫概存有二心，从来都有意地制约着，警惕着这位同胞兄弟的行动，可是没预料到这人会在吴楚大战期间动手。转念一想，夫概到底略逊一筹，如果像他出其不意杀掉吴王僚那样去办理篡位之事，事情说不定会糟成什么样。现在他毕竟还可以亲自调兵遣将讨伐夫概。毫无疑问，他是要亲自杀回姑苏的。他只要出现在吴国，他就是一面不倒的旌旗，就有影响力、号召力和威慑力。谁做先锋呢？当然是夫差。王子夫差早已又气又急，两眼红如渗血。对于夫差来说，终累虽名为太子，已经彻底失祐、失宠、失信，病在军中，阖闾连问也不问。太子终累被废掉，只是时间的问题了。太子终累不堪一击，早已不再是夫差来日继承王位的障碍了。偏偏半路上又杀出一个夫概，夫差哪里容得，一得到消息，就集结了军队向父王请战：

“父王，请即刻发令，王儿回姑苏去，为父王解忧。”

阖闾：“寡人要喝那夫概人肉煮的羹汤啊！”

“三军已集结好了，只等父王下令！”

无须多言，父子同仇敌忾。

大军浩浩荡荡让出了郢都，直奔姑苏。

日夜兼程。

夫差的旌旗和大王阖闾的战车，在姑苏城外隐隐搅动着遮天烟尘的这个下午，伯嚭手下率先潜进城去的徒卒和城中忠于阖闾的士兵，就忙不迭地动手了。城头上兵戈飞舞，白刃闪熠，一片杀声。夫概的士卒没有多少血好流，真正肯为夫概抛头颅洒热血的，为数不多。夫概还没来得及经营起的防御阵线，脆弱得要命。城头上追杀着，城门已经被打开。夫差的战车和大王阖闾的仪仗，唤起了这一方将士极大的杀人热情，又令夫概军卒闻风丧胆。到底是阖闾苦心经营了多年的吴国都城，民心向着阖闾，阖闾和夫差是耀武扬威进城的。夫差的队伍在城中如秋风扫落叶一般扫荡，几处小规模的巷战，夫概的人，死的死，逃的逃。

胆子大的百姓出门来看热闹，传说着，“大王回朝了，”“夫概被腰斩了，”有人说，“眼看姑苏台宿着一群乌鸦，这日早起，忽然集体起飞，撞死在城墙上，城墙上全是毛血。”说得绘声绘形，听得毛骨悚然，相信夫概确实到了气数。也有童谣唱于间巷，唱的是“夫概亡，大王归，月出东南，花开西北”，人们不全懂其中意思，后人才破译出“月”乃是“越”国，数年后，越国勾践自东南来，灭了吴国，又过经年，雄踞西北的秦王嬴政兵起西北，一统天下。当时人们只听懂了大王回朝，夫概大势已去的意思。这也够了，足可称作精神战术了。

不知是什么因素在起作用，夫概听到报告说夫差的军马杀来了，他的第一个反应不是固守姑苏和保卫王宫，而是逃亡。他先自委顿下来，先输掉了一半儿气势。他的勃勃雄心、骄矜、狂妄、韬略和聪明，一忽儿全没了。好像他多年的计划，仅仅为的是过一把君王的瘾。他迅速披挂甲胄，命令王宫卫队：“跟寡人杀出一条血路，冲出城去！”他穿了甲胄，又把君王的冠服，那些行头装在个包袱里背着，才去执剑。执了剑，欲行又止，喊了声“留得山在，岂患无柴？”算是给自己打气，但不知是说留得吴王宫在，还是留得自己的命在。他叹了口气，用无限苍凉、无限怅惘的目光，环视了一下他还没有完全熟悉的高大的王宫，这是一场梦啊！他暗暗地对自己说。

外面的喧嚣声，像风一样传来，立即放大了。夫概刚刚跑到后宫门，就与夫差碰上了。

短暂的对峙。

叔侄的目光在搏杀。

夫差冷笑道：“几日不见，刮目相看。尔竟敢趁我父王远在郢城作战，跑到宫里来想尝一尝做君王的滋味。请问阁下，那时候你知你的死期到了么？”

“寡人乃顺乎天意，何不取而代之？”

“寡人？哈哈，你也敢称寡人？今日你这寡人的头颅可要用做盛灯油的器皿了。”

伯嚭插话：“王子，不要与他废话。待伯嚭让这乱臣贼子消受一番我的青铜之剑！”

伯嚭虽面如敷粉，生得文静，却剑术超群，骁勇善战，这是朝野闻名的。

“少安勿躁，”夫差似乎觉得一剑就结果了夫概，不最后羞辱一番，实难消心头之恨，“夫概，你谋反篡位，干的是贼的勾当！今日我奉父王之命，要用你的皮肉煮一镬羹汤，把你的骨头，扔给饿狗啃食，把你的心肝，交与乌鸦去美餐。你看，是你自己给自己一点面子，自己结果了自己痛快呢，还是等我活擒了你，叫你一点儿一点儿地消受好呢？”

夫概哈哈大笑：“说什么谋反篡位，说什么贼的勾当，夫差小儿，如此说，你家老子刺杀了兄长王僚，便是贼头了！你对太子终累妒忌生恨，早想除掉，你便是贼子了！”

夫差：“休要啰嗦，看剑！”

夫差手中的剑迅速地奔驰而来，夫概一闪躲过。夫差与夫概，叔侄两边的人开始了拼杀。夫概并不是等闲之辈。他虽然对于阖闾父子这样快就卷土重来没有准备，对于称王之后，如果败了，可能会死，却完全是有思想准备的。作为久经沙场的将领，他并不惧怕死。两剑相搏，求生的欲望使得他的生命发出了最大的能量。他砍杀推挡，与夫差酣战在一处。手上，脸上，划破了，淌着血，他浑然不觉。到底夫差体魄更强壮，剑术也更高。看看夫概且战且逃，力气渐渐支持不住，夫差叱咤追杀，本来是有机会将夫概杀死，结束这场争斗的。可似乎夫差只想像猫逮耗子一样，玩够了，虐待够了，再杀掉夫概。他心中的愤怒，当然不是一剑可消的，唯有生擒了夫概，再一刀一刀地把夫概的肉切碎，解恨的时间越长和操作的过程越复杂，越会给他以快感，得到心理和感官的满足。

夫概被追赶到城墙下，已经走投无路了。

孙武的战车刚好进城。

夫概忽然眼睛一亮。

孙武正待拔剑杀向夫概，夫概自己跑向了车前，一手抓住了辕马的辔头。

马车带着他滑出了三丈多远。马咴嘶鸣，前腿立了起来，如同悬崖。夫概又被吊到半空，可他就是不撒手。

孙武跳下车来。

夫概拼命地吼道：“孙将军！寡人早已封你为大将军！孙武快来救驾啊！”

他在喊什么？什么“大将军”？什么“救驾”？

这一句喊叫，足以把孙武推下万丈深渊，推上断头台的。

他不是喊给孙武听的。那毫无用处，他明白。他是叫给夫差听，给孙武后边的徒卒听，给姑苏城听，给吴国听的。他知道他的卫队已经完了，他的死期就在今日，在走向阴曹地府的黄泉路上，他要拖上无辜的孙武，拖上对吴国乃至天下都举足轻重的将军。

孙武大吃一惊，周围的人众一片哗然。

孙武挺剑来杀：“夫概！你竟敢加害于我！”

已在咫尺的夫差冷笑道：“好哇！来呀，把谋反的夫概和他加封的‘大将军’一同拿下！”

伯嚭和徒卒一拥而上。

筋疲力尽、浑身是伤的夫概，不再反抗，束手被擒。

孙武无奈，如果执剑拒捕，那可真是“反叛”无疑了，只好被徒卒捆了起来。

“推到姑苏台上，让全城的人看着反贼的死法！”

孙武和夫概被推上了姑苏台，一左一右，牢牢捆在两根旗杆上。

九月的太阳，正在西坠。

云起云飞。

姑苏台下人头攒动。

夫差望了望两个“战利品”，志得意满。他大摇大摆来到夫概面前，提着剑，先行戏弄一番：“叔父大人，抬头看看，天有二日么？”

“休要再啰嗦了，我只求速死！”

“没那么容易，我要一点儿一点儿地结果你的狗命。”

夫概变态地狂笑起来：“狗命？哈哈，狗命？狗命！哈哈，倘若我夫概站住了这个台子，你，夫差小儿，马上会变成一条狗，马上会争着向我摇动你的狗尾巴！”

夫差："死到临头，你还嘴硬？看我先要你的狗宝出彩！你可以耐心些，我自会选用最锋利的刀，把你的肉切成一片一片的鱼鳞，叫你慢慢地品尝死亡的腥气！"

夫差一剑向夫概下体刺去，顿时鲜血透甲，夫概大叫一声晕死过去。

这也是给孙武看的。

"孙大将军，未知你如何救驾？"

孙武："什么救驾？我孙武入楚作战整整十八个月，辅佐大王，出生入死，王子视而不见么？"

"你和叛贼夫概亲密无间，我夫差自然是点点滴滴记在心上。孙将军，你的才智谋略怎会用在谋反的勾当之上，夫差十分惋惜，可惜是爱莫能助了。念你破楚有功，我可叫你速死！"

"慢！"

一声吼叫，白发从台下飘来。伍子胥闻讯，不顾一切地要冲上姑苏台："快给孙将军松绑！夫差，你怎敢捆杀大将！"

伯嚭忙去拦阻伍子胥："伍将军，大王有命，士卒从夫概谋反的，把鼻子割掉，受劓刑；官员谋反，当市腰斩，诛灭九族哇！"

夫差走来："还有一句，叫作先斩后奏！"

伍子胥："错杀将军又该当何罪？"

夫概从昏死中醒来，朦朦胧胧听见了他们的对话，便叫道："孙将军！长卿，长卿！活着你是寡人的大将军，死也是知己！夫概三生有幸，死不寂寞！"

夫差问伍子胥："伍将军你可听得明白？"

伍子胥气愤得白发竦立，大骂："夫概你这乱臣贼子，死到临头还敢谋害孙将军？我割了你的舌头！"

伍子胥拔剑，要去砍杀夫概。

夫差与伯嚭挡住。夫差："听他说清了再杀不迟。"

夫概伤痛难忍，依然拼命叫喊："孙将军！你我二十年后再来取这吴国江山！"

孙武听了，连连苦笑，无可奈何，无计可施。

伍子胥气不可遏，要杀夫概，冲又冲不上去，便后退了两步。

夫差、伯嚭见他退后，放松了警惕。

伍子胥闪电一般扬起了剑，向夫概掷去。雪亮的剑穿破了夫概前胸，立即把夫概钉死在旗杆上。

伍子胥："我叫你闭上你的狗嘴！"

这是没有办法的办法。

夫差怒目瞠视伍子胥："你敢灭口？"

伍子胥："岂止是灭口？我是恭请王子别听反贼挑拨，免得错杀了功高盖世的孙武，王子获罪于天下！"

夫差："如此说来，我夫差倒要领教了。行刑官，斧钺侍候。"

"慢！"伍子胥说："你斩杀将军，说他谋反，证据何在？"

夫差："不要以为夫概一死，死无对证。要证据何难？把孙武家小推上来！"

夫差实在是决心要剪除反叛，斩草除根的。这对于吴国，对于他自己，都是命运攸关。夫概称孙武为"大将军"，他并不感到震惊。他早已冷眼观察着夫概和孙武的"往来"。他知道漪罗是夫概两次三番给孙武准备的"佳肴"，仅凭这一点就可判断他们的关系不一般。他进城剿灭夫概，已得知夫概称王之后最先惠顾的是孙武府上，并且厚厚地赏赐了孙武家小。他看到了这一切"蛛丝马迹"。如果孙武不"犯"在此刻，他也会发难，也会从此对孙武存有戒心。当然，这会儿，擒了夫概，也捆了孙武，一石两鸟，在他看来是非常好的结果。他想那孙武如存二心，对于社稷，可将是一块大毒瘤，发作起来，无药可医。他生性骄横，刚愎自用，他自信斩除孙武比斩除夫概更要紧，绝对没错。他对伍子胥半路杀来，怒火中烧，恨不能将其一斧子也剁了完事，只可惜时机不到。他望着夕照中被捆在姑苏台旗杆上的孙武，有一种说不出的胜利的喜悦。这人也会被押上姑苏台么？哦，姑苏台，姑苏台！将近十年前你心爱的眉妃就在这儿身首异处。十年，一百二十个月，三千六百五十天，你受用了多少美艳的女人，可就是忘不掉眉妃。你一辈子唯一不会忘掉的，只有眉妃。想着她那皓齿明眸，夫差的心上黏黏的缠绕着难得有过的柔情。似乎，他又看见披着犀甲的眉妃，那最后的可怜兮兮的样子了，又看见那沾满了尘土的血光淋漓的头颅了。眉妃，眉妃，夫差为你报仇的时辰到了，让你等了十年了啊，十年……终于报应了！

顷刻间，孙武的家小，连同下人，一共十几口子，都被赶到了姑苏台下。

孙武茫然地俯看着姑苏台下。这时，夕阳的芒刺，已经是强弩之末了。西边半天的鳞状云，红得如血。姑苏台下，升腾着一片烟尘，暗红的，脏兮兮、混沌沌的。人们的一张张脸在暗淡的红尘中翻动。孙武眯上眼，努力辨认着人潮涌动处，徒卒们用戈划开的路，辨认着自家的老老小小。帛女抱着吃奶的婴儿，漪罗领着养子，还有田狄，还有老军常，蹒蹒跚跚而来。自从他远征楚国，一别姑苏，这是第一次见到帛女，幼子孙星生下来十一个月了，这是第一次见父亲！真没想到见面竟然是在姑苏台，竟然是在阴阳界，竟然一人被诬陷罹罪，全家难逃一死！十一个月的婴儿何罪？四岁的养子何罪？你有何面目见帛女？

他痛苦地闭上了眼睛……

夫差道："呵呵，孙武，你的家小全都在此，夫差让你们最后诀别，你还有什么话说？"

孙武："孙武自齐国临淄千里来到姑苏，为吴国强盛，十年披肝沥胆，百战沙场之上。虽然孙武可以决胜千里之外，却实在是对乱臣贼子的诬陷和昏庸小人的加害无可奈何！也罢！人总是有可为，有不可为啊。我死也就死了，只是遗憾不能救妻妾幼子于斧钺之下。但请夫人，请伍子胥将军，请天下人明鉴，孙武死也清白！"

孙武泪眼蒙眬。

家小哭成一团。帛女眼角涌着泪，又咽下去了，她跪下了。

漪罗拉着孩子跪下了。

十余口人全跪下了。

帛女说："将军，请受帛女一拜！算是就此拜别。妾以为，效死君侯，勇冠三军，破楚入郢，将军才所以为将军！至于谗言相害，小人诬陷，将军罹难，将军依旧是将军！在我等心里，将军你没有什么不清白的啊。将军，最后再看一眼你的幼子，孙星他，他，再有一个月……就是一周岁了。”

夫差：“说完了吧？”

漪罗泪如雨下：“王子，你今日若斩杀功臣，你要对天下人说个明白！”

夫差：“还用说么？”

伍子胥：“不明不白，便是你嫉贤妒能，公报私仇，愚钝误国。天下贤士名将都会作鸟兽散，离国而去！毁吴国社稷的便是你！你当得起这罪责么？”

夫差：“哦？如此说来，夫差可以让你们明白。孙武与夫概密谋反叛已非一日，漪罗便是他二人的针线。夫概以抵挡秦楚联军为名，逃回姑苏造反，行前就在孙武府中密谋。夫概王冠盖顶，第一件事就是拜会他的‘大将军’妻妾。孙氏府中，夫概‘赏赐’的金银玉帛和吴国国宝，堆积如山。孙武，孙武，你的良心和你的兵法，可卖了一个好价钱哪！”

孙武连连摇头：“欲加之罪，何患无辞？”

夫差狡黠地笑笑：“怎么是我加给你的罪过呢？这里有夫概‘大王’赠给将军的一个信物，请过目。”

玉连环!

夫概强塞给孙夫人的玲珑玉连环，在最后的暮霭中闪现着一片血色。夫差抖动着，玉连环发出“叮叮当当”清脆的声音。姑苏台上下静极了，那玉的声音，在人们的心上敲动，谁都听得见。

阖闾身着微服走来，站在一个角落里，不动声色，几名侍卫悄悄地跟在身后。

阖闾的眉拧着，脸拉得好长，眼睛里似有杀机。

他看着姑苏台上下，注视着人们如何动作。

孙武惊讶地看着玉连环：“夫人，这玉连环……”

漪罗喊起来：“不对！这是夫概硬抛在府中的！夫人没受夫概一片瓦当啊。”

夫差也喊道：“孙将军，你一向聪明过人，不会不明白这玉连环有何意义吧？”

孙武茫然地看着天。

夫差："你看，玉连环，环环相扣，勾搭连环。就是我想把你和夫概解开，也没有这样的本事。"

帛女冷冷地笑笑，站起来："解又何难？"

夫差笑眯眯递过玉连环，说声，"夫差领教了，"玉连环已被帛女夺去。帛女把玉放在了地上，蓦然转身，抽出了身旁徒卒的剑，一剑剁去，玉连环成了数段。帛女扔了剑，捧起一把碎玉，让那碎玉从指缝间一粒粒地溜下去："请王子过目，玉连环已经彻底解开了。可是，谁能硬把这一捧碎玉捏合起来？为什么一定要把互不相干的碎玉摆在一起？帛女早对你的叔父大人说过，孙氏一族，宁肯玉碎，不肯瓦全。"

夫差大怒："那好，我叫你姓孙的九族玉碎！来呀！行刑官，先斩了孙武！"

伍子胥发疯一般跑上姑苏台，张开两臂护住孙武："要斩，可以先斩伍子胥。伍子胥十恶不赦！其一，我与夫概曾经同在帐下议事，同在一席饮酒，同谋破楚大计，夫概还赠过我一匹好马，依王子之律，伍子胥也可以列入谋反之列；其二，孙武既然是反叛，他是我伍子胥举荐的，我也干净不了！来吧！索性来一个淋漓尽致！一斧子剁了完事！"

夫差，伯嚭，徒卒，硬把伍子胥拖开。

孙武摇摇头，说："伍将军，不必为我伤神了。人各有气数，孙武知道落入他们陷阱，非死不可了！孙武拜辞了！"

夫差吼叫："推下去！"

阖闾只是远远观望着，依旧没有任何动作。

夫差看见了阖闾。愣了一下，看看阖闾没有阻止，想大约是默许的意思，气焰更高，"推下去！腰斩了叛臣孙武！"

徒卒跑过来，要把孙武从旗杆上解下来，推上斧砧。

伯嚭尚在近处，小声地叹息一声："唉，孙将军……人难免一死啊！"

孙武说："只是没想到会应了那句话，螳螂扑蝉，黄雀在后！"

他哈哈狂笑，又喃喃自语："果然是黄雀在后哇！"

他感慨万千。

他环视四周，也看见了阖闾，刚想要求大王明断，阖闾扭了头。

他苦笑。

他望了望天，又看了看姑苏台下。

夕阳已经沉到太湖那边了。鳞状云的边沿，还有少许亮片，看上去，一天的云，极像横着躺在天宇的披着甲胄的一具尸体。姑苏台下嗡嗡嘤嘤的，人们在议论什么？地上已经在黄昏的笼罩下，变成了黄褐的一片，分不清人的面目。那些蠕动着的，攒动着的，是谁？是人，还是庸庸碌碌的蚂蚁？

徒卒们在身后搞什么？

哦，为你松绑。

松绑？

再把你放在斧砧之上，裁为两截。

就在这儿，在姑苏台么？姑苏台，世人也称之为吴王台的，为什么在这儿？为什么偏偏要在这个台子上开始并且又结束你的将军生涯？

姑苏台！

这姑苏台，你十年两登临。它可比十年前高多了，伟岸多了。姑苏台筑得离天空如此之近，近得能闻到黑沉沉的云朵的腥气和空荡荡的高天咄咄逼人的寒冷，近得能听见雷电在远处咬牙切齿的声音。十年前你走上这个台子，就把性命吊在了吴国这架战车的轮辐上了。你的心交给了中军大帐，你的魂迷失在苍凉的战场。你想到过种种死法，让你乱箭穿骨死掉、你落马吐血死掉，你刀疮迸裂死掉，你被万马千军踏成肉泥死掉，让你死，在战场上死，死吧！你不会皱一皱眉。将军百战死，是将军的宿命。可是你怎么会如此不清不白地在这儿被腰斩？难道功德过高就会被人当成隐患么？就会遭人妒，遭人恨，遭人裹胁么？王子夫差，还有大王阖闾，他们今天晚上会有一餐盛大的筵席，夜里会有一个好梦，孙武终于被他们置于死地了。孙武呵孙武，你在前面作战，背后奸诈卑鄙的小人，罗织你的罪名不露声色，弓弩拉满了不抛头露面，打击你、中伤你、陷害你、毁灭你，他们早已披挂整齐，可你却赤裸着后背！

孙武万分激愤，心潮翻腾。忽然，他听见了哭声，跪在姑苏台下的抱着不满周岁娃娃的帛女，漪罗，还有四岁的孙驰……都在哭泣。他不忍再看，移目别处。他默默地对娇妻弱子道一声对不起，默默一拜，半生戎马，多有冷落，帛女的音讯不曾一问，漪罗又险些被他折磨死……这一切，只有来生再补了。他看见了不远处的行刑官和刀斧手，在准备着行刑，搬动着黑沉沉的斧钺，不由地打了个寒噤。他忽然对死亡感到了恐惧和无奈。这是从来不曾有过的。现在是怎么了？死了不是什么烦恼、忧伤，疲惫、痛苦都没有了吗？是呵，只消斧钺“咔嚓”一声跳落下来，他就不必再去穿那冰凉的甲胄，不必再去提那沉重的兵器了。可是，可是，那八十二篇兵法谁来续写？

他心里一片痛楚。

他努力想对今日这突然的事变，做最后的评断，死个明白。

可这有什么用处？

也许，让你死在姑苏台，是老天安排的因由和结果？可是，苍天，又是何人擎起的呢？也许，这就是大地见惯的来来去去生生死死，可是，厚土，又是谁人堆成的呢？难道人的生死真像月亮的盈亏、潮汐的涨落一样，循环轮回的吗？可是，月亮缺了又圆，潮水涨了又落，谁见过将军的头颅落地又重新生出来？谁见过啊？大象因为长着象牙，难免被扑杀；渔蚌因为藏有明珠，终究被剖腹，这便是因果？是谁说过，人应该学那长寿的神龟，藏在泥里水里自由自在地逍遥？难道人真的能够在死后羽化成白鹤，远上云头，与天地宇宙合而为一吗？能吗？厚土哇，你的灵性何在，为何江河不怒，山川不惊？苍天哪，你不是有龙的旗、凤的车么，你为什么不接引我而去？即便你接引我而去，高天该是寒冷彻骨吧？孙武，孙武，你撒手人寰，你不会快活的，你那竹简的韦编就会断了无人再续，还著述什么兵法？

你逃避四姓之乱从临淄跑到姑苏。你的叔父司马穰苴死于四姓权柄的争夺和互相倾轧。你也将死于吴国兄弟之乱。你的叔父有司马兵法，你有你的孙子兵法。你的兵法、你的谋略、你的安国全军之策你的初衷实现了么？回首十年，你到底成就了些什么……这时候，孙武的心上倏然掠过了十年的战事，在这斧钺即将举起来的时候，他自己惊讶地“啊”了一声，忽然顿悟了什么。十年，多长的征途！多少回死战！多少鲜血！从眉妃和皿妃美丽的头颅落在这个台子上开始，然后是豫章之战，柏举之战，雍澨之战，入郢之战……将军鉴的头悬在江边。要离的头没在江中。沈尹戍的头在包袱里。老军常两个儿子的头在残冰下面。五个吴国阻止进攻的将军的头绑在一起吊在营帐门口。你不是说，“不战而屈人之兵，善之善者也”么？你不是说，“兵者，国之大事……慎之又慎”么？孙武你不战了吗？孙武你劝说得了君王慎战了吗？你在战争漩涡之中，变了样子！你看见江中淹没要离的头，你看见营帐前悬着五颗吴将的头，你看见旗杆上挑着将军鉴的头，你怎么，你怎么不为之动容呢？你看见无数徒卒的无数的鲜血，把清发水弄得粘得流不动，让雍澨的大地结了紫黑的壳，你怎么就没想到……下一个就是你！现在就是你！你只是这些战争尾声的一个死鬼。这些战争的序幕和尾声都得有死鬼。要离的妻子被杀死，骨灰扬在市街上，是飘浮的死鬼。蔡国将军鉴只剩一个头颅还不闭眼，是思乡的死鬼。那两个美丽的妃子，眉妃和皿妃，婉转死在姑苏台，是……想到这儿，孙武又打了一个激冷，他不敢再想下去了。他喃喃地说，不想了不想了心一横卧在这姑苏台完事。

你也是屈死的鬼！

屈死的鬼啊……

他差点喊出声来。

思绪的马比光的速度还要快，刹那之间孙武的心上百感交集。他苍凉的思绪和感叹是被徒卒用力一推打住的。他遁回到了现实，姑苏台。

徒卒已经把他从旗杆上解下来，要推去行刑了。

大王阖闾这时才举步向姑苏台移动。

人们这才发现了大王。

伍子胥挡住阖闾去路：“大王！救救孙将军。倘若班师回朝之日就不分青红皂白杀功臣，朝中贤人噤若寒蝉，想远走高飞，外面名士不敢来投，吴国的根基非动不可！大王，大王！……”

阖闾没有答话，继续向姑苏台走去。

漪罗看见了大王阖闾，披头散发，拼命跑来，跪倒在阖闾脚前。她没有向阖闾呼救，也没有为孙武辩解，反而说道：“大王！小女子可以证明孙将军早已知道夫概反叛！”

孙武大惊，说不出话来。怎么，这漪罗真个是要雪上加霜，落井下石么？

伍子胥叫道："贱妇，休要胡说，滚开！"

夫差也随之而来："父王，让她说说无妨。"

阖闾站住了，打量漪罗。

伯嚭说："大王，这位小妇人，便是反贼夫概几次三番送到孙武身边的——漪罗。"

阖闾："唔，寡人认得。有什么话，你说吧。"

姑苏台上下一片静寂。

天已昏黑，四周是兵士举起的火把，火光不安地跳跃着。人们没有料到本来生还无望的孙武，又来了一个小妾漪罗证明他与夫概谋反有关，等于在孙武的脖子上又勒一道绞索。

漪罗说："大王！反贼夫概是不敢在孙将军面前说出那个'反'字的。夫概说话躲躲闪闪，投石问路，孙将军看破了夫概的蛇蝎心肠。就因为漪罗到郢都见孙将军之前，曾在夫概帐中与阿婧住在一起，将军一怒险些要了漪罗的命！漪罗年纪尚轻，涉世不深，哪里懂得什么'反'不'反'的？经我百般哭诉，才免一死，把我送回了姑苏，免得夫概借我与阿婧的关系纠缠不清。夫概笼络孙将军不成，到姑苏后又来威胁、利诱夫人和我，夫人如若收受了夫概的金银宝器，何故要陈列在前堂？孙氏一家如若与夫概同谋反叛，孙氏门前屋后为何到处是夫概的士卒困守？为何将我等妇孺老幼全部软禁在府中？孙武将军如若与夫概同谋，又为何不曾里应外合？大王啊，您圣德贤明，您心明眼明，您能看得出将军孙武清如山涧泉水，浩如天上朗月，宁做匣中宝剑折而不弯，不做树上葛藤攀附向上。孙将军虽然判断出夫概用心不良，居心叵测，可那时候夫概尚未动作，大王您还不是照样以兄弟之礼相待？王子夫差还不是以叔侄亲情和将军之礼事之？难道大王、王子还有朝中与夫概共事的大夫将军们，都曾谋反不曾？那时夫概峥嵘未露啊！尽管如此，孙将军已经恳请大王小心那'螳螂扑蝉，黄雀在后'的了！大王大王，您不会不记忆犹新吧？"

伍子胥，孙武的家小，这才松了一口气。

夫差冷笑说："好一片伶牙俐齿，你如何担保你的话句句是真？"

漪罗："小女子愿用性命担保。"

夫差："那好，拿命来。"

漪罗淡淡一笑，理了理鬓发："以漪罗一条薄命，换得将军清白，死又何憾？我可得谢谢王子，让小女子也写进春秋了！"

漪罗早已看好了姑苏台旁边一块碑石，看好了自己的死地。她说罢，便一跃而起，飞也似的跑过去。以头击石，这是她的最好的选择。她深深为自己被夫概裹胁，给孙武带来不白之冤和杀身之祸内疚。她知道她就是在帛女面前也说不清楚了，洗不干净了。她在被带到姑苏台来的那刻起，就一直哭个不停，一边哭，一边盘算着一定要把心里的话掏个干净。所幸老天赐给了她这样一个机会，让她尽吐胸中的话，说了个痛快，所幸夫差让她用死来证明所言不谬，因而，她去撞死，是那样坚决，义无反顾，像一颗射向石碑的弹丸。

被士卒反剪了双臂的孙武，忽然拼着全身力气，推开了士卒，跑下了姑苏台，抱起了满头流血的漪罗，连连呼喊着："漪罗！漪罗！"用袖子为漪罗擦拭脸上的血。漪罗吃力地睁开眼睛，想给孙武一个微笑，嘴角扯动了几下，样子却是痛苦万分。

孙武眼里含着泪："漪罗，孙武知道你了！"

漪罗不顾一切地伸开两臂，紧紧抱住了孙武："将军，有这句……话，漪罗可以……死了。将军你要是活不成，漪罗到阴曹地府也陪伴你，漪罗……先行一步了，"说着，又挣扎着，要起来去撞死。

孙武不肯撒手。

夫差在嘶叫着，呵斥着呆了的士卒："还等什么？快把孙武推过去腰斩！"

阖闾叫了一声"住手！"回身对夫差呵斥道："不肖之子！你险些毁了寡人的一员大将！快向孙将军赔罪！快送将军回去歇息！"

夫差："父王！"

阖闾一拂袖，"去！"

所有在场的人都感到意外，紧绷着的神经松了下来。这最后的裁决，无论夫差、伯嚭、孙武，谁也没想到。伍子胥惊喜得泪眼模糊，连叫："大王英明，吴国霸业有望！"阖闾立即也高大起来。帛女一行立即获释，围了过来。帛女忙着为漪罗裹伤。伍子胥忙去搀扶孙武。阖闾摊开两手，温和地说："将军受惊了。王儿无知，寡人回宫去自当责罚。将军快去歇息片刻，换了衣裳。今日，吴国三军班师回朝，一是除却了叛贼夫概，二是数月破楚功高盖世，焉可不大庆凯旋！寡人命御厨做的鱼脍汤，因为天热鱼脍已臭，寡人已命重做鱼脍羹汤。哦，将军，你我还要一同品尝反贼夫概的人肉滋味呢！请吧，请。"

孙武无言。

夫差看了看阖闾，阖闾白了夫差一眼，示意他向孙武道歉。

夫差只好硬着头皮走上前来施礼："孙将军，您多多包涵夫差鲁莽。事情既然已经——水落石出，万望不要介意！一会儿庆功宴上，容夫差敬酒以谢将军功德。"

"不必了，"孙武冷冷地说，"孙武已经死了，刚刚发丧！"

阖闾装作没听见，说了声："起驾回宫。"

阖闾在浩浩荡荡的随行簇拥下，回他久违的王宫去。

夫差跟在后面，垂头丧气。

阖闾一言不发。

他今日悄悄来在姑苏台，目睹了姑苏台演绎的这场斗争。他十分耐心地让所有该说话的人，把话都说得透透的，所有的"表现"都"表现"得够够的。他并非对夫概与孙武的关系不放在心上，他并非不在乎夫概对孙武的最后的"封赏"，他并非不对才智过高的孙武存有戒心，他并非完全相信了一个小妇人的一席话，他并非对漪罗的以头击石看得怎么重，怎么壮烈，他也并非会一如既往地信任孙武。可他还是在最后的关头放了生，给了孙武一条生路，而且矢口不提什么谋反不谋反的，这正是他之所以贵为人君的君王之举。他把这一切看在眼里，记在心里，也许还要带到棺木里。他只要自己在用人的时候有一个尺度，有放，有收；有任用，有钳制；有"糊涂"，有警戒；有柔，有刚；有安抚，有杀罚，可以让人肝脑涂地在所不辞，可以让人呕心沥血喜气洋洋，可以让人死于非命不知箭从何来，当然，也可以让人当堂暴死，让人看着别人死，让人惊吓而死，让人受尽酷刑而死。他的积累十分深厚，不论他怎么想，怎么做，反正他在召唤、网罗和任用人才这个至关重要的环节上，总是临机决断，表现得慷慨大度，虚怀若谷的，甚至可以忍难忍之痛，容难容之士，以图霸业善始善终，这正是他的不同凡响之所在。

夫差还不可能有这番修炼，终于忍不住，在王宫院子里问道："父王，你难道要养虎遗患么？"

阖闾骂了句："天生的蠢笨愚顽！"

夫差："愿听父王教诲。"

阖闾说："《孙子兵法》你读了没有？"

"儿臣不敢不读。"

"你读懂了么？"

"父王指的是哪一篇？儿臣可倒背如流。"

"倒背如流于你何益？你听着，那孙武的兵法，不仅是用兵之道，也是治国治人之大计，用兵贵在曲，不在直，懂吗？"

"啊——儿臣懂了。"

"你懂什么？你懂什么？你怀疑他，不妨用他。扬他之长，抑他之短。你用他，再给他戴上嚼子，不让他乱踢乱咬。你给他戴上嚼子，又赐他些俸禄，让他感激涕零。你赐他俸禄，再削平他的气焰，让他知道狂妄便有性命之虞。你就是砍了他的头，也要用楠木之棺椁，金玉宝器为之陪葬，厚厚地埋葬他。如此这般，大王之所以为大王，寡人之所以为寡人也！"

夫差听得呆了："谢谢父王教导，儿臣这才茅塞顿开。"

"下去！"

"是。"

夫差走了。

阖闾在王宫院子里久久地立着。

天上鱼鳞状的云，连成了一片。没有月亮，也没有风。姑苏虽是九月，仍闷热得很。

蝉声在叫，聒噪得让人心烦，让无汗的身上也透出汗来。

王宫侍从生怕大王心烦，有谁向树荫里投了一颗石子，蝉声立即止住了。

静寂得要死。

阖闾忽然就大怒，吼道：“什么人敢用弹丸射蝉？什么人？把射蝉的人给我拿下！寡人要听蝉叫，让所有的蝉给寡人叫起来！”

莫名其妙。

阖闾大叫：“寡人要听蝉叫！让天下的蝉，都给寡人叫起来！”

九

从姑苏台上下来，漪罗不仅是头破血流，而且身子一动就天旋地转站不住，恶心欲呕。孙武赶紧命她在床上躺着，自己坐在床边陪她说了一会儿话，以慰寂寞。帛女亲自洗手剔甲为漪罗做羹汤，老军常忙着用药碾子碾草药。孙府上下在姑苏台一番生死患难的感受，“死”而“复生”的经历，使府中弥漫着一种从未有过的温情。孙武也是平生第一次领略这种天伦之乐和家的温馨，多年的鞍马劳顿，战争经历，再加上这一次突然事变，断头台上的去而复回，使这位吴国将军的心几乎干裂渗血了，如今可以说终于得到了休养的机会，可以洗净甲胄上的污血和风尘，让疲惫不堪的躯体在床上放平；可以让心宁静下来，不再焦虑烦躁。帛女私下里琢磨着，要把家搬到罗浮山去，一家人安享宁静的田园生活，孙武么，可以让他踏踏实实整理八十二篇兵法，绘制那九卷阵图，无俗事缠绕，也可以像人家大乐师公孙尼子那样浪游天下。反正这一回经历，尽管当场她表现得视死如归，从内心来说，这女人想起来还是心惊胆战地后怕，一想到政坛如此险恶，风云变化，到处是陷阱，王子说翻脸就把将军推上断头台，就不寒而栗。再想那战场，残酷惨烈，死生莫测，没有常胜的将军，何不在此功成名就之时急流勇退呢?

帛女以为这是明智的抉择，也相信孙武也会如此选择。

她派田狄去罗浮山修缮老宅去了。

她兀自在整理可携回罗浮山过日子的东西。

孙武见了，好生奇怪："你这是要到哪里去？"

"将军还记得，叔父司马穰苴临终时的偈语么？说的是，太阳沉了，赶紧收敛了翅膀，远走高飞……"

"哦，明夷于飞，垂其翼，三日不食……记得。怎么，夫人想要亡走吴国？"

"将军，没那么严重。可是将军虽然为吴国立下了汗马功劳，十年征战，到头来还是险些命断姑苏台，朝中的事情太险恶了。终累太子久病不起，夫差王子早晚会继承王位的，等到再一回被推上姑苏台，恐怕就再也下不来了。"

"夫人害怕了么？"

"是担忧。"

"唔，担惊受怕。"

"就算是为将军担惊受怕，不是帛女的本分么？将军，你已经功成名就了，天下已经知道将军用兵如神了，何不急流勇退？"

"孙武怕只怕天下人只知用兵如神，而未知'止战'与'慎战'之重啊！"

"可这只是大王的决策。"

"孙武想左右大王。"

"将军，你既然在兵法上已经著述完备，连帛女都知道'不战而屈人之兵，善之善者也'，天下也当知道将军兵法的精髓了。将军，退守田园，回罗浮山去，过几日宁静的日子，是帛女很久的愿望了。容帛女再说一遍，而今正是功成名就、急流勇退的好机会，帛女不愿再看到将军被捆绑在姑苏台啊！"

孙武的脸沉下来："帛女，你既然也能背孙武的兵法，怎不知孙武说过'进不求名，退不避罪，唯民是保'呢？"

帛女："将军！"

孙武长叹一声，不再说话。

帛女无奈，只好打住了这个念头，不再提什么归隐与罗浮山，不再说什么急流勇退了。她遵从夫君的意思，从不违拗的。

孙武听到正在院里两脚蹬着药碾子碾药的老军常口中振振有词：

"人心真是这样难以测度哇。杀功臣，呵呵你们敢杀功臣！我为吴国死了两个儿子了。呵呵，两个。老军没有在战场上死掉，险些被你们杀掉。呵呵，我不怕死呵。可你们要杀功臣！杀功臣！将军命大，功臣不该死。呵呵，将军就是将军，命大。可是夫差的手下胡诌什么？胡说至少该杀少夫人。说少夫人是奸细。谁说少夫人是夫概的奸细，那人便是八辈瞎了眼睛，辈辈瞎子，是些母驴下的崽子。哼哼！杀功臣，还要杀少夫人。我为吴国死了两个儿子。功臣不该死。那些瞎了眼睛的。少夫人怎么是奸细？这些猪操的驴日的王八崽子！呵呵，杀功臣……"

老军常嘴里胡乱念着些粗鄙的真话，那些话都是自言自语，自问自答，他的脚上却一刻也不停地蹬药碾子，药碾子沉重地来来回回，发出轰轰烈烈的声音。

孙武听得心烦："阿常，啰嗦些什么？"

老军常："将军呵，你可要小心啊。老朽斗胆说一句，夫差敢杀功臣，背后是有他老子哩。哼，他们敢杀功臣，他们还要对少夫人下手啊，那些……"

孙武："好了好了，休要啰嗦了！"

老军常的声音弱下来，嘴却没有停止蠕动。

孙武不是对帛女和阿常的话无动于衷，帛女与阿常既是当事人也是旁观者。姑苏台上的捆绑与斧钺，杀气腾腾的夫差，让他真切地感到了人世无常。死神的降临事先是不预约的，突然就让他一脚踏在鬼门关，一脚暂留阳世，这一切感受在他的心中也投下了阴影。或者说，是留下了内伤。可是，孙武倘若在这一次变故之后，就逃之夭夭，孙武还是孙武，将军还是将军么？他也知道，十年前他在姑苏台演示兵法杀了二妃，其中的眉妃，既是阖闾的爱妃，又是夫差的钟情。特别是王子夫差，心中显然是种下了仇恨，那仇恨是要发芽长叶的。这一回，涉嫌夫概谋反，差一点就把全家老小十余口人的性命全赔上了，连不满周岁的婴儿和四岁的养子也休想幸免。他一身系全家之安危，总算是活过来了，活过来纯属侥幸。可是，他知道，这种事情是无法说个清白的，关键在于大王阖闾怎么看了。话又说回来，就是阖闾信他，保他，用他，他也只能如履薄冰。民间说“伴君如伴虎”，这句俚语适用于天下君王诸侯及其臣下，何况他又有谋反的嫌疑呢？如果夫差称了王，更不必说了，他的日子将更难过。那么，急流勇退，对于将军来说，自然是妥帖的选择，可是他不肯。原因也正是在生死之界的姑苏台上，他回首了十年的战争经历。在自己头上悬起斧钺的时候，回眸以往，那些横尸的战场，溅血的杀戮，疯狂的攫掠，空国劳民的远征……引起了他的无限的悲慨。这在战争的进程中，是不曾有过的、那时候，不仅是无暇回首与感叹，而且身在敌我搏杀的战场，人的一切都被无情地改变着，求生和求胜的心理，使每一个军中将士都不在乎流血与死亡，周而复始地旋转在迂回、围困、佯攻、布阵、冲锋、肉搏之中，人人都无情、冷漠，换了一副铁石心肠。自然，孙武生活在诸侯蜂起、争夺盟主的现实之中，他知道战争残酷，也知道战争之不可避免。二百年来近五百回战争，他历历在心。齐桓公吞并小国三十五，楚国吃下弱国二十六，三十多个君王死于兵刃，触目惊心的频繁战事，他岂能视而不见？刘康公说，国家的大事，在于祭祀与兵戎。说战争可以“禁暴，戢兵，保大，定功，安民，和众，丰财”，已经详尽地说了战争手段对于国家之意义，他对此也深有感喟。所以他在战争论之十三篇中对于战术战法也处处有惊人之笔。他的诡道之法惊天地，动鬼神。他指挥吴国军队千里奔袭，以弱胜强，破楚如破竹。这就是将军孙武。没有这些诡道和功勋，孙武何在？可是，在姑苏台一番反思之后，他感叹现实离自己所构思的战争论的最高境界距离尚远。他理想的用兵境界并不是流血和杀戮，而是全胜；不是在厮杀中百战百胜，不战而屈人之兵，才是善之又善的，所谓“屈人之兵而非战也，拔人之城而非攻也，破人之国而非久也，必以全争于天下，故兵不顿，而利可全。”他在战争论十三篇的首篇第一行字就写到，“孙子曰：兵者，国之大事，死生之地，存亡之道，不可不察也。”他奋笔疾书了这饱蘸感情的二十余字之后，掷笔沉思良久，知道实现这对君王的告诫并不那么容易。在一定的时间内，他可以影响和说服大王，比方说伐楚之战推迟了六年，待吴国兵精粮足，时机到来再行举兵，算是一次成功。在局部战争中，他可以运筹帷幄，导演战争的格局、态势，直至破楚九战九胜。可是如果劝服君王慎战，修道保法，少杀戮或者不杀戮，达到善之又善的用兵境界，不战而胜，还需要一番艰苦的努力。作为一国之将孙武，是成功的；作为孙子兵学的至高境界的实现，则尚未成功。他必定要为之殚精竭虑，继续努力。不然，他千里奔吴为什么？他杀妃拜将为什么？姑苏台受难之后，他突然意识到生命的折断未必是由于兵戎，未必是由于病患，谁也说不定在朝中何时就有杀身之祸。因此，把握生命时间，完成八十二篇兵法，实现用兵最高境界，撒手人寰的时候才可能会少些憾事。他也看到十八个月——不，数年的大战之后，一定得要让吴国百姓休养生息了，一定要以伐谋、伐交为手段，避免浴血的战事了。他，孙武，把这个看成是天降之大任。他也看到，无论怎么说，大王阖闾还是容得下他孙武的，这是他施展才智的最基本的条件。至于日后的吉凶，随它去吧。他的决心一定，那是万牛挽不回的。帛女拉他回罗浮山，劝他归隐的计划失败了，伍子胥害怕他会因姑苏台受挫而不再效命于吴国的担忧，也多余了。

伍子胥在姑苏台事件的第二日，便来看孙武。

伍子胥：“孙将军，怎么，还没有动身么？”

孙武：“到哪里去？”

伍子胥：“天下之大，伍子胥焉知你会到哪里去？”

“姑苏容不下孙武么？”

“哪里！大王在姑苏台是救了将军一条性命的啊！当初大王舍了二妃而求一将，求得将军辅佐；如今将军破楚立下汗马功劳，大王倍加推崇，连伍子胥都要嫉妒的了。”

“唔，看来孙武是要走掉的了。”

“一句笑谈。”

“孙武不求有功。”

“吴国生民却企望将军不能无功。”

“啊。这就要击中要害了。”

“此话怎讲？”

“子胥，孙武进不求功，退不避罪，唯生民为上。如今吴国已经是战争连年，不能再战了，岂能叫吴国国中皆是孤儿寡母？吴国要休养生息，不可再流血了。”

伍子胥听了，兴高采烈：“啊哈长卿，这就是说，长卿依旧惦挂着国是。昨日庆功盛宴，百官集于一堂，座中只少长卿，只觉那酒海肉山也都寡淡无味。我伍子胥最担心的是你会一怒而去，就此归隐田园。我在朝中可是孤掌难鸣了，大王可是要失一臂膀了。”

“子胥如此看重孙武，我可是受宠若惊。”

“最看重你孙将军的，乃是敌国将士，上将军也要闻风丧胆。唔，哈哈，还有那夫概……子胥钦佩将军，虽然姑苏台上几乎丢了性命，却只当风吹兜鍪，既未耿耿于怀，也没有就此隐去。这实在是吴国之幸！好哇，随我去晋见大王。”

“孙武还要休养几日。”

“也罢。反正伍子胥放心了，就此告辞。”

伍子胥走了。

孙武惦记着漪罗。

从来没有这样惦记。伤在漪罗头上，痛在孙武心里。漪罗以自己的生命救孙武，得到孙府上下的十分敬重。孙武却觉得内心愧疚。想一想这漪罗自从同他的命运联结在一起，真是吃遍了人间的苦；死，也不是一回了。从姑苏台上下来，孙武把漪罗抱到了车上。回府的路上，他一直抱着昏昏沉沉的漪罗。

孙武：“漪罗，让你为我吃苦了。”

漪罗尽量扯动嘴角，笑笑，摇摇头。

“不能保护一个弱女子，孙武还算什么将军？”

“将军……不是也……自身难保么？”

“是呵是呵，这也是无奈的事情。你知道那神龟么？占筮的人，谁不对神龟恭恭敬敬呢？它是可以预知祸福、能测吉凶的，可它还是避免不了被人扑杀的下场。”

“如此这般，将军……还有什么说的呢？”

“我欠了你许多许多，今生怕是还不清的了。”

“来……世，还有来世呢！”

“不许胡说什么来世！”

漪罗笑了，笑得那么惹人怜爱。

“还痛么？”

漪罗点点头。

“险些让你丢了一条性命。”

“漪罗有……九条命呢？将军听说过吧……猫，猫就有九条命的。漪罗就是猫。”

漪罗又笑了，笑得很灿烂。

漪罗挣扎着，想坐起来。

“猫不要乱动。”

“遵命。”

是的，漪罗不可以乱动，一动就天旋地转，要呕吐。

孙武感慨地说：“孙武有你这样一个红粉知己，三生有幸啊！”

漪罗闭上了眼睛，乖乖地躺着，眼角流出了热乎乎的泪。

真像一只蜷着的柔弱的小猫。

这两日，孙武和漪罗说了很多很多的话。

“有将军在这儿说话，漪罗的伤痛就轻了。将军的话便是疗救漪罗的药。”漪罗说，生怕孙武走掉。

孙武就又来同漪罗说话。

“……离开齐国的时候，我对夫人说的是‘交交黄雀止于棘，交交黄雀止于桑，交交黄雀止于楚”。漪罗，你且猜猜看，这是什么意思？”

“漪罗知道，这是诗里的句子。怕是隐语吧。”

“唔，十分聪明。”

“可我不知道将军对夫人打的是什么哑谜。”

“当时是，叔父司马穰苴将军箭疮迸裂而死，门外到处是齐王和奸佞布下的哨岗，到处是耳目，岂能说出逃跑的时间？于是，那‘黄雀止于棘’，便是说情况十分紧急的意思，‘止于桑’‘止于楚’，是说趁着叔父司马穰苴丧葬，强忍了痛楚，赶紧逃之夭夭。”

“妙。漪罗懂了。”

“这才逃到了吴国，来会风华绝代的漪罗哟。”

“将军骗我，哪里是来会我？是来会大王的。”

“也是。大王求贤若渴。”

“大王和将军一拍即合。”

“转眼间，十年了呵……”

“将军，现在可以说是——‘交交黄雀止于窠’吧？漪罗只好在窠里卧着啊。你不知道整日卧在窠里，让将军和夫人前后照应，我这心里多急呢。”

“静养些时日，伤好了，黄雀是要出窠的。我想送你和夫人到罗浮山去？”

“将军！你又要赶漪罗走吗？”

漪罗听这话，心里一急，便挣扎着坐起来，一阵头晕目眩，恶心欲呕。正捧着羹汤而来的帛女，忙放了羹汤，来扶住漪罗。

“哎呀，你怎么可以起来呢？躺下，快，躺下。”

漪罗：“夫人，请说与将军，让漪罗侍奉在你们左右，不要轰我走呵。”

“怎么会轰你走呢？谁也不会让你走。”

漪罗这才放心地躺下。

帛女：“将军，既然你主意已经定了，还是要参与国是，就不要围绕在妇人的石榴裙边了，何不去晋见大王？”

“以逸待劳。”

“什么？”

“大王三日内可亲临府邸，耐心恭候便是。”

“……”

第二天，大王阖闾没来。

孙武对帛女说，“洒扫庭院罢，明后日该是大驾光临。”

第三天黄昏已经到了，大王阖闾还是没有动静。

帛女没说什么。

孙武脸上平静，心里却忐忑不安。

坐也不是，站也不是。

在大王的心里，他失重了么？抑或是，他过于自重了？大王心存芥蒂？依旧耿耿于怀于他和夫概的“联系”？或者，大王已经改变了初衷，不再问策于他？

正思摸着，大王阖闾微服，悄然而来。

“长卿，寡人亲自登门来看你了。”

孙武忙不迭地行大礼：“臣下不知大王驾到，请恕不恭之罪。”

“算了。”

王者之尊，亲自到孙武府上来“看望”，心里似乎有一点隐隐的不快，不平衡。

“孙将军，寡人大宴群臣，将军称病未到。寡人十分惦记你的病，唔，看来，你还真是病得不轻啊，啊？哈哈。”

阖闾哈哈大笑。

孙武忙道：“还请大王恕臣不恭之罪。”

“又是不恭？恐怕该论欺君之罪吧？”

孙武匍匐在地：“臣罪该万死。”

“人岂能死一万次？你这岂不还是欺君么？好了好了，谁叫你跪下不起来？将军请起。”

阖闾似乎和孙武在开玩笑，可这玩笑之中暗藏着威风，严厉，话中有话。

孙武：“孙武的确是有病。”

“只怕是心病。”

“大王明鉴。”

“王儿夫差鲁莽，寡人已经责罚了。将军何必耿耿于怀，将军也记仇么？”

“孙武只知大王有恩，恩重如山。”

“如此才是将军。”

“孙武的心病乃是大王尚未会盟诸侯一匡天下。”

“将军的心病，正是寡人的心病啊！将军为什么不肯寻一剂良药给寡人，不肯入宫去见寡人呢？”

“大王，还记得十年前，孙武演兵姑苏台时说过的话么？”

“嗯？”

“大王你听我的谋略，孙武便留下，不听，孙武是挥之即去的。”

“寡人哪里肯让将军走掉？所以寡人才微服前来拜望的呵。如今，吴国三军大破楚师，凯旋而归；楚昭王虽在，却不敢在郢城立足，迁都都城，苟延残喘。吴楚之间，八十年的战事，在你我君臣手上完结。将军知道寡人此时此刻思虑的是什么吗？”

“臣知道，吴国以南，有夏禹陵墓在会稽山麓。禹的孙子自号无余，建立了越国，是越国的开山之祖。楚国人之一支与越人相融，通婚，两国人素来有血缘之亲。臣跟随大王伐楚之时，越国不但是楚国的盟国，而且常来袭扰。吴越成为敌战之国，不是一朝一夕了。大王的思虑当在南方，当是在越国。”

阖闾：“唔，不错，不错。”

“强楚已败。大王雄心勃勃，当然思谋越国。”

阖闾：“依将军之才智，不妨再说说看，如若与越国作战，寡人是选择舟师还是陆师呢？”

孙武一笑：“吴越之间兵戎之争，当然是争夺江湖荷泽之利。”

“那么，是舟师了？”

“请大王听臣说下去。吴国占据五湖，五湖丰饶，越人垂涎已久。吴越两国，都是濒临东海，共据长江水网；吴越两国边界，在越国一方纵深有浙江、钱塘江、浦阳江，三江环绕越国首都会稽。如果大王以舟师挑战，越人必以全国舟师还击，两国舟师，都是久经训练，臣下还不敢言孰强孰弱。”

“唔。”

“大王的陆师则不同了，吴楚战争，考验了精锐之师，自然胜越人一筹。因此，大王定是思量率领陆师出征。”

“善！”

“大王所选定的战地，应为与越国北边临界的槜李。”

阖闾惊喜得几乎跳了起来：“知寡人者，舍孙武其谁？来来来，请将军为寡人具体谋划一番。”

“慢。”

听到孙武的一个“慢”字，阖闾的脸哗然变色，一扫刚才的和悦、谦虚、涵养、耐性和亲切，那张脸黑着，像七月的云，说变就变，完全变成了另一副样子：迅疾地挂上了威风、严肃、冷峻、自负、居高临下和杀气腾腾。

“孙将军是要扫寡人的兴致吧？那就不必再说什么了。”

“大王，不能兼听，何以耳明？”

“你是说寡人耳不明么？”

“臣下不敢。”

“孙爱卿，”阖闾尽量表现出耐性与和蔼，“你既然全知吴越两国情状，又知寡人的思虑和决心，依你的韬略，伍子胥的远见卓识，徒卒的善战，征伐越国当是万无一失的。”

“大王，孙武不忍看吴国徒卒从血里刚刚濯足，又去浴血。”

“你怕了？”

“大王，吴国必须休养生息，劝民勤耕。兵凶战危，不是不得已而强为之，必败无疑。”

“嗯？”

“伤心之地必是槜李！”

吴王气悻悻地欲走。

孙武紧随其后，叫道：“大王，大王，齐桓公在位四十三年，一生历经二十余回战事，九合诸侯，一匡天下，才有几回用兵车？大王之德之才之智都在齐桓公之上，难道君王只思一时一地之胜，而不想威加四海吗？”

孙武一边说着，一边“咕嗵”一声跪倒在地。

阖闾什么也没说，拂袖而去。

十

渡了淮河，孙武惊讶地发现，夹岸的开阔地，淮南的山野，一直到大别山，竟然还是八年前的老样子。极目望去，一片荒芜！这昔日的战场，这徒卒用血灌溉过、用戈耕过的土地，在这夏天的午后，看不见人影，到处是榛莽，榛莽，榛莽。偶尔是一棵生得怪模怪样的老树，还有一棵，还是老树，怪模怪样。他路过在扫荡般的战争中被烧掠过的小村，看见那无人重整的残垣断壁，都埋没在深深的蒿草之中。村里的井，水里是厚厚的绿苔，聚集着孑孓和蚊蝇。桔槔绝望地扬着臂，吊着一段井绳。有一个尚还保存完好的烟囱，孤单而茫然地叹着冷气。谁知道这片土地上，这个小村庄，多少人死于兵燹？多少人背井离乡逃亡在外？只知这里成了“死村”。是不是活着的人不敢回到这儿来，是不是阴沉的夜里，这儿会听见鬼哭？战争淋下的血迹，被雨水稀释，润到土里了，白骨也隐没在蒿草里了；专食腐尸的秃鹫，还是想寻到什么，张开双翅低低地盘旋着。

难道你的身上还是沾有腐尸的臭味和血腥气么？

鹫落在烟囱上了，头来回转动，恶狠狠的眼睛四外寻觅。

孙武与秃鹫对视了一会儿。

秃鹫飞走了。

寂静。

这种没有生气的寂静，让人心里没着没落的，让人怀疑自身的存在。

孙武赶紧离开。

这是孙武的第三次出游了。

吴王阖闾尽管觉得孙武的话不入耳，最后还是采纳了他的国策，再加上伍子胥的力谏，吴国八年没有发动战争，赢得了八载的和平。和平的岁月，大王阖闾终日忙于大享其乐，很少向孙武问策。孙武除了著述和整理、修订他的八十二篇兵法，绘制战争图轴，便离开姑苏，只带仆人田狄，遍访天下古战场。这一次，重蹈当年作战的柏举，看此地时过境迁，苍凉依旧，想想自己到吴国来时，青春年少，二十余岁，如今已经是不惑之年，是中年了，不免感慨万千。

一路上，孙武很少开口说话。

田狄也默默地跟着。

孙武是一身蓝粗布的衣裳，一把油纸伞，一路的粗茶淡饭。

忽一日，夕阳将沉的时候，来到了长江边上。

恍惚看见那泛着白沫的江涛之中，有一个小小的黑点儿浮沉，忽上，忽下。

怎么？是勇士要离么？

当年他推荐的要离浪迹在庆忌的行伍中，这矮小的侏儒，听命于他，竟然在战船之上，拼命跃起，以戈穿透了庆忌的胸背。之后，要离却不逃命，向江中走来。他，孙武，正在对岸活祭要离。

他听见要离在喊：“孙先生是活祭要离吗？”

“孙先生是早知道结果的呀……”

“孙先生，这都是你叫我做的呀……”

就是这儿了，庆忌在这儿葬命于青铜之戈，要离在这儿沉没。

现在，澎湃的江涛声中，他好像又听到了那凄凄惨惨的悲鸣。

“田狄，可是有人在喊叫？”

“没有，没有啊，将军。这是江水的声音，江水呜呜咽咽的，像哭。”

是的，像哭。

“田狄，你看见那江上漂的是什么？”

“怕是一段木头罢。”

“噢。”

“是木头，从上游漂来的。”

是的，不是要离，当然不是，当然是木头。

可是他打了个冷战，也许是江风袭袖，有几许凉意？

“将军。”

“我对你说什么来着？”

“啊，先生。叫将军叫顺了，还真不好改口。先生，走吧。”

他一回身，又站住了。

芦花！

芦花依旧，芦花依旧！纷纷披披的芦苇，如千万支乱纵的铜戈相搏，而那芦花，层层叠叠的，在夕阳的照耀下，像一群染着血的白鹤。他呆呆地看着，心头升腾起一种悲壮的情绪。那悲壮之中，又有一些悲哀。

悲哀是因为要离么？

“先生，天晚了。”

“……”

“先生真是要看遍天下战地么？离开姑苏日子不少了，夫人和少夫人会惦记的。是不是……”

“走吧，不要啰嗦。”

田狄只好跟着孙武漫游，向东，又向西。

姑苏，越来越远了。

走了多少路，田狄也说不清楚。

一日，孙武二人投宿黄河壶口附近一小小的馆驿。

孙武一进馆驿的门，主人便上下打量着他们。听孙武说了一句：“请备几样小菜下饭，收拾一干净去处安顿我们主仆两个。”主人便喜形于色，问：“敢问先生可是姓孙？”

孙武诧异，道：“你从何得知？”

“这么说，是孙先生了？”

孙武：“敝姓陈。”

田狄说：“我家先生姓陈，不姓孙。你搞错了。”

主人：“姓陈也罢，姓孙也好。酒菜已准备好，房间也已准备停当，小人在此恭迎先生多时了，请吧。”说毕，躬身作一长揖，便忙不迭地跑到后堂，将早就准备好的菜端将上来，瓜菇菜豆之外，还有黄河鲤鱼。也有酒，陶罐蜡封，罐上刻工刻了三个字“古越龙山”。

孙武看见“古越龙山”三个字，笑了，笑没了眼睛。

主人：“先生，还中意罢？”

孙武：“且请悬壶人前来陪我饮酒。”

主人：“悬壶？什么悬壶？”

田狄：“我家先生是说，把你馆驿中的江湖郎中唤来吃酒。”

馆驿主人“啊”了一声，目瞪口呆。

孙武还在笑，喊了一声：“颉乙，还不出来吃酒，还等什么？”

一声呼唤，那张生得奇奇怪怪的脸，从后堂闪了出来。正是颉乙！

“颉乙在此恭候孙将军！”

孙武哈哈大笑，随即便开了酒罐的蜡封。古越龙山的醇香，立即在小小馆驿里铺展。孙武眯眼做出陶醉状，斟了两盏酒，道：“好你个颉乙，总是如此这般的神出鬼没！你从何得知孙武到此小小的馆驿来投宿？莫非又是神算？”

颉乙道：“不不，这次不是神算，不是。颉乙在山中采药，偶见将军飘然而过，便尾随在后，要在此馆驿给将军一个惊喜。”

孙武：“那么，馆驿主人怎地会认出我来呢？”

“将军，身后有眼！”

“你颉乙便是他身后之眼？”

“颉乙嘱咐这馆驿主人，但见一身材奇伟，听得口中是齐国口音，便是孙武孙将军了，我这里是眼耳并用。可是将军一下子便吼出我的名字，未知是否在戎马倥偬之余，又通了卜筮之数？”

孙武说：“你是眼耳并用，孙武乃是眼耳口鼻五官，上下同欲。兵法云，上下同欲者胜。孙武眼见这馆驿之院落，有黄芪、当归，鼻子便闻到了你颉乙的味道；耳听得馆驿主人听到‘郎中’二字便惊叹了一声，便知你颉乙又在弄些神秘；再见这‘古越龙山’，不是挚友，谁人知道孙武偏爱？你我在郢都相见之时，每餐必有此君。还有，我口中直呼你颉乙之名，实在是一诈啊！”

颉乙：“哈哈，孙子兵法曰，兵以诈立！来来，难得他乡相见，今宵一醉方休！”

两人说说笑笑，把古越龙山全部吸干。孙武摇摇陶罐不响，才遗憾地作罢。

颉乙：“孙将军，你道是颉乙只是来此请你吃酒么？”

“该不是劝我‘当归’吧？”

“不是。颉乙得知，明日傍晚，将有当今世界两位奇人相逢，将军不可错过了机会。”

“奇人？比你颉乙还要奇吗？”

“颉乙在这二位奇人面前，哪敢言一个奇字？他们二位，高山仰止，颉乙不过是一粒尘埃；他们是海上鲲鹏，颉乙不过车辙中之一尾小鱼耳。”

孙武：“哦？到底是谁？”

“老子，还有孔子。”

孙武：“啊！”

颉乙：“老子，孔子，再加上你孙子，三‘子’之会，岂非天下一大幸事？一生二，二生三，三生万物。世有老子，孙子，孔子，才有礼乐，有兵经，有大道。颉乙成全这一件大事，实在是三生有幸。”

孙武：“田狄，告诉馆驿主人，我要沐浴更衣。”

次日傍晚，夕阳化在霞云之中，满天如熔了金，亮得闪眼。黄河挟带着泥沙，自天而落。浑黄的激流砰溅，像花儿顷刻间开了又谢，表现着瞬间的生死和辉煌。而黄褐色的山岩却是严峻的、严肃的，永恒地注视着黄河之水奔腾、抛举和跌落。

孙武与颉乙在一巨大的石板上坐着，以五子棋为戏。

孙武望了望移动的日影道："颉乙先生，你赚我在此已有两个时辰了，怎么还不见人影儿？"

颉乙："少安勿躁。"

孙武把手中石子投入奔腾的壶口瀑布，连一个声响也无。

孙武呆呆地望着瀑布，若有所思。

颉乙到高处，引颈而望，忽然喊了一声："来了！"

孙武放眼望去。

但见，一东一西，一位驾车而来，一位骑牛而行。两位老者，行至一个三岔路口，驾车的下了车，骑牛的下了牛，坐在三岔路口。黄河瀑布的声音，如雷霆疾走，听不见他们在说什么。

颉乙："孙将军，待我前去通报一声。"

孙武："不必了。"

说着，孙武便向那三岔路口走去。

瀑布声渐渐抛在了身后，琴声升起来了。孙武看见，弹琴的老者大约是孔夫子，身边侍着的不知是哪位弟子。那老者生得精瘦，花白头发，天灵盖处发已脱个干净，看得见光光的头顶，四周是"丘陵"起伏，中央却是低谷。眼睛眯着，肃穆沉静。嘴唇包不住上牙齿。坐得很直。手指在七弦之上疾徐有致地弹奏。不远的地方，又有一老者坐着，想这位便是老聃。说不清这老者年高几何，只见老者满脸皱褶，稀落的白发，很长的白胡须。他的样子好像是在睡觉，面容安详，无悲无喜，两手放在腿上面，右手在下，左手在上，两手的大指互相抵着。老子身后不远处，是一个小童，在看着老牛吃草。

颉乙欲上前通报，孙武示意不必惊动弹琴的和听琴的。

孙武坐下了。

老子，孔子，孙子，各在一条路口。

老聃的童仆走过来，悄声问颉乙："尔等何许人也？"

颉乙："在下乃扁鹊先生的弟子。"

童仆："算你们赶巧了，才有这等幸运。看见了吗？一个是老子，一个是孔子。孔夫子今日'陈'，明日'蔡'的，走遍天下，踪迹不定；大师老子，隐居在太华山雁落峰的，他和夫子有此一缘，才得一会。哎，你家先生尊姓大名？"

颉乙："说出来恐怕吓你一跳，你先站稳了，知道《孙子兵法》么？"

童仆一惊："啊！孙武？"

颉乙笑了。

这一刹那，老子的眼睛倏然张开，一亮，看了看孙武。

三个人，孔子，老子，孙子，在三条路交叉的路口，坐着，品味着琴声。

晚雾在他们身前身后浮走，升腾。

孔子的琴声住了。

老子："夫子，您的琴声里有远大之志。"

孔子："这首曲子是乐师师襄传授给我的。我每回弹奏这首乐曲，都想象着作曲者的样子。他肤色黝黑，身材高大，目光明亮而深邃，除了统治四方诸侯的周文王，俗人是制不出这样的乐曲的。"

老子："便是《文王操》了。"

孔子："是呵。嘤其鸣矣，求其友声，我以这首曲子做媒介，是想请教您周礼的学问的。"

老子："你所说的礼，倡导它的人和骨头都腐朽了，唯独他的言论还在呢。君子时运到了，就驾车去作官；生不逢时，就如蓬草一样随风飘零。我听说，善于经商的反而隐藏起货物，品德高尚的君子却谦虚得像愚钝的人。抛弃骄气和过分的欲望，抛弃做作的神态和过大的志向，抛弃这些无益于夫子的东西，一切顺乎自然。我能告诉夫子的，就是这些。"

孔子："鸟，我知道它能飞；鱼呢，我知道它能游；林中的野兽，我知道它能跑。会跑的可以张开网罗捕获它，会游的可以抛出钓钩去钓上它，会飞的可以张弓搭箭去射中它，只有龙，我不知道该对它如何是好，龙是驾驭风云属于天空的。老子或许是可以称作龙的吧？”

老子：“我藏匿在深山，隐居在岩洞，不求闻达，见周朝已经衰微，这就要到远方去了。夫子还有什么话要说么？”

孙子一直在静静地听着。

听说老子要走，孙子忙向孔子和老子施了礼，道：“吴人孙武今日有幸见到二位尊敬的长者，请两位长者就教孙武关于兵法的学问。”

老子：“你就是善于韬略的孙将军啊！可是，道既然不同，是无法说到一起的，我实在不知道能对你说些什么。夫子精通六艺，你还是问他吧。”

孙武说，“请问夫子，吴国和越国作战，得到一节骨头，足足有一辆车长，这是什么骨头呢？”

孔子：“大禹召集群神到会稽山，防风氏却迟到了，大禹盛怒，就把防风氏杀死，陈尸示众。他的骨头足有一车长。我知道孙将军大约是舜的后代，先祖乃是齐桓公时的公子陈宪，后来赐姓田的吧？如果没有说错的话，齐国声名赫赫的司马禳苴将军是你的叔父。司马禳苴集结三军，齐王宠臣庄贾迟到，被司马禳苴将军腰斩了。我想，这便是继承和仿效了大禹的做法。”

孙武肃然起敬：“夫子真是无所不知。”

孔子：“不要这样说。我一向有四条禁律律己：‘不揣测，不武断，不固执，不自以为是。’我的确是不懂排兵布阵的，而且，我很少谈到‘利’。谈到‘利益’的时候，也要和仁德联系起来。不像你一样言必称兵家之利，讲用兵之诡诈。对于诡诈之道，我是不敢恭维的。”

孙武知道两位圣贤不愿谈兵，可他不想失掉这样一个切磋的好机会。便笑了笑，道：“孙武孤陋寡闻，可是在见到二位长者之前，便已经仰慕二位的学问。我知道孔子提倡周礼，倡导仁义，我也知道老子崇尚清静，主张无为而治，二位的主张似乎与孙子兵法水火不容，其实不然。”

老子说：“将军这里说到水火了，知道世上有水火，刚柔，阴阳，上下，天地，还要知道在有天地之前，就有一种东西无声，无形，独立存在而永远不变的，循环往复而永不休止。我实在不懂得跟这种东西叫什么，勉强把它叫作‘道’吧。道大，天大，地大，人大，宇宙间这四样大的东西，人是其中之一。人呢，要遵循地的法则，地要遵循天的法则，天要遵循道的法则，道要遵循自己生成的样子。将军，我所说的这些，恐也于你无益。我还是趁这夕阳将尽的时候，赶路吧。”

童仆牵了牛，走过来。

孙武向老子作了一个揖道：“先生，请小坐片刻。孙武实在是从您的学问中，取得了不少的东西，用于兵法韬略的。”

老子：“说与我听。”

孙武：“您主张善于当统帅的，不逞勇武；善于作战的将军，不发怒火；善于克敌制胜的人，不待交战。”

老子：“是的。”

孙武说：“孙武之理想的用兵境界，乃是‘屈人之兵而非战也，拔人之城而非攻也，破人之国而非久也，必以全争于天下，故兵不顿，而利可全。’说到底，便是不用兵车，而全胜敌人之兵。孙武难道不是对先生的学问有所借鉴么？”

老子：“唔，有些意思了。”

“先生您还说，‘灾祸没有比轻敌更大的’，您说‘驻扎军队的地方，长满荆棘；战争之后，一定是大凶的灾年’。”

老子惊讶地说：“唔，没想到将军熟知《道德经》，将军是无书不读么？”

孙武：“先生和孙武，都是遵循天地自然法则的啊！孙武从来都是告诫君王慎战的，战争乃国家生死存亡之大事。”

老子：“我们可以谈下去了。可是孙将军你是主张全争于天下的，我则主张不争。这是根本不一样的。”

“是呵，不同的地方，就让它不同，相似之处互为借鉴，老子之所以为老子，孙子之所以为孙子。”

孔子说：“我知道将军之所以为将军了，但是我不知道我可以和你切磋什么？”

孙武：“夫子您编撰的《易传》，我粗略地读了。比方说其《易·同人》九三，说‘军队要隐蔽在草莽之中，抢先占领有利的制高点，让敌人元气大损，三年无法恢复'，这不正是谈兵么？可惜，戎马倥偬，孙武对《易》不甚了了，今日正好请教于二位长者……"

童仆又牵牛走近，对老子道："先生，天色将晚，我们该上路了。"

颉乙拦住童仆："努，你没见三位大师谈兴正酣么？"

老子对童仆挥了一下手，道："将军博采百家而成一家之言，而又如此谦谦，真是大成若缺，大盈若盅，大直若诎，大巧若拙，大辩若讷。倘若将军懂得并且做到清静无为，真可为茫茫天下之首了。"

太阳隐去了，月亮升起来了。无边无垠的旷野上，这三条路交叉交汇的地方，一片霜华。

瀑布，还在奔腾，落天直奔东海。

孔子，老子，孙子，还在侃侃而谈。

正当孙武遍访天下战场，拜会哲人名士的时候，吴国国内突然调集兵马，大王阖闾欲亲自率领太子夫差和王儿终累讨伐越王勾践。

这时候，终累在大病期间已经失掉了太子的位置，夫差立为太子了。也许是命该如此，终累被废掉之后，心上就不那样日夜郁闷沉重了，心病去了，人就转危还阳了。

这时候，越国君王允常病死，越国举国在举行国丧，越太子勾践即位。勾践这年，才是个24岁的年轻人。

楚昭王当年被吴军逼迫逃亡时是17岁，现在，越王勾践比那时的楚昭王大不了多少，何况又是全国服丧。按照礼制，国家有丧，别国是不兴兵讨伐的，刚刚即位的勾践丝毫没有准备。

这时候，不仅将军孙武不在朝中，伍子胥也不在姑苏。伍子胥出将入相，战事一毕，便为吴国的兴盛，辛劳奔走，正在监督修建连接淮水与长江的天下第一运河胥河，并且疏浚皖南的宣水、歙水，使其与太湖连通，三个月，没回姑苏，没进家门。

大王阖闾的决心是不可改变的。

他并不因为孙武与伍子胥不在近前遗憾，也不因为这两员战将不能一同征伐有丝毫的犹疑，相反，他倒是因此暗暗自喜。无论孙武，无论伍子胥，自伐楚凯旋之后，一论及出征伐越，就一千个不是，一万个不对，总是干预。现在，耳不听为静，可以免却那些麻烦了。他周围的朝臣，文武双全的伯嚭、华登，摩拳擦掌，跃跃欲试；太子夫差早已急得不耐烦，要一逞智勇，建立伟勋；就是被废黜的太子终累，如今也渴求一战，舒展舒展拘谨的筋骨，证实自己是个血性男儿。孙武不是说过“上下同欲者胜”吗？这会儿，除了孙武和伍子胥——没有他们的啰嗦，上下一样的心思，上下一个声音，不战更待何时？

他实在拿这孙武没有办法，他不能不留待孙武，以备急用，可是又因为孙武常拗着他宣教什么“不战”“慎战”，心里着实窝火。他不能不重视孙武和伍子胥富民强兵的国策，可是又因为完成霸业遥遥无期而心急如焚。转眼已经是八年过去了，八年的莺飞草长，八年的花谢花飞，他自然极尽声色犬马之乐，兴建豪华的“华池”和“长乐”之宫，在城内城外，到处建起离宫贮藏绝色的美人，建造冰室贮藏佳肴珍馐。秋天和冬天，他在城内取乐享受；春天和夏天，他在城外射猎，在太湖泛舟。不这样，又如何显示他大国诸侯的气派和气象？这一点，不管孙武他们怎样进谏，怎样回忆那“食无二味，居不重席”的艰苦创业时期，他都不听的。你们还要寡人如何？他愤愤地想，难道寡人刺王僚，战柏举，破郢都，杀夫概，为的就是苦不堪言地腐朽在姑苏城中么？他也曾想过，如何让孙武能分享一份奢华，让孙武感恩戴德，早日辅佐他征伐越国，之后再北进中原，称霸天下。为此，大王阖闾确是用了一番心思。

一日，阖闾早早地召孙武进宫，并且早早地在宫中等着。孙武立即应召而来，见了礼，问道：“大王今日召我，是不是有什么要紧的事？”阖闾说：“寡人好久没与爱卿叙谈了，寡人今日要问对于将军。”孙武听了，心里很是喜悦，便道：“大王，这正是孙武所企望的呀，大王有何疑惑，尽可以对我说，愿为大王分忧。”阖闾笑眯眯地说：“不忙，请先随寡人走走，再论国是，也不为迟。”说着，便命人备了车马，阖闾拉着孙武的手，共乘一辆马车，做出些亲密无间的样子来。早餐早已命人备好，在鳝山，美味佳肴，山珍海奇，侍者鱼贯送来。阖闾见孙武只拣了几样儿素食，便关切地说道：“爱卿原来喜欢食素，待寡人命庖厨做一席素宴如何？”孙武赶紧摆手：“不必，不必了。谢谢大王恩宠，孙武早餐习惯了稀饭小菜，一改旧制，胃肠就要闹不和了，正如孙武习惯了大王戒奢求俭，如今大王一改风习……”阖闾知道他“又来了”，便打断了他的话：“如此说来，就算了。”遂命孙武跟他离了鳝山，去游姑苏台，观赏烟波浩渺的太湖，又到鸥陂去玩了一阵骑射。随从人等浩浩荡荡，带剑的侍卫，送珍馐果品的庖厨，捧笙箫琴瑟的乐工，还有成群搭伙的美人儿，簇拥着，围拢着，欢呼着，表演着。孙武偶尔插上几句话，也都被阖闾的闲话打断，或被乐工的音声淹没。中午食在一座离宫，侍从便从离宫冰室中取出珍奇，从离宫帐后唤出一队明眸皓齿；晚宴又在太湖之上的一座画舫里，画舫也有冰室，自然不缺少江河湖海的鲜虾鲜蟹鲜鱼，乃至燕窝，鱼翅，还有美女。酒是特制的陈酿“古越龙山”，入口绵软，喷口醇香，只闻酒气，便让人朦胧若仙，不知身在天上人间。阖闾一再劝孙武饮酒。孙武呷了两口，道：“大王早晨召我来，整整一日，孙武还没有明白，大王到底有何事疑虑？”阖闾哈哈大笑，“爱卿，无事就不能陪寡人游乐么？”孙武说：“我从来清心寡欲。”阖闾：“是不是要修炼呐？”孙武：“不是，大王，只恐怕过于奢华……”又来了！阖闾不耐烦地想着，立即打住孙武的话头：“寡人只有一件事，请你为我谋划——寡人想在越国国都会稽也可如此享乐，怎样才办得到呢？”孙武说：“大王莫非是要用兵么？”阖闾：“不用兵，将军那《孙子兵法》只好束之高阁，有何用处？”孙武：“《孙子兵法》亦可用于大王治国。”阖闾：“你还没回答寡人的问题。”孙武起立，说，“大王，臣下自己也说絮烦了，大战之后，吴国要休养元气。用兵征伐，是关系国家存亡的大事。臣下知道大王对越国君王早有仇恨和愤怒，可是这也不可轻易用兵。否则，不要说越国哀兵死战，结果难料，只怕吴国载此画舫之水，也会翻覆画舫的啊……”“好了好了，寡人知道了，”阖闾也站了起来，老大不高兴：“寡人累了，改日再听将军理论。来呀，送孙将军下船。”阖闾不再理会孙武，拍了两下手，乐工美人立即来到了近前，歌舞声色，充斥了画舫。另有侍从引来一条小船，送孙武离了画舫，登上小舟。小舟之上，早已按大王阖闾吩咐，也备有珍馐醇酒，也有两个美人侍候。阖闾到底不相信会有人过得了红粉佳人布下的关卡，不相信那孙武真会坐怀不乱，不相信会有软化不了的心肠。于是，那两位受命于大王的宫中美人一见孙武上了船，立即过来搀扶，用一阵香风包围了孙武。孙武一愣，喝道："闪开！尔等是何许人也？纠缠什么？"两个宫女吓了一跳："大王命小女子服侍将军的呀！""将军你吓坏了小女子了！"孙武连道："不必了，不必了。"但见小舟并不是摇向岸边，却向江心摇去，又道："为何不靠岸？怎地向湖心划去，这是做什么？"艄公说："将军息怒，大王命我等今夜一定要侍候将军尽兴，否则便要重重地责罚，小人实在不敢违拗。"说话间，两位宫女又过来执酒相劝，孙武呵呵冷笑："你们两个小女子，不必再为本将军费心了，相安无事，便是我尽了兴。"两名宫女哪里肯"渎职"？凑过来，温声软语，一味地劝孙武吃酒。在跳跃着的烛光里，宫女的粉颈伸过来了，红唇逼近了，玉臂不住地在孙武眼前来来回回地晃。有一个宫女丰满的身体竟然来挤靠，胸前老大的两块肉，在他的身上揉搓，那诱惑咄咄逼人。

孙武的身上出了汗。

面对两个受命于君王的弱女子，他怒不得，恼不得，打不得，杀不得，心里十分烦躁。

"去吧你们！你们道本将军是哪一个？"说着，他苦笑起来，"我便是姑苏台上连杀大王两个妃子的杀人魔王啊！"

宫女这回的的确确是吓呆了。

他还是苦笑。

笑着，又兀自摇了摇头。

他不再理会两位宫女。

自酌自饮。

时而停下来，茫然地望着船舱的外面。

可以感觉到湖上弥漫着湿漉漉的雾气，湖上一片昏蒙蒙。唯一可见的，是大王阖闾的王船，灯烛醒目如星，渐渐地流弋向岸边，是去靠岸了。

可他乘的小船却奉大王之命，不停地摇着。

摇到哪儿去？这又是干什么？他吃不消也不喜欢接受这番恩宠。

船桨有节奏地拍打着湖水。

哗哗……哗哗……

他开始大口地吃酒。

他忽然想把自己灌醉，希望自己吃个烂醉如泥，然后，倒头便睡到月落日出。渐渐地，那古越龙山果然泛上了劲儿。渐渐地他真就觉得两眼蒙眬了，觉得船摇得越来越厉害了，好像要摇到天上去。

忽然听见有人喊："将军。"

他睁开蒙眬的醉眼，这人他认得，是漪罗！

他不明白漪罗怎么会到船上来，此时此刻，他也不可能弄明白漪罗是怎么来的，怎么去的，他真是有些醉了。

漪罗见孙武到晚不归，便寻踪而来，在靠岸的王船哪儿打听到了孙武在湖上"泛舟"，便和家仆田狄一起，撑了一叶小舟，在太湖上寻找了好一阵，才追上了孙武的船。田狄用钩钩住了那船，两船并在一处，漪罗不由分说，就跳上了船。

漪罗也不明白，大王到底是要做什么。

不管大王要做什么，漪罗只是惦记孙武，生怕他有什么不测。姑苏台上孙武险些被腰斩的风波虽然过去很久了，漪罗头上的伤虽然已经好了，可是她仍旧心有余悸。

不由得两位宫女拦阻，漪罗把孙武搀到自己的小船上。

孙武心里让酒闹的，两脚不那么听使唤，笑道："唔，我……这两腿如何轻飘飘……飘飘地，哈哈……"

漪罗微嗔地说："将军今夜又收了这两个美妾，如何能不轻飘飘的？"

这话酸溜溜的。

孙武醉归醉，心里却是很明白的。

"倘若……本，本将军收……收了这两个美妾，漪，漪罗你……将如何？"

"漪罗便跳到湖里去！"漪罗笑笑说。

"使不得！夜，夜里……湖水凉。"

说着，漪罗在自己船上把孙武安顿躺下，又叹了口气，解下罗裙给孙武盖在身上。

孙武打起了酒呼噜。

田狄奋臂使篙，船行如箭。

船篙撑开湖上夜幕，天说亮就亮了。宽阔的太湖湖面上，这只归舟折腾半夜，孙武的酒半醒半不醒的，而且酒后有些头痛。

船靠了码头，孙武在漪罗和家仆搀扶下，弃船上岸。大王阖闾已经“恭迎”在岸。

孙武：“臣下谢谢大王赐酒。”

阖闾：“谢什么？寡人缺少的是爱卿这样的将军，不缺少美酒佳肴。将军如若还不尽兴，寡人再陪你豪饮一番如何？”

“尽兴了，尽兴了。”

“果然尽兴了么？”

“大王您看，”孙武佯做晕眩状，说话也噜噜地含混起来，“臣下已经醉得天旋地转，舌根发硬，不认得南北了啊！”

阖闾笑道：“唔，看孙将军醉成如此模样，昨晚你与寡人谈到的不可‘用兵’之事，想必全是醉话？”

孙武忙正色道：“不不，大王，孙武论及国策，从无醉话！”

阖闾看看孙武，再看看漪罗，“哼”了一声：“将军，切不可泡在温柔乡里，让温香软玉酥了骨头，不思征战，不思进取啊！”

孙武：“臣下不敢。”

阖闾边说，边回头就走，起驾回宫。

……

大王阖闾知道孙武是不会轻易同意用兵远征的。

等？等到什么时候？

他对着铜镜，看着自己脸上爬着的皱纹，鬓边弥漫的白发，不免感叹，人生苦短，岁月不饶人，他已经整整六十岁了！他还能再等十年八年么？不，他的头全等白了，他剩下的时日不多了。

而今正是千载难逢的好机会，他想他无论如何不可错过。越王允常死掉了，勾践刚刚即位，忙于国丧，朝中的事定然还理不出头绪。他想他此刻兴兵，突然袭击，大兵压境，肯定是势如破竹，这回出兵攻越，自然应当比破楚轻松得多。他踌躇满志，已经可以想象得到那掩杀越军、活捉勾践的胜利情景了。是呵，破楚之后，他，吴王阖闾，已经堪与强盛的齐国、晋国争雄，无论秦国、晋国、楚国、齐国大国君王，还是小国君侯，提起他和他的吴国，都称之为野蜂毒蝎，莫不惴惴不安。他的吴国，在战后八年，在伍子胥、孙武、伯嚭、华登的经营之下，府库算得上充实，兵力算得上强壮，此时不战，苍天还会给他机会么?

战，自然是选择陆师作战；两军相搏的第一个回合，自然是在吴越边境槜李。

十一

盛夏。檇李。开阔地。

吴、越两军迅速地重新排阵，互相都能听得见呼号，看得见旌旗在摇，人马在移动。两军在檇李相遇是必然的。越军率先发起强攻，接连冲击了两次。两次冲锋陷阵的，都是越王勾践精心挑选的亡命徒，敢死队。这些不怕死的越军徒卒，嗷嗷叫着冲到吴军面前，还没来得及挥动戈戟，就被吴国的甲徒“吃”掉了，死的死，伤的伤，剩下的全被俘虏了。

阖闾眯着的眼睛，弯成两条窄窄的缝儿，在战车上巍然屹立，望着正在重整旗鼓的越军，笑了笑。一切都在他的预料之中，一切都在他的指掌之上。他叹服孙将军孙武的兵法之神力，也为伍子胥、孙武训导出来的这支善战敢战的军队骄傲。孙武不在阵前却又何妨？兵是孙武的兵，阵是孙武的阵，这就足够了。当越军敢死徒卒挺戈冲过来的时候，他看见自己这方的士卒毫无惧色，阵脚一点也不乱。他的战阵有“奇”“正”之分，主战阵“正”兵，兵卒呼应，行伍呼应，无隙可乘，无懈可击。两翼“奇”兵，一队是伯嚭率领，一队是夫差统率，灵活机动，突然如二龙出水，就把越人“敢死队”的后路切断，杀得越军片甲无回。这两次短兵相接，给予大王阖闾的感觉好像是青蛙扑蝗，舌头那么灵活地一卷，蝗虫便进入青蛙的腹中了；又像是平地里刮起了一阵龙卷风，把那些枯枝败叶倏然扫了个干净，抛弃在半空。简直是一场角羝戏啊，他想。他知道年轻的越王勾践心里是发慌了。这个乳臭未干的娃娃，两军相遇，便来冲杀，只想着把他吴军的前列冲乱，然后大队掩杀过来，赶紧完事，好回去为允常服丧。小儿勾践既无作战经验，又没有耐性，岂是他阖闾的对手？他笑勾践还没有来得及指挥大队人马杀过来，就像蜗牛一样把头缩回去了，这个蜗牛！

他咬牙切齿地要与越王勾践决战，要在槜李把勾践嚼碎了，咽下去，然后一举征服越国。

他六十岁了啊！

他重新布置了战阵，命王儿终累和将军华登和他一同率领中军正阵，以逸待劳，等越军再来冲击的时候，旋风一般反冲锋。命左翼伯嚭，右翼夫差，率领“奇”兵，将越军大队人马截成数段，分而食之。

他焦急地等待着成功的时刻，他要亲自击鼓命令全线总攻。

这个时刻就要到了。

越军又冲出三排士卒，又来了，来送死么？

那队越国士卒渐渐在他的视野里放大了，面目清晰了。

他惊呆了！

这是怎样的一些亡命徒啊！无论是历经征战的阖闾，还是久经生死的将士全都闻所未闻，见所未见。迈着整齐的步伐，手执短剑，从越国兵马中分离出来的这三排士兵，大约是三百人，不像是来冲锋陷阵的，不像是来生死搏斗的，反而像是来完成一个悲壮的仪式。三百人，全部都脱得赤条条，不仅是没有披挂甲胄，连一根布条也没挂。人人的头发都扎着一个朝天的尖锥，身上则差不多都刺着图纹，以锥刺出图形，再糅进朱砂和石青，那青的、红的文身，有的是饿鹰，有的是猛虎，也有的是饕餮兽面。在正午的阳光下，渗着油汗的赤裸的躯体闪闪发光，胸毛和阳器毛全都乍开如针，历历可见。这三百具行走着的男性裸体，抛弃了一切护卫和防范，不知羞耻，也仿佛不知死之可怖，透露出一种原始的蛮野、剽悍，迅速地逼近了吴国的军阵。

三百赤身裸体的人，在距离吴军两丈多远的时候，在吴人瞠目结舌的时候，忽然站住了。

吴国军卒愣愣地立着，不知怎么办。

他们只要拿起武器，轻易就可以将这些裸体越人斩杀的，越是容易斩杀，他们反而一时忘记了斩杀，完全被这别出心裁的“表演”所吸引，张大了嘴等着看下面的戏文。

三百裸体越人中，一个高大的汉子向大王阖闾一拱手，作了一个揖。

这又是做什么？

一片寂静。只有大旗猎猎翻卷的声音。

那汉子道：“吴越两国唇齿相依，本来是兄弟的啊，可是现在两国君王兵戎相见。我们这些无知的人，刀刃已经架在脖子上了。”说着，竟然真的把锋利的剑刃横在了脖子上。

仿佛是一声号令，三百人全都把剑压在了自己的脖子上。没有任何一个人怕死，没有任何一个人是逢场作戏，三百支剑压在三百人的脖颈上，可以看到有人的剑刃下边，已经在渗出了黏乎乎的血浆，可以听到沉重的铜剑，压迫动脉血管发出的沉重的噗噗的声音。

汉子说：“我等如实禀告大王，我们三百人，全部都是触犯了军规的罪人。三百罪犯，战也是死，不战也是死，害怕作战，也害怕军法的处置，我们只有在这两军阵前，割下自己的脑袋来谢罪了啊！”

汉子一手提着自己的头发，一手执剑，向前迈了两步，剑用力一横，自己的头就在自己的手里了。少顷，在那颗淌着血的头颅掷到吴军脚下的同时，血葫芦一般的躯壳也重重地扑倒在尘埃之中。这时候，剩下的二百九十九个赤身裸体的中青年大汉也都开始如法炮制，动作有快有慢，剑刃有利有钝，胆子有大有小，特别是这些强壮汉子，有的没有牵挂，可以抽身便走，视死如归；有的则未免要最后默念一番娇妻老母，祷告一下上苍，因此，那割断脖颈，割断尘缘，割断自己生命的速度便参差起来，无法整齐划一了。他们有人利落地割断喉管，有人则瞪着眼，起劲儿地反反复复锯割自己的皮，自己的肉，自己的血管。三百人，有人低声悲叹着完事，有人大叫一声倒地，有人则在悲鸣狂唤自己家里亲人的名字，有人泪如雨下，跪倒之后，再自己为自己行刑。

正面与这惨烈情景相对的吴国三军，全都惊呆了。全军为之挤出了一声短促的发自内心震颤的一个“啊”字，立即乱了营，争相上来围观三百人不战自毙。三百人哪，黑压压一片，顷刻间鲜血乱溅，头颅在地上乱滚，活着的人，没有办法不为之震骇。这与战场上的搏杀不同。战场上的搏杀，结束一条性命要冷铁搏击一阵，而且是互有伤亡。眼前却是一次三百壮汉的集体自杀，三百人死给人看，三百人把死亡的过程，死亡时的各种哀伤、绝望、诀别，痛苦及各种难以描述的龇牙咧嘴情状，一点一点剥给吴国徒卒看，看个明白。把还鲜活的头颅抛掷到敌人脚下，让血点、血流、血块，向四外飞迸，把正午的太阳也溅成了一片血红，让天地之间横满了裸尸，充满了腥气。吴军的将军们，包括大王阖闾在内，也都为之惊骇，等到发现全军惊骇，前列争相围观，后队向前涌来的时候，已经控制不住局面了。

越王勾践的军队，以迅雷不及掩耳之势，恶狠狠地扑了过来。

阖闾的第一个反应是鸣锣撤退，只有撤退是唯一的生路。可是，全无战斗准备的，正在观看三百越国罪犯死相的兵卒，是撤不回来了。在猛扑过来的勾践军兵的戈戟之下，现在，轮到了他们一个一个，一群一群地去死了。阖闾麾下的后队徒卒，听到锣鸣，虽然转回了身，开始后退，却又把屁股交给了越国军兵，越国徒卒把戈挥洒在他们的后背上，他们纷纷倒下。

吴国军兵死伤无数。

遍地横陈着尸体，丢弃着旗戈。

战车上的阖闾看得明白。他仓皇失措地看着自己强大的军队，先是从精神上溃败，接着溃不成军。看着他的士卒已经完全成为一窝被火燎了蜂房的马蜂，争着逃命。整个战场上，只有一股军队还在与越国军队对抗，厮杀，他看见那挺戈在前的，是太子夫差。可是这对于全线有何益处？全线的溃败来得如此突然，乃至于他鸣锣撤退的命令刚刚通达全军，位置本来在中央的阖闾，就裸露在队前了。

阖闾赶紧命令自己的战车掉转头来。他也只能逃跑了。

笨重的四匹战马拖着的战车，正在掉头，驾车的马被砍伤倒下了。

车辕“咔”的一声掉在地上，折断了。

这是凶兆！阖闾一声“完了”还没叫出来，便也栽倒在地。一员越国的战将，从马上一戈砍过来，阖闾的大脚趾被斩断了，鲜血如注，疼痛难忍。

所幸身手敏捷的伯嚭，飞马前来救驾，以死与敌将相拼，不然，他就没命了。

所幸忠实于他的王儿终累，将他搀上了一匹战马，否则他是逃不出战争的漩涡了。

难得他仍然还是清醒的。他的清醒表现在他的手中始终攥紧了戈，不撒开，还表现在他能在乱军之中审时度势，向终累大吼：

“终累！快去叫太子带兵来护驾啊！”

唯一有战斗力的，只有夫差了，这点他清楚。

终累打马而去，那情状全然不像往日那样的懦弱，而是十分骁勇，不计生死，左砍右杀，杀出一条血路，去请太子回马护驾。

伯嚭不敢恋战，策马到了阖闾身边，保护着君王，向后逃跑。受伤昏厥在马上的吴王阖闾和十几名将士生还的希望微乎其微，越国年轻气盛的君王勾践，已经率军追将上来，他叱咤着，红了一双鹰眼，士卒也气焰冲天，谁也不会轻易放还吴王，谁都恨不能立即把吴王剁成肉酱，夺得吴越之战的决定性胜利。

太子夫差在乱军之中独树一帜，率领他的“奇兵”，从侧翼杀向了不可一世的越国军队。他本来的目的便是钳制越国军队主力，以解吴军燃眉之急。在他的周围，立即开辟分割出了一个独立的战场。夫差慓焊蛮勇，他的军队也同他一样的蛮野。在两军平等对抗的情况下，越国军队的一支分支是不堪打击的，很快便退败下去，向越国纵深地带逃去。

夫差在准备追击这股越国残兵的时候，勒马回首望了一眼主战场，清清楚楚地看到了越国军队正在狂追吴军。

终累策马跑来。

终累翻身下马，拦在夫差马前，浑身是累累的伤痕，跑得脸上汗血流在一处，只剩了眼白和牙齿是干净的。

终累："太子殿下，父王已经被戈击伤，你快快率兵去护驾啊！"

夫差大怒："终累，你叫我去护驾，可你怎敢离开大王？"

"终累来传父王之命！"

夫差冷笑，"只怕是你吓破了胆，逃到这里来的吧！"

"终累不值一顾，父王危在旦夕啊！快快去救护父王，不得迟疑！"终累见夫差并没勒住马缰回马，那马还在向前走，便去拉住了马的辔头。

"懦夫！休要延误我追击敌兵！"

战马推着终累趔趔趄趄后退。

在这一刹那，夫差的心上倏然闪过了一个积郁了很久的念头：他已经二十六岁，他早已成年，他破楚和诛杀夫概已经证实了他的力量，吴国文治武功皆有他的一份儿，他自信如果继承了君王之位，功德不会在父王之下，他渴望享有君王的权力、威仪和所有的宫殿、冰室、车船，还有美女。可是，他的父王虽然是年已六十，还是把持着王位不肯放手，而且，父王阖闾身体极好，尚可披挂征战。他继承王位遥遥无期，却又不能轻举妄动，不能有半点儿觊觎王位的眼神儿。他用自己的蛮勇和耐性，总算逼迫得终累丢了太子的名分，可他知道终累的内心并不平静，甚至充满了嫉妒和仇恨。夜长梦多，他不知道时局会发生怎样的变化，他会不会与终累还有一战，有一场火并？他一直渴望着得到一个机会，让他顺理成章地继承和登基。现在，这瞬息万变的战场，说不定就是天赐机缘。他决定暂不回马去救护父王，让时间、战争来裁决已经受伤流血的大王，这样，也许一切都是水到渠成的了，也许时间和战争自会结束了他父王君临吴国的生涯，那就怪不得他了。至于终累，他只要催马一跑，便可完结这位前太子的所有的思虑和烦恼了。

夫差大喝一声："滚开！我要去追杀敌兵！"

夫差狠狠地用戈击打马臀。

战马"咴咴"鸣叫着，疯狂地跑了起来。

转眼之间，终累已被夫差的战马踏在地上，踏烂了胸膛，后边，夫差的徒卒，依次从终累的身上踏过。

当夫差的马队和徒卒，一一从终累身上踏过之后，终累已经奄奄一息了，他拼力蠕动了血肉模糊的身躯，望着夫差马蹄卷起的尘埃，嘴唇开合几下，似乎骂了一句什么，就永远地离开了尘世，永远不会去争什么权柄和是非了。

天阴沉了。

阴云吞吐着下午的太阳，老天的脸忽闪忽闪的，一会儿白，一会儿黑。起风了，风“呜呜”地悲鸣着，吹得河渠里的水，一阵儿皱，一阵儿平。距槜李七里外的这一片荒郊野外，疲惫的吴军，伤痕累累，沮丧地坐在野地上。到处扔着戈，丢着残损的旌旗，还有盔甲，战车。战马也疲惫不堪，垂头丧气，“噗噜噗噜”地喘着粗气。吴王阖闾大趾被砍断，流了很多的血，现在血已止住。可是，突然间战局的变化，在胜利的高峰上忽就跌到了低谷，转瞬之间惨败，败得覆水难收，吴王的心里难以承受和接受。六十高龄，久经沙场的声名赫赫的大王阖闾，惨败在了二十四岁乳臭未干的在君王位置上还没坐热的勾践，在他是难以想象的奇耻大辱。他被伯嚭扶上马背逃命，急火攻心，哇哇地吐了几口血；黏稠的血吐得马脖子上、鞍鞯上，到处都是。伯嚭的粉脸惊得煞白，连声叫“大王，大王！你可要保重啊！”后有追兵，前路迷茫，吴王生死未卜。正在这个时候，赤面白发的伍子胥率领五百徒卒来了。伍子胥疯狂地挥动手中的大斧，拦住了勾践的追兵，一场迅疾而又震骇人心的搏斗，勾践终于被杀退了。伍子胥立即又策马回还，去护卫阖闾，到了距槜李七里之外的山口。

阖闾流着泪，看着伍子胥为他裹伤、含着眼泪把他的脚抱在怀里。阖闾一句话也说不出来。

四外安静下来了。

阴风肆虐地打着呼哨，天边，太阳渐渐被墨黑的云蚀掉。远处，沉闷的雷声，滚滚而来。

下雨了。

卷地的悲风，携来急雨，如万箭齐发，斜扫在吴国溃败的君臣、将士头上、身上，纵纵作响。

伍子胥叫道："还愣着干什么？把旗子撑起来，给大王挡雨啊！"

立即有将士用旌旗在四周围起来，有人用手撑着旗子，为吴王挡雨。人的"帐篷"，绣着老大的"吴"字。四周掘了淌水的沟，给吴王一块最后的干爽的地方。

吴王阖闾昏过去了。

吴国将军、徒卒，守在旌旗围成的"军帐"外面，焦急地听着里面的消息。吴王阖闾，对于吴国，对于将士们，是至关重要的。他已经在位一十九年，十九年里，毕竟使得吴国振兴了，昌盛了，成为诸侯间的大国，十九年中，他任用了许许多多为天下瞩目的贤人名士。他，是一棵大树，这棵大树如果倒下，谁知道会发生什么样的事情啊！

雨声。雷声。

吴王恍惚间走进了一个高大而辉煌的府邸，楼檐下挂着晃晃悠悠、明明灭灭的灯笼。殿堂里空荡荡的，只有帷幕在飞。他看见一群蝙蝠，全都倒挂着，在他走近的时候，那些蝙蝠，"噗噗"地乱飞，盘旋着，在紧闭着的门窗上乱撞。他心里发怵，叫了一声"来人哪"，回声吓了他一跳。

"公子光！"

是谁在叫他？如何是从前的称呼？那么，他是又回到从前的府邸来了么？

果然，他听见了十分熟悉的笑声，从半空里传过来。那笑声让他毛骨悚然，汗毛直竖。

是——胞兄王僚？

是的，是那个杀气腾腾的王僚，头上戴着王冠，正在姑苏台上食鱼。他走过去，近了，却看见是夫概在吃鱼，头上戴着王冠。夫概的左右，是阿婧？是眉妃？是皿妃？全是一身的槁素，白的裙裾，打着旋，来了，一群女人来架着他的两臂，拖着他走，请他去吃鱼。他想说不，可是喉咙里如塞了湿漉漉的蚕丝，说不出话。他拼死挣扎，忽然从那姑苏台上跌了下来，忽忽悠悠地，跌在半空里，脚也找不到地，手也抓挠不到任何东西。在半空，他看见姑苏台下面，是五个血窟窿，仔细看去，原来是他在雍澨大战之前诛杀的五个将军，五个没有头颅，脖腔子冒着血泡和热气的将军，举戈来砍他的双脚，还恶狠狠地叫着：“大王！”

吴王“啊”地大叫一声。

他睁开了眼睛。

面前是一张又一张晃动着的黄脸和白脸，每张脸上都有一个血窟窿。那些血窟窿发出的是焦急的声音：“大王！”“大王！”“你醒醒啊大王！”……

他感到了暴雨的寒气逼人，听到了如刀枪搏击的雨打“帐篷”的声音。他看见了他的臣下，伯嚭、伍子胥急坏了的样子，也看见了跪在他的身边，最痛苦、最痛心、最绝望的、涕泪交加的太子夫差，在捶胸顿足地哭嚎：“父王，你不能扔下夫差而去呀父王！……”

阖闾那迷迷瞪瞪的心里，忽然开了一条窄缝儿，忽然明白了。

他回忆着刚才的噩梦。他想到他刚才是游荡在鬼魂之间了，梦里见到的那些人，久违了的王僚，夫概，眉皿二妃，五位将军……都已经是死人了。他想他之所以没有跟那些死人而去，全是因为等着夫差回到身边来，等着再见夫差一面。

他也明白了，夫差之所以迟迟不回马保驾，定然是盼着他速死。他懂得他的这个儿子的又狠又辣又狂傲的心肠，他懂得，知子莫若父。

这个逆子！

毫无疑问，夫差嚎啕的样子，是感天动地的，是呕心沥血的，是悲怆欲绝的，是淋漓尽致地倾吐了对父王之爱的，甚至是情愿毅然地替父王去死的样子。他顶着暴雨，赶到“帐篷”里，“噗嗵”跪倒之后，就一直悲痛。闹得伯嚭反而来劝夫差了：“太子殿下，大王已经醒了，殿下可要为国珍摄啊！你可不能没了主张！”

可是，吴王阖闾不知道，夫差他能继承吴国的基业么？他能会合诸侯一匡天下么？他能够与老臣孙武、伍子胥同舟共济么？能么？

吴王阖闾闭上了眼睛。一闭眼睛，他就觉得身体轻飘飘地在向一个隧洞里游走，前面，有一豆灯火，橘红的，在导引他，诱惑他，不叫他停止穿越这隧洞。

他心里还有很多事情放不下，他赶紧吃力地睁开眼睛。

孙武！

孙武刚刚从域外回到姑苏，听说大王阖闾已兵发檇李，心里惊呼“不好”，赶忙上马向檇李狂奔，可还是来晚了。

吴王在生命的最后时刻，见到浑身上下都是泥水的孙武，就想抬起身来，嘴干张着想说什么。孙武忙过去，扶阖闾躺下：“大王！孙武来迟了！”

阖闾苦着脸，摇摇头。

他已经不可能再抒发感慨了，自己后悔也只有他自己知道。倘若当初听从了孙武的大谋略，还会饮血檇李，饮恨沙场么？倘若军中有孙武在，还会溃不成军，一败涂地么？人之将死，不仅是会善心大作，同时也要重新审视一番与他命运攸关的人和事的。吴王阖闾早就知道，他的强悍野性的儿子夫差，因为孙武涉嫌夫概谋反，险些开了杀戒，夫差是不会不心存芥蒂的。有他在，尚可把握夫差，而夫差为王，后事便难以预料了。

不，他不想死。他不能死，至少是现在。

他失血的嘴唇翕动着，要说话。

夫差把耳朵贴近阖闾，问道：“父王有什么话要说？”

“你，我……要……你永世宽赦……赦免……孙将……军啊！”

夫差：“儿臣记下了。”

孙武：“大王不必为孙武操心，大王多多保重！”

阖闾又伸出那只实难举起的手，抖抖索索地去抓夫差身上佩带的天下独一无二的属镂之剑。

夫差：“父王你要干什么？”

阖闾伸出另一只手，似在招呼伍子胥。

嘴里却是有气无声了。

夫差：“父王，是要把属镂之剑，赐给伍相国么？”

阖闾点了点头。

夫差把佩剑取下，双手递给伍子胥。

伍子胥泪如雨下："大王放心，子胥一定把一腔热血泼给吴国霸业！大王放心啊！"

阖闾一手拉着夫差的手，一手攥住伍子胥的手，看样子是想把两人的手拉在一处，可惜他已经没有这个力量了。他闭上眼睛，大张了口地喘气，忽然，大叫了一声：

"夫差，勾践杀你父王之仇，你会忘吗？"

夫差跪倒在地："儿臣须臾不忘！"

再看吴王阖闾，已经气绝身亡。

老天发了疯，雨还是哗哗地下个不停。守在"帐篷"外面，淋在雨中的吴军将士，一直在注意地谛听着"帐"中的消息。当听到夫差失声地喊叫"父王"！"帐"中一片混乱的时候，雨中的将士也一片唏嘘，面面相觑，六神无主了。伍子胥又痛苦又激愤，攥着"属镂"之剑，走出"帐篷"，面对雨中的军卒道：

"大王他……"

伍子胥泣不成声。

吴军将士"呼"地一下子全部跪倒在泥水之中。

伍子胥："勾践小儿弑我君王，杀我徒卒，吴越不共戴天！今日伍子胥以先王所赐属镂之剑为证，辅佐新王，重新集结三军，誓为先王报仇！打到会稽去！三军列队！"

军卒们从泥水里站起来，群情激愤。

孙武忙来拦阻："慢！伍相国，且请从长计议！我军已经败溃，这是不可回避的。三军重新集结，颇费时日。仓促出战，司马中士不熟悉伍长，伍长不熟悉徒卒，如何协同作战？即便攻入越国境内，劳师袭远，后勤粮草也要重新筹划。再说，国君新丧，民心急需安抚，将军切切不可因为愠怒而贸然出战哪！依我之计，第一，严格封锁先王逝世的消息，不许走漏风声，我等护送先王回姑苏城去，再行国殇；其二，虚让槜李十里，分兵固守边城。如此这般，以实为虚，以虚为实，虚虚实实，勾践才不敢妄动。"

夫差拭泪道："传我的命令，一切就依孙将军之计行事，立即班师回朝。"

次日清晨，天终于放晴了。

在雨中枕戈待旦的吴军，重整了旌旗。伍子胥率领士卒，把阵亡的将士尸体抬到一处，伍子胥亲自为死掉的将士擦干脸上的血迹，一一亲手葬埋，泪洒槜李，之后，大队人马从槜李战场退出。

这是数万哀兵的大撤退！战马掩了铃，不发出声音，马嘴里也衔着枚，不让嘶鸣。破损的、染着血迹的旌旗，低垂着，不再猎猎飞扬。一路上不再用战鼓指挥行止，需要传达命令的时候，便是徒卒们口对着耳朵，耳对着口，用嘶哑的声音互相传递。伍子胥、伯嚭和徒卒们一起，肩扛着临时制成的“床”，抬着曾经是叱咤风云的一代枭雄阖闾。阖闾的身上盖着一面吴国的军旗，看上去，那张整过容的脸，蜡黄的，却依旧栩栩如生，大睁着两只干涩的眼睛，望着苍天。

全军默默地在泥水里行走。

勾践得到吴军撤退的消息，从来未想到吴王阖闾会因丢了一个大趾已暴死沙场，反而深信吴王阖闾仍在军中，勾践便没有穷追。之后，得到吴国边城又增添了兵力的情报，更不敢贸然反攻，再加上他的父王允常尸骨未寒，还要举行国丧，葬殓先王，也就退兵了。等到他回到都城之后，得知阖闾死在槜李的消息，实在是后悔莫及。不过，勾践毕竟年轻气盛，转念一想，到底老谋深算的阖闾死在他的手上，吴国再也没什么好惧怕的了，又不免洋洋得意，忘乎所以了。

第四部

一

早晨起来，天色微明，夫差盥洗披衣，刚刚在宫殿庭院一露面，就有一个立在那里的黑衣人高声问道：

“夫差！勾践的杀父之仇，你敢忘吗？”

夫差立刻恭谨而认真地拱手，咬牙切齿地回答：“须臾不敢忘。”

朝朝如此，或者说是时时刻刻都是如此这般的提示和回答着。夫差自槜李率领败军回到姑苏，就固定了两个黑衣人轮番立在庭院，“钉”在那里，无论何时，只要看见夫差出入庭院，就直呼其名，问他是否忘记了勾践的杀父之仇。这并不是一种单纯的形式，也绝不是做给朝中大夫将军们看的，这其实是夫差的内心独自，内心愤怒和内在的驱动力。这样一种方式，同样对于吴国国中的男女老幼都是一种昭示，国仇家恨，谁也不许忘却，谁也不敢忘却。不管过了多少时日，夫差都要让吴越之间的仇恨生根，发芽，长叶。他要把全国、全军、全民都卷到复仇灭越的战争中来，剿灭了在南边和吴国比肩而立的越国之后，才可以北上伐齐，伐晋，称雄天下。基于这样一个近期目标和远大狂想，他回到姑苏，登上君王的宝座。最要紧的就是两件事，第一是国殇，令上万民众去修筑豪华的阖闾陵寝，准备把他的父王最后送到墓地；第二便是为了复仇与争霸，重新组织属于他的力量。尽管夫差生性蛮悍、狂野、暴戾、骄矜，尽管夫差容易为偏见和谗言所左右，他也绝不会王袍加身就无端诛杀老臣。这倒不是他在乎大夫将军们怎么看，怎么说，究其根苗，他身为君王，变换了位置，他就必须用另一种眼光和胸怀去审视身边的重臣，哪些能用，哪些该用，哪些不想用也得用，哪些慢慢瞧着用，哪些要戴上笼头用，哪些用的是脑筋，哪些用的是四肢，如果一旦只需要脑壳，他当然也不会手软，取了便是。其实，对于只图官职的人来说，非血缘关系也会有此“遗传”，更何况夫差从娘胎里便开始了胎教？他让伍子胥继续为吴国之相，辅佐他处理军政事务；分封伯嚭为上大夫，兼做行人，职掌宫廷内务和外交事宜；让华登统领吴国全部水师，加紧舟师训练。举凡大小官员，夫差全部重新认定，不厌其详，不厌其烦。执掌军队的每“两”二十五人的司马中士的任命，他要过目；统领四“两”共一百军卒的行官上士，他要大致听一听这人的籍贯、家族史和战争经历。

至于孙武，夫差要亲自过府去拜望。身为君王，叫他如此屈尊，依他的秉性，这是一件很为难他的事情。

他还是硬着头皮去了。

他的父王阖闾常常微服到孙武府上去，去就去，走就走，不那么兴师动众的。夫差可不一样，城中短短的路程，他却是车服骑驾，侍男宫女，浩浩荡荡，招摇过市，令整个姑苏都为之轰动：新王夫差亲自去看望将军孙武。

离孙武府前十丈远，侍从便开始传递夫差的威仪和行踪了。“大王驾到——”一声连着一声，一直震荡到孙武府中的内堂。

孙武忙出门，以君臣大礼跪接。

夫差下了车，说：“爱卿请起”，边说边把两手老远地一张，绝不像他父王那样亲自去搀扶。他的“亲切”永远是有节制的。

君臣到府中坐下。

夫差坐在那里，两臂乍开扶膝，老大的一片，笑眯眯地望着先王命他终生赦免的将军，等孙武说话。

孙武："孙武不知何事敢劳大王驾临，实在是诚惶诚恐。"

"哈哈，将军是先王重臣，寡人自然应当到府中看望。将军的功德，寡人心里是有数的。"

这便暗示夫差不介意什么"涉嫌"不"涉嫌"的了。

孙武："谢谢大王看重臣下。"

夫差："寡人继承父王基业，本应设宴款待朝中重臣，也好把檇李一役大夫和将军们的晦气洗扫干净。怎奈父王不幸驾鹤而去，如今正是国丧，服丧期间不能不免去饮宴歌舞，将军是知道的。"

孙武："当然。先王在位期间，从来高看孙武，宫中彻夜谈国策，军帐里促膝问对，常常是行同车，居同床，食同席。先王乃是最知道孙武的了。如今先王逝去了，我悲伤得连饭都吃不下去，什么样的宴席也没有味道的。"

夫差："所以，寡人便带了些新鲜果品，与将军共享。来呀，呈上来。"

夫差一声令下，八位穿着白色裙裾，略施粉黛的宫女捧着果盘呈上，分别侍候在夫差和孙武身旁。

夫差道："虽只是些果品，也是吴国罕有之物，多是南边蛮荆之邦、越国所产，是越王允常生前献的贡品，寡人叫人从冰室中拿来的。寡人从今只食越国果品，将军定然知道其中用意。"

"臣下知道。"

"说说看。"

"大王怕是要把越国全都吃下去吧？"

"唔，差不多。"

"仅仅一个越国，大王还不一定会觉得果腹。"

"那么——"

"然后，便是齐国靠海的蓬莱仙山产的苹果和梨子；再往下，又该去摘晋国树上的弥桃和栗子了。这是大王日后的三番锣鼓，未知猜中了没有。”

夫差哈哈大笑，连叫：“请爱卿先尝尝越国的枇杷和甜橙。爱卿定然还记得，当初在你拜将的宴会之上，父王便用橘子来说国家大事，那时候，寡人还是青春年少哇，哈哈……”

孙武咬了一口枇杷，又吐出来。

夫差：“爱卿怎么了？”

孙武：“果子还没熟透便摘，涩而且酸，别说咽不下去，只怕牙也酸倒了，还要腹泻，伤了元气。”

夫差沉了脸。

他知道孙武不是说果子，而是在说他的国策。

夫差忽然向侍从喝道：“什么人挑选的果子？”

立即，八名宫女全部跪倒在夫差脚下，瑟瑟发抖：“小女子罪该万死”“大王饶恕……”

夫差冷笑：“尔等竟敢用些酸涩的东西来敷衍寡人，叫寡人在孙将军面前有何颜面？推出去，斩了！”

孙武连忙拦住，起身施礼道：“大王息怒，是臣的胃口不好，是我……”

夫差“唔”了一声，挥了一下衣袖。

八个宫女赶紧退出。

夫差说：“寡人的胃口倒是好得很，什么样的果子都吃得下。”

孙武：“臣下怎敢比大王？”

夫差又道：“请将军随便拣几样尝尝。”说着，他大口地嚼着枇杷说话：“真是不知道将军的口味，是喜欢甜呢，还是酸？”

孙武：“万物都有度。过分的甜，与过度的酸，都于脾胃无益。我还是喜欢罗浮山下自家的菜瓜。”

夫差诧异地看看孙武。

孙武神态平和。

夫差说：“既然如此，寡人可以分封爱卿食采吴兴郡和罗浮山。孙将军，你十年戎马不容易，你辅佐父王创下吴国基业，现在又要你为我操劳，我心里实在不安。可这又有什么办法呢？父王的血不可白流，国仇家仇不能不报，越国不可不灭，中原霸业不能不图。我初登大宝，第一件事便是就教于父王的重臣，特别来拜望将军。将军，将军！你我君臣携手戮力，何愁不能灭越，伐齐，破晋？天降大任于将军啊，你我君臣一起告慰父王在天之灵吧。夫差思量再三，父王临终嘱我终生赦免将军。将军功高盖世，哪里只是什么赦免不赦免的？夫差阅世未深，还要依靠将军呐！”

夫差的话滔滔如泻，说得很激动。

孙武听着，神态宁静。

这是很让夫差恼火的，可是他知道不能发火，至少是眼下不能。

夫差：“孙将军，我要为你重修府邸，并在罗浮山为你筑建别业，我要你来做职掌吴国水师陆军的最高官职大司马，将军意下如何？”

孙武淡淡一笑：“谢谢大王了，孙武只要罗浮山下一块菜田。”

“你？！”

“只要罗浮山下一块菜田，此生足矣！”

“你要舍弃寡人而去？”

“孙武已经是精疲力竭了。”

“你是不是对寡人心存芥蒂，耿耿于怀？”

“大王的封赏，足以令孙武感激不尽。”

“你到底想要什么？”

“隐于田园，放浪山林。”

“你难道就没有想到……”夫差的声音忽然平缓下来，还笑了笑，“寡人如果不准你去隐逸什么田园，你就走不出这府邸半步么？”

“我自可在府中静养，可这又于大王何益？”

“倘若寡人治你违抗君命之罪又如何？”

“孙武进不求名，退不避罪。”

沉默，僵持片刻。

夫差叹了一口气。他的失望和失落感是真实的。

“将军你，你真是不愿意与寡人共谋伐越，报勾践一戈之仇么？”

“请大王鉴谅。孙武看遍了天下战场，惊叹于诸侯之间的频繁征战，为了一块玉，为了一匹马，便兴师问罪，大开杀戒，真是伤心惨目。孙武无力回天，徒唤奈何，实在是再也不愿意见到征伐、杀戮了。”

夫差“呵呵”冷笑：“那么请问，将军的《孙子兵法》十三篇又做何解？”

“十三篇的精髓乃是——”

夫差：“不必说了，寡人知道将军的兵法是简上谈兵。”

“大王可以听听孙武兵法中所说的不战而胜与慎战的道理么？”

夫差不耐烦了。

“将军可以解甲归田了。”

说着，夫差便向门外走。走到门口，又回过头来，道：“将军原来是个喜欢梦想的人，如今天下诸侯，孰能不战？孰能止战？孰能罢战？将军可以回罗浮山过些日子，暂居田园。寡人不定何日还要召将军来，听将军高见的。去吧，寡人为你在罗浮山修建别业。倘若将军到别国去——助他人威风，那可要请你恕寡人无情了！起驾回宫！”

夫差怒冲冲走了。

他十分扫兴，而且愤怒。他对孙武归隐的理解是：孙武对他心怀仇恨，不肯合作；他对孙武最担忧的是逃奔他国，投靠敌邦；他对孙武实行的策略是软禁，这当然是最佳方案。他这时初为国君，不能随便将孙武投入大牢，也不可将孙武的项上人头取下来，虽然他很想这么做。然而，这样做的结果，将是令先王老臣兔死狐悲，人人自危，众叛亲离，同时也无法谢天下百姓。他的根基还不牢，他登上王位才几日，犹如陶坯，还没有风干，更不曾经过烈火煅烧。他要通告罗浮山外的南北西东城关哨卡和周边城镇，不准将军孙武出行，画地为牢。让孙武在山中老死吧，老死！他咬牙切齿地想。

他回到王宫。

他走过庭院，走得很快。

庭院里，黑衣人见到夫差，立即恪尽职守地问道：

“夫差，勾践的杀父之仇，你敢忘吗？”

“我——不——敢——忘？”

夫差扯直了嗓子，拼命地吼叫。

宫中的人，全吓坏了。

漪罗不知新王夫差与孙武谈些什么，特别担心会有不测，一直在帷幕后面提心吊胆地偷听。

夫差一走，漪罗就踮着脚尖，悄悄地来到了孙武身后。

漪罗欣喜地从后面用柔软的两臂，抱住了孙武。

孙武一动不动，立在那里。

漪罗：“将军，我们要回罗浮山了，真是要回罗浮山了！”

漪罗把她的脸紧紧地贴着孙武的背，感觉着只有她才可能感觉到的温暖，踏实，强大，可靠和幸福。她的心已经飞到她所喜欢的，可以自由自在生活的罗浮山中去了。她喃喃地说：“将军你知道那首诗么？‘采采芣苢，薄言采之——’说的是在那花草明媚的原野上，去采车前子啊，手提着衣襟儿，再把衣襟儿掖在腰带上，成把地采呀，采呀，拾呀……到了罗浮山，我要你陪我去采车前子，啊不，我叫你看着漪罗采车前子……”

漪罗的喜出望外和孙武的沉重的心情形成了巨大的反差。孙武尽量不伤害漪罗，只默默地把那两只围在他腰上的手移开。

漪罗：“怎么？将军，您不高兴么？”

孙武长叹一声，两眼茫然。

老军常佝偻着腰，踢踢踏踏地来了。老人眼已昏花，行动迟滞，口齿不清：“唔将军要回唔山呐，那些乌龟王八留下了。夫差也成精了，哼！他的人，还胡诌少夫人是奸细，这些骡子养的王八儿子！将军你不能走。我阿常知道吴国能领兵打仗的，一个是将军，一个是伍子胥！我在打仗的时候丢了两个儿子啊。我儿子不怕死。将军你要回山呐。我阿常是身经了几回生死的了。将军你不能走。吴国能领兵打仗的……”

孙武皱了眉：“行了行了，阿常你不要再说了！”

“将军你不能解甲归田哪！”

“好了！”

漪罗忙搀老军常出去：“阿常老爹啊，你不是要洗澡么，水烧好了。”

离开战场八个春秋了，老军常还是觉得自己洗不干净。

漪罗返回身来：“将军你不愿意回罗浮山吗？有什么不痛快的事情，说出来，漪罗也好分忧。”

孙武苦笑着道：“我也记得两句话，说是——知我者，谓我心忧；不知我者，谓我何求！”

帛女来了，站在门口：“将军肯听我几句话么？帛女随将军自齐国到吴国，从罗浮山到姑苏，从无怨言。将军如果现在说到天涯海角去，我自会拔腿便走的。今日将军说要回到罗浮山去，帛女可是喜出望外了。有什么比淡泊和宁静的日子更好的呢？住在罗浮山中，就像人们说的小国寡民呐，甘其食，美其服，安其居，乐其俗。没有什么期待，自会达到逍遥的境界。将军回到罗浮山一切都顺其自然，有功却不居功，正因为不居功，才是最有功的人呐！不知帛女说的对不对？”

孙武听了帛女这话，感慨万千：“夫人这样说，孙武日后岂不像那不知四季的朝菌，朝生暮死一样吗？岂不像那不知春秋的寒蝉，春生夏死，夏生春死一样吗？孙武活着不是和死掉了一样吗？”

帛女：“那么，将军还是要去征战和杀戮吗？”

漪罗：“将军在罗浮山中可以静下心来著述兵法的啊！”

“好了好了，谁也不要再说了！你们叫我安静一会儿吧！”

他的心里烦躁得很，矛盾得很，沉重得很。他已经决定解甲归田，归隐罗浮山了，可是，这个决定，对他来说，实在是痛苦的抉择。当初，他怀着一腔热血献给吴王阖闾兵法十三篇；他带着一泻千里的锐气在姑苏台上演试兵法，杀了二妃；他背负着实践兵法、振兴吴国的大任率师出征，破楚入郢，现在，他正是精力旺盛的年华，却要解甲归田，离开军中了。这是一件万不得已的事情。经过反复思虑，经过回眸往昔与预测未来，他清醒而睿智地看到，随着阖闾时代的结束，夫差登上王位，他所倡导的“不战而屈人之兵”也罢；“全争”“安国全军”谋略也罢；“慎战”“修道保法”也罢，都将难以实现。阖闾算是能听得进忠言谏议的，可那也大多是在初登王位的时候，不敢嚣张。夫差可是大不同了，他从小蛮野，狂妄，刚愎自用。夫差已经明确地说他是活在“梦想”之境。夫差王袍加身，就已经确定的伐越、伐齐、伐晋三部曲，意味着夫差的专断和穷兵黩武时代的开始。夫差重用他，挽留他，只有一个目的，就是要他征战，征战，还是征战！他已厌倦了战争，再也不愿看到流血和拼杀了，无可奈何，他只有拂袖而去，以拒绝战争的方式抗议无端生起的战争和只为满足君王野心、嗜好的战争，也抗议对于他十三篇兵法的曲解和肢解。

他是成功的呢？还是失败的？

他的心里一片惆怅。

夜里，他翻来覆去，无法入睡。

三更时分，他悄悄披衣起来，走出府邸。

又到姑苏台来了，这和他的命运紧密连在一起的地方，这让他开始将军生涯的地方；这融铸着他的梦想的地方；这让他激情满怀又让他伤心透顶的地方，在即将离去的时候，怎么会如此牵动着他的魂魄和思绪？他不知道。他到底要在姑苏台印证什么？寻找什么？又失落了什么？他也不知道。

无言的告别么？

他默默地在姑苏台上踱步，似乎是在丈量姑苏台的长短。他站住了，月光把他与姑苏台融在了一起。哦，天上，是在风晕里蜷曲着的半个月亮，明天有风啊，他想。眯上眼睛向远处望去，太湖揉碎了半个月亮，吞吐着那些白色的光斑。再远些呢，迷迷茫茫的，什么也看不清，山川，阡陌，湖岸，村落，全都迷失了。

天上有孤雁在叫，可是不知雁影何在。

午夜，很凉……

有人咳嗽了一声，谁？是伍子胥。这人没有靠近，保持着三丈远的距离，与孙武在夜色里的姑苏台上面面相觑。

“真要走了么？”伍子胥的声音打不起精神。

“是啊，真要走了。”孙武的声音也低沉。

“不可以再斟酌了么？”

“休要再说什么了。”

“可是，孙将军为什么当初在这个台子上受难之后不走？”

“唔，那不是避罪逃跑么？”

“既然要走，当初何必来，何必要登台拜将？”

“既然人终归要死，为何要生？何必让母亲受难？”

“我知道你厌倦了战事，既然如此，何必又要作《孙子兵法》？”

“没有《孙子兵法》，世人又如何知道不战而屈人之兵是善之善者也？”

“孰能号令天下诸侯就此放下斧钺，孰能约束各国君侯永不征战呢？”

“所以孙武要隐去了。”

“将军是回到罗浮山呢，还是回到你自己构筑的梦境之中去呢？”

“有梦者活着，无梦者死掉了。”

“如此说来，你做你的梦去就是。伍子胥不进家门，不亲妻子，日夜操练徒卒，只求不愧先王，是一定要为先王报勾践一戈之仇的了。为了剿灭越国，伍子胥食无味，夜难眠，哪里还有什么梦？可是伍子胥活着，活在沙场上！”

“伍相国，可以听孙武几句话么？”

“……”

“孙武听说，战马睡觉的时候三足站立，随时可以奔跑；蝙蝠睡觉的时候两爪吊挂，张开两翼，随时可以飞遁；鳏鱼睡觉的时候，睁着眼睛；刺猬睡觉的时候，乍撒起浑身锋利的尖刺。伍相国，新王比不得先王，宦海多有风浪，还要多多保重。”

“伍子胥早已置生死于度外。”

“那么，就此拜别了……多年来，孙武有幸得到伍相国的举荐和鼎力相助，今日一别，分道扬镳，不知何日再见？请受孙武一拜，孙武要叫你一声兄长！”

“伍子胥不是你的兄长！”

伍子胥回身便走，头也不回。

姑苏台上只剩了孙武一个人。他呆呆地站在苍凉的台子上，一直到天色泛青。

先王阖闾的葬礼，整个姑苏城从早到晚劳烦了一天。阖闾的陵寝在姑苏城的阊门外边，送葬的队伍绕城一周，前队到了阊门，后队还没出王廷。槁素的丧服充斥里巷，一片白花花的。不算君王“五服”之内的亲属，仅牵引柩车“执绋”的，就是五百人。每一条“绋”，都用整匹白布搓成，仅“绋”就用了五百匹布，整个葬礼，谁也说不清用了几千几万匹布。丧车大得惊人，四个车轮都状如整木，长长的轴穿透死心儿的木轱辘。丧车紧迫地面而行，丧车又叫“蜃车”，“蜃”是大蛤蟆的意思，那车可真有些像老大的蛤蟆爬行。棺椁也非同一般，三重棺，每重椁上的装饰豪华之极，难尽其详，一层素锦的棺罩叫作褚，一层竹编叫作池，还有一层黄绢叫作帷荒，三层加在一起叫作“柳”，所以柩车又称之为柳车。阖闾的灵柩四面还围着丛木，丛木在棺椁的上方合拢，近看像屋顶，远看可就像一座小山了。丧车后面有遣车，就是馈赠和祭奠的意思，把祭奠阖闾的猪、羊、果品什么的，装在遣车上，送到墓地去。装得满满当当的遣车一共是七辆，“轰轰隆隆”碾压着姑苏城。阖闾的遗体已经有味儿了，所以，那柩车，遣车，全都“嗡嗡嘤嘤”跟着成群的苍蝇，挥之不去，拂之又来。夫差在仪仗队之后徒步行走，手执招魂幡，哭得满脸都是些黑气。他后边的将军大夫个个哭丧着脸，按资排队，踽踽而行。再往后，数不清是多少人，都捧着即将随葬的明器。明器又叫作盟器，是些个布帛、珠宝、玉器、陶器、铜器，还有戈戟盾牌之类，保证阖闾在另一个世界亦可以足食丰衣，也可以征伐作战。看上去触目惊心的，则是丧葬大军中的活人抱着的俑，那陶俑亦称为“像人”，果然如真人一样眉眼欲动，栩栩如生，有男有女，一共有一百七十七位，等于阖闾从阳世一次带走了一百七十七个侍从，照顾他老人家饮食起居。不由不让观者感叹：活着多大威风，到阴冷的那边也有多大威风，活着的时候没享完的福，是可以带到遥远的阴世去享的，到底是君王之家！

葬礼队伍中最精彩的场景，是十六只仙鹤踏着悠闲儒雅的步伐，骄傲地鼓动双翅，引吭高歌，翩翩起舞。它们全然不管死者的死相如何可悲可叹可怜，也不管死者如何尊为一国君王，更不管丧父的新王怎样哭丧，不管此时此刻全吴国的人都会因一点点欢颜而丢了脑袋。它们破例被允许跳着欢快的舞，它们的头上戴着鲜红的“冠”。城中不得不身着白衣孝服的民众，纷纷涌到鹤舞的这一段落，兴趣盎然地观看，捂着嘴谁也不敢笑，眼睛里却流露出难以遮掩的惊喜，挤着，攒动着，跟着跑。那些鹤们，越是有人观看，越是精神抖擞，舞姿越发地动人了。

十六只仙鹤的后面，还有一只梅花鹿，一副惊恐的样子，不知想到了什么，得知了什么，它那纯真无邪的眼睛里盈满了泪，走走就停了，身上挨了皮鞭，就又往前走。

这一支活人，死人，假人，还有鹤和鹿混杂的队伍，从大早起祭奠开始，直到全部到达墓地，已经是太阳西斜了。大队人马与其说是送葬，不如说是一回富豪的展览，威风的展示。这样一番展游之后，果真让人茅塞顿开：原来，不论活人做出怎样的悲伤痛苦状，看来，死亡对于死者没什么不好的，说不定，把福带到另一个世界，重新开头儿，可是更懂得怎么享福了。原来，死亡，也就和出远门儿差不多。

墓地上，除了送葬的，参观的，还有两千徒卒荷戟参加哀痛，人山人海。

盛大的下葬典礼。

繁琐冗长的礼节礼仪。

送葬队伍当中第一个去死的，是那头梅花鹿，它被赶入墓道，捺到墓穴前方的墓坑里，盖上了顶。凭那鹿怎样噗嗵也没用了，它与另一边的怪里怪气的青铜镇墓兽，遥遥相对。之后是陶俑们和明器落入墓坑，俑们无悲无哀，无牵无挂，都是不计生死的。高潮自然是吴王阖闾被放进墓穴的时候，整个送葬大军一齐大放悲声，十六只鹤也惊得唳叫不止。夫差跪在墓穴前边捶胸顿足，嚎啕得要死要活，围观的人等也都骚动起来。闹得安放灵柩的人手忙脚乱，好不容易才把棺椁陈于墓穴正室，又撒好了给蚂蚁们吃的煎熟的谷物，盖好了墓穴顶盖。

夫差站了起来，转身面向参加葬礼的朝臣、百姓和徒卒。那张扭曲着抽搐着的虚浮囊肿的脸，看上去很吓人。

眼睛，红得好像要淌血。

葬礼还没完，他要做什么？

伍子胥："大王，你这是做什么……"

伯嚭悄声："恭请大王节哀啊……"

夫差没有理会他们，径直向两千徒卒前面走去。

朝臣赶紧向两边分开，让了路。

谁也不知道吴国的新君打什么主意，墓地上鸦雀无声。

夫差在徒卒面前站住了。

他的红眼睛，扫视着一张张年轻的徒卒的脸，仰看着那猎猎翻卷的旌旗。

他嘶哑地号叫道：

“今日……葬了先王。先王入土为安了么？不，不，不——先王一生披着甲胄，南北征战，创下吴国基业，不料被竖子勾践所害，饮血槜李，先王闭不上眼睛呵！如今父仇未报，寡人有何脸面告慰父亲在天之灵？寡人之家仇，便是国仇，便是吴国子子孙孙之仇，不报此仇，天公会降怒于吴国的啊！夫差在此向天盟誓：生，则与竖子勾践血战，剿灭越国；死，则随先王而去，无怨，无愧，无悔！寡人今日在此问尔等一句，敢不敢战？”

两千徒卒一个声音：“敢！”

“敢不敢死？”

“敢——”

疯狂的夫差提高了声音，嘶叫着又问了一遍：“敢不敢？回答先王，回答寡人，回答皇天后土！”

这回是山摇地动一般的一个“敢”字了。

夫差已经是热泪盈眶了，他上前几步，来到前排徒卒面前，指点着：“你，你，还有你，你们，站将出来。”他点到的徒卒有的激昂，有的诧异，有的胆怯，也有的不知为何受宠，可是这些唇上长着茸毛的年轻士卒，没有人敢违抗君王亲自下的命令，纷纷出列，站成一排，一共是三十六人。

夫差忽然向他们一拱手：“军中从无戏言，既然你们回答了寡人，敢战，也敢死，敢随先王而去，尔等现在便随先王而去，给寡人看看，也给天下人看看，吴国之军举世无双！你们家中的父母妻儿，寡人自会抚恤。去吧，去，以死明志！”

墓地上所有的人都惊呆了。三十六个年轻的士卒，则简直如同做梦一样，没想到活得好好儿的，顷刻间死到临头了！他们中的大部分人甚至只听清楚，只弄明白了一点：新登王位的君王，是叫他们去死，去陪伴僵尸，去做僵尸。这一切怎么来，怎么去的呢？大王夫差是如何把这一次葬礼变成了誓师——不，誓死的仪式？夫差的确是让复仇和征战的欲望弄得昏了头，疯了么？如果来日那勾践不死，夫差会气死的吧？谁知道呢？三十六个年轻士卒懵懂了一霎，立即明白了他们死的方法了——墓穴顶上的盖板盖上了，坟墓的入口还没有封死。从入口处进去，便是长长的墓道，大约那墓道，便是他们的归宿了。现在，黑沉沉的墓口边上，人们正在把十六只鹤往坟墓里驱赶。被剪了翅膀的白鹤无处可逃，正在兜圈子，引颈做最后的歌唱，鹤的叫声从来没有像这会儿这样凄厉、悲凉和绝望。十六只白鹤一起叫起来，简直惊心动魄。活蹦乱跳的鹤还没有全部塞入坟墓，就轮到三十六个年轻士卒了。他们的司马中士执戈喊了一声“走”，就有人一下子瘫倒了，瘫倒的立即被拖起来，随着“队伍”走向坟墓。确有勇往直前的，也确有泪流满面的，可是无论此刻是勇敢，是懦弱，是悲伤，是留恋红尘，是惦念亲人，是默默祝祷，是仇恨满怀，都不可能被允许停下走向坟墓的步履。他们，三十六个，一个又一个被黑沉沉的墓口吞噬了。他们立即在黑暗中挤成一团，人与人，人与鹤，挤成一团。外面的人可以听到里面发出模糊不清的混杂的人声和鹤叫，接着，墓穴的入口就被巨大的石板封住了。也许，等不到用黏土把墓封死，蜷缩在墓道的三十六个年轻人的生命就结束了，只有他们自己知道，被阴世吞噬的滋味，窒息的痛苦和自己走向别人墓穴时的巨大的悲恸。人的生命是十分脆弱的，坟墓里立即无声无息了。

夫差又红了眼对伍子胥道：“伍大人，寡人命你立即把孙武拿来。”

“大王，这又为何？”

“谁不与越国为仇，便是与寡人为仇！”

“大王，孙武昨夜已经走掉了。隐逸山林的孙武，不再是昨日之将军孙武了，大王何必为此劳神？”

夫差“咕嗵”一声又跪回阖闾陵前，痛哭失声……

孙武确实在先王阖闾出丧的头天夜里走了。

也可以说逃了。

他知道夜长梦多，也知道夫差对于他的隐逸不满，恐怕再生不测，便匆匆地带上家小，离开了姑苏。他只带上了书简、琴、剑和一些旧衣裳，坛坛罐罐，青铜器皿几乎全都丢下了。此一去罗浮山，他是决意过平平淡淡的清贫的日子了。

两辆马车夜半出发，一路在昏蒙蒙的夜里奔跑；天色微明，到了罗浮山前。一路上孙武茫然地睁着眼睛，一句话也不说，不管离开姑苏多远，他的心上都没有那种解脱了的感觉，只是闷闷不乐。一直等到车马到了罗浮山前，黑夜抽身而去，但见天也宽了，地也阔了，树也绿了，雾也白了，一大片一大片的紫云英，嫩黄的油菜花，扑入眼帘，许多许多的鸟儿，叫着，闹着，无一不醒神养眼。这时候，三个孩子，孙驰，孙星，孙明，大的十二岁，次子八岁，幼子六岁，全跳下了车，和漪罗一起奔跑。那漪罗，竟然还像个天真的小女孩，打了赤脚，一只手拽着裙裾，一只手提着鞋子，在田埂上摆着腰肢，一边同孩子们跑着，一边回头来招呼："将军来呀，你来呀！"忽而，漪罗看见一个牧童和一头老水牛，竟然骑上了牛背。漪罗搂着两个孩子，后边一个大的，抱着漪罗的腰，悠然地骑牛嬉耍。

孙武的心里稍许豁朗了一些。

帛女却流泪了，为什么？

驾车的田狄说了一句："将军，咱们回家了啊！"

孙武的眼泪夺眶而出，他忙擦了泪，不让帛女看见。两军阵前，即使咫尺生死，他没流过泪；姑苏台上，即使斧钺在头上悬着，他也没流泪，现在是怎么了？是喜？是悲？是感叹从此轻松了？还是忽然更沉重了？他自己也说不清。也许田狄说的对，这才是家，现在是"回家了"。这就是说，他，吴国的将军，在先王阖闾在位的十九个年头里，在血与火里划了一个很大的圆圈儿，而今又回到了原地。

你改变了初衷了么？

不惑之年，你就老了么？

那么，前面，果然是你的旧巢，你的归宿，抑或说是你的墓地么？

帛女说："长卿，你看，怎地修起了围墙？"

孙武"啊"了一声。

遥遥望去，"旧巢"变了样子。从前那竹篱柴门不复存在，换成了石砌的高墙。一道墙矗在山川阡佰之间，破坏了那种田园气氛，显得格格不入。当然，这一定是大王夫差的"恩典"。说话间，车已到了高墙之下，孙武四下里看了看；到底是岁月沧桑，大模样还是那个家，细看不一样了。当年那绿荷摇曳的池塘，已经是个生满绿苔蒲草的死水潭了，水田里也不再生稻谷，只生着杂草，田埂也是轮廓不清了，看来，整治起来，还要费些时日。走进院子，倒是发现旧巢修缮过了，而且烟囱还举着乳白色的炊烟。院子里很干净的。菜畦还是菜畦，移种了些瓜菇幼苗。那口老井旁边，正有一老者用桔槔打水浇菜。

是谁？

"颉乙！"

孙武喜出望外了。

颉乙放下桔槔："老朽候将军多时了！"

孙武："你怎知孙武将至？果然神算哪！"

"神不神，你知，我知，天知，地知。"颉乙愈发表现得玄妙。颉乙与孙武在楚国旧战场游历时一别，八年过去了，颉乙除掉添了些许白发之外，神色却比当年还好。

孙武；"先生别来无恙？"

颉乙："一人浪迹天下，全家不饿，倒也没病没灾的，这才可以在八年之后来同将军决一雌雄啊！"

孙武笑了："好哇，你还惦记着那盘没下完的棋啊！"

说话间，漪罗，帛女和孩子们都跑到屋子里去了，少顷，漪罗又从屋内出来，兴高采烈地喊道："将军，你看谁来了！"

声音没落，从屋子里走出一个抱着琴的人。这人须发皆白，骨瘦如铁，满脸矜持，见了孙武只笑不答话，空出手来在琴上一扫，"嗡"的一声，就算问候。

孙武又是一惊："公孙尼子！"

公孙尼子又拂了一下琴，这回才哈哈大笑。

三个老朋友见了面，孙武心上的阴云这才飘然远去。公孙尼子说颉乙的神算这回不神了，前两日便说是孙武要回家来，今日才到。颉乙说既然不出三日，神还是神。孙武说，颉乙乃八年前的败将，今日前来复仇，恐怕败将毕竟是败将。说得颉乙性起，抓了棋子便要立即决出高下。公孙尼子连劝颉乙心平气和，先尝一尝他煮的黄粱米饭再做理论。

吃饭了。

一餐充满乡情的“盛宴”。

北方的黄粱米饭，本地的茄子辣椒莴苣。无论颉乙，公孙尼子，还是孙武的家小，都吃得很香，唯独孙武吃不下去。

公孙尼子说：“长卿，难道还留恋那些富贵荣华么？都是些身外之物。”

颉乙说：“公孙怎么这样说话？孙将军这叫作壮志未酬。”

帛女说：“让长卿随你们满天下走走，疏散疏散，百病皆无。”

孙武说：“只怕是软禁在此山中，夫差不会放我远走的。”

颉乙说：“罗浮山之大，什么样的鸟儿不可栖乐呢？鲲鹏扶摇而上八万里，斥鴳翱翔只在蒿草灌木之间，只要有所期待，都是不能逍遥自得的。唉，长卿不思茶饭，颉乙的手段也只能治表，不能治里啊！可是，长卿的病还是要治的。漪罗，你且记下了，一日三次，水煎服——龙胆泻肝汤。”

吃罢了饭，公孙尼子说“改日再来为长卿解郁”。正要拉着颉乙告辞，田狄来报，说：“伯嚭大夫派的人到了，送了些绸缎玉器和银子来。”孙武冷笑一声说：“耳目跟得如此之快！告诉来人，孙武已经解甲归田，休要烦扰。”田狄问：“带来的东西怎么办？”孙武说：“还用问吗？带回去就是。”正说着，伯嚭派来的人已经把东西抬进院子，管事儿的向孙武打了一躬：“伯嚭大夫再三叮咛要小人来问安，问还缺不缺什么物件，将军还是把礼物收下吧，不然，小人无法回去交差。”孙武说：“田狄，把带来的东西隔墙扔将出去！”伯嚭的人还要力争，颉乙走上前来，一边把那人往外推，一边劝道：“好了，走吧，回去可对伯嚭大夫说，孙武是个不识抬举的山野村夫，不要再理会他！”

二

一日黄昏，老军常、漪罗正带了十岁的孙星和八岁的孙明，在罗浮山下的桑林采桑，忽然间，见两个骑马的汉子策马而来，其中一人把路边玩耍的两个孩子一边一个夹在胳肢窝里，又捺到了马上，打马便跑。漪罗惊叫着“站住！”扔了箩筐和桑叶，趔趔趄趄奔到路上，边喊叫边追，没提防，另一个骑马的汉子，从后边伸过手来，像老鹰捉小鸡一样，把她也捉到了马背上。她俯卧马上，任怎么踢打，哭喊，叫骂，全都无济于事。老军常跟在马屁股后面跑了一阵，嘴里不住地骂乌龟王八，眼瞅着两匹马越跑越远，连尘埃都散尽了，老军常最后跌倒在了路上。家里的孙武和帛女，等到天色全黑也不见漪罗和两个孩子的踪影，这才知道着急。全家上下便提了灯笼四处去寻。黑黝黝的罗浮山，只有风徊空谷，松涛喧响，哪里有人答应？孙武去叩了颉乙住的柴屋，公孙尼子临时栖身的洞府，又寻遍了罗浮人家，都无漪罗和孩子们的下落。

空跑了一夜，空忙了一夜。到了天明，老军常才踉踉跄跄摸回家来，老阿常蓬头垢面，脸磕得尽是血污，鞋子也跑丢了，进了门，泪流满面，扑倒在地就连连“请将军责打”，骂自己是个“无用的东西”，颠三倒四地乱说些“白让将军养个废物”，“连条看家犬也不如。”孙武听得着急，喝道：“阿常，你啰里啰嗦说些什么，漪罗和孩子到底到哪里去了？”

阿常：“狗日的，我阿常要是知道掠少夫人去的狗日的是谁，我老命也舍得拼的。”

“少夫人被人掠去了？”

“两个骑马的王八，想当年我在马上……”

“骑马的人，向什么方向去了？”

“吴兴城啊，我说我爬也要爬到吴兴城找少夫人呐，守城的娃娃不让爷爷进哪！他们……”

孙武：“我知道了。你去吧，去吧，先去洗一洗。”

老军常：“洗？是，是该洗一洗。怕是洗也洗不干净嘿……”

孙武心烦，叫田狄把老军常带走。

帛女垂泪道：“到底是被什么人掠去了呢？掠去了妇人孩子又做什么呢？”

孙武叹了一口气：“都是孙武害得一家老小不安生啊！”

“长卿你说什么？”

“夫人还不明白么？漪罗和孩子都被捉去做人质了。想我们家徒四壁，除了琴剑和竹简，别无长物。那么，劫掠漪罗和孩子便不是为的金银玉帛，只能是为了孙武。只要孙武的项上人头尚在，吴国便无一个可以安生之处。”

“你是说——”

“正是。”

帛女脸都白了：“夫差不肯放过妇孺孩子啊！”

孙武说：“这便是说，吴国又要打仗了。”

孙武的判断没错。

吴国经过三年的准备，府库充实，国力大增，伍子胥三年不见亲眷，终日训练士卒。夫差也日夜勤兵，终于到了再不兴兵伐越，就要抑郁成大病的地步。一提起兴师征伐，夫差就想起了孙武。他现在踌躇满志，骄矜得意，并不是一定要请孙武再度出山，他想他凭借自己的文韬武略，再加上伍子胥的能征善战，更有将军皆知的孙武兵法，足以横行天下。他唯一担心的，乃是孙武趁他兴兵作战的时候离开姑苏，会逃到别国去，成为他的对手的将帅。这个担忧也不是没有因由的。孙武不在吴国朝中，隐居田园的消息，逐渐不胫而走，为天下周知。齐国，晋国，秦国都有说客潜来吴国，要请孙武去，委以大任。这些说客，有的已经被夫差命人擒获，有的逍遥四方，去了又来，更有一些浪迹江湖的异人，与孙武过从甚密，谁知道是不是在策划孙武成为反叛？夫差觉得这实在是一块心病，便同已经升任吴国最高行政长官的太宰伯嚭商议。夫差说："孤王想把那孙武重新招来，太宰以为如何？"伯嚭道："大王莫非不相信伯嚭、伍子胥能够率兵打仗与战胜攻取？莫非除了狂妄自大的孙武，吴国真就无将了么？"夫差说，"寡人哪里不相信爱卿的才能？只是担忧孙武会择木而栖，投靠敌国。"伯嚭："大王即便强招孙武入朝，怕那孙武也不会像从前那样效力。""只要把孙武放在手心儿里便好。"夫差说。伯嚭一笑，"大王把孙武放在手心儿里么？只怕五指攥得紧些，捏死了；手指攥得松些，又跑了，反而不妙。"夫差："所以寡人才叫你来献一良策的。"伯嚭说，"这有何难？只消把孙武的心肝摘取了一块放好，孙武便哪里也去不得了。"夫差不解其意，问："寡人不懂爱卿说些什么？"伯嚭淫邪地笑说："休看孙武自称什么淡泊，他可是金屋藏娇啊！那红粉佳人不是他的心肝又是何物？好了，大王宽心，这事交给伯嚭万无一失。"夫差哈哈大笑："哈哈，此计甚妙，医了寡人的心病，去吧。"

就这样，才有了伯嚭手下亲信劫持漪罗和两个孩子的事。那两个孩子，算是办事人的额外收获。伯嚭给夫差回了话，不辱使命。然后，夫差命令把漪罗和孩子安顿在一个秘密的离宫里，让这三个"人质"丰衣足食，如同笼中之鸟。除掉侍候漪罗起居的使女和防范漪罗逃跑的看守卫士之外，这个世界上没有人再知道漪罗和孩子们的下落了。

漪罗和两个孩子丢失之后，孙武坐立不安，心情郁闷。挑灯著书，发现砚瓦中无墨，看到依琴依剑，睹物思人。帛女平时看上去如无波古井，这回丢了两个孩子可是让古井里也掀起了波澜，时常坐在那里呆若木鸡或暗自垂泪。老军阿常那日早晨回来报了信儿，之后，又兀自出去寻找漪罗和孩子了，也不知他是到吴兴城去了，还是迷失在罗浮山了，竟然也杳无消息，不知踪迹。

孙武决定到姑苏城去走一趟。

帛女担心："将军既然已经知道劫持漪罗和孩子的，定是夫差所为，现在自己送上门去，凶多吉少，还回得来么？"

孙武说："一国之君要孙武性命，还不像碾死一只蚂蚁一样轻而易举？倘若他要下手，你不送上门去，他自会打上门来。他们劫掠漪罗的本意就不是要谋害于我，或许是要给孙武颜色看看，或许是要警告孙武不能去效力于别国诸侯，仅此而已，夫人放心吧。"

还有，即便那吴王夫差要他用性命换得漪罗和孩子平安还家，他也不会迟疑的。这一层，他没有对帛女说。

他和田狄打马直奔姑苏。

他们先拣一个小客栈栖身，不显山，不露水，孙武打算先打听一下漪罗的下落。他们当晚便到酒肆茶楼去，混迹百姓之间，问讯城中父老，是否看见一个妇人和两个孩子被人劫持，回答总是千篇一律的，没有人看见，也没有人听说。无奈，孙武便到伍子胥府中去问个究竟，这才知道伍子胥自槜李之战以后，根本就不进自家的门，正在太湖之上训练水军。据说，近日正调兵遣将，准备伐越，大战在即了。

毫无所获。

夜里，孙武僵卧在小客栈的竹床之上，翻来覆去不能入睡；睡着要翻身，一翻，竹床便"咯吱咯吱"惨叫一阵，弄得心更烦。这还不要紧，最无奈的乃是跳蚤肆无忌惮地向他进攻，悄悄攻将上来，狠狠叮一口就逃。当年威风赫赫的将军，开始认认真真地和小小跳蚤较劲，斗智斗勇，斗法。他以手来扪，十回是十回空。跳蚤叮咬之处，留下一个小小的红点儿，痒得难熬。他被折腾得十分恼火，便移了油灯，照着，去扑杀，口中念念有词："尔等竟也敢欺侮孙武！""小小跳蚤实在诡诈！""本将军和尔等周旋到天明！""看你哪里逃！哈哈，到底是手下败将……”孙武终于扑得一个跳蚤，拿手指去捻，捻出黏黏的一丝儿血来。望着手上一星血迹，他自己嘲弄自己道：“死的是你，血却是我的……”他哼了一声，苦笑一阵，想想也实在是无聊，无奈，无用。孙武哇，孙武，你不是曾经号称统率千军万马的将军么？杀死几个跳蚤，能解了你心头的愤慨么？也许你如今只有对付几个跳蚤的本事了，你连漪罗和幼子都无法保护，无力救助！离开了军帐，鞍马，你无计可施，如大千世界之一苇，一芥，一蚁，一粒砂……他愣愣地坐了一阵，忽地用被子蒙了头，挺“僵尸”。他的心里苦得很，回想在吴国二十二个年头，二十二度春秋，十九载南征北战，自己尚且轻生死，哪顾得上许多的儿女情长？三年归隐罗浮山，到底因为难以说服君王实现他的初衷，心情郁闷，日子并不逍遥。正是槐柳欲静，却禁不住风起天外，如今又让妻妾儿子受了连累。儿子孙星孙明何罪之有？漪罗如今被囚何处？是死是活？毫无消息，叫人把心悬在半空。想想这漪罗自来到他身边，就吃尽了酸苦。怎么那吴宫教战他偏偏斩杀的是漪罗的姐姐呢？怎么他就让漪罗尝尽了失祜之痛呢？而后，又是在罗浮山间冶炼火烤；又是远赴郢都舟车劳顿；再下来还缠绕在夫概的事情上，险些就是他要了她的命；再下来还有姑苏台上头撞石碑血流如注……他忽然就看见那漪罗了，正是他称之为红粉知己的漪罗，是善解人意的漪罗啊！漪罗飘然而至，穿着一件薄如蝉翼的长裙，水红的裤子和水红的兜肚在刺眼的光线里都看得一清二楚。“漪罗你到哪儿去了？”“将军，我冷……”“如何会不冷？如何可以这般装束？”他看见那薄纱和水红，心里不自在。漪罗说，“漪罗这样儿装束，都是为将军的啊！我冷，我好像生下来就冷，暖暖漪罗吧。”他便去用臂暖了漪罗。可是漪罗哭了，说“我得走了，将军，我得走了！”于是，漪罗真的走了，站在一个高高的山顶上，逆着光，背后是云起云飞。他忙去追漪罗，驾着战车去追。似乎又不是在追他的漪罗，不知是去做什么。那战车，四匹马排成一列拉着。战车是一个车轮，所以倾斜着，随时有颠覆的危险，独轮之下碾过的，是架在峭壁陡崖之间的一根枯木，独木桥。跑起来一路是“咯吱咯吱”的声音，颤悠悠的。向下一看——下临无地，他不由地惊叫了一声，梦就醒了，一头一身都是汗。

睡意全无。

瞪眼看着小客栈熏得乌黑的墙壁上，弯弯曲曲的雨漏痕，心里琢磨着梦和实在，他知道，要想寻得漪罗和孩子的下落，只有硬着头皮去见吴王夫差了。

孙武早早地起来，进宫去。

侍卫把他挡在王宫门外。

他自报家门，烦请王宫侍卫通报。一直从日出到日落他等在门口，夫差也没叫人传出什么话来，没说见还是不见，侍卫总是在门口横着戈，闯是闯不进去的。孙武清楚，这是吴王夫差故意冷落他，让他明确自己的名分已经不再是什么将军了，而是无足轻重的庶民，让他消了锐气，让他俯下首来服软，让他像热釜上的蚂蚁在王宫门口焦灼，让他上火，又让他泻火。

这日他扫兴而归。

他命田狄连夜为他谋到一副甲胄。

次日五更，他戴上了久违的兜鍪，穿上了久违的铠甲，把自己弄得像个老军的模样。他腋下夹了一柄大扫帚来到王宫门前，不再劳烦侍卫阻挡和通报，兀自打扫王宫门前的灰尘，把扫帚挥动得尽可能地唰唰喧响，把尘灰尽可能地抛举到半空。持戈的侍卫，早已认识这位功勋赫赫的先王旧臣，昨日又同这位昔日的将军打过了交道，也不敢对他怎样，只是毕恭毕敬地求他离开，说“这些打扫庭院的粗活，焉敢劳烦将军！”“将军请把扫帚交给我等徒卒！”“将军请歇息吧！”“怎能让将军扫街，大王怪罪下来，小的们可吃罪不起啊……”任侍卫说什么，孙武连头也不抬，不卑不亢，也不答话，只是乱扫一气。渐渐有好事的百姓围观，侍卫轰走了一些看热闹的，又有一些路人驻足。孙武从天色熹微，扫出一轮早晨的太阳，姑苏城中已经沸沸扬扬地都在交头接耳地说着“孙将军扫街”的奇闻了。人们感到蹊跷，不知绝顶聪明的孙将军孙武玩儿的什么把戏？用的什么“兵法”？何以到了扫街的地步？这事缘何而起，又如何而终？

王宫侍从只好把孙武扫街的事报与夫差：“启禀大王，那孙武今日又来了。”

夫差不耐烦："随他来去，寡人今日不见。"

"大王，他在王宫门前扫街呢！"

夫差一愣，心说这孙武实在是可恼，可气，又可恨。孙武哪里是扫什么街，分明是让他君王的脸上过不去，分明是在"造势"，讽喻，出难题，便道："把孙武给寡人轰出姑苏——"转念一想，这样做恐怕正中了孙武的"诡道"，反让天下人说吴王容不得先王老臣，心胸狭窄，而且，不定那孙武又会做出什么出人意料的事来，更让他难堪，想到这，便硬着头皮道："慢。宣孙武上殿。"

立刻，"宣孙武上殿"的吼声，从宫内传递到了宫门之外。

孙武心里一乐，心想此乃"首战告捷"。

孙武上殿，参拜大王夫差。

夫差见孙武披着甲胄，问道："孙将军想是知道寡人正在调集兵马，与勾践决战在即？"

"臣下知道。"

"那么，你披挂整齐，想是要随军去作战么？"

"臣下已经告退。"

"既然你已经告退，为何穿上了甲胄，到王宫门前取闹？难道你是来戏弄孤王的吗？"

夫差说着，眼睛就立了起来。

孙武忙道："臣下怎敢戏弄大王？"

"不是戏弄孤王？那么寡人问你，你在王宫门前弄个扫把哗众取宠，意欲何为？"

"臣下心劳力拙，随大王征战是力不从心了，只能做个扫地的老军，以尽微薄。"

"哪个叫你做什么扫地的老军？寡人这里正在紧张备战，无暇和你玩笑，去吧，速速回你的罗浮山去吧。"

"孙武是奉召前来的，大王！"

"越说越没谱了。"

"大王，孙武也是个明白人。大王前日命人把臣下的家眷带到了姑苏，想那妇人、孺子对于大王的伟业是毫无用处的，当下孙武就明白了，大王乃是看重臣下，先接了我的家眷！孙武岂敢辜负君王之命，星夜赶来，不能随大王征战，只好自告奋勇做个扫街老军。个中情由，谨望大王能够理解，请大王把臣下的家眷，漪罗和两个小娃娃，发落给孙武。”

夫差的脸红一阵，白一阵，半晌说不出话来。忽然，问道：“哪个说寡人命人带了你的家眷？”

“全凭臣下判断。”

夫差大怒：“胡说！”

孙武忙跪倒：“臣下不敢。”

夫差：“你的家眷现在何处？寡人何曾命人去带你的什么家眷？孙武你信口雌黄，知道这乃是欺君之罪么？”

夫差变脸了。

一国之君，矢口否认劫持孙武家眷，孙武是无计可施的，而且，至高无上的君王发了怒，若要问罪，治罪，别说救漪罗，恐怕孙武自身也难保了。孙武无奈，只有按规矩和程序俯首道：“臣下罪该万死。”

夫差呵呵冷笑：“孙武你好大的胆子！当初孤王要重用你，你不识抬举；放你归隐，你又不安分。穿上这身甲胄，拿了扫把，到王宫门前戏弄寡人，上殿来信马由缰胡说什么寡人带了你的家小。一而再，再而三，与寡人作对，莫非你的脖子不是肉长的？莫非你不怕丢了脑壳，你有三头六臂么？”

孙武：“大王，您是知道的，孙武不惧死；孙武也知道，不会死在大王阶下。我实在是心急如焚，万般无奈，才来……”

夫差：“噢，你自恃是先王老臣，敢来欺慢孤王是不是？”

“大王……”

“不要说了！寡人正是念你是先王老臣，也罢，放你一条生路。日后你只有安分守已在你的田园之中，寡人可以命人替你查询家小下落，寡人保你家小无恙。倘若，你再来无理取闹，烧红的炮烙是现成的！下去！”

“大王！”

“来，送先王旧臣出宫！”

戈戟横过来了。

徒卒们半“请”半推，把孙武“送”出了宫门外。

田狄担心孙武会触怒君王，生出不测，正焦急地等在宫门外，终于看见孙武被手持青铜戈戟的徒卒送了出来。

孙武茫然地站在宫门外。

田狄：“将军，有下落么？”

孙武无言。

“我就怕——唉，将军安然无恙也算不幸之中的万幸了。”

“……”

“回客栈去吧，将军！”

孙武忽然叫道：“以后不许再叫什么‘将军’！我哪里是什么‘将军’？”说着，他摘了兜鍪，脱了铠甲，把那些东西狠狠地掷在地上，又踢了一脚，搅起一片尘灰。在飞扬的尘灰中，他抬头看了一眼高大的、黑沉沉的王宫，宫门深似海，这话是不错的。那虎踞龙盘的辉煌的王宫，分明要挤压得他认同自己的渺小和卑微，认同这样一个顺理成章的事实：君王用你，你是征战的戈戟，你是杀戮的斧钺，你是一人之下万人之上的将军，你是王宫的座上客；君王不用你，你是什么？什么也不是，或者说，随时只可做阶下囚，他把你轰出宫门，你休想再去进一言。今日，夫差说你信口雌黄，其实那信口雌黄、翻云覆雨的，正是夫差他自己。他矢口否认劫持了漪罗和两个孩子，他又承诺可保你的家小“无恙”，真是欲盖弥彰。说到底，原来那君王的目的只是要你“安分守己”，要你像蜗牛那样把头缩在蜗壳里，要你像乌龟那样，把生命伴在泥水里。

可是，可是，漪罗和孩子如今到底何在？

……

那日，漪罗和两个孩子，被不知来路的人劫持到了马背上，大人孩子就各自逞各自的本能哭骂“强盗”，高呼“救命”，拼命挣扎。一切努力都无济于事，他们很快就声嘶力竭了。马跑一阵，骑马人又勒住了马缰，叫马停住，这时候路边早有人备了车接应。几个大汉，把漪罗、孙星、孙明捺入了带篷儿的车里，他们就又哭闹一阵。大汉们不由分说，用黑布蒙了大人孩子的眼睛，反剪了他们的双臂。四匹马拉着马车，飞快地奔驰起来。漪罗只听车轮辘辘，不知东西南北。车到底跑了多久，也不知道，车停了，才算是跑到了目的地。他们懵懵懂懂被弄下车，在颠簸中恹恹的孩子还没全睡醒，又被人推进了一所房子，漪罗感到了一阵阴冷和湿气，打了一个寒噤。她听见门吱扭地开了，又呻吟着沉重地关上了。这时候，她和两个孩子才给松了绑，去了眼罩。她的第一个反应就是回身扑向那关严了的门，去捶，去踢，喊叫："放我出去！"孙星、孙明也跟她一起去踢打叫喊。他们的叫闹声在空荡荡的大房子里回旋，除此之外没有任何反应。裹挟他们入室的人，也不知去向了，躲起来，任他们瞎折腾。漪罗绝望了，孩子们也停止了奋斗。她这才环顾陌生的囚笼，看到没有窗棂的窗口织着蛛网，有一个老大老大的黑蜘蛛，蜘蛛一动不动地悬在半空。蛛网分割的天空，是一块青苍。可知车是跑了一夜，如今天已微明。漪罗注意到，这里并不是什么牢狱，仿佛是一座废弃了的离宫，说不清曾经在何年何月有君王在此沉溺于酒色，何年何月弃置不用了。宫殿高大而宏伟，有失修缮，墙壁斑斑驳驳的。帷幕陈旧，是暗淡的褐色，无言地垂着。竹屏风上的钩佩环饰的图画，还有蜡尽泪干的枝形灯，透露出失尽了辉煌的悲凉和无望。几上竟然还有一面铜镜，已经有些锈斑了，大约很久未见人面了。镜边是一只牛角篦，漪罗在那上面发现了一根头发，长长的，是灰色。漪罗不明白，这到底是什么地方？是在吴国吗？什么人把他们劫持到这里？劫持的目的何在？全是未解之谜。她发现窗子早没了窗棂，可能给他们提供了一个逃掉的机会，就急匆匆来到窗前，踩了几案向外望，望见的是浩浩荡荡的湖水，向下一看，刀削斧劈般的悬崖和墙壁连成了一片。那么，这座废弃的离宫，是修在水上的了，这片水域又是哪儿？太湖？宝应湖？正因为窗下水连天，天连水，窗子才这样开着，逃掉，是无望的。谁能来救助呢？谁？谁又知道她和两个孩子身在何处？只怕是孙将军有天大的本事，也只有徒唤奈何了。自然，她不能寻死觅活，也不可拼死拼活，因为身边依偎着两个孩子！为了两个孩子，她必须熬下去，活着。正这么思前想后，有人来送饭了。是个白发苍苍，佝偻的老军，提着食盒。她问老军："请问老伯父这是什么所在？""何人命你为我们烧饭？”回答是胡乱“哇哇”一通，老军是个哑巴。

饭菜也还不错。两样儿菜肴，还有一样儿是荤，米饭也可随意去吃。漪罗给孩子们盛了饭，看两个孩子吃，自己端了空空的陶器发呆。直到哑巴老军哇哇地来催促她吃饭了，孙星、孙明也看着她，她才不得不盛些米饭，做吃的模样，吃得味同嚼蜡。看样子，劫持她的人，是准备让他们长期囚在此处了。就这样被囚到老，囚到死么？吃罢饭，哑巴老军为他们打开通向后园的门，叽哩哇啦地拉着两个小孩出去，漪罗倚门向后园一望，在高墙之内蓬蒿遍地，园中小路苔痕相叠，还有一处破败的水榭，下面是一潭死水。两个孩子在墙角掘起了蚂蚁窝，哑巴老军默不作声地去帮他们。

漪罗的心里一片暗淡。

废宫里夜来得早，又没有灯烛，一下子就昏黑了。

漪罗躺在床上睡不着，默默垂泪。

第二天早起，又是送饭，吃饭，到后园晒太阳。

总不能这样耗掉生命和时日。

总要做点事情。

漪罗叹了口气。

“星儿，明儿，你们过来，我们上早课。”

孙星：“庶母，什么都没有，怎么上早课呢？”

漪罗：“用木棍在地上划字，不是可以吗？”

孙明：“庶母，父亲怎不来接我们？”

漪罗沉默少顷，说道：“父亲现在不来，是命你们在此好生上课。听着，《孙子兵法》乃是传家之宝，我先背给你们听。孙子曰……”

漪罗的心被触动了，忽然想起了将军，话就说不下去了，眼睛湿润了。

孙明搂着漪罗的脖子：“庶母，迷眼睛了么？”

孙星去拉孙明的臂：“坐好！”

漪罗：“孙子十三篇之第一篇，《计篇》曰，兵者，国之大事，死生之地，存亡之道，不可不察也。故经之以五事，校之以计，而索其情：一曰道，二曰天，三曰地，四曰将，五曰法……”

她那清亮的声音，在废弃的离宫庭院回旋。

哑巴老军专注地瞧着母女三个，不知道这哑巴是听得见，还是听不见。

这一天过得似乎不那样漫长了。

入夜，漪罗见孙星孙明都已睡熟，找到白日藏好的一个旧烛台，自己悄悄跑到了后园已勘察好的地方，用烛台去凿糟朽的墙角。她干得十分积极，甚至有些疯狂，汗流浃背。她妄图把园墙打通，然后带上孩子逃出囚笼。青铜烛台凿打墙壁的声音，在这午夜响得惊心动魄。起初，她凿几下，便竖了耳朵听听周围的反应，后来就忘我地干了起来。

忽然那哑巴老军就到了她面前。

她惊惶地抬起眼睛，拿烛台的手藏在身后。

在月光之下，哑巴老军的身影显得黑沉沉的，远比实体要高大得多。哑巴老军哇哇地叫，夺了烛台，又推又搡，把她推了一个跟头，把她推回了废宫。

通向后园的门，恶狠狠地关了，上了锁。

她靠着门坐下，哭了。怕吵醒了孙星和孙明，就无声地啜泣，少顷，她又听见园中喧嚷，扒着门缝儿一看——十几个徒卒持着戈，提着灯笼跑过来了，问哑巴出了什么事。哑巴摆手哇啦了半天，徒卒们才善罢甘休。她这才明白，在这废宫周围，不止是一个哑巴看守，还有全副武装的兵士神出鬼没。

逃掉，并非易事。

第二日，哑巴老军照常执行公务，并且，把那窗子也用木头封死了。

三

孙武费尽心机终于见了吴王夫差，却毫无所获，在心里窝着火，这是其一；连日来惦挂和思念他的漪罗和两个孩子，心里郁结了一块病，这是其二；还有归隐田园之后，心情一直沉闷，这所有的气愤，恼怒，思念，焦灼，郁闷，无奈，再加上夜里被风寒侵袭，内外交攻，合在一处，把这高大强壮的汉子打倒了。他从王宫出来，踉踉跄跄还没回到小客栈，就摔倒了。田狄急得要死要活，把孙武背回客栈，发现他这一病可不轻，胡言谵语，两眼紧闭，浑身发烧如炭火，粒米不进。田狄为他多方寻医问药，都不见好转。孙武病到第十天头上，田狄又焦急地去打听城中里巷哪里有妙手回春的郎中，一出小客栈的门，就遇上了颉乙。田狄惊叫一声“救命恩人你可来了”，“噗嗵”就跪倒了，说“先生快快来救将军吧，”泣不成声。颉乙忙搀起田狄，道：“我已经找你们几天了，快带我去看长卿！”说着，来到客栈中那间斗室。颉乙不由分说，便坐在孙武身边，观气，把脉，针灸，又嘱田狄去按方索药。从早晨忙到中午，孙武的脸色才由干燥赤红，渐渐平和，身上、额头也见了汗。孙武睁开了眼睛，见了颉乙，就要起来，颉乙忙按住了他，说："长卿，你还虚弱得很，休要逞强。"

孙武只好遵命躺下了，苦笑道："先生！孙武何以至此啊！"

颉乙道："孙武何以不会如此？"

孙武："噢，我从来没想过会倒在这小客栈之中，爬不起来！"

颉乙："说实实在在的话，颉乙也没料到将军会到这步田地。颉乙听老师扁鹊教诲说，四方上下，六合之内，五谷，五音，五行，万物都可以分为五类，人呢，也是五种类型。这五种人筋骨和气血的强弱盛衰各不相同。一是太阴型之人，表面是谦谦君子，内心是好得恶失，喜怒不形于色，看风使舵，鼠窃狗偷，两张脸轮番运作，活得极累；二是少阴型之人，贪利忘义，专爱以伤害他人为乐，看到别人的荣誉便嫉妒，看到别人受损就高兴，躁动不安，腿也忙，手也忙，嘴也忙，忙着暗算伤人；三是太阳型之人，好说大话，意气用事，见了棺材不落泪，撞了南墙不回头，过于自信，常常会做出反常的事叫人瞠目结舌，狂傲暴戾，目空一切；四是少阳型之人，喜欢抛头露面，长于交际辞令，偶有所得，便洋洋自得，炫耀于公众场合，作事又精细，又爱面子，忽扬忽抑，忽冷忽热。这四种人极易伤于七情，劳损五脏的。唯有第五种，是谓阴阳和平之人哪！这种人，正如将军所言，进不求名，退不避罪，心安而无所畏惧，善于临机决断，顺应天地阴阳万事万物发展的规律，位尊而不骄傲，逆境而不气馁，举止从容不迫，行事条理分明，决胜于千里之外，运筹在帷幄之中，这便是君子之风啊。"

"那么，依你之见，孙武当属于哪一种呢？"

"当然是阴阳和平之君子了。像将军这样，应该是阴阳之气协调，血脉和顺，偶染小恙，也无碍的。"

"可我不是倒在这小小的客栈之中了吗？请问你这扁鹊的高足，又如何理论呢？"

"这便是说，将军虽是阴阳平和之人，平和之中也有不平和。草木尚且知春知秋，人岂能没有七情？将军一是因为君王不能合作，意志受了大挫，这二么……”

“但说不妨。”

“恐怕是惦着幼子。还有，哈哈，哈哈哈，你个孙武，恋着你的小妾！”

孙武从病榻上抬起身来，想要反驳，颉乙笑模笑样把他按住，说：“长卿你休得欲盖弥彰，供认了又有什么关系呢？颉乙知道了这些，才知道病因缘何而起，何以风邪击倒了我们的将军，是实症，还是虚症？病在表，还是在里？也好调和阴阳，辨证施治啊！你不叫颉乙说实话，可就不是君子之风了，可就是讳疾忌医了。”

“好，你说，你说。”

颉乙沉吟片刻，深有感触地说：“思虑再三，颉乙忽然彻悟——原来，将军虽非真情种，有情亦是真将军哪！”

孙武深受感动。

不觉间，身上出了透汗，轻松了许多。

孙武：“儿女情长，惭愧得很哪。”

颉乙：“颉乙有一剂良药可医。”

孙武：“嗯？”

颉乙：“我的老师扁鹊还告诉我说，天是圆的，地是方的。人呢，头圆脚方，亦是上下相应。天上是日月普照万方，人的头上生有日月一般的双眼视通万象。天行风风雨雨，人有喜怒哀乐。天上雷公电母轰然叱咤，人有唇舌可诉衷肠。天有四季，人生四肢。天地间有宫商角徵羽五音，人有心肺脾肝肾五脏。天地间有区别声音的六律，人有六腑。天有阴阳，人有夫妻。天有昼夜，人有起卧。再说大地，地有高山，人有双肩。地有深谷，人有腋窝。地上生长蓬草，人生着无数毫毛。一年十二个月，人之四肢共十二节。一年三百六十五日，人身是三百六十五个穴位。天干在上，甲乙丙丁戊乙庚辛壬癸来计算是十日，人的两只手共是十根手指。地支在下，子丑寅卯辰巳午未申酉戌亥为十二辰，人身在下两足共是十个脚趾，身子加上阴茎和睾丸是十二，女子十月怀胎，子宫胎儿加两足的十趾也是十二。自然，地上也有四季不生草的，人当然也有终生不孕的。如此等等，人和天地原是相应的。”

“孙武如何与天地相应呢？”

“所以，颉乙一直想指点将军去见老子。”

“老子之道实在是号称众妙之门，玄之又玄。孙武十分敬重老子的学问。老子说，有和无，相比拟而产生；难和易，相形之下才成立；长和短，相比较而体现；高和下，相对立而显著……这些都是罗列天地间之矛盾现状，叫人顺应自然的大智之言。可是说到清静无为，孙武不仅是不敢苟同，而且也是做不到的了。清静无为，哪里还有‘全争于天下’的兵法呢？”

“我且问你，现在觉得怎样？”

“哦？扶我起来。田狄，拿些粥饭来！”

颉乙笑了。

当晚，颉乙和孙武谈得十分投机……

吴国的战争气氛一天比一天更浓了。

伍子胥日复一日操练徒卒，累得骨瘦形销，老远看去，赤红色的脸上几乎只见两个铃铛般的眼睛了。征伐越国的日子迫在眉睫，伍子胥当然不敢懈怠，而且，文武兼备的伯嚭和华登，也都为使军队更加精锐而呕心沥血。伯嚭本是生得清秀的，如今那张脸也不再像敷粉一般了，而更像砂砾打磨过一样，棱角分明了。吴王夫差不时就来到演兵场亲自演兵。

这一日凌晨，夫差又在准备亲自擂鼓演兵排阵，忽然看见两匹单骑跑来。一个是佝偻在马上毫无精神的孙武，一个是孙武的家仆田狄，跑近前来，下了马，二人便大礼参拜。

夫差问道：“孙将军，你不会是又来纠缠吧？”

孙武：“孙武不敢。”

“莫非你改变了主意，愿意随孤王出征？倘若是这样，你可留下；如果不是这样，速速走开。”

孙武：“臣下再一次恳请大王恩准，让漪罗和孩子随孙武还家！”

夫差脸色十分难看。

在一刹那间，他的眼里甚至掠过了一丝杀机，左手也攥了攥身上佩带的剑柄，又松了手，吼道：

“传寡人之命，演兵！”

鼓声大作。

夫差命战车向前奔驰。

一队奔跑着的徒卒，把孙武、田狄和吴王夫差隔开了。

孙武吃力地爬上马背，欲横着穿过步卒的队伍，再去见夫差。也许是因为孙武情急无奈，他催马的这一行动完全是徒劳的，甚至是愚蠢的，胯下的马向前跑了两步，面对那耸立如林，闪着寒光的戈戟，马打了半个回旋。孙武执拗地勒缰打马，那马急了，咴咴嘶叫，倏地竖起了前蹄，犹如一座直立的悬崖峭壁，把大病未愈的孙武重重地掀到了地上。

扑倒在尘灰中的孙武一点声息也没有了。

田狄扑了过来，连声呼喊：“将军！孙将军！你醒醒啊……不叫你来，你偏来，这是要送命的啊！”

徒卒中许多认出孙武的，呼啦一下子围了过来。

田狄惊慌地大放悲声：“救救将军哪，救救将军哪！”

一位士卒用手指试了试，孙武鼻息全无，道：“完了，将军完了啊……”

孙将军死了？！

立即有一辆战车飞驰到近前，战车上正是白发紫面的伍子胥。伍子胥立在战车上，用戈挥动着，喝叫：“回到队伍中去！擅自离队者斩！擅自停留者斩！”

徒卒不敢停留，纷纷回队。

田狄面对着伍子胥的后脊梁磕头：

“伍大夫！孙将军是昏过去了，他是命在旦夕了啊！快快救命啊！伍大夫你救救将军啊……”

伍子胥头也没回，还在监督着三军演兵：“快，快跑！没听到擂鼓吗？”

“伍将军！伍相国！”田狄还在叫。

伍子胥终于回了一下头：“伍子胥爱莫能助！你还叫什么？速速送

孙将军回家治病！”

“伍相国，你难道不是孙将军的知心好友吗？你向大王进一句美言，放我们的少夫人和孩子回家吧！”

“军务在身，哪顾得你们这些婆婆妈妈？”

“你，你见死不救吗？”

伍子胥咬牙切齿：“还啰嗦什么？误了军务，斩首示众！”说罢，又回转身躯，指挥徒卒前进。

颉乙驾车来了。

田狄和颉乙把无声无息的孙武抬上了车，驱车返回客栈。

演兵场腾起的昏黄的尘幕中，伍子胥在战车上踮起脚，向孙武这边看了看，老大的眼睛里，似乎有湿漉漉的东西转瞬即逝……

世间的大喜大悲，大起大落，往往突如其来，叫人一下子反应不过来。人一生的命运中，那些企望已久的福，可能是越盼望越姗姗不至。大祸，却会来得叫人猝不及防。祸与福，相伏相倚，相反相成，你祈的是福，说不定收获的却是祸；你熬过了祸，也可能福星随后就来把你安抚。生与死，很多时候只有一步之遥，活着的人，追求着，向往着，期待着，幻想着，算计着，不定哪天一步迈过了阴阳界，于是连绝望也没有权利拥有了。活着的人，承受着风雨雷电，悲欢离合，用生命的韧性同岁月比肩，却不一定知道生命其实是极其脆弱的东西，有时候生命的折断，只是一瞬间的事情。人如帝王一般兴旺之时，便有宰羊的刀子悬在脖颈后边，这羊刃，有几人能感觉到它，知道躲避它呢？人怎么知道自己做的哪件事情正是为自己掘墓呢？况且，自己为自己“掘墓”的时候，并不表现为外在的形式，可能仅仅是一种感伤，一怀愁绪，一腔思念，一片恋情。这些愁肠啊，思虑啊，恋情啊，对人的生命来说，有时是种种美丽的销蚀，人就明知道五劳七伤会危及青春和生命，也不肯放弃。自然，智慧的隐者是有的，他们的思绪远远地离开了滚滚红尘，可是焉知他们不在思谋着和构筑着实在之外的精神的海市蜃楼？焉知他们思维的空箩筐里不曾突然落下些红尘的烦恼？人在理想和幻想铺就的旅途中跋涉，让痛苦和欢乐一个又一个地接棒。精神和物质的遗产，留下了也罢，没有留下也罢，到最后，终归是去了，于是，活着的人为之痛惜，痛苦，痛哭，可是死去的人是什么样的哀荣也不知道的，如何的怜惜也感觉不到的，痛苦是活人专断的利益和雄辩的证明。

孙武跌下马来后，回到客栈，就不得不被田狄和颉乙放到了灵床之上。

次日，田狄和颉乙扶孙武灵柩出城，要把孙武送回罗浮山家中去。当年孙武立着走进姑苏将军府，如今横着出了小客栈；当年孙武统率三军威风赫赫登上点将台，如今只有颉乙和田狄陪伴着，冷冷清清默默出城。绝代将星的殒命，本来可能让吴国天翻地覆的，应该有盛大的祭典和殡仪，可是由于吴王正在紧张地备战，将军之死既非吉兆，也于士气不利，就是知道了也装不知道了。更何况孙武已经退隐，无足轻重了，朝中便表示了沉默。田狄和颉乙，一个家奴，一个江湖郎中，无力掀起轩然大波，也不愿意张扬，因此，孙武停灵在客栈一日，就仅有少数人知道。

帛女正站在门口，朝大路上张望，老远看到孙武的灵柩，受到了巨大震撼。

自孙武去后，帛女魂不守舍，茶饭不思，每天都在门口望着大路，盼望能看见孙武，漪罗，孙星和孙明，看见一家四口回家，可总是失望。一家人只剩了她和幼子，形影相吊，她产生了一种失祜的恐惧，夜里也常在梦里惊醒。不论怎么说，那会儿她总有可盼望的，现在，不但漪罗和两个孩子没回来，她的丈夫，将军孙武，比在外面不回来还要可悲，竟会死在了外面！老远看见戴孝的田狄、颉乙和灵车，她不敢相信灵车上躺着的就是孙武，木然地迎了上来，浑身发抖，不知该问什么。等听到田狄说了声：“将军他……没了……”帛女立即天旋地转，两脚发软，晕了过去。

闻讯围在周围的邻里和家仆，乱糟糟一片，一边呼唤着“夫人，夫人”，一边惊诧于这突然袭来的家破人亡的惨剧。颉乙忙道“救活人要紧，快把夫人抬到房里去”，人们七手八脚把帛女弄到房里。这时候孙府已经没有了主事儿的人了，颉乙便指挥田狄和众人速去安置灵堂，任何人不得进入帛女房中，连惊惧得哭叫不止的小孩子也叫抱走。然后，给帛女点穴治疗。颉乙手段不凡，只忙了一霎，帛女长长地吐了一口气，算是从阴世的路上返了回来，睁开了眼睛。帛女睁了眼睛，立时又明白了自己的悲惨境遇，泪如雨下，翻身要下床去哭丈夫。

颉乙按住她："夫人，保重身体要紧哪！"

帛女哭道："家破人亡了啊……人没了啊……我还保重什么？我活着还有什么……味道啊……"

与此同时，吴王宫里正在为孙武之死争执。

夫差问伍子胥和伯嚭："寡人听说孙武已经落马暴死，实在是出乎意料。不知两位爱卿对此有何话说？"

伍子胥："臣听说孙武到姑苏来，是来寻他的漪罗和爱子。漪罗和两个娃娃又是被人劫持的，伯嚭太宰，你是不是也听说了？"

伯嚭："伯嚭听说了怎样，没听说又如何？"

伍子胥："朝中可是都在说，说得沸沸扬扬了。"

伯嚭："伍大人'劫持'二字言重了。想那孙武，正当国中急需用兵的时候，不肯报效君王，却要躲进罗浮山不出来，便是心存二心了。谁又能担保孙武不会投奔别国，谋求更大的权势呢？因此，把孙武的小妾和爱子请来，敦促孙武再度效力于吴国社稷，孙武肯出山更好，即便孙武不肯再挂将印，也可以约束一二，这实在不失为良策。"

伍子胥："大王，伍子胥知道孙武的为人，绝不会对大王心存二心的……"

夫差："不要争了！孙武既然已经落马而死，二心不二心的还有什么干系？"

伯嚭："大王，臣下恐怕孙武之死有诈！"

夫差立刻表现了极大的兴趣："嗯？说下去。"

伯嚭："孙武怎么落下马来，说死就死了？大王，孙武可是熟知诡诈之术的，孙子兵法中便有诡道十二法。"

夫差："寡人不懂，倘若孙武真的是诈死，又意欲何为呢？"

伯嚭："金蝉脱壳。"

伍子胥则长叹一声："大王，臣不敢相信孙武会无奈到了诈死的地步。"

伯嚭：“大王，生生死死都是在运数之中的，臣昨日用神龟卜筮，占得那孙武并无车马之灾啊！”

夫差“噢”了一声，点了点头。

此时此刻，伍子胥的心里波澜起伏，他知道伯嚭平素嫉贤妒能，嫉恨孙武。孙武对伯嚭也不屑一顾。现在看来，假如孙武真的是诈死，还在人世，伯嚭就真要下手了。这是孙武无论如何也说不清楚的事情，孙武拒不出山，又装死，难免以违抗君王之命、欺君罔上、预谋投敌而论罪，不仅孙武性命难保，全家老小都逃不脱一死。假如这是真的，孙武的确是太冒险了。他想，他应该挺身救助孙武，也唯有他才能救助孙武。尽管他对孙武的归隐耿耿于怀，毕竟是他举荐孙武出任了将军，又同孙武一同浴血柏举，征战雍澨，挥师郢都。他和孙武都是先王重臣，而那时候，伯嚭算个什么？孙武归隐之后如果再遭不测，他的确有“兔死狐悲”之慨。当然，假如孙武的确是落马而死，他想他也该去奔丧，以尽手足之情，不能让天下人说伍子胥无情无义。

伯嚭此时此刻恨伍子胥恨得牙根疼，他的内心并不希望孙武再度出山，孙武如果在军帐之中一呼百诺，身为吴国最高军政长官的太宰威风何在？他知道孙武不会出山，又害怕孙武终有一日卷土重来。他毕竟在当年夫概谋反的时候，选择了夫差，力主砍掉孙武的头颅；之后，他曾努力想以小恩小惠弥合两人之间的裂痕，狂妄的孙武竟然一概不肯接纳。这一次，他献计给夫差，劫持了漪罗，不料这一计导致了“孙武之死”。孙武死了，一了百了；孙武如果是诈死，这可是一个绝对难得的时机，他不想失之交臂，他想就此绝了后患。

夫差自有主意。他对孙武的所作所为早已十分恼怒，而且不耐烦，他的想法其实很简单，孙武确是死了，死了干净；孙武如果是假死，这回就让他真死，反正人只能死一次。

夫差说：“依太宰之见，那孙武的确是诈死欺君？”

伯嚭：“此乃恭请神龟所断。”

伍子胥：“大王，未见究竟，不可妄断！”说着，跪倒在地，说，“臣下得到的消息，确凿是孙武大病之后坠马而死的。请大王念孙武辅佐先王有功，恩准伍予胥前去奔丧！”

夫差："倘若孙武还在——"

"臣便拿了孙武归案。"

伯嚭忙也跪倒："大王，吴国与越国决战在即，伍大夫肩负重任，还是伯嚭走一趟罢。"

伍子胥压不住火了："太宰肩上便无重任么？太宰信不过伍子胥么？"

伯嚭："伍大夫又言重了。"

伍子胥："大王，伍子胥确曾举荐了孙武，也确曾与孙武一同辅佐过先王一十九年，倘若伍子胥因此而不值得信任的话，大王可千万要免了臣的带兵之权，千万不要让臣下率兵征伐越国，来日可治孙武与伍子胥同罪！"

一说到用兵之事，一说到伍子胥请求卸了兵权，就触到了夫差最敏感的神经。他立即张开两手：

"两位爱卿都起来，起来。你们乃是寡人左右一双臂膀。寡人对爱卿的信任，岂是语言可以描述的吗？不要说兵符交与爱卿，就是国家社稷也全托付给你们了啊！"

伯嚭起来了。

伍子胥还跪着："请大王恩准伍子胥奔丧。"

"就依了你，速去速回。"

伯嚭叫了一声："大王！"

夫差朝伯嚭拂了一下袖子，不准他再说。

伍子胥："大王，伍子胥还要请求大王放了漪罗和两个娃娃，叫他们去尽人妻人子之情啊！"

伍子胥得寸进尺！夫差心中恼怒，却尽量压着火气："这又是为何？"

伯嚭："这便真要中了孙武之计了。"

的确，孙武的计谋被伯嚭一语道破。无论孙武是诈死还是真死，导致的直接结果都是要挟夫差放人。

伍子胥心里自然明白。

夫差沉吟着。

伍子胥：“大王，且不论孙武是否真是落马而死，即便孙武是死，大王，您也不能不放人。这是大王向天下人宣示您的仁德的好机会啊！区区一个妇人，区区两个娃娃，与大王仁德的名声相比，孰重，孰轻？大王要想会合天下诸侯，不可没有仁德的昭示！退一万步说，孙武若确是诡诈欺君，您拿他全家老小治罪，不是易如反掌的事么？倘若孙武已不在人世，扣留一个妇人两个娃娃何用？假如真的不让漪罗和两个孩子去奔丧，天下人难免不骂一句‘不仁’。请大王三思。”

伍子胥到底是伍子胥，或许是因为他看事情总是透彻，或许是因为他与孙武并肩戎马多年，太了解孙武了。他把“孙武之死”这一“心战”谋略剖白得一清二楚。太宰伯嚭一时竟也语塞，少停，想说什么，被夫差制止。夫差掂量着伍子胥一番话的分量，他当然知道，即使是贵为人君，也不能无所顾忌。这孙武正是借伍子胥之口逼他就范，把他挤到了墙角。他想了想，还是吐出了那句不愿意吐出的话：

“寡人实在是为伍大夫一番重义的言辞所动，伍大夫即刻可去吊丧。倘若孙武已死，也就罢了。如果他真是装神弄鬼，你必得将其拿来问罪。须知寡人与越王勾践决战在即，卿一定要速去速回，寡人只给你三天时间。”

伍子胥：“那漪罗……”

夫差不耐烦：“放，放。”

伯嚭：“伯嚭愿与伍大夫同去。”

夫差：“太宰就别掺和了。”

伍子胥忙谢恩，退下。

伯嚭还想争持，夫差气恼地道：“得了，看你干的这好事！”

四

漪罗几乎绝望了。每天在这座废宫里熬着暗无天日的日子，既不知此身所在何处，也不知外面的半点消息。哑巴老军难得恩准他们去晒晒太阳。偶尔放风，也警觉地严加看管。倒是孙星和孙明两个孩子的功课有些长进，废宫的墙壁上，用木炭写满了《孙子兵法》。

这日早起，哑巴老军又来送饭了，早餐丰盛异常，除稀饭、点心、腊肉和小菜之外，还有淮阴盛产的腌制双黄咸鸭蛋，还有姑苏名酒古越龙山。漪罗的心一沉，她听说，牢狱中的死囚，在被处斩之前，总要赏些好茶饭，并且赏“上路酒”的。她摇撼着哑巴老军的双肩，问：“老伯你说实话，是不是要叫我们上路哇？是不是？”哑巴老军连连点头，一脸的恋恋不舍。漪罗叫道：“天哪！这是为什么？这是为什么？到底是什么人把我们挟裹到这里来，到底我们犯了什么律条？”哑巴老军摇头，哇哩哇啦一阵。两个孩子见漪罗这样子，也吃不下饭，劝说“庶母别着急”，“庶母请用餐”，漪罗只好忍悲含愤，装作无事，把泪咽到肚子里，强抑着自己，吃些东西，为的只是让孩子们吃饱了“上路”。哑巴老军给自己斟了一盏酒，又给漪罗斟了一盏，指指漪罗和两个孩子，又拍拍自己的胸口，指指自己的心，意思是他的心里是有他们的，然后劝漪罗饮酒。漪罗连饮了三盏。哑巴老军也饮了三盏，抹抹嘴，亲手去给孩子们布菜。漪罗见两个懵懵懂懂的小孩子吃得很香，心里越发地不是滋味。

吃罢早餐，哑巴老军摸摸孙星的头，又摸摸孙明的头，无限怜爱。然后，起身去打开了废宫的后门，啊啊地叫他们出去。

这就到了时辰么？

漪罗已经三十五岁了，她想，她死也就死了，只是割舍不了将军孙武的情，只是遗恨两个孩子这样不明不白地去死，帛女身边只剩下了蔡将军鉴留下的遗孤、养子孙驰了，孙氏门中的骨血孙星和孙明，一个十岁，一个才八岁啊！

她给两个孩子穿好了衣裳。

她对着那斑驳的铜镜，整了整两鬓。

八岁的孙明，小手里捏着一只蝴蝶，她无言地把那小手打开，让蝴蝶“噗噗噜噜”地飞了。

她一手拉着一个孩子，走出废宫的门，满脸悲壮。

哑巴老军又在宫院的门前招手了。

宫院的门，也打开了。

她踟蹰了一霎，怎么？趁这时没有巡弋的徒卒，没有青铜的斧钺，刽子手也没有准备停当，让她和孩子逃之夭夭？

哑巴老军笑模笑样的，那样子，无比的慈祥。

“快走！快，”漪罗立即扯着两个孩子向外跑，经过院门的时候，哑巴老军还塞给了她一点银钱。

跑出了废宫，又跑了多远，漪罗自己也不知道，只知道精疲力竭了，又确信没有追兵在后，才坐下喘息。现在，她知道右边是浩渺的太湖，左边是隐约的姑苏了，而且，她竟然只凭着某种潜在的意识指引，是跑在通向她的家，通向将军孙武所在的罗浮山的土路上了。天，可真宽哪！阳光灿烂得耀眼，风也是如此地清新，鸟儿们，在的呖的呖地唱着歌儿。

我们活着！

活——着——

她真想拼命地喊出这句话。

可是，她突然又呆了：前面不远处，是二十几个持戈的徒卒等在那儿，拦住了去路。漪罗心说“不好”，拉上孩子回头就跑。

一匹白马飞也似的驰来，骑马的人拦住了漪罗。

伍子胥！

漪罗感到奇怪的是，伍子胥所率之徒卒，全是吊丧的服饰。伍子胥本人身着缌麻之服，按着规矩，乃是“五服”之内的亲属，比方说同族的叔父母，同族姐妹兄弟，表兄弟死了，才可以穿的丧服。

那么，漪罗想，你到底是逃不脱了，伍子胥是为你早早地穿上了丧服么？

伍子胥：“漪罗，我在此恭候你多时了。”

漪罗：“多谢伍大夫了。”

伍子胥：“谢什么？”

漪罗：“能有伍大夫事先为小女子服丧，实在三生有幸。小女子这就随伍大夫去受死。”

伍子胥：“一派胡言！”

漪罗：“不是为漪罗，又为哪个身穿缌麻之丧服？”

伍子胥：“伍子胥是把孙将军当成兄弟啊！”

“你——说什么？你为哪个吊丧？”

“孙将军。”

“谁？”

“孙将军！”

“谁，谁，谁——”

“孙武！”

漪罗立即两腿软了，半晌才醒过神，长出一口气，泪如雨下。难道这是真的么？你走的那天将军不是还好好的吗？难道祸福就这样瞬息万变、生死就是一步之遥么？她喃喃自语，她说这不可能不可能你别信你别信。将军久经沙场九死一生福大命大，可是伍子胥身穿缌麻，徒卒一身槁素！将军总能够临机决断趋吉避凶，可是将军执着的时候又不顾死活。将军，那么老大一个人，怎么就会倒下了呢？你别信，你千万别信。她听见伍子胥说节哀，说将军大病一场，在小客栈；说将军后来扶病落马，暴死姑苏。不！她说不不，都不对，不可能。她说将军是为漪罗忧郁而死，为漪罗焦灼而死，为漪罗担忧而死。她心里如一釜沸油，她心里一团乱麻。她在原地打转不知如何是好。她看见两个小孩子在哭，伍子胥帮他们换上斩衰，这是儿子为父亲穿的孝服。她听见伍子胥说快回罗浮山吧！快，一同去。她看见伍子胥眼里也湿漉漉的，看见那些徒卒都把左臂露在外面，都没有戴帽子，这叫作袒免。这就是说，伍子胥和徒卒们都是去吊丧的。

她急切地抓过马缰。

她奇迹般地跃上马背，能如此利落，这在平时她想也不敢想。

她发疯似的打马狂奔，奔向罗浮山。眼泪洒在马背上，洒在尘埃中，洒了一路。

伍子胥本来是为他们准备了车的，现在只有把两个娃娃抱上了车。一行人等，默默无言，驱车策马，随着漪罗，去罗浮山中孙氏府上吊丧，扬起了遮天蔽日的烟尘……

孙武灵柩送回罗浮山那日，帛女一见便急火攻心，晕死过去。颉乙忙将帛女抬入内室，一番救治，帛女苏醒过来，又哭得死去活来。

颉乙劝道："夫人你听我说。"颉乙喝退了众人忙道："夫人你听我说。"

"不听，我不听！"说着，要冲出门，到灵堂嚎啕去。

颉乙拦阻。

帛女："你拦我干什么啊？你怎么不叫我去哭拜将军啊……"

颉乙被逼急了，喝道："听着！将军没死！"

什么？

什么？什么？什么？

帛女被定在那儿，傻了，立即又哭出来："到什么时候了你还骗我？你骗我！"

颉乙："颉乙骗你做什么？"

"这，这到底是怎么回事啊！"

"将军真的还活着，此乃将军的一计！"

活着？计谋？帛女呆呆愣愣不知该相信还是不该相信。起初她无法相信孙武死了，现在她又不敢相信孙武活着，她忽然止了泪，笑了，那笑又自然而然地衍化为哭。这位平素看上去无波无澜，总是平静如水的女人，把握不住自己了。她那柔弱善感的天性，在强烈的挤压之下，冲出了理智的硬壳。

颉乙等帛女稍稍平静了，才讲了事情缘由："孙将军到了姑苏，费尽心机才得以入宫见了大王。看来，漪罗和两个孩子确实是大王命人劫持去了，目的乃是要孙将军再度出山，率兵作战。别说孙将军早已厌倦战事，即便依了大王，随军去征讨，大王也未必会放了漪罗和孩子，那夫差实在是拿他三人作为人质要挟，不容将军存半点不同见解。将军一怒回到客栈，急火攻心，外感风邪，一病不起。颉乙赶到为之调治，才得渐渐复苏。将军思虑再三，心里为得不到漪罗和孩子的下落懊恼，终于生出一计，按孙将军的话说，说到底是'孙武不死，漪罗难归，便死一回又何妨？'"

颉乙接着对帛女讲了孙武如何抱病策马去到演兵场二见夫差，又如何故意让胯下骏马受惊，跌下马来，他和田狄又如何造成孙武已死的假象。帛女这才相信现在躺在灵堂的孙武是个大活人。一场虚惊过去，眼泪就没了，说话就要到灵堂去见孙武。颉乙忙拉住帛女，叫她谨慎行事，该怎么哭灵守灵，还怎么哭怎么守，万万不可露了马脚，因小失大，帛女称是。

天，黑下来了。

灵堂里吊孝的人走空了，守灵的孙驰也睡着了。田狄和颉乙守在门口，颉乙小声说，"行了"，那孙武才悄悄地从灵柩里爬出来，蹑手蹑脚地离了院子，到屋子里去。屋子里没开灯，黑乎乎的。孙武一进屋，帛女就抱住了他，伏在他的肩上嘤嘤啜泣。

孙武小声说道："别哭了！你看我不是好好的么？"

帛女在黑暗中伸了手，去摸他的脸。

孙武说："怎么？夫人不相信孙武是活人？"

帛女说："我害怕，我真害怕啊……"

孙武："怕我是鬼？"

"不，不是……我真怕将军真会……没了！"

"这不是在么？"

"是。是在。是。"

帛女笑了，笑了又哭。

孙武叹了口气，道："此事千万不可让旁人知道。可是让孙武躺在灵柩里受人拜祭，实在是百感交集，也焦烦难耐。夫人，即刻弄个木头来做替身罢。"

"好。"

"还有，你听，我这饥肠辘辘，如雷轰鸣。倘若吊丧的人听见灵柩里死人肠鸣如鼓，不吓死才奇怪呢！"

帛女笑说："只要将军肠中擂鼓，帛女就谢了苍天又谢了厚土啊，等等，我把一切都弄妥帖，哦，待我先弄些点心来。"

孙武："祭孙武的果品，就该让孙武尝尝才是。"

帛女连连称"是"，可是，大悲大喜，喜中又有悲，弄得她迷迷瞪瞪，转了两个圈儿，才想到要到灵前去"偷"供果……

可是，尽管灵堂布置得天衣无缝，尽管孙武已"死"，吴王夫差会不会生了恻隐之心，放漪罗和孩子回来"奔丧"呢？

谁的心里都没底。

孙武的家里，此时一片肃穆。灵棚搭在院子里，灵柩停在西边墙下，意思是视死者为客位，为宾客，所以这殓尸入棺等待安葬又叫作殡。棺椁三面围着丛木，上面覆盖着棺衣。棺椁前面有灯有烛，有祭奠的食品。可以说，除掉棺材里躺了一个木头人之外，一切都是天衣无缝的。四方来吊丧的宾客，该哭地哭，该嚎地嚎，一切由专司礼仪的傧相颉乙掌握尺度。孙驰年已十五岁，身服重孝，尽长子的名分。孙驰虽然已懂事了，孙武诈死的事情依旧没有告诉他。因此，每有乡里和吴兴的人来吊丧，孙驰都哭得尽心尽力，真切可信，昏天黑地，毫无破绽。帛女也只好随之尽哀，只是因为知道棺中不过是一木头人，眼泪可就来得不那么便当了，还好，连日来忧思如焚，形容枯槁，面有菜色，倒也是一种悲到极处的木然的样子。帛女随吊丧的人哭一阵，就急着到屋子里去。这时藏在内室的孙武，还有帛女、颉乙、田狄四个人，唯一议论的就是到底漪罗和孩子能不能给放回来奔丧，无论怎么说，停灵的时间是不可太久的，天气太热，谁都会注意到那木头人没有腐臭味道的；再说，停灵时间不可无限延长，夜长梦多，恐怕会有疏漏，君王愤怒而治罪，可就不再是"假死"了，而是假戏真唱了，家中老小全都性命难保了。

帛女在内室和孙武悄悄商量。

帛女："天知道将军怎么会想出如此下策，险些将我吓死。"

孙武："想这劫持漪罗和两个孩子的事，定是夫差秘密派人所为，无处可打探到半点风声，漪罗他们囚禁在哪儿，不知道；受了些什么罪，不知道；就连是死是活，也无从知晓哇！漪罗和孩子于夫差有何用处？夫差的目的还是孙武。夫人你是知道的，我已决心不再征战，夫差岂肯善罢甘休？如此说来，孙武死掉，可让夫差放心。孙武活着，漪罗和孩子是一定不会被放生还的。对于王庭来说，活孙武，可就不如死孙武了。"

孙武苦笑。

帛女喟然长叹。

夕阳收尽了最后的余晖，房中暗了下来，帛女点着了灯。

听到窗外有响动，孙武立即警觉地把手指立在唇前，示意帛女，不要作声。

是一只猫，跳过窗台。

帛女："依将军之计，漪罗和孩子就会放回来奔丧么？"

孙武："说实在话，这是一次冒险，成败各占一半。"

帛女："这么说，我这心里更不踏实了。"

孙武："世上岂有与君王周旋不担风险的么？不过，依我判断，孙武毕竟对吴国社稷是出过力的，孙武报丧之后，朝臣定然议论纷纷。夫差放漪罗和两个孩子回来奔丧，顺理成章。不论大王夫差是否认为孙武是真死了，还是诈死之计，这个姿态总是要做的。夫人难道不知道，人世间越是小人，越要强作君子之态；越是残忍强暴的国君，越要用仁德之旗来掩盖凶相。”

“万一……”

孙武说：“倘若万一，就请夫人远走高飞，避祸去吧。”

“将军你呢？”

忽然，田狄慌慌张张跑进来，焦急但压低了声音道：“大事不好了！路上有一队持着兵器的徒卒，飞奔而来啊！”

帛女大惊，求助地望着孙武：“将军！”

孙武：“不要惊慌，或许是来探虚实的，请夫人从容对付。”

帛女忙走出内室，到灵堂去。

孙武在内室，呆呆地望着墙上挂着的依剑。

孙武吹灭了灯，在黑暗中，谛听着外面的动静。

天色已经完全黑了，吊丧的人都走了。

灵堂之中，油灯和烛光闪闪烁烁，光线摇曳不定，照着三张白脸：帛女、颉乙和孙驰。

听见外面喧嚷，几乎是连滚带爬地扑进一个披头散发的女人，一声声喊叫“将军！长卿！”扑倒在棺椁前面，泣不成声了。

是漪罗！

帛女见漪罗哭得死去活来，便想告诉漪罗缘由，告诉她，孙武将军并没有死。她过去搀扶漪罗：“漪罗，哭几声也就罢了，先随我到内室说话。”

漪罗：“不！不……我要陪陪将军啊……”

孙武在里面听得真切，不知如何是好。

颉乙忽然可着嗓子喊了一声：“啊！伍子胥伍大夫，您也来吊丧来了！”

帛女一惊，立即不再把漪罗向内室拉了。她看见伍子胥来了，带来了孙星和孙明，还有两个贴身的徒卒，其余兵丁被他安排在院子外面候着了。

伍子胥在灵前参拜："伍子胥前来为孙将军送行啊！……"

两个孩子跪倒，磕头，哭泣，然后扑到了母亲的怀里。

漪罗又去扶棺哭诉。

帛女舍了孩子，又去搀扶漪罗。

漪罗挣扎，不肯离开。

孙驰陪着伍子胥哭丧，跳着脚，以最悲痛的"跳踊"来表达哀思。

乱成一团。

颉乙上前，向伍子胥施礼："伍大夫风尘仆仆前来吊丧，孙将军在天之灵有知，也会感激万分的。请伍大夫节哀，暂且到上房歇息，叙话。"

伍子胥："伍子胥今日要整夜陪伴孙将军，有什么不方便么？"

颉乙："不不，我是说……"

"好了好了。"伍子胥再拜灵柩，然后在旁边的绣团上坐下了。

帛女和颉乙急得面面相觑。

漪罗哭得肝肠欲断，边哭边喃喃自语："将军，将军，你怎么扔下漪罗撒手而去？你怎么会去得这样地急啊……你叫漪罗日后怎么活得下去啊……漪罗到孙氏门中二十年，二十年有多少时日在你身边？……你总是去征战啊，早知如此不叫你去不叫你去不……"她倏然间想起了许许多多的往事，她无法关住情感的闸门，无法抑制内心的悲伤。她不知道隔着一层窗纸，一道门，孙武清清楚楚听着她哭诉，急得无计可施。她也不知道伍子胥正好用她的悲哀来试探和判别周围至爱亲朋们的哀痛是真是假，孙武到底是死是活。她无所顾忌地同孙武在对话，往日在帛女面前，她总得对情感有所掩饰，倾诉也得有所避讳，现在她不掩饰，也不避讳了。她这是同孙武的最后的倾诉，她甚至相信孙武即便是死了，也能听到她的这番泣血陈情。"将军，你知道漪罗到罗浮山铸剑，天天想着你么？你知道漪罗千里奔赴楚地，怎样惦念你么？你知道漪罗为你而忍受为你而生为你而死你知道么？"她想起那些对于她生命至关重要的美好的时光了，想起为孙武抚弄依琴的时候，想起为孙武铸打依剑的时候："可是琴还有何用剑还有何用什么什么都没有用处了。天何如此无情？地何如此无情？将军你是为漪罗到姑苏的啊，你为漪罗病你为漪罗忧你为漪罗落马而死！你且先行一步，将军，你在那阴世间等等漪罗，漪罗要为你殉葬！你让漪罗最后再见你一面哪！”

漪罗哭着，倾诉着，情到极处，竟然真就要去推开棺盖，最后再看一眼孙武。

帛女和颉乙都大吃一惊。

两人一同来拖漪罗。

帛女脱口喝道：“漪罗！不要胡闹！”

颉乙：“少夫人，将军已死，不能复活！”

伍子胥起身来拦帛女和颉乙：“怎么？你们怎么可以不让她哭诉？哀痛郁结在心中会成一块病的！”

漪罗还是被帛女和颉乙拖住。

漪罗用头去撞那木的灵柩，她那样子，简直是疯了。

帛女命颉乙道：“把她拖到上房去，让她安静片刻！”

伍子胥：“少夫人想再见孙将军一面，有何不可？”

漪罗挣开了帛女和颉乙的拦阻，又去掀动棺盖：“不！不不……求求你们叫我再见一面哪！”

帷幕之后的孙武，再也忍不住了，完全是情之所至，似乎是忘记了自己已经“死”了，竟然一步跨出了房门。

“漪——罗！”

所有的人都为之一惊。

静默。

孙驰呆呆地看着孙武：“父亲你，你回来了？你是——鬼？”

漪罗却不顾一切地扑到了孙武的身边，紧紧地抱住了孙武：“将军！将军！长卿！你就是鬼，漪罗也不放你走了。”

孙武流泪了。

伍子胥哈哈大笑：“哈哈，哈哈哈，好一个活见鬼！”

漪罗近近地仔细打量着孙武：“将军你……真的还在？”

孙武掰开漪罗的手，兀自去掀了棺盖：“你看，这里面只是个木俑。”

帛女：“将军你！前功尽弃！”

孙武："不，是大功告成。夫人你看，漪罗，孙星，孙明不是都回来了么？"说着，他狂笑起来："哈哈，大功告成啊！"

伍子胥说："孙武，你可知你犯了欺君之罪么？"

孙武拱手向伍子胥作了一个揖，道："谢谢伍大夫早来一步为孙武吊丧。人活百岁，难免一死，人呱呱坠地，便一步一步走向了死亡。死不过是迟早的事情。现在，漪罗和两个娃娃已经生还，但请伍大夫念你我昔日情分，放他们一条生路，孙武绝不会让伍大夫为难，明日便可照常出殡，埋葬了孙武。孙武这就告辞，伍大夫可以回复君王之命了！"

孙武忽然抽出了佩带的依剑，哈哈笑着，要自刎。

众人惊叫着"将军"围了上来，伍子胥眼疾手快，捉住了孙武执剑的手："孙武，这不是太便宜你了么？"

"伍子胥，你还要怎样？"

伍子胥做咬牙切齿状，在孙武耳边道："我要你为你的八十二篇兵法和阵图耗尽心神，我要叫你永生还你妻妾的这份情债！"

孙武："你？！伍子胥，好大的胆子！"

伍子胥"唉"地叹了口气："谁叫我当初举荐了你呢？孙武哇，孙武，你还记得当初伍子胥放走楚大夫申包胥时你说我什么吗？你说我'放虎归山'；你说'成你是恩怨亲情，毁你也是恩怨亲情'。再毁一次又何妨？孙武，你可是坏到家了，你是深知伍子胥脾性的啊！"

"如此说，请伍大夫受孙武全家老小一拜！"

伍子胥道："休来这些文章！孙武，你必得答应我一件事：不再出山！"

孙武："伍大夫不是说我孙武活在自我构筑的梦境之中么？此一去，当然不会再出山了。孙武早已对征战深恶痛绝。"

"那好，"伍子胥说："你可立即由我帐前徒卒护送西行，到边邑等待你的家小。俟明日出殡之后，你全家才可到边城团聚；然后，选一小国隐姓埋名，在竹简之上论你的兵法，做你的梦去吧！但请放心，今日我带来的徒卒，都是忠信可靠的，出关的关牒，我也带来了。"

孙武："如此甚好。不过，子胥兄可要珍重啊！"

伍子胥苦笑着，摇了摇头："现在还不要紧，君王还需要伍子胥征战。长卿知道那燕子么？燕子吐出唾液为雏燕做窝，燕窝又是最美的佳肴。燕子一生吐六个窝，最后吐出的是‘血燕’呵，子胥不过如此！”

孙武听了，半晌无言。

……

依照伍子胥的安排，孙武驱马西行，到边邑等待家小。一路有颉乙相随，徒卒护送，关隘无阻。三日之后，把“孙武”埋葬之后的一家老小，帛女，漪罗，三个孩子亦由伍子胥徒卒护送，田狄驾车，到了边邑。出关之后，伍子胥的徒卒回马而去，回到姑苏去了。一家人继续远行，沿路选择着依山傍水的好去处。孙武忽然想起老军常，一问，才知阿常已经疯癫，不知去向。

在路上，颉乙忽然勒住了马，下马向孙武作了一个揖，道：“将军，前面就是陈国了。与其躬耕在陈国，不如到齐国去。夫人，少夫人和将军都是齐国人。”孙武：“若说家乡二字，孙武在姑苏二十载，才难舍难离呢。如今，我只盼宁静，只求淡泊，依山傍水便是家，心安之处便是归宿。”

颉乙：“不瞒将军说，颉乙曾受齐国国君之托，接引将军回乡食采乐安，齐国国君也好问将军国事。”

孙武：“颉乙先生鉴谅，孙武实难从命！”

说罢，孙武打马便走。

颉乙拉着马缰，笑着连连颔首：“一番戏言，如此这般，颉乙知道孙武之所以为孙武了啊！”

五

从太宰伯嚭的军帐向外望去，就可以望到会稽山。山不大，却算得上草木葱茏。越国国王勾践十五万大军，只剩下五千残兵了，都困在这弹丸之地，像鸟雀一般地散落在榛莽和草丛之间。天很热，勾践的徒卒在山中饱受蚊虫叮咬之苦，时见越军士卒的身影匆匆一闪，又伏落于草木之中，大约又是在挖采可以填饱肚子的山草，或者是用兜鍪舀些爬满孑孓的死水解渴。越国残兵败将退守的会稽山，在精锐无比的强大吴军围困之下，像一座死寂的小小孤岛。勾践已经走投无路了，派大夫诸稽郢前来求和，表示勾践愿叩头于边境，并让亲生的一子一女到吴宫拿着畚箕，端着洗盆服役。吴王虽心有所动，无奈伍子胥坚决主战，便没有应允。有消息说，勾践在和谈破裂之后，绝望了。勾残打算杀死自己的妻子，放火烧了越国的宝器，孤注一掷，与吴国决一死战……

伯嚭现在可没心思管那会稽山的越王勾践和挥师围剿越国的吴王

夫差孰胜孰负，是战是和。他忙得很，兴奋得欲仙欲死，而这一切刺激不是来自吴国吴军和吴王，却是越王勾践带给他的。濒临灭顶之灾的越王勾践把他——吴国最高军政长官，处理王家日常事务的太宰，当成最后一棵救命草了，派人带了国中最好的金饰玉璧明珠绸缎，偷偷来“求和”。来的是一男八女，女人都裹着面纱，进了伯嚭的大帐，就跪下不再起来。那使者说：“越王勾践命我代替他向伯嚭太宰叩首，请求太宰能够恩准吴越议和。太宰千万不要推辞，天下谁不知道太宰可以当吴国半个家，在吴国君王面前是一言九鼎啊！”伯嚭说，“越王勾践已经是瓮中之鳖了，当此之时，妄想借我之力苟延残喘，是办不到的。伯嚭身为吴国太宰，以效命吴国君王为毕生之志，尔不要耗费口舌了。”那人又道：“这么说，伯嚭太宰不肯向大王进言宽赦越国了？”“算你明白。”那人说：“这可太可怕了。吴国君王如不能宽赦越国君王，越王已经决心杀了妻子，焚烧了国之宝器，率军死战到底，战到最后一人。太宰不会没听说过‘困兽犹斗’这句话吧，届时，难免吴国也会有大的损伤啊！”“吴国虽有小伤，越国却是不复存在了。”“那么，谁还会向太宰进献美女宝器呢？越国君王已经对天盟誓，如得到太宰的帮助，越王没齿难忘，年年向吴王进献国宝，年年也少不了向太宰您贡献一份儿宝器……”伯嚭大怒：“尔竟敢贿赂本太宰，速速滚出帐去！有话可面见大王。”吴国太宰伯嚭在越人和帐中亲信面前，表现了高风亮节和轩昂的气势，可是，却并没有谢绝那些炫目的宝器。伯嚭文韬武略，聪明绝顶，深知什么时候扮演什么角色，这是绝不会弄错的。他心里面盘算的，与其外在的表象，往往大相径庭。那张虽年过五十，但是却依旧眉清目秀、有红有白的脸，是一篇难以破译的文章。他把越国派的男性使臣轰出军帐之后，厉声问那八个戴面纱的越国女子，“尔等还不走，留在这里做什么？”立即有女子悲伤地哀求：“请伯嚭太宰收留我们这些无依无靠的小女子吧，我们久经丧乱，都是无家可依的了。越王勾践不招我们来，我们也会偷偷跑到您的帐中的。如果我们回去，就免不了杀身之祸。恳请太宰可怜，小女子愿早早晚晚服侍太宰……”说着，扯了面纱，军帐中似乎哗然一亮，八个竟一律都是绝色女子！伯嚭的心一动，却尽量表现得无动于衷，沉吟片刻，道：“尔等妇人何罪？竟也遭此不幸，唉，暂且在我帐中避祸罢……”便顺理成章地纳了八位越国女子。伯嚭等不到晚，便在军帐之外加岗哨，到帐中让八个越国绝色粉黛“服侍”一回。不料，八个都是经过越王勾践调教过的，一上手，揉捏温存，就让伯嚭浑身酥了。等到轮番颠鸾倒凤，越国女子柔媚中透露出来的野性，时而呻叫时而表现出的晕死过去的娇滴滴的姿势，都是伯嚭从吴国美女身上没领略过的。伯嚭恨不能化在这些美人儿身上，一时征服欲大长，竟自觉得又年轻了一回。在他的感觉里，仿佛正在君临整个越国，简直是做了一夜的越国国王！哪里还管得了什么征战服越？

次日，伯嚭一觉睡到日上三竿，爬起来，未免感到两腿发软，可还是赶忙穿戴整齐，去见吴王夫差。自然，这时的伯嚭心里已经有数了，他是坚决主张议和的了。彼时，越王勾践的使节文种已从帐外开始跪着，用膝盖行走，来到夫差面前。文种滔滔不绝地直陈宽赦越国的理由和议和的好处，恳求吴国君王能免却一场最后的死搏，代表勾践表示愿意把女儿献给夫差使唤，大夫的女儿都归吴国大夫使唤，士的女儿都让吴国的士驱遣，越王勾践也将率妻子到吴国宫中为奴。夫差沉吟着，似有应允之意。伯嚭做深思熟虑状，说，“如果是死战之后臣服越国，的确不如这样安安逸逸得到越国。既然越国已经归属为臣，君王赦免宽宥了勾践，是有百利而无一害的。”

伍子胥急得暴躁难耐。

伍子胥正在兴头上，他悄悄放了孙武之后，回到姑苏，便和夫差一道率兵迎击勾践之军。战事紧急，夫差和伯嚭听说孙武已葬，孙氏门中家人已散，就没再追究。吴越两军相遇在太湖边的夫椒，在湖上鏖战。在胜负难分的关键时刻，伍子胥夜袭敌船，指挥两队舟师，让士卒全都举着火把，冲向越船。越国舟师看见满湖的火光，听见杀声震天，吓得屁滚尿流，士气全无，一败涂地。现在，那越王勾践已被困于会稽山的弹丸之地，只消弹指一挥，越国必灭无疑，偏偏又谈什么“宽赦”“和解”，伍子胥真是气不打一处来，便力主再战，说：“大王，大王！太宰此言大谬！吴、越两国世世代代都是仇敌啊！大王您忘了勾践杀父之仇么？”

文种忙道：“越王勾践自知得罪了大王，知道吴国君王对于越国是可以叫死人复起，白骨生肉的。勾践此时此刻正面向着君王，跪在会稽山上，诚惶诚恐，敬请大王宽赦呢！”

伯嚭深知夫差的心思，一语道破：“伍大夫，你不会不知道君王只是要越国臣服归属，而不是要消灭它；你不会不知道，君王的鸿鹄之志，乃是北上中原，称雄天下吧？”

伍子胥：“吴越两国，三江环绕，势不两立。彻底取了越国，可以占有它的土地，乘其舟船，驾御其车马，这是吴国的大利！北上中原，即使战胜了那里的诸侯，也不能占有其地，驾御其车马。孰重孰轻，君王三思！大王不可坐失良机，速速破灭越国是大计！”

夫差：“太宰所言极是，孤王的大业乃是北上中原，征讨齐国！”

伍子胥：“大王！南破越国才是根本！”

伯嚭忽然插了一句：“伍大夫，前不久在您为孙武吊丧之时，曾经反复大讲‘仁德’，如今你的‘仁德’何在？”

伍子胥被噎住了。

夫差不耐其烦：“寡人主意已定！文种，你可回复勾践，越国既然臣服于我，勾践即可为寡人奴仆，我便以仁德为怀，权且宽赦！”

伍子胥大惊。

夫差拂袖到内帐去了，伯嚭紧随其后。

文种依旧是跪着，用膝盖行走，出了吴王大帐。

伍子胥跳着脚吼道：

“夫差！夫差！你忘了勾践杀父之仇了吗？”

无声。

伍子胥泪流满面：

“夫差！你……忘了！你养虎遗患呐！完了，完了！二十年后，吴国王宫就会变成污水池的啊！”

夫差在内帐听了怒不可遏，“哗”地抽出了佩剑。伯嚭忙按住了夫差的手。夫差收了剑，吼道：

“来人，把疯子伍子胥轰出去！”

伍子胥听见了。

他拭了腮边的泪，回身退出大帐。

他喃喃自语："天毁吴国社稷啊！孙武安在？孙武如在，也许不会是这等结局啊……"

吴越未订歃血之盟，夫差就草草与越国和解，罢兵回国了。

之后，勾践果然带上妻子，到吴王夫差阶下为奴，同去为奴的朝臣三百人。

勾践夫妻穿着破衣烂衫，住入石室，洒扫庭院，清除马厩粪便，干着粗活。甚至在夫差患病拉痢的时候，勾践亲口去舔食夫差稀屎，判断病况如何。整整三年做牛做马做奴仆，勾践赢得了夫差的信任，才被放虎归山。

勾践归国之后，卧薪尝胆，富国强兵，采纳了大夫文种破吴的九种谋略。勾践继续做出极其谦恭的姿态，夫差喜欢服饰，便专织缔素细布进贡；夫差要修建宫室，就命三千木工伐木进献；夫差喜好美色，就选绝代佳人西施和郑旦去服侍。越人每每朝贡，都秘密地进献给伯嚭一份儿……只待时机，灭吴复仇。

时光荏苒，弹指之间，孙武逃离吴国，在陈国已经过了十年的田园生活，八十二篇兵法已经修订完毕，九卷战阵图轴也都绘制结束，乐得种菜灌园，过优哉游哉的日子。其间，也听说一些吴越之间关系变迁的事情，看破越王勾践的野心和吴王夫差的腐败昏庸，不免面向东风，唏嘘一番，惦念着伍子胥的安危。孙武虽在小国山野隐居，时间久了，孩子们嘴不严，到底真名实姓还是被陈国诸侯知道了。陈国君侯也曾微服来访，赠些礼物，知道孙武是"诈死"离开吴国的，慑于吴王夫差的威势，也不敢起用孙武，孙武自己也无意出山，也就相安无事。

陈国所处的地理位置，在吴楚之间，是楚国北上进攻吴国的门槛儿。吴王夫差北上征伐齐国之前的第一役，就是要把陈国打得服服帖帖，关闭楚军进攻吴国的门户，免得吴军北上了，楚军从南边打来，国中空虚，会有不测。于是，夫差以华登、伯嚭为先锋，亲征陈国。吴军以迅雷不及掩耳之势冲过陈国边城，陈国军队兵败如山倒。前来救援的楚国军队，还没与吴军接刃，楚昭王已经病死军中。楚军一退，陈国诸侯彻底绝望了，只好跪伏在都城十里之外，乖乖称臣，迎接华登、伯嚭入城。

孙武一直在山野之间蜗居，没有抛头露面。万万也没有想到，他作为这场吴陈战争的局外人，竟会大祸临头！这日三更，陈国徒卒五百余人，举着火把，团团围住了孙武的农舍。一时，鸡飞狗叫，大人孩子惶悚万分，都不知发生了什么事情。孙武忙披衣而起，去看个究竟，漪罗追上来，捧着依剑：

"长卿，带上剑呐！"

孙武说："晚了。"说着，推开了屋门，还没来得及环视四周，立即就有十几支青铜的戈，指向了他。

一位陈国大夫，深深地作了一个揖，道："孙将军，久闻大名了！如此不期而见，请恕我失礼了！"

孙武拱了拱手："孙武哪里还是将军？区区一个菜农而已，哪敢劳烦这样兴师动众？"

"本大夫实属无奈，奉陈国国君之命，来请将军。"

孙武："君侯如此厚爱，孙某实在消受不起。想我在此僻野山林耕地灌园，自食其力，安分守己，不曾冒犯君侯啊！今日派兵前来'请'我，有何见教？"

"送将军回姑苏！"

孙武："我明白了。"

"将军聪明绝顶，自然明白。"

孙武感慨万分："老天如此不公，天地之大，竟然找不到孙武可以安身之处！不过——君侯也忒厚爱孙武了啊，想不到我这菜农还可一用。孙武成了陈国君侯献给吴国国君的贡品了！哈哈，贡品！牺牲！哈哈哈……"

这时，孙氏门中一家，二十五岁的孙驰，十八岁的孙星，十六岁的孙明，还有帛女和已是耄耋之年的田狄，手执着干活用的双齿铜耒，铁锸，铁锄，木棍，不顾一切地冲出房门，与陈国士卒决一死战。漪罗则是唯一手执兵器的，她攥着那柄依剑，迅速地冲到孙武的身边，俨然孙武的保护神。顷刻之间，农具和兵器乒乒乓乓打在了一处，陈国徒卒人多势众，经过训练，轻而易举地把孙武的妻儿逼到了墙角，老田狄没用徒卒费力就已倒下了，漪罗执剑乱砍一气，想杀出一条血路，可是徒劳，根本近不得对方徒卒的身。

“别打了！放下武器！”

孙武拼命地吼叫。

“战斗”停止。

孙武的妻子儿子，除掉漪罗不肯撒手手中的剑之外，都扔了那不中用的“武器”，围拢到孙武身边。

孙武茫然地望了望四周。

五百身强力壮的甲徒，举着火把，执着武器，团团围住了孙武小小的农舍，围得个水泄不通。甲徒踏翻了竹篱，踏破了柴门，也有爬上屋顶，焚烧屋上茅草的。漪罗“噢”地叫了一声，和帛女一道跑回起火的屋中，抢出了那些竹简、图轴和依琴，紧紧地抱着。火光肆无忌惮地跳跃着，噼噼啪啪响，灼得孙武的脸生疼。浓烟乱扑，他眯了眼睛，看了看上上下下左左右右的火舌和那即将焚成灰烬的家园，看看刹那间无家可依的一家妻小，心里一阵怆然。

陈国大夫说：“请将军上路吧！”

一家人，叫“长卿”“将军”的，叫“父亲”的乱成一团，七嘴八舌喊着，围上来，不让走。

孙武：“他们——这数百徒卒如临大敌，还是别让他们劳心费力了。”

陈国大夫：“如此甚好。”

孙武：“也罢，倘若孙武一家罹祸，就可以令吴陈两国的战争平息，倒也是孙武的荣耀，做一回贡品却又何妨？”

漪罗：“不！——吴王夫差这回是不能放过你的啊——长卿！”

当然。

孙武知道此一去凶多吉少。

陈国大夫说：“请孙将军但放宽心，您对吴国是有大功的，先王的老臣，不会有事的。所以，我虽然带了五百甲兵，却早已嘱咐手下，不敢伤了将军半根毫毛！”

孙武哈哈大笑：“哈哈，谢谢尔等赏我一个全尸！哈哈哈……多谢啦！”

说话间，士兵已经把事先备好的囚车推了过来。

孙武在走向囚车之前，回头望了望漪罗、帛女和三个儿子。他湿漉漉的眼睛里似乎藏着很多的话，却又无从说起。他年已过五十，两鬓花白，多少沧桑？一时三十年来的往事一齐涌上心头。三十年他带给帛女和漪罗多少劫难与不幸？他有多少难言的歉疚？不是语言所能表达的，而她们又给了他多少爱？多少温存？也不是能够说清的。他走向了囚车，全家妻妾儿子，也将被押送回吴国，对于这一点，他无计可施，也无能为力，更是无言以对的啊！他看见房子在熊熊大火中塌了下来，看见他的妻妾什么也没有带出来，什么也不去抢，只紧紧搂着三样东西：剑、琴和竹简！他承受不住这般的厚爱，心在颤抖，赶紧转回了头，登上了囚车。他听见身后漪罗、帛女和孙星、孙驰、孙明的呼喊声，听见士兵们的叱咤声，看见又是两个大囚车推过来了……

囚车，三辆，由五百甲徒们押送着，向吴国边境进发。

天，亮了，天色一片惨白。

路上，到处是战争留下的创痕：士兵的尸体，战马的遗骸，焚烧着的战车……

忽然看见一彪兵马迎面而来，约有一千余骑。旌旗上赫然是“吴”字，大约是奉命向陈国纵深进发的一支吴国军队。锁着孙武的囚车和大队，都停了下来，吴国军队的将领正在问讯着陈国大夫什么。一会儿，囚车重新开始“轰轰隆隆”向东北方向开进，这时的吴军全部闪在道路的一旁。

近了，孙武可以看得清吴将那张脸了。

他不认识这位将军，这位骁将实在太年轻了，唇上生着的，还是茸毛呢。

年轻的吴国将军看到囚车中的孙武的时候，显得很激动，忽然跳下马来，回过头向他的军队喊道：

“全军速速见礼！这就是西破强楚的孙将军孙武啊！”

吴军将士“忽拉”一下子全部下了马，拱手向囚车中的孙武致以庄严的拱手之礼。

吴将单膝跪倒：“孙将军！我虽无缘在将军麾下，可是，吴军服越破陈，东征西讨，战阵常是将军的战阵，兵法还是将军的兵法，将军的威风依旧在旌行两伍之中啊！请将军受晚辈一拜！将军多多保重！”

孙武把眼睛闭上了。

这算什么？是检阅么？

如此检阅！

囚车似乎也变得庄严了起来，囚车的速度似乎慢了，轧轧作响的轮辐也似乎变得沉郁了。孙武巴不得囚车快些与吴国军队擦肩而过，偏偏这时间和道路好像全都拉长了。路边，又是一代将军和徒卒了，他能对这一代生气勃勃的将士说什么呢？保重？谁保重？谁更需要保重？孙武无奈地想。你也许谈不到什么“保重”不“保重”了，可是你毕竟在世上活了五十余年！他们呢？他们还是牛犊，还是乳虎，即便他们侥幸没作楚国沙场之鬼，侥幸没做陈国沙场之鬼，侥幸之后还会再侥幸么？吴国君王夫差穷兵黩武，正在策划北上中原，你们，年轻的将军和徒卒们，南下，北上，终于还能回家吗？是在晋国作鬼？是血洒鲁国？还是饮恨齐国？你们敬仰的孙武，只是“善战”的孙武，你们之中，谁知道孙武用兵的最高境界是“不战”呢？谁知道，谁？正因为这些，孙武的八十二篇兵法和九卷图轴可以交与谁，谁？

囚车，终于和吴军告别了。

囚车到了吴陈边境。

陈国君侯毕恭毕敬地向吴王夫差深深地叩头施礼，献贡品：

“大王在上，小国之侯不过是草野边僻之人，虽然自不量力冒犯了大王，承蒙大王宽仁厚德，不计小怨，歃血为盟。陈国本来就是向大王贡献物品的小邑，承蒙不弃，仰戴鸿恩，劳烦大王今后命贵国军士用鞭子抽打小国臣民。小国之侯从今宾服大王，愿为臣属，年年朝贡，岁岁来献，恭祝大王延寿，永受万福！”

夫差道：“寡人今日宽赦了君侯你，你当有自知之明，知道什么是天，什么是地，什么是树，什么是草，什么是鹰，什么是鸡，什么是石，什么是卵。”

“请大王放心，我知道了。”

夫差：“你当有始有终，休要朝三暮四，日后应当自勉。”

“是。”

“有什么贡献，呈上给寡人看看。”

“小国虽然穷鄙，但愿罄其所有，按天下诸侯盟会贡献最高的约束自己，今日敬献给大王的是一百套太牢！”

一套太牢，即是一头牛，一口猪，一头羊。一百套太牢，乃是三百头牲畜。按照礼制，吴王向小国诸侯征收贡品，数字不得超过十二，陈国君侯奉献一百，超过数倍了。可是，当一百头牲畜赶将过来的时候，吴王夫差受之心安理得，脸上根本没露出一点儿喜悦。

陈国国君又道：“大王，我这里，还有一样儿东西，可以还给大王。”

这就是孙武！

作为陈国诸侯贡品的孙武，在囚笼里痛不欲生。在等待着奉献出去的时候，他透过徒卒之间的缝隙清清楚楚地看见，全家一共是三辆囚车，他自已独占一辆，头和手都锁在木头囚笼里，动弹不得。帛女和漪罗共一个囚笼，三个儿子共一个囚笼，老家仆田狄甚至连囚笼也无权“享受”，只捆绑着，在一匹马屁股后面，全家无一幸免。他们候在一条干涸的河道里，和一百头猪、一百头羊、一百头牛混杂在一起。终于轮到他们去“奉献”了，乃是跟在运载猪、牛、羊的后面。浩浩荡荡的牲畜“大军”，在去“贡献”的途中，随意拉着粪便，臭气冲天；互相自由地挤撞着，并没有捆缚；哞哞地乱叫着，并无哀痛。而他，当年赫赫扬扬的将军孙武，这会儿可以等于一头羊？一口猪？或是半头牛？甚至可以说连那些家畜都不如，猪牛和羊，在车上是用“栏”围着，他是在笼子里关着。

囚车到了吴王夫差面前。

夫差果然一惊。

夫差：“你？！”

孙武不言。

夫差：“寡人真是活见鬼了！”

陈国国君忙道：“大王，这孙武十年之前叛离吴国，远避尘嚣，一直在陈国山野隐居……”

夫差：“好你个胆大包天的孙武，竟敢欺骗了寡人十年之久！你可知罪？”

孙武还是不说话。

夫差大怒：“伍大夫何在？”

伍子胥应声而来：“臣在。”

孙武一见吴王夫差要问伍子胥之罪，不能不开口了：“孙武的死活不关伍子胥的事。孙武十年前可以死为由，瞒天过海，离开吴国，伍大夫全然不知。”

夫差冷笑道：“你这样处心积虑地要替伍大夫洗刷个干干净净，寡人反而无法相信伍大夫干净了。如此看来，二位是早就有盟誓在先了吧？”

伍子胥直言不讳：“任凭大王治臣下之罪。”

孙武：“大王，我早已决心不问政事，不披甲胄。对于大王来说，孙武虽生犹死，早死晚死还不是一样，请大王即刻赐孙武一死就是，不必罹祸他人！”

伯嚭来插话了，他的目标总是伍子胥：“大王，依臣看来，孙将军欺君罔上，藐视王庭，恐怕不是他一个人办得到的。其中的来龙去脉，必须弄得清清楚楚，以罪量刑才是。”

夫差：“唔。”

伍子胥：“伯嚭太宰何必绕弯子？此事还有何不清楚？如若治罪，便请君王将伍子胥与孙武一同治罪就是了。说伍子胥欺君也可，说伍子胥罔上也无不可，可是伍子胥的的确确是为君王做了一件好事啊！孙武本是吴国的功臣，先王的爱将，先王在临终时曾有遗训，要终生宽赦孙将军。伍子胥为大王宣示仁德，恪守先王遗训，以告先王在天之灵。孙武在吴二十余载，南征北讨；孙武去吴整整十年，隐姓埋名，何罪之有？只怕是大王如治孙武之罪，天下不服，有碍大王的好名声！治罪只可治伍子胥之罪，伍子胥领了！”

夫差：“如此甚好！伍大夫犯下欺君之罪，罪当诛杀，念你是先王老臣，便去受杖责四十吧！”

孙武：“大王！”

夫差："杖责四十！"

年逾花甲一头白发的伍子胥，被按在地上受杖打皮肉之苦。木棒击打在他那已经松弛了的毫无弹性的皮肉上，发出噗噗的响声。伍子胥并不呻吟，只是乱叫："该打！打得好！""为大王的仁德，受一杖！再一杖！""先王在天，看伍子胥挨打了！三十一，三十二！"伍子胥生性耿直，又一向忠烈敢谏，近来在是否应当灭越国和北上的战略问题上，屡屡与吴王夫差冲撞。他自恃是开国元勋，自信是为吴国大计尽忠，料吴王夫差不会把他怎样。他从没想到夫差小儿会开打戒，心不服，口亦不服，虽皮开肉绽，仍乱叫一气。可是，不论他怎么乱叫，都无法使那木棒不落在皮肉之上，他的心里一片苍凉、失望和失落，终于，"唉"了一声，落下泪来，再也不作声，也不呻吟。吴王夫差杖打伍子胥，一半是为孙武这一段公案，一半是为了打下伍子胥气焰，叫他顺从。这是一顿杀威棒，他指望伍子胥不敢再以功臣和老臣自居，他日伐齐别再进微词，别再横竖阻拦，让他扫兴。他心里暗暗记着数儿，三十一，三十二，三十三，一棒也不准少的。孙武看见棍棒交加，看见伍子胥那头白发和身上的血迹，感到一阵阵心痛，也感到一阵阵心寒，可是他唯有喊几声"伍大夫！伍大夫！你替孙武受过了！"唯有在囚笼里急得跺脚而已。伯嚭见夫差命人杖责伍子胥，也是一惊，接着窃窃心喜，巴不得看到这位"骄横的老儿"受皮肉之苦，及至那棍棒撩起血肉来，也不免倒吸一口冷气。作为夫差近臣，他的心头也有一种兔狐之悲，有点儿后怕。伯嚭忙跪下叩首道："大王，念伍大夫年迈，请大王宽恕罢！"夫差哼了一声，把脊梁给了伯嚭，不数到四十整，他是绝不会半途而废的。

打完了。

伍子胥被抬下去了。

轮到孙武了。

夫差一挥手："把孙将军和家小全放了，送将军回姑苏！"

所有的人都为之一愣。

这是真的吗？

风拂旌旗，呼啦啦响。那一百套"太牢"，牛们，羊们，猪们，在咩咩哞哞地叫着。

夫差："还愣着做什么？"

这才有徒卒去开囚笼。伯嚭忙上前："将军受苦了！"陈国君侯也惶惑地施了一礼道："请将军千万鉴谅，小国君侯实出无奈。"孙武没工夫理会伯嚭和陈国诸侯，他想这吴王夫差放了他，反而麻烦了，不知道以后又要弄出什么事情来。

孙武喊道："大王，孙武实在是有欺君之罪的啊，大王为何不治我之罪？"

夫差："将军想自寻不痛快么？"

孙武："若承蒙大王恩泽不问孙武之罪，就请放还山野！"

夫差冷笑："休要执迷不悟！寡人念先王有话，权且宽赦你一回。孙武你须记着，有其一，没有其二，其三，下不为例。寡人即将发兵伐齐，要尔戴罪立功！"

"大王！"

"送孙将军全家回姑苏！"

君王之命不可违，虽然拆了囚笼，孙武没有被锁着，一家老小还是被押送着回姑苏去了。

谁也不知道，吴王夫差为何会如此开恩，也许，吴王还是幻想着要孙武率兵作战？这只猜对了一半儿。对于夫差，这个决策却并不是那样简单的，刹那间他忽然想起了若干年前父王的一段教训，大意是：孙子兵法不仅是治军之道，也是用人之道。用兵贵在曲，不在直，你怀疑他，也要用他；你用他，再给他戴上嚼子；你给他戴上了嚼子，再赐他些俸禄；你赐了他俸禄，再削平他的气焰，你就是砍了他的脑壳，也要用楠木之棺椁，金银宝器之陪葬，厚厚地埋葬他。如此这般，寡人之所以为寡人，大王之所以为大王也……当然，夫差根本没能从孙子兵法中找到这些意思，也无法得知他的父王阖闾是怎么就悟出了这一层帝王之道，可是，他为今日能用这番训导来对付孙武，感到得意洋洋。

六

这个无雨的夏天，燥得人心要长荒草了。天热得像烧红了的炉膛，地烫得如烤软了的炮烙。

孙武的心里燥得要发狂。

囚笼把他送到吴国边境，车马和甲徒把他押回了姑苏。宁静的山乡家园忽然间就被大火焚为灰烬，从前的将军府又成了他全家的栖身之处，人生的这个圆圈可是划得太大了，转了十几年又转回了原地。毕竟物是人非了，在孙武的心目中，将军府也是个囚笼，闷得他透不过气来。应该说，昨日的孙武已经死了，而且入了殓，出了殡了，在生生死死之后，经过一番羞辱，他更讨厌现在的虚荣！他也知道，在这虚荣的背后，潜藏着可怕的危险，你看么：吴国君王把伍子胥打了个皮开肉绽，却让你重新住进将军府，是叫你饱食终日优哉游哉么？不，吴王是让你去行军，去作战，去厮杀，死，也死在沙场！可是，孙武的内心十

被棍棒打得稀烂的伍子胥，在囚笼里哇哇大叫

分厌恶血腥，厌恶并且逃避着战争！他肯定是要在吴王面前重弹“不战”“慎战”那些“老调”的。如今，他累积无数岁月，妄想追求的“不战而屈人之兵”的最高境界，肯定是扫了君王的兴。一旦他拒绝了

君王的任用，那么，后果是什么？会不会殃及帛女和漪罗？会不会家破人亡？

天太热了，太热了。

他们要置你于死地的，他自言自语。现在该有个结果了，他又自言自语。

“你无处逃遁！”他喊了一声，喊声令他自己也吃了一惊。

帛女应声而出：“长卿，你没事吧？”

“没事没事我哪里有什么事？”

孙驰也随后来了：“父亲，我要请教您关于太公兵法……”

“休要再说什么兵法！”

帛女和孙驰面面相觑。

“啊，你们——下去吧！”孙武觉察到了自己过于粗暴，尽量地和悦些。

妻和子都是无辜的。

外面，战车辚辚，战马萧萧。从南方调集的军队正经过姑苏城，到姑苏台下集结。外面，到处是兵甲，到处是长戈，弥漫着紧张的战争气氛。

“吴王就要发兵攻齐了。”

“吴王夫差派人宣他明早五更上朝议事。”

“明天早晨，五更！”

“你对他说什么？你说，我不干了！”

“他呢？他说，灭你九族。”

孙武又在自说自话。

帛女说，“长卿你怎么了，你到底怎么了？”

“没怎么，没事。”

他的心里太憋闷了。

他去看望伍子胥，他惦记着挨了一顿棍棒的伍子胥怎么样了。

毕竟是六十岁的老人了，白发人伍子胥被杖责四十之后，险些要了命。皮肉筋骨之苦，实在苦不堪言。他躺在床上养伤，只可俯卧，不敢平躺着，碰到伤处就痛得呻吟不止。当然，伍子胥呻吟也只是在家里闭了门呻吟，是不肯让吴王夫差和太宰伯嚭听见的，他生性就是这样执拗。更苦的，是他的内心。这一顿好打，明明白白告诉他，开了打戒，杀戒也是随时可开的。分明是警告他，要么顺遂君王之意，不再提越国是什么隐患，全力辅佐大王北上伐齐；要么，就闭上嘴，休要再引火烧身。对于刚烈，耿直，把身家性命都交给吴国的伍子胥来说，顺水推舟办不到，缄口不言也不能，那么，夫差对他开杀戒，就仅仅是时间的问题了。这一点，伍子胥心里明白，痛苦也就苦在“明白”二字上。

家人来报：“孙将军来见。”

伍子胥想坐起来，奈何棒疮在股，疼痛得受不住，孙武赶紧扶伍子胥躺下。

孙武；“子胥兄，你替孙武受过了！”

伍子胥：“哪个替你受过？”

“孙武连累了你啊！”

伍子胥笑：“将军说这话，是拉我做你的朋党不成？你这可是痴心妄想。”

“看来伍子胥棒伤不疼。”

“你想试一试？”

“不试也是知道的。”

“唉，”伍子胥叹了口气说，“大王绝非为你孙武打伍子胥，乃是为伍子胥打伍子胥啊！我向来实话实说，不会昧着良心的，早已得罪了君王，也得罪了他身边的佞臣伯嚭。他们这才寻个因由，用棍棒说话，出一口恶气。伍子胥几十年辅佐先王少君，不知有家，只知有国，未料到他们竟然会……叫我老朽受此棍棒之苦啊！”

“你以功臣自居？”

“冤枉！”

“你胆敢倚老卖老？”

“冤枉！”

“哪个知道你的冤枉？这就免不了挨打。”

“这么说，伍子胥该打？哈哈，该，哈哈哈哈，活该一受！”

说毕了笑话，孙武沉吟片刻，正色道：“只怕这棍棒还是轻的呢！

君王的斧子早已磨得飞快！”

伍子胥竟然忍着剧痛翻身坐了起来：“长卿，你说说看，吴越夫椒之战，将勾践围困在会稽山弹丸之地，剿灭越国只需弹指一挥，大王却听信伯嚭谗言，议和了，这怎么说？”

“亡国之和。”

“如今，越王勾践被放虎归山，日渐成为吴国大患，来日灭吴，必是勾践。可君王好大喜功，偏偏又要空国北上，征伐齐国，这又该怎么说？”

“亡国之战。”

伍子胥棒疮发作，躺下，长叹：“好了，明日五更大王召见于你的时候，你便是这番话，我看你就不只是受棍棒之苦了，只怕九族都难逃身首异处之灾——伍子胥这回可救不了你喽。”

沉默。

沉重。

伍子胥两眼闭了半晌，道：“实不相瞒，伍子胥早已看见了自己的归宿。我已于日前把幼子送到齐国，请鲍氏抚养，改姓王孙氏了。”

孙武大惊：“有这等事？吴王伐齐，你敢托子于齐！”

伍子胥泪眼蒙眬：“无奈，无奈啊，我伍子胥做此亏心之事！”

孙武拜道：“你还记得十年前你为孙武吊丧吧？我欠了你的人情呢，如今看来，孙武需要活祭子胥兄了，请受我一拜。”

“且慢。”

“你还有何话说？”

“明日五更，君王召见你我，你我刚好同路。能与孙将军一同赴死，倒也是一件幸事。”

伍子胥笑起来。

孙武也笑了。

笑得苦不堪言。

孙武道：“想我孙武，早已不愿意再涉足战事。唯一的愿望便是归隐山林，天马行空，不受任何一国君王的羁绊。可就是办不到。”

伍子胥：“你不愿受君王羁绊，君王却要羁绊你！一切都在渊薮之中。好了，回去准备准备吧。”

“准备什么？”

“一斛上路的烈酒！”

……

孙武回府，心情更加烦闷了。

他最惦记的，乃是全家人的安危，深怕他一人受难，殃及老小，可又没有解脱的办法。

漪罗和帛女带着三个儿子来了。

孙驰，孙星，孙明，都穿上了兵甲。孙武见了一愣：“这是干什么？”

孙驰：“吴国正在用人，请父亲恕儿子不孝，就此辞行。”

孙武：“从军？你们三个？”

孙驰：“投在华登将军麾下了，多亏华登将军另眼相待，命小弟孙明在将军帐下听用，我与孙星编入行伍，请父亲放心。”

帛女插话：“去吧，说到底也是将门之后。”

孙武不耐烦听这话。

“什么将门之后将门之后，什么将门之后？”

孙驰：“父亲，我们兄弟三人会互相照应的。”

孙武一时不知应该对三个从军辞家的儿子说什么？他知道士卒是怎么回事，他知道。帛女在慈爱而严正地告诫儿子们，“不可辱没了将军父亲的名声，终有出头之日的。”他知道士卒是怎么出头，他主张用兵的最上策是用谋略，其次是外交，再万不得已的下策才是攻城。攻城是怎么一番情景？那士卒们像蚂蚁一般攀附云梯而上，一露头，头就被削掉了，脖腔子有多大，血窟窿有多大。他的儿子们，现在就是去做蚂蚁，去干攻城的勾当。帛女拿出三块熟牛皮，说“带上带上，野地露宿可以防潮。”他清楚，无论是戈伤还是箭伤，无论是利刃断喉还是穿胸，无论是当即毙命还是隔日而亡，士卒的死法都是一样的，都是埋在异域他乡的一抔黄土下面，千秋野鬼，永不还家。他听见漪罗在抽泣，说：“你们三个孙明最小，他才十六岁十六岁啊，十六岁！哥哥要照顾好弟弟。庶母不能跟你们去了，你们可要自己照顾好自己，自己照顾自己！”他看见漪罗一边给孙明整理甲胄，一边眼泪汪汪。他想这也许就是那个叫作“命运”的东西在作怪：你大半生南征北讨，领兵打仗，到头来你对战争深恶痛绝，可你的所有的儿子却都去投军了，都去做士卒了，从头开始了。难道你看到的成千累万的士卒的死还不够，还要你尝尝战争中失去亲子之痛？

三个儿子跪在地上，叩头辞行了。

孙驰：“父亲，母亲，庶母，我们该走了。”

帛女：“长卿，嘱咐孩子们几句话吧。”

漪罗：“还不知哪年哪月再见呢。”

帛女：“再见的时候，都会出息了！”

漪罗：“将军，你……不愿他们走？”

孙武摇摇头：“走，比留下好。”

帛女：“那就走吧，男儿猛志在四方的。”

三个儿子叩着响头：“恕儿子不能尽孝！”“儿子走了！”“父亲母亲庶母多保重！”

漪罗“呜”地哭了。

帛女的眼圈也湿润了。

孙武说：“还不走，等什么？”

三个儿子转身而去。

等到孙驰、孙星和孙明已经出了门，孙武才吼了一句临别的嘱托：

“好自为之啊——”

夜深了。

天黑得可怕，四周静得可怕。没有风，燥热无法消散，使这黑沉沉的夜变得黏稠。蝉一直叫到半夜，好像一下子都死掉了，再也不叫了。蛐蛐儿开始小心翼翼地互相呼唤，虫儿们在东？在西？在南？在北？不知道在什么地方，嚯嚯地应答着。

孙武将军府一片漆黑。

燧石在敲打，短促的声音溅出了火星，终于，一支烛光点燃了，光焰慢慢地放大，率先显形的是孙武那双布满了青筋和点点褐斑的手，还有他额头挤在一起的皱纹。光线开始在孙武布满沧桑的花白胡须，几案，幔帐，悬剑和鼎之间爬行，拓出一片狭小的空间。

孙武小心翼翼地打开了案上的竹简。

八十二篇兵法！九卷阵图！

“哗”的一声，他又把竹简收起，放在几案上，呆呆地坐着，一动不动。

四周实在是太安静了，安静得孙武甚至不敢咳嗽，安静得一切一切都似乎凝固了，连他的血液也凝固了，安静得似乎要出什么事儿。他的青筋突露的手抚爱着他那些写满了兵法的竹简，这时候他能感觉到竹简之上有脉搏的律动，感觉到那竹简是有呼吸的，而且是和他的呼吸同步的。不论他在哪一片穷乡僻壤隐居，不论他囚居在世界的哪一隅，只要展开这些竹简，他依然是气吞万里的将军。竹简上的每一个字，都跃动着他的一块生命，都洋洋洒洒写着他的豪气和肝胆。他喃喃自语，君不可一日无我，我不可一日无此君。他说，三十几载呵！他面前的这一卷又一卷竹简，把三十几载天下征战的胜负因由都概括在此，数百个战场的图卷全浓缩在尺寸之间。当然，当然，竹简之中，有闪电的光芒和惊雷的啸叫，有千军排阵万马奔腾，有磅礴地进攻，机智地迂回，迷离地偷营，惊心动魄地厮杀。没有这些，还可以称之为兵法么？可是，可是，他，孙武，在历经了血洗和火耕之后，高高地在云端俯察了战争、战役和战场；俯察了死亡和毁灭；俯察了诸侯之争与士兵之战，他伤心惨目地惊呼“兵凶战危”！惊呼战争是死生之地！惊呼久战将丧师灭国！惊呼兴兵攻城是下策！惊呼不战屈人之兵是善之善者也！兵凶战危啊！死生之地呵！不战而屈人之兵，是善之善者也！世人听见了吗？将军明白了吗？君侯知道了吗？唉唉，唉！天下有几人知他良苦用心？天下有几个君王不好战？也许，齐桓公曾有过不战而胜的功绩，可是齐桓公死了，爬满蛆虫的尸体在灵床上扔了六十七天！也许，吴国先王阖闾，早年还是可以听从他的告诫的，他说百姓劳顿，民不聊生，伐楚战争就搁置了六年。可是，阖闾已死，阖闾的儿子夫差暴戾昏庸，南伐越国没有善始善终，又要北上征伐齐国。他们要用孙武，只要孙武去率兵打仗；他们要孙子兵法，只取其战术战法去杀戮，这正是孙武害怕他的兵法八十二篇和阵图九卷落入夫差之手的因由；这正是孙武远避王庭，隐居世外的因由。孙武抱起了他的那些凝着他精血的竹简，像是抱着一个婴儿。他们，夫差和伯嚭们，就是要把你孙武肢解了，就是要把你的兵法肢解了。唯有那些鼠目寸光的小人，才会把你的兵法看作是征战和杀戮的武器，只有那些患了抽疯病的躁狂病人，才会把你的兵法看成是食人的野兽。这些庸庸碌碌的小人为了鼻子前面的一点点小利，正如麻蝇在寻隙下蛆。这些浑浑噩噩的“正人君子”因为你的见解对他们不利，正要置你于死地。孙武你该怎么办？孙武你的兵法怎么办呢？

你这兵法的一点烛光，能照亮天下的黑夜么？

他想狂躁地大喊大叫，也许，叫一阵，能痛快一点儿。

漪罗来了，他知道。只消听那裙裾的窸窣声音和轻柔的脚步声，他就知道，是漪罗，是。

漪罗：“将军，你怎么了？”

“啊，没什么……”

“将军睡不着么？”

“先王阖闾死了几年了？”

“十二年了。”

“这么说，夫差也十二年了？”

“是十二年。”

“是十二年。十二年，是。前前后后算起来，我在吴国军中是二十二年的东征西讨，又是十年的——说是归隐罢，不如说是东藏西躲。总共是二十二载的九死一生啊！”

忽然孙武又想起了阖闾。

阖闾在槜李的那个山口，那个雨天，那张惨白得吓人的脸……“我要你终生宽赦孙武，”阖闾在临死之前，这样嘱咐他的儿子夫差。

先王阖闾是知道夫差终究不会宽赦你孙武么？他一定是知道的，不然，他怎么不肯垂下他那只失血的手呢？

你在吴王台上说“君命有所不受”，你下了死命令，“行刑官，斧钺侍候！”然后，两颗人头，眉妃的，还有皿妃的，落在尘埃，沾满了尘灰……阖闾失了二妃，也还是任你为将军了。可是阖闾死了，贤德的大王到现在也没再生出一个来。如果阖闾在世，你会还在军中么？

头颅，两颗，眉妃的，还有皿妃的。

漪罗！

漪罗生得和她的同胞姐姐皿妃怎么如此相像？

漪罗到你身边，就是提醒你记着这个？就是老天成心在折磨你，叫你一辈子心里不安吗？

孙武说："那时候，孙武太年轻！"

漪罗诧异地问："说什么？你说什么？"

"漪罗，你不忌恨我吧？"

"将军你到底怎么了，不要紧吧？"说着，来为孙武打扇子。

孙武推开了她的扇子："先王阖闾怎么掉了一个脚趾头，就死了呢？先王的生命，也如此地娇嫩吗？"

"将军你不对劲儿，你怎么总是想这些不着边际的事情？"

什么是着边际？什么是不着边际？

他又想起那些战场了，他想起，那秋霜满地的黄昏，他策马从昔日的战场上走过。他勒住战马，回头去看那无声无息的战场，看那留下了他青春岁月的所在。这时候他能听见惊沙扑面，利箭穿骨，白刃割断喉咙的声音；这时候，他的战马也会竖起双耳，惊恐万分地咴咴嘶鸣。他永远也忘不了那种情状，他的须发结满了冰霜，他的犀甲冷得砭骨，他极目四望，只看见一轮浑黄的太阳摇摇欲坠，望不见一只活的飞鸟，看不见一个人走动。他的耳边竟然回旋着孤魂野鬼的哭声！这是谁，谁的哭声？是老军阿常的两个儿子？是托孤给他的蔡国将军鉴？或者是楚国名将沈尹戌？谁无父母？谁无兄弟？谁无妻女？谁又甘心扑倒在冰冷的地上，永远不能回家？这时候他的两眼湿润了，他蒙眬的泪眼向姑苏方向望去，他忽然就想起了久违了的帛女和儿子，想起了漪罗，想起了漪罗的明眸皓齿和温存……他的心一阵阵地抽搐，就是从那时候起，他决心告别鞍马，告别军帐，卸甲归田的吧？可这是哪一年哪一月哪一日的事情呢？

"三个孩子是在华登的帐下？"他问。

"是，华登。"

“谁想起叫他们从军的，谁？”

“将军，这也许是……一条生路。”

“生路？啊——是，也许是。现在是几更天了？”

“三更天了。”

“五更，我就奉召上朝了……”

“将军！”

漪罗扑上去，紧紧地抱住了孙武。

生离死别么？不，还早呢，才是三更天。

三个孩子都走了，他们现在是士卒了。

士卒！

他忽然想起槜李之战的那些越国的士卒。

三百条赤裸裸的年轻汉子，一齐走过来，然后，站成方队，一齐横刀锯断自己的喉咙，割下自己的头颅。满地的头颅，满地的血腥啊……

孙武狂叫：“点灯！点灯啊！把灯全点起来！”

漪罗急匆匆去点灯。她把所有的灯烛全部点亮了，房间里一片白花花的。

漪罗：“将军，灯都点起来了，你看，都点起来了。”

灯光在竹简上跳跃。

孙武：“这些竹简怎么办呢？”

“有什么怎么办的？”

孙武定定地看着漪罗，半晌，才说：“我走了，也就走了……这些怎么办？最放不下心的就是这些竹简。吴王会来夺走这些竹简的啊！可是他们不懂得我，他们不懂得我呕心沥血写下的兵法，他们只是要杀戮，杀戮，杀戮！”

漪罗知道孙武说的“走”是什么意思，她的心在打颤。她一下子把竹简抱在了怀里，似乎这样便是抱住了孙武，抱住了可以救命的东西。

孙武神经质地把竹简抢过来：“不！不不，没有人能够懂得我的兵法，我的初衷，我的用心！我怎么著述都是白费心血，如此说来，还不如烧掉，免得为昏庸的君王利用祸及百姓！”说着，他近似疯狂地去拆那竹简；竹简发出“噼噼啪啪”的声音，扔得满地都是，“我的心血全白费！白费！烧，烧掉吧！”

漪罗完全惊呆了：“你，你疯了！”

孙武：“疯了！疯了比清醒好！”

漪罗：“你到底要干什么啊你！”

“在我去见那夫差之前，烧掉，利索！”

漪罗感觉到孙武在纷至沓来的压力面前，在欲罢不能的无奈状态中，心情烦躁，郁闷，痛苦，悲哀，神经几近崩溃了。谁能够肯定这不是孙武，不是他和她的最后的时刻呢？她强忍着悲痛，耐心地，柔和地，像哄小孩子一样地对孙武说：“好好，我们全烧了，啊？我们烧，行不行？长卿，让我来烧，好不好？”

孙武呆呆地看着漪罗把地上的竹简，一片一片拾起来，到帷幕后面去了，少顷，他看到的青铜鼎里升腾起了火光。

孙武呆若木鸡。

漪罗回到屋子里来了。

孙武：“烧了？”

漪罗：“嗯。”

孙武：“谁叫你烧的啊？”

漪罗差点笑起来：“不是你命我去烧的吗？”

孙武：“啊……是，是我。就这么一把火！好了，现在干净了。八十二篇，九卷图轴……数十年的心血啊，付之一炬！”

漪罗嗔叫了一声，“将军！”随之，将幔帐撩开。

八十二篇兵法！

九卷图轴！

完好无损，一片竹简也没烧掉。

是的，漪罗怎么肯烧掉那些竹简呢？就是孙武在吼叫一番“烧掉”之后，真叫孙武自己去烧，他也不会去的。那八十二篇兵法，九卷阵图，不仅仅是孙武毕生心血结珠，而且可以称之为孙武物化的灵魂。漪罗深深地知道这些，才和孙武开了这样一个美丽的玩笑，一个只能属于他和她的知己又知心的玩笑。漪罗问孙武：“还烧么？现在要烧，还来得及！”

孙武凄苦地笑着："你——呀！"

漪罗说："只有漪罗知道，有时候你真像个小娃娃，你闹得我烧掉了一条罗裙啊！"

孙武感慨地："唉，只在你漪罗的面前是。"

漪罗："当然，天下谁不知道孙武是凛然一位将军！"

"你如何处置这些东西？"

"放心吧放心吧，漪罗已经安排好了，裹三层油布，再放入陶瓮里，用蜡封好，挖地三尺，埋在地下。除了田狄和夫人，便是你知，我知，天知，地知了。请问将军，放心不放心呢？"

"如此，我就放心了。"

"将军五更上朝，要多多保重。"

"你去歇息一会儿吧。"

"让我陪陪将军……"

天依旧是黑着，夜有些凉了，烛光闪闪烁烁的，随时都会被一阵小风吹灭的。漪罗依在孙武的怀里。她的心难过得很，忐忑得很。她害怕这便是最后的依偎了，她实在想哭，想痛痛快快地嚎啕一番，可是她忍住了。

"将军，四更天了吧？"

"四更了！"

"将军，你能听漪罗说几句话吗？"

"我不是听着么？"

"将军，少时见到那昏庸的夫差，能不能不再重弹那些旧调呢？"

"你叫我说什么，说什么？"

孙武又推开了漪罗。

漪罗："将军，不到这个时候，漪罗是不会讲这些话的——就请将军原谅漪罗的唐突罢。将军你执着，将军你不改初衷，将军你视死如归，但请你为夫人和漪罗想想，我们是难以承受死别之痛的啊！将军你历经战争之后，力主'不战''慎战'，你在兵法里反反复复阐述，你在君王面前一次又一次陈情。可是，你也知道，天下诸侯为一块玉，为一匹马就大兴兵戈，哪儿有不战的君侯？哪儿有不事噬血的帝王？你能改变夫差的野性吗？你能唤醒夫差的昏聩吗？你能说动他偃旗息鼓化干戈为玉帛吗？你能阻止他空国远征伐齐争霸吗？不，不能。既然如此，将军你何必又要枉费口舌，招致杀身之祸呢？”

“莫非你叫我称赞夫差的亡国之战么？”

“不。你可以缄默，你可以不言。”

“缄默？不言？你叫孙武做唯唯诺诺的小人？”

“将军，将军哪！漪罗也是情急无奈啊！请恕漪罗直言吧，将军的兵法是拨云的日月，只可惜而今是淫雨霏霏；将军的兵法是春天的第一声雷，只可惜世间的君王都是聋子！今日漪罗将兵法好好地埋在地下，但愿百年千年之后有君王是将军的知音。只怕是，只怕是，将军今日筑梦，百年之后，梦亦难圆！”

“你，你说什么？孙武是在梦中？”

“将军，好梦难圆……”

“别说了！”

孙武在咆哮。

漪罗只想着一件事，就是让孙武能免遭斧钺之祸，她泪如雨下，还想说下去：“将军……”

孙武用哀求的目光看着她，“你，让我安静一会儿好不好？”

孙武听到伍子胥说过，他是在筑梦。可是这番话从漪罗的嘴里说出来，却使他感到分外的惊心动魄。可他又不得不承认，人世间，贤德的君王还没出生；他不得不承认，今生今世也许真是难圆他的梦了。承认这个，对于他，是痛苦的，也是残酷的。是呵，既然你在吴王夫差面前重复的都是废话，你何必要重复呢？何必？

你不如做个哑巴！

他突然间牙关一咬，咬断了自己的舌头，“噗”地一下，把半截舌头吐在了地上，人也昏倒了。漪罗回身看见孙武口中，身上，还有地上到处是血，看见地上那一团紫黑的肉，一边痛哭一边嘶叫着：“将军！将军！是我害了你啊……”帛女和田狄闻声而来，帛女粗暴地叫漪罗：“滚开！去取药来！”便也泣不成声。

孙武醒来了，忍着剧痛动了动双唇，已经不会说话了。

七

夫差从来没这般快活过，快活得神散形也散了。先是趁着傍晚饮宴在太湖之上，歌舞琴瑟，鹿脍鱼羹，也没什么不得了的。及至一说到他要亲率三军北上伐齐，西施就来了个泪眼凝噎，说不尽的娇媚。那双美丽得惊人的眼睛里横着太湖之波，执着他的手，说“大王可真舍得抛了臣妾而去”，说“早去早回呀”，又说“请大王恕臣妾放肆，臣妾今宵要学村姑侍候夫君那样子侍候大王，叫大王明日千里之外惦着臣妾。”夫差依了西施，看她弄出什么花样儿来。西施便退下，去准备了。一天黑了之后，西施沐浴了兰草香汤，薄施粉黛，穿着渔女的粗布衣裳，一副冰清玉洁的样子，出现在吴王面前，竟然说是“请夫君上船”。夫差觉得新鲜，哈哈大笑，便弃了王船上了西施的兰舟。舟不算大，只有一老翁摇橹，美女郑旦扮作侍女打扇。西施在前舱纱灯之下，亲自弄了几样小菜置于案头，把盏敬酒给夫差喝。小菜都是会稽山的荠菜嫩笋，反而稀罕，酒呢，说是古越龙山，却是越国送来的金戈不倒之药酒。西施敬给夫差的每一盏酒都先自喝了一半儿，是残酒。五七盏下去，酒劲就上来了。夫差乜斜着醉眼看西施，西施正醉得如带露的栀子花，一手托着欲坠的云鬟，一手掩那松了的衣襟，样子娇羞可人。道是三十如狼，四十如虎，四十出头的夫差本来就狼虎得很，更难禁那酒劲比虎狼更凶猛！一时心里闹得紧，便叫道："爱妃还不来侍候寡人，还等什么？"西施说"不"。夫差说，"爱妃还要玩什么花样？"西施道，"今晚臣妾不是君王之妃，大王也不是大王。"夫差笑："你是何人？寡人是何人？"西施："妾本是越国的浣纱女，你么……就是渔公子。"夫差觉得好玩儿，哈哈大笑，连道："哈哈，渔公子这便要食你这美鱼！渔公子这便要食美鱼！"说着，来捉西施，西施格格艳笑腾闪，一时翻了几案，洒了醇酒，一直撩拨得夫差跳着脚，西施才羞怯怯地让他上手……在这只小舟之上，郑旦剔亮了红的纱灯，船底铺了锦被，西施百般柔媚，船下水声汩汩，不远处，虽有王船，护卫船灯光流溢，但总的说来，这一切，都是夫差没有体验过的野趣。情在浓时，夫差说，"浣纱女如此销魂，渔公子情愿终生守此渔舟！"西施嗔着道："大王这样说，妾只有投湖了。大王志在北上灭了齐国，成就霸业，这也是臣妾所盼望的啊！"夫差"唉"地叹了一口气。西施又说，"大王宽赦了越国，去攻打齐国，臣妾恨不得这辈子把身子给大王，来生依旧给大王做牛做马啊！妾在姑苏，将天天北望，为大王祈福，等大王凯旋！"夫差听了感动，便要西施梅开二度，把个西施揉得如一团软面，又大动作起来，弄得船也摇荡不止。夫差笑，"爱妃你叫我沾在你身上不想下来了。寡人不明白，勾践怎么舍得把你给我？是不是他那戈不中用？"西施说："臣妾如何知道？"夫差笑："勾践一定是不中用的，不中用！"西施："勾践可是连结发妻子都舍得送来侍奉大王的啊！""哪个要他的丑妻？寡人只要你西施！西施乃寡人半壁江山！"说着，又来劲。两人一直忙到三更过了，夫差方睡。五更时分，夫差听得隔船伯嚭来叫，这才想起曾召孙武与伍子胥上朝，满心的不高兴，可又想到今日必得点兵，明日必得率军出发，也只好披衣起身。见西施睡得叫不醒，就由郑旦扶他上岸，乘车回城。

这时候，孙武和伍子胥已经在姑苏台下等候多时了。

伍子胥是由两个家仆搀着来的。他身上的棒伤，在这样短的时日里不可能愈合，心上的“伤”更是无药可医。肝火在四肢的骨缝间乱窜，窜到天灵盖，脸涨成了酱紫，站起来就天旋地转，不得不由家仆搀着，来见吴王。

已经是五更天了，天还是磨磨唧唧地不肯亮起来。高高的吴王台，与天上的乌云粘连在一起，阴森森的，看上去让人透不过气来。抱着戟守在台上台下的士卒懒得动，一个个如陶俑。孙武在台子下面半倚半靠，同老大的吴王台比起来，人显得很小，如一只甲虫。

伍子胥哈哈一笑：“孙将军，在此睡得可舒服？吴王台下一寐，该是有好梦的吧？”

他不知道，孙武已经不能说话了。

“呵呵，当年那位叱咤风云的孙武，于今安在？——喂，说话么，你想闷死伍子胥？起来起来，早晨地上湿，坐久了，你孙将军便要拉稀的，伍子胥听见你的腹中已经在擂动鼙鼓了！哈哈，真不愧是名噪一时的将军哩！”

这位皮开肉绽的伍大夫，还在自己找乐子，孙武想。他有一肚子话，可以机智地反唇相讥，可是现在真个是有口难言了。

他心里一阵阵怆然。

伍子胥也想坐，一坐，那伤就疼，只好让两个家仆搀着立着。

孙武幸灾乐祸地一笑。

“笑什么？笑我伍子胥这般伤心惨目的模样？稍候，孙将军若能只受一番伍子胥之苦，那便是你孙武的造化，祖上的阴德！”

孙武叹了口气。

伍子胥也长叹一声，呆呆地望着吴王台，不再开玩笑，也没心思开玩笑了。他喃喃自语，“完了，完了，这吴王台快完了。先王何在？先王何不辅佐吴国社稷，吴国忠烈？先王你看哪，市井小儿都知道吴王宫里醉西施，大王连早朝都不朝了啊……”说着，转身对着孙武：“孙将军，倘若先王尚在，你我老臣何至于有此下场，落到这般田地！将军你说是不是，你说话呀！孙武！你装什么哑巴？”

伍子胥愤怒。

孙武用手指了指自己张开的嘴巴，沙哑地“啊”了两声。

田狄说，“伍大夫！孙将军不能说话了！”

伍子胥惊呆了：“什么？”

田狄：“孙将军……咬断了舌头！”

伍子胥一下子半跪在孙武面前，也顾不得身上的棒伤了，他借着天光，这才看见孙武的嘴里空落落的，只有半截血团。他使劲地摇着孙武的双肩：“你这是干什么？你这是干什么？何必这样啊！”

伍子胥泪如泉涌。

孙武摆摆手，推开伍子胥。

伍子胥流着泪，苦笑：“也许……这样好，也许你……是对的。”

伍子胥一回身，与伯嚭面面相觑。

伯嚭在一旁看了一阵了。他也觉得触目惊心，不知说什么好，与伍子胥一照面，忙抽身向吴王台上走，说声：

“大王驾到了。”

浩浩荡荡的车驾已来。

浩浩荡荡的兵马在吴王台下集结，戈戟如林，兵甲闪着寒光。

天色大亮。

吴王夫差在美女、侍卫和文武官员的簇拥之下，下车走上吴王台。伍子胥和孙武忙大礼跪拜，伍子胥代替孙武大叫：

“大王！伍子胥和孙武在此恭迎王驾！”

吴王眼珠儿也没向他转一下，头也不回。

成心冷落他们。

两个受伤的老臣，孙武和伍子胥，在高高的吴王台下，等待着吴王夫差的召见。吴王夫差在点北上伐齐之将：将军胥门曹统率上军，展如率下军，王子姑曹率中军，范牧率右军……各路军马，明日三更造饭，五更拔营，北上会同鲁国军队，攻伐齐国。一切事情吩咐已毕，该轮到召见孙武和伍子胥了，上面才传下话来，叫上去。两位老兵，一个五十开外，一个六十有余；一个棒伤未愈，一个舌刚咬断；一个由家仆搀着，另一个，孙武却背了一捆带刺的柴，怪模怪样登上了吴王台，求见君王。大王夫差不予理会，只是转过脸去，看那美丽的妃子郑旦。是否是故意的——他见美妃郑旦一直不高兴，便问“爱妃为何闷闷不乐？是不是寡人冷落了爱妃？”夫差不问则已，如此一问，郑旦就“扑嗒扑嗒”落了泪，显得更是楚楚动人了。夫差忙道，“寡人哪里有意冷落爱妃，你没见我这里忙吗？——啊？！好好，不要哭，不要哭了好不好？岂能用眼泪来为寡人送行？这是不吉利的啊。好了，好了，寡人为你捉蛐蛐儿好不好？”郑旦这才止了泪，说道：“谢大王怜爱。可是，大王真肯为臣妾捉蛐蛐儿？不过是玩笑而已。”夫差说，“寡人贵为一国之君，岂能哄骗爱妃？——听着，谁也不许喧哗！”

周围静下来了。

蛐蛐儿，真就开始了鸣叫。嚯嚯的叫声，起初总是很胆怯的，是在试探着，呼唤着什么。

郑旦高兴地小声说，“啊，真有了！有了！在大王绣团下面！”

大王赶紧抬起了屁股。

蛐蛐快活地歌唱起来。

郑旦指引着，夫差便蹲下来，到绣团之下去找。

伍子胥大声叫道：“臣拜见大王！”

蛐蛐的叫声吓断了。

郑旦说，“唉，完了。”

夫差没有起身，呵斥：“什么人敢大声喧哗？”

伯嚭走到伍子胥面前，用一根手指立在唇上示意：“嘘——伍大夫请稍候。”

伍子胥气得直摇头。

孙武只有苦笑。

蛐蛐儿又叫了起来，这一次，听上去，似乎在成心同吴国君王嬉戏，捉迷藏。郑旦去捉，夫差也去捉。夫差低下身子捉蛐蛐之前甚至还回头瞥了一眼伍子胥。郑旦说，“大王，大王，是一个铜头铁金刚啊，将军模样呢！快，快点。”

伍子胥又叫：“臣伍子胥，孙武，奉大王之召，拜见大王！”

夫差这才不耐烦地立起身来。

郑旦气恼地站在一旁。

夫差道："伍大夫有话快说。"

伍子胥："下臣奉大王召见，不知何事。"

夫差："伍大夫不知寡人将亲征齐国么？"

伍子胥："下臣知道。大王，臣愿大王放弃伐齐，先征越国。想那勾践，在吴国三年，贿赂重臣，进献美女，口尝大王粪便博取信任，卧薪尝胆以求卷土重来。如今回到越国，不吃荤腥，不穿绸缎，鼓励生育，训练甲兵，大王现在不下令征伐，恐怕吴国社稷危在旦夕了！"

夫差不但没听伍子胥啰嗦，却去与郑旦耳语什么，郑旦嫣然一笑。

伍子胥忍着棒伤，膝行至吴王面前，喊道："大王，大王啊！从前，上天把越国赐给吴国，大王不要。大王可知斗会转，星会移，天命会往复逆行么？今齐鲁之地，犹如身上的疥癣，不足为虑；齐鲁怎能涉过淮河长江前来争地？越国才是心腹之患哪！"

夫差不言。

伯嚭忙上前道："大王，今越王勾践派人送来的先祖所藏之宝器，护身坚甲二十套以及屈卢的长矛，步光的宝剑，已经送到了。越王表示愿率境内全部兵士三千，亲自披甲执戈为大王前锋，为大王效犬马之劳！"

夫差："越王助寡人伐齐，其诚可鉴，将礼物呈上，孤王过目！"

伍子胥的话，全白费了。

越国数十位美丽的女子举着贡品礼物，缕缕行行从吴王台上走过。

伍子胥痛心疾首，连叫："大王！"

孙武口不能言，也跪在了夫差面前。

伍子胥："大王！老臣所说的都是肺腑之言哪！老臣忠心日月可鉴！"

夫差："既然如此，寡人命你随军北上，寡人给你尽忠的机会！"

伍子胥说："大王！倘大王征伐越国，可将伍子胥抬到两军阵前，臣愿第一个承挡越人箭石；可是，看来大王是决意贪小利而伐齐了，伍子胥只有躺在地上，让万马千军从臣下身上踏过去！来吧！"

伍子胥忽然直挺挺地躺下了。

夫差大怒："伍子胥！尔不愿随本王伐齐是不是？"

"伍子胥已经皮开肉绽，伐齐，实难从命。"

夫差阴森森地笑起来："尔今日倚老卖老，口出污言秽语。今日寡人兵马未动，杀了你，恐于征战不吉不利。你既然是身上有伤，伯嚭太宰，叫人好生侍候这位伍大夫养病，若有闪失，拿你治罪。待寡人来日凯旋回朝，再作理论！"

伯嚭应"是"，来到伍子胥面前，"伍大夫，请恕我不恭了，请，来人，请！——"

立即有士卒前来抬伍子胥下去。

孙武"呵，呵"地叫着，随着抬伍子胥的徒卒跑，向伍子胥拱手，无限心事，可惜无法言传。

夫差叫："孙将军！"

伍子胥一边胡乱挣扎，一边叫："饶了孙武吧——他的舌头断成两截了啊！"

夫差："什么？"

孙武一直无奈地目送伍子胥被弄走，才转回身来，跪拜夫差。

夫差："孙将军果然是哑巴了吗？"

孙武点点头。

"不会是装哑巴？"

孙武摇摇头。

夫差："伯嚭太宰，你看他是真哑巴，还是故意装哑巴。"

伯嚭："大王，臣已看过，是真的。"

夫差："便是说，你孙武不愿与孤王共谋天下？"

孙武又摇头，不知是表示"不愿共谋"，还是"不能共谋"？

夫差冷笑："孙将军失掉了一个重新建功立业的良机，孤王本来是要将军随师北行，重用将军的。"

孙武再摇摇头。

夫差沉吟片刻，道："你倒简便，寡人问话，一概摇头。寡人要叫你点头！寡人问你，吴国军队明日三更北上，直抵淮水，再渡泗水，与鲁国军队会合，首战齐国博邑，决战大约是在齐国艾陵附近，伯嚭太宰与华登将军等爱卿为寡人如此运筹，孙将军以为如何？”

孙武站起来了。

他把五更天随身带来的一捆棘篱，从吴王脚下一直铺到吴王台的下台阶之处。

谁也不懂他玩的什么花样儿。

孙武脱了鞋和袜子。

这就更让人摸不着边际了。

孙武向吴王作了个揖，他的“忠谏”算是准备完毕，正式开始。

吴王夫差，太宰伯嚭，美妃郑旦以及在吴王台上的所有的将军谋士，谁也没有料到断了舌头的孙武会用一双“赤脚”说话！他两脚一踏上自带的精心选择的带刺的树枝，立即见了血珠。早晨露水湿过的荆棘，尖利的刺儿全显得精神无比，全都尖挺着，不由分说地扎在孙武的脚掌脚心之上。这可不是江湖异人在演示轻身之术！那双捂得发白的赤脚，才走几步，就滴哒起殷红来了，一些刺木被他的脚带起来，又落下

夫差命孙武赤脚踩着荆棘，来来回回地走

去，一路发出“咔咔”的断裂声。

夫差问：“孙武这是什么把戏？”

伯嚭聪明伶俐，说：“大王！孙武是在说，说大王前面的路一路荆棘，举步维艰哪！”

“可恶！”

郑旦说：“大王，叫他止住吧。”

夫差咬牙切齿：“叫他走！走！走下去！来来回回地走！”

孙武踩着那荆棘，每一步，都有尖刺扎上来，痛得连心，每一步，他都横了心向下踏脚，踏得狠了，尖刺扎进去出不来，留在肉里成为核儿。脚心已经烂了，全是血。他的心和脚是一样地痛，一路荆棘，对他自己来说，也是恰如其分的，真是三十载荆棘，别无选择。最后到了口不能言，心不愿言，苦不堪言的绝境！对于好战的野心勃勃的夫差来说，孙武想，夫差应当懂得这是什么意思了——北上伐齐，一路的荆棘，绝非正道，前途可忧！不消多久，这吴王台，还有吴王宫，到处将生满荆棘，一派残垣断壁野兔出没的亡国之象！

孙武又走到头了。

夫差冷冷地笑着：“走得好，原路再走回来！”

孙武赤脚在荆棘上又走了一遍。

站在夫差面前，站在荆棘上，孙武的脚上全是刺和血。

夫差说，“寡人知道将军孙武聪明过人了。你咬断了自己的舌头，成了哑巴，却又能够让浑身是嘴，和寡人过不去，胆子实在不小。伍子胥老儿挺僵尸，你在寡人面前走荆棘，二位可是有约在先？”

孙武无法回答。

夫差：“回寡人的话！”

“……”

“唔，你是个哑巴，可是你哑而不聋！听着，那伍子胥一边阻止寡人攻打齐国，一边将儿子偷偷地送到了齐国，为此，休想叫寡人轻饶了他！寡人问你，孙将军，你和你的夫人好像也与齐国有些缘分吧？”

伯嚭插话道：“大王，孙将军乃齐国贵胄田书之后，出于名门呐！将军的叔叔乃齐国将军司马穰苴，将军的夫人帛女，唔，是——生于艾陵的呢！”

孙武知道不好。

夫差哈哈笑起来：“这样一说，寡人便有了妥善的处置办法了。孙将军，你不愿随寡人去率兵打仗，如今又自己咬断了舌头，自己废了自己。一个哑巴，随营而去，也没有什么用处。寡人宽厚仁慈，有意宽赦你的欺君、抗君之罪！可是，你须得向寡人证实你与敌国无涉，你须证实你的忠诚与可靠，你必得自己断了与齐国的后路，明日五更之前复命！”

“咣啷”一声，夫差把宝剑扔到了孙武面前。

孙武大惊失色，忙跪在了荆棘之上。

孙武捧起了剑，哇哇地向夫差“陈述”着什么。他知道，吴王夫差是叫他杀了妻子帛女以示忠诚。他如何对结发妻子下得了毒手啊？大王这样的处置，比杀掉他自己更加残酷。他要说“不，不能这样！”可谁能听得懂呢？

夫差拂袖而去。

伯嚭太宰过来，说，“孙将军，以尊夫人一条性命，换得全家老小无恙，这已经是大王的仁慈了，将军三思！”

伯嚭也走了。

高高的吴王台上，只剩下孙武跪在荆棘之上，仰天长啸。

……

孙将军府上，帛女和漪罗自孙武去后，就如热釜上的蚂蚁，坐立不安。她们惦记着孙武的安危，漪罗想走出院门去看个究竟，被卫在门口的士卒用戈一横拦住：

“请夫人和少夫人留步。”

帛女：“尔等受何人指派？”

“小人受大王之命，不敢疏忽。请夫人和少夫人鉴谅。”

士卒将门关上了。

帛女“唉”地叹息着，只好坐在房中静等。

漪罗也没有办法可想，再去拉门，门已经拉不开了。她用拳去擂门，也没有反应，抬头茫然地看看，只见天光渐渐地亮了……

孙武走了两个多时辰才回来。

是田狄背回来的，孙武被荆棘扎烂了的脚，已经不能走路了。

漪罗和帛女都惊呆了。

帛女一迭声地问："将军这是怎么了？这是怎么了？"漪罗只有哭的份儿了，连话也说不出来。帛女问，"这受的是什么罪啊，蛇蝎心肠的君王，他用的是什么刑罚啊！"

孙武不能说话，只能用苦涩的微笑和摇头，暂时安慰两个女人。田狄一边把孙武放在榻上，一边拭泪道："哪里是大王用的刑罚啊，大王问将军对伐齐是如何看法，将军自己铺了荆棘，赤脚走给大王看哪！"帛女问孙武："便是对大王讽喻说——吴王台上将荆棘丛生？吴国灭亡之日不远？"

孙武颔首。帛女："大王怎么说，大王没有动怒，没有要动大刑么？"田狄说，"大刑虽然没动，可是大王说——"孙武赶紧哇哇地叫着，摆手不叫田狄说。

他怎么忍心叫田狄说出那句可怕的话？怎么能忍心看到杀死帛女的血淋淋的情景？更何况狠毒的吴王夫差让他亲手执剑，亲自动手，他只要想象到帛女倒在血泊之中的样子就受不了，心就打抖。

帛女还在追问："田狄，大王到底说了什么？"

田狄："我……"

"不要吞吞吐吐！"

"我——说不出口哇，求求你了，夫人，你别逼我了。"

孙武也拉住帛女衣袖，不停地摇头。

"田狄，你是孙氏门中的老仆人了，跟随将军多年，你一向是最诚实，最可靠的，帛女从来都拿你以长辈事之。今天你是怎么了？有什么话不可以对我说？莫非我是外人么？"

田狄一跺脚："好，我说——"

忽然，孙武起身，横眉立目，一把将田狄推了个趔趄。

田狄"唉唉"地叹息，跑出了内室，在院子里无可奈何地站着。

漪罗重新搀扶孙武躺下，抱起了那双脚，看着，道："夫人，将军满脚心都是刺，拿针把刺挑出来吧！"帛女说对，就拿了针给漪罗，自己举着灯照着。那双脚！脚心密密麻麻扎着小刺，没有刺的地方，都豁烂了，血肉模糊。漪罗举着针，抱着孙武的脚，呜的一声又哭了："不行，不行，我下不了手哇！"帛女也泪眼模糊："我来吧！"把灯交给了漪罗，自己去为孙武挑刺。一边挑着刺，一边给孙武解脱："也许我们到吴国来，就注定要受些罪和苦的。征战之苦受了，颠沛流离之苦受了，哦忍着点——好了。断头台将军也去过了，就是死，将军也死过了，世间还有什么难忍之罪与苦呢？忍着——嗯。虽说是长卿你今天又受了这些个罪，总算放你生还了，总算没有斩杀了我们姐妹，忍着些，这儿的肉全烂了。真是不幸中之大幸啊！帛女真要感谢大王宽宥，感谢大王念及老臣有功，给大王叩头呢！"

"别说了！夫人！"田狄在窗外喊着。

"到底怎么回事？"帛女又问。

孙武死闭了眼睛。

针在肉上拨着，找着，剜着，荆棘刺儿一个个被挑出来，落入盘子里，数不清是多少。

帛女叹口气，又道："这回帛女和漪罗可以陪将军远走高飞了！

我和漪罗在将军左右，好生侍奉将军……"

孙武听不下去了。

帛女哪里知道吴王夫差命她明晨五更以前去死！

孙武抽回了自己的脚，不再管那些什么刺不刺的了。他挥手叫漪罗和帛女出去。漪罗和帛女不解其意，连声问"怎么啦"，孙武无奈，起身把两个女人推了出去，关了门。

他要安静一会儿。

他一个人在房中，要宣泄喉咙口咽不下去也吐不出来的愤怒。他将那些陶罐，烛台乱摔乱掼一气，将几案上依琴的七弦，也用剑挑断了。

稀里哗啦一通，他扔了剑，立在屋子当央。

漪罗和帛女料定是出了大事了。

漪罗把田狄叫到了自己房中。

田狄说："少夫人你唤我何事？今日晨起吴王台上的事，你千万别逼我，你逼我，老仆也不能说！"

漪罗："田狄，你不说，我也知道是出了大事了。"

田狄："天大的事啊！"

漪罗："将军有口不能说，你知道实情又不肯说。田狄，来日倘若大祸临头，你一个人担待得起吗？"

田狄："少夫人，我……"

漪罗："什么事情，说出来，才好商议对策呵！"

田狄："少夫人，谁也不会料到昏庸的大王如此行事的，太出人意料了。"

漪罗："什么话快说！"

"将军今日又惹恼了大王，大王便以夫人是齐国艾陵人为借口，说是若要赦免全家，就得在明晨五更之前，要将军他，他——杀妻以示忠诚！"

"什么什么？"

"大王命将军杀妻！"

青铜盘子落地的声音，棘篱刺儿洒了一地！

帛女在门外听见了。

帛女在孙武到吴王台去见夫差之后，设想过种种悲惨的结局，当然也包括"死"。全家死在一块的结局不是不可能，可那情形总是大家彼此有个撑持。她万万没有想到，吴王夫差竟会命令孙武，她的丈夫，亲手杀死她！

她一下子晕倒了。

漪罗扑过去，抱住了帛女，"姐姐""姐姐"地叫，把帛女抱入房中，少顷，帛女醒了："啊，漪罗，我失态了么？"漪罗不知说什么好，"没有，没有，姐姐，会有办法的。我们来想办法。我们去和将军商量。"田狄说，"夫人，喝一口水罢。"帛女喝了水，说，"好多了，漪罗，你看姐姐不是好多了么？"漪罗还是说，"会有办法的。"帛女忍住了泪，甚至显得很平静，甚至还微笑了一下，说，"漪罗，你叫了我许多声姐姐，我还从来没叫你一声'妹妹'啊，实在是对你不起，我是前世修来的福哇，你是个好妹妹，我的——亲妹妹！"

漪罗紧紧地抱住了帛女，泣不成声。

帛女像爱抚小孩子那样，拍拍漪罗的背："好妹妹，别哭。听姐姐说，将军如今口不能言，也就你一个人知道他心里的苦了。好生侍奉将军，答应我，好生侍奉他。三个孩子都已从军，日后团聚总有日子。只是，妹妹你还没给将军生个儿子，给将军……生个儿子吧，膝下免得寂寞。"

漪罗拼命摇头："不不！别说这些，有办法的！我们想办法。如若没有办法，漪罗替你去死！"

帛女看着漪罗："说什么傻话？不许说那个死字！姐姐也不说……你看，没事儿啦，没事儿啦！我有办法的。"

帛女替漪罗拭了泪。

帛女站起来，说，"先不要说我知道这件事啊，不要让将军难过。"

漪罗起身要去找孙武："不，这怎么行！"

帛女："你看你，不惑之年了，还像个毛丫头！姐姐即便就是死，也还不到时辰哪！静下来，你想一想，我想一想，让将军也想一想，会想出好的——结果的！"

帛女离开了漪罗的房子。

田狄随在帛女后面。

漪罗呆呆地坐着，前前后后地想办法。

帛女洗了手，弄了两样小菜，烫了酒，送到孙武的房中。

田狄在门外候着。

孙武见了酒菜，一愣。

孙武指指帛女，指指自己的耳朵，又摊开了两手。

帛女明白孙武的手势是什么意思，尽量让自己微笑，笑得很苦："将军问我听说了什么？什么？什么也没听说？会有什么事情呢？不管什么事情，帛女陪将军小酌之后再说不迟。"

帛女坐下了，给孙武斟酒。

孙武也坐下了，一双眼睛定定地看着帛女。

帛女说，"将军看着我做什么？三十几年了，不认识了么？"

孙武的目光慌忙逃开。

帛女拿起了酒盏。

孙武也迟疑地拿起了酒盏。

帛女说："请将军喝了这一盏。这么多年，帛女难得有暇单独敬将军一盏酒。"

帛女先自一饮而尽。

孙武也饮尽了一盏。

帛女一连敬了孙武两盏酒。举着第三盏酒，她眼睛有些湿润了。

"帛女真想请将军为我弹一支曲子啊，可是弦断了。"

这话弦外有音。

孙武放下了酒盏。

沉默。

孙武的手指蘸着酒，在几案上乱划，那字是：九死一生，九生一死。

他想起了颉乙的预言。

颉乙不幸而言中了！

帛女看着孙武，一直定定地看着。

"可惜的是，今天这个日子，将军一句话也不能对帛女说，帛女真是天生的命苦！"说着，帛女有些哽咽。

孙武一把抓住帛女的手。

帛女把孙武的手推开，尽量让自己平静下来，重新举了盏，道："将军，帛女十六岁嫁过来，流离颠沛到吴国，也有富贵的时候，也有贫贱的时候，也有风，也有雨，有甜，也有许许多多的苦涩。算起来，是三十五年了啊！三十五年怎么一转眼就……将军南北征讨，在妾身边加起来有五年么？五年的恩恩爱爱，百年的刻骨铭心哪。帛女一心一意希望将军建功立业，总是有和将军的志向不一样的地方。这些年，帛女有不周到的地方，将军多多包涵罢！日后，帛女不在身边，冬天夏天的，将军与漪罗妹妹相依为命，多多珍重罢！"

帛女哭着，将手中的酒一饮而尽，举着空盏，问痛苦万分的孙武："将军不肯为帛女……最后饮一盏么？"

孙武悲愤无以排遣，抓了酒瓮，仰了脖子向嘴里灌。

帛女去抢那酒瓮。

孙武把酒瓮摔了，酒，流了一地。

帛女说，“好了，酒完了，我的时辰也到了。将军不必手软的，帛女虽是区区一小妇人，也知道以妾一死，既可证实将军无辜，又可让全家生还，是值得的！”

帛女立即去摘墙上的剑。

孙武拦住。

两人撕缠在一处，难分难解，田狄和漪罗冲进来，把帛女拖住了，拖回了房间。

漪罗出门的时候喊道：“将军你拿个主意呀！”

有什么主意呢？

也许，只有拼却一死，若能杀出一条血路来，便逃之夭夭。如果不行，就同归于尽好了。孙武疯狂地翻开房中箱笼，不知是哪一位将军留下的，还真有一副兕甲。他急切披挂在身，执着那柄青铜依剑，冲到了院子里，劈开了院门。

一群士卒，大约有百人，立即横戈围了上来，有的在门里，有的在门外。

领头的是个老年的百夫长，拱手道：“孙将军，我等遵从王命，实不得已，无意与将军为难，将军请放下剑！”

孙武执剑向徒卒逼近。

“孙将军下不了手，我等可以代将军诛杀夫人！”

孙武还是执剑向前走。

“孙将军，再不放下剑，恕我们不恭了！”

孙武挥剑向一个徒卒砍去，那徒卒立即挺戈来迎，众徒卒瞬间把孙武团团围住，剑与戈相击，火星迸溅，惊心动魄。房中漪罗与田狄听到砍杀的声音，赶紧也执了武器跑过来，与孙武一道，同一百徒卒拼命。百夫长喊了一声，“休要伤及将军！要活的！”给这场拼杀定了调，孙武，还有一个老仆人，一个小妇人才没有饮血倒下，可是，杀出一条血路逃走，也是办不到的。一百徒卒，一层一层轮番来战，犹如铁的蛛网，看样子，结果只有一个，便是三个人，都战斗到彻底倒在尘埃。正

帛女一狠心，把剑插入了腹中

在拼杀，漪罗忽然想到了帛女，忙跑出圈外，回房去看。

帛女在漪罗和田狄冲出门之后，便把门反闩了。

她换了一身槁素的衣裙。

她认真地理了理鬓发。

她坐在屋子当央，默默祝祷了一番，平静而泰然地拿起了剑，喃喃地说一声“辞别了，将军！”一狠心，把剑插入了腹中。她想要一个全尸。她不想让自己死后的模样儿太难看。可是她的力气太小，剑插到腹中一半儿，就插不动了，而且眼前一黑，马上就要晕倒。她心说，不能半途而废。她听见外面漪罗在砸门。她便弯下腰用地面支住剑柄，然后再把身体的重量加上去。这回好了，真好。她想说，说不出来。她用尽最后的力量，用两手去搅动剑之柄，用锋利的剑刃，搅断心脏和肚肠。她疼痛得难以忍受，她说，就完了，没事儿，就完了。这时候，她看见了四匹白马，马上骑士乃是孙武，孙星，孙明，孙驰。白马疾驰而去，那四道白光，闪过了，是红的光，然后是一片漆黑了。

她的喉咙口，泛上了一种腥气。

她向前一栽，露在身外的剑支住了她的躯壳。

她觉得自己飘起来了……

漪罗用剑劈开了门。

一脚门里，一脚门外，看见帛女在血泊里坐着，她傻了。

半晌，她才嚎啕出了声音，她疯狂地大叫：“夫人！夫人哪！”

她冲到门外，冲到拼杀着的人群里，嘶哑地喊：“将军！将军！夫人她……自尽了……”

将军的剑，脱了手，“咣啷”一声落在了地上。

所有的武器都停止了搏杀。

时间在这一刹那凝固了。

漪罗扑到孙武身上，俯在他的肩头，放声痛哭。不知是谁搀着谁，他们一起回到了帛女的房中。

孙武跪下，向坐着的帛女拜了三拜。悲痛到了绝处，反而没有流泪，他脸上是失魂落魄的样子，人似乎只剩了空空的躯壳。

他抱起了帛女，向外面走去。

帛女的身上插着剑，躯体还没有变得僵硬，血还是红鲜红鲜的，汩汩地流着，在白的衣裙上晕染开来。

百夫长跪下说，“将军，请把夫人……交给小人去复命吧。”

孙武木然，似未听到。

他横托着鲜血淋漓的帛女，走过黄昏的姑苏的街市。漪罗和田狄在左右，泪眼蒙眬。一百个徒卒静悄悄地跟在身后，仿佛是一个很盛大的仪仗队。

他一直把帛女送到了吴王台上。

吴王台上流淌着一地的血色，落满了乌鸦……

尾声

又是夏天了，又是如此这般的一个黄昏。

只消听到那连绵不断的海水拍打山崖的惊心动魄的潮声，就知道，这儿就是黄河入海口了。横亘万里的大河，那浑黄的激流，到这儿表演着最后的沉雄和悲壮，汇入沧海。也可以说，咆哮着的黄河在这儿打了一个滚，完成了最后的辉煌，脱胎换骨了，如此说，东海即是黄河，黄河即是东海。而黄河枕着的莽塬，到海边看似戛然而止，其实那莽塬乃是一直沉下去，又在托着海，如此说，海有多深，塬便有多高。

一轮落日在山崖与海之上，在天与海之间，悬着，如千古锤炼的一粒丹。

由于落日的存在，山崖上的白草红了，大河边的芦苇红了，天上翻卷的长云红了，海的波光中，也跳跃着一点一点的红。这番情景，是永远的古朴和永远的新鲜。

人也仿佛经过了煅烧和冶炼，也是红通通的。

这就是公孙尼子和漪罗。

公孙尼子老了，老得说不清年岁多高，老得脸上的眼睛鼻子和嘴都似乎让位给了深深的皱褶，一下子难以找寻了。漪罗也是五十开外的人了，看上去似乎要比实际年龄年轻得多，当年的美丽却只能在她眸子里找到一星半点，脸和鬓间更多是风霜。

漪罗和孙武离开吴国，已经十二个年头了。

现在是公元前四百七十二年。

孙武的“家”很简单，不过是树枝与草席搭成的窝棚，左边的木架吊着陶罐，下边是余烬；右边是两个养蜂的蜂箱。

公孙尼子和漪罗坐在窝棚前。

公孙尼子匍匐着，又看了一遍竹简：“只是为了到底要看一看这八十二篇兵法和九卷阵图，我才踏破铁鞋啊！算是不虚此行了。孙将军才是皮肤染黄金之色，明眸点墨玉之珠的华族人杰啊。好生保存着，好生保存着，让万代后世的人，回头来吸吮今日智慧之琼浆吧。”

公孙尼子小心翼翼卷起了竹简，漪罗把竹简抱起，收在了一个蜂箱之中。

漪罗道：“可惜我的琴艺荒疏了。”

“那么剑艺呢？剑艺是不是大有长进？”

“剑，十二年前为夫人陪葬了。”

“唔，真正的将军不佩剑！”

“岂止是不佩剑？将军是连话也不说了啊！”

“真可惜！唔，知道伍子胥的下场么？”

“不知道。”

“就是你和孙武离开吴国不久，吴王夫差伐齐大获全胜，俘获齐军七个将领，斩杀齐军士卒首级三千颗。班师回吴之后，伍子胥对夫差说，‘苍天要抛弃你，才让你先得一个小小的胜利，而后再惩治你。大王伐齐如果溃败下来，还能反省觉悟，吴国才能幸存，现在完了。’夫差正在洋洋得意，哪里听得这番不祥的预言？便指责伍子胥把儿子送到齐国，是为敌国做事，扰乱法度，抱病不战，是对吴国心存恶念，说伍子胥那些话妖言惑众，诅咒吴国社稷。吴王夫差说‘吴国疆土，乃是先王开辟的，今上天保佑吴国大胜齐国，夫差不敢自己独占其功，要祭先

王钟鼓，伍大夫你看如何？’

漪罗急切地问：“伍子胥怎么说？”

“伍子胥说，我宁愿死在大王之前，免得让我看见大王被越国士卒擒获。”

漪罗说：“完了！”

“可不是完了！夫差就命令伍子胥用先王所赐之属镂宝剑自刎。伍子胥用手指弹着属镂之剑，长叹道，‘伍子胥辅佑先王开国，心血算是吐干了！今日一死，剜了我的两眼，挂在姑苏城头，让我看着越人进城，在我的坟上栽两棵梓树，就做你夫差的棺材！’说罢，横剑自刎。夫差咬牙切齿地大叫，我叫你看，叫你什么也看不见！命人把伍子胥的尸体装在羊皮口袋里，投入江中……”

沉默。

漪罗的心发紧。

黄河的潮声澎湃，卷起千堆血色的浪花。

忽然，漪罗叫道：“将军回来了！”

“在哪里？”

“跟我来。”

公孙尼子感到奇异：漪罗究竟是凭什么感觉到孙武回来了呢？跟上漪罗行了一段路，来在一个山谷向前一望，果然是孙武回来了！

夕阳沉没的那边，孙武走来了，赶着一大群黑的羊，白的羊。两边都是黑沉沉的峭壁，夕照聚焦在这条狭窄的山谷“走廊”之中，那孙武融在暮霭里，轮廓有些模糊。近些才知道，孙武比十二年前可是瘦多了，简直是瘦骨嶙峋，一双眼睛显得大而无光。须发都白了，在夕晖里飘动着。身上是破衣烂衫，还不伦不类披了一件斗篷，依稀可知是当年的征袍，下边已经完全成了丝穗。手中的羊鞭很长，缀了几条红缨，红缨像火苗一样扑闪着。

公孙尼子紧赶几步，拱手叫道：“孙武，孙将军，别来无恙！”

孙武打了一声呼哨，奔跑的黑羊和白羊全部站住了。然后，他眯了眼睛，看着公孙，搜寻着往日的记忆。

“这位是大乐师公孙尼子先生啊，将军不认识了？”

孙武这才指了指公孙的鼻子，哈哈大笑，紧攥了公孙的手，上下打量。公孙尼子道：

“公孙老得不成样子了！”

孙武叹了口气，点点头，似有无限感慨。蓦地，他又吸短了鼻子，在公孙身上寻找什么。

公孙尼子知道孙武闻到了酒香，忙从腰上解下了酒袋，提着，戏弄孙武；“将军，还记得这酒香么？乃是天下闻名的古越龙山，又叫作将军红呐。”

孙武去抢。

公孙尼子忙躲。

孙武给漪罗丢了个眼色，又虚张声势去抢，公孙把酒袋向后一藏，却被漪罗拿了，抛给了孙武。孙武打开酒囊，就抿了一口，做出陶醉的样子。

漪罗说：“公孙老师原谅，他很久不知酒味了！”

公孙尼子说：“安贫乐道，这才是君子。将军住在三透之堂，透风透雪又透雨，得天地之正气，禀日月之精华。渴了有山泉，饿了有山枣，冷了抱个绵羊取暖，更难得的是有《孙子兵法》明志，有这样贤德的女子相伴。孙武哇，你也算是自在逍遥了！唔，漪罗，他说什么？”

孙武在“说”哑语，打手势。

“将军说，今日吃了个半醉，再和长犄角的三军游戏一番，请你观赏。”

公孙尼子：“哦？三军——是群羊？”

孙武又做手势。

漪罗：“将军说，战争便是君王赶羊的游戏！”

“好一场残酷的游戏！”公孙尼子感慨地说，“将军知道吗？吴国已被你不幸而言中，越王勾践去年灭了吴国，夫差自刎身亡，吴国王庭到处长满了荆棘蒿草！”

孙武不再品酒，连连点头，表情悲怆。少顷，伸了手，在掌心写了一个“伍”字，是在问，伍子胥安在否？

公孙尼子：“伍大夫……十二年前就被夫差所害，早已灰飞烟灭

将军孙武指挥黑的羊和白的羊，排阵作战

了啊！”

孙武木然。

两行浊泪，从他的眼角缓缓地流了出来。

他向着南方，跪下，连拜了三拜。

他把那一囊美酒，全都洒在地上，祭奠了他的老友。

公孙尼子说：“不必过于悲伤了。将军，时光就是如此这般的情肠，一代枭雄阖闾，还有夫差，于今何在？倒是将军的兵法会不朽于天地啊！”

漪罗感叹：“永无希望回姑苏了啊！”

公孙尼子抓住孙武的手：“将军想回姑苏么？将军还想念那小桥流水，栀子花开么？越国君王可以让将军安享福寿，安心著述兵法！”

孙武气愤地甩开了公孙的手。

孙武抓起了羊鞭，跑到高处一块石头上去站定了。

他把那长长的羊鞭在半空打了两个旋，接连甩响了两声鞭花。

在熹微的暮色里，漫山遍野寻草吃的羊，听到鞭声就向孙武的身边狂奔，黑的羊和白的羊，老羊和羊羔，山羊和绵羊，母羊和公羊，都像是久经训练的徒卒，听令集结，争先恐后，士气昂扬。好像前面已经是大兵压境，等着它们去搏杀一样。将军孙武此刻的神情，正是如此这般严肃、严峻和严酷的。既然将军身临生死相搏的战场，语言就已经让位于指挥三军进退的金鼓，无须再说什么了。自然，在这儿，在峡谷里，在群羊面前，将军孙武已将金鼓改成了牧鞭。他挥动着牧鞭，白的须发飘扬起来，斗篷的丝穗飘扬起来，是一副身经百战的样子，威武之中又显出些飘逸。正当数百只羊像石块一般滚下山坡，集结收缩到峡谷的时候，他，跑到了峡谷出口之外。在开阔地，他面向奔跑而来的群羊屹立，召唤他的兵马，高高地举起牧鞭。奇异的情景出现了：白羊在他左边，黑羊在他的右边，分兵两处，秩序井然。这时候的孙武，情绪亢奋，神采飞扬，挥鞭“呵呵”地叫着，不时打着呼哨。公孙尼子完全被震骇了，连声问漪罗，“这是做什么？”漪罗道，“你看，黑羊由南向北，白羊从北向南，两军短兵相接了呵！哦，黑羊在迂回！迂回！”果然，那黑羊拉开了战阵，围住了白羊，围住了又留一缺口，正是《孙子兵法》所说的“围师必阙”。白羊在包围圈中旋转一番之后，从缺口出来，漪罗竟然也跑到了羊群之中，去帮助跑得气喘吁吁的孙武，指挥他们的“三军”。

公孙尼子走上高高的山巅向下望去：但见在这万里黄河入海口，在这片黄褐色的土地上，在这红如喷血的晚霞中，孙武把“战争”真的变成了羊群之戏。而那黑的羊，白的羊，散开来，如棋枰上的黑子白子，聚拢起，成为黑白两大漩流，互相依托，互为映衬，相反相成。白羊和黑羊运动着，奔跑着，一会儿看上去如古老而神奇的河图，一会儿又似洛书，一会儿河洛合而为一……渐渐地，孙武和漪罗融入羊群之中；渐渐地，那黑的白的羊群消失在混混沌沌的天地之交。

1994年06月22日　草毕。

2018年10月07日　修订。

我写孙武

——第一版后记

一

总算赶在雨季到来之前，赶完了这部四十余万言的长篇小说。

为什么偏偏要在雨季之前？为什么？

不知道。常常这么没日没夜地赶，“赶路”。

也许雨天来临的时候，又开始了一个生命的阶段了，不，不是也许，是一定的。

一部长篇小说，便是我生命的一个段落，一部人生交响曲中的一个主部，或者是副部，或者是插部，是一次开始与抵达；一次设计与建筑；一次会晤与分手；一次疾患与痊愈。或者说，是一回禅定，一回吐丝，是一次情感和人生的经历，是做了一个想做的梦。哦，一切比喻都不如把这一次生命的运作比做现而今十分流行的刮痧。是的，是刮痧，用磁勺儿蘸了油，蘸了酒精，在后背上刮个够，让心肾的血色全灿烂地透出来，透出来给至爱的人看，叫那人叹息，感动，理解，陪着咱痛苦，流泪，然后仅就“刮痧”的过程，表扬咱坚忍，坚韧，是个好孩子，如此等等，“痧”刮出来了，心里的火泻了，说不出的痛快。

“刮痧！”

我的长篇小说！

我的儿！

这个写作——呵不，“刮痧”的过程，时间跨度为两个年头，而真正的写作时间，是四个多月，一百二十天，在一九九三年和一九九四年的四月到六月之间，雨季到来之前。

实在是很累，累的感觉不想说，也说不出来。累当然是一种苦，可这种奋力写作的苦，苦得十分地幸福，充实，甚至得意。能够这样苦一阵，苦下去，才好呢！累，是颈椎先知道的。颈椎因为总是单调地弯着，大约在缝隙间生了点儿什么东西，医生这样说。我不知道那儿到底会生出什么，难道埋头苦干的结果，便是颈椎缝儿里发芽，长叶，开出美丽的小花朵么？不会有这样的奇迹的，我的生命树不会有开花儿的奇迹了。因此我想象，我颈椎的缝隙间生着东西，大约如老屋瓦楞上长着狗尾巴草。

我可以说是一间经了些风风雨雨的老屋了罢？我生于1944年11月22日。“老屋”的窗前，掠过了半个世纪的岁月。如今我写这部长篇小说，并非把老屋里的旧家私拿出来晾晒，而是在叙述我所知道的和构筑的故事的同时，抒写我的性灵。换句话说，便是请朋友们到“老屋”里浏览一番，“老屋”里有春秋时代的鼎，鬲，旌旗，竹简，犀甲，还有一个走得铿锵的老式座钟，还有，当天的《人民日报》。

有请，朋友，谢谢光临。

二

感谢春秋。

感谢历史。

历史不是哪个人的专利，也不是谁的玩具。历史在云端肃穆地注视着我们，让我们在进入写作的时候，提着气，屁股只坐三分之一椅子，面容惶恐。我们可以西装革履地走进蛮野的远古，走进历史的宫殿与大漠，但是我们不可以给历史穿上时装，不可以随心所欲地在历史苍凉的老脸上涂画油彩。我们诚惶诚恐地和历史握手的时候，必须想方设法破译历史神秘的掌纹，读懂历史大手上的筋络、老人斑和创疤。只要号称历史小说，尽管有艺术虚构，历史的大框架是不能够打碎的。作者的文思只能驰骋在历史的时空之间，这是不可以随意超越的，就像骨头不能超过皮肉。

长篇小说《孙子大传》，展示了公元前515年至公元前473年之间，春秋战国时期四十余载苍凉而又辉煌，残酷而又多情，纷纭多变而又急促向前的历史生活。历史的大手笔，给我们提供了恢宏的大构图，这是不可以虚空杜撰也无法杜撰、无须杜撰的。虽然在中国历史编年的三十二开书中，这段历史还不足七个页码，但其中演绎着吴楚、吴齐、吴越之间血腥的豫章之战、柏举之战、艾陵之战；演绎着公子光派人刺杀胞兄立而为王，吴王弟夫概谋反篡位自称君王；越王勾践卧薪尝胆复兴故国，吴王夫差昏庸骄奢国破家亡的残酷宫廷争斗和令人瞠目结舌的兴衰更替，改朝换代。其间出没着光耀两千余年并将永在世界史的星河中闪烁的哲学家、政治家、军事家如孔子、老子、孙子。这部作品得益于历史，取之于历史，在诚惶诚恐地遵循历史的大构图的前提下，驰骋自己的文思。

历史无私地馈赠了一些惊心动魄的大情节，如《史记》记载公子光指派专诸刺杀胞兄，吴王弟谋反，等等；历史有时写意地勾勒出了历史人物的状态，如吴王阖闾自立为王之后，求贤若渴，《吴越春秋》载吴王面南风而叹；历史有时津津乐道地展示那时的生活场景，如《越绝书》上对于吴国的城门到陆道多少步都有详细描述，对于干将莫邪铸剑之事，言曰“采五山之铁精，六合之金英”，“童女童男三百人，鼓橐装炭”……历史有时散落在各样儿古书中，比如，吴王率军攻入楚国郢都，颁布君王可以占有楚王之妻，大夫可以占有楚大夫之妻的命令，见于《公羊传》。吴军烧掉楚国库府，毁掉楚国祭祀重器的记载则见于《淮南子·泰族训》。

然而，历史不可能赠给我们一部小说。

经过史笔提纯和浓缩了的春秋战国历史，仅仅是提纲挈领，甚至一件惊天动地的事件，我们所见也不过数字、数十字而已。这是不奇怪的，一部涵盖宇宙天地阴阳刚柔的老子《道德经》，仅五千言。一部包容国家兴亡之策、存亡之道，包容战略、战法、战术，号称“百世兵家之师”的《孙子兵法》也不过六千零七十二个汉字。这镌刻在青铜鼎器上的鸟篆，这记述简约得不能再简约的历史，对于小说家来说，任务绝不是补遗和阐释，而是需要据此联想，虚构，生发和创造。比如，我们在春秋战国时期的出土文物，一面铜镜上，读到了这样一句铭文：吴王光鉴铭记，媵叔姬于蔡，为蔡侯夫人。我们又从蔡国君侯的青铜盘上读到蔡侯将姐姐大孟姬“敬配吴王”四个字。这里短短的两句话，可以演绎出多少鲜活的戏剧！从大的方面说，这是吴蔡关系史，也是孙武“伐谋、伐交”韬略的活证，从人生的角度来看，吴王和蔡国君侯的姊妹为了君王的政治需要，远嫁别国，多少伤悲？多少怅惘？而她们自身，是否曾有所爱？是否曾有所恋？归宿呢，又如何？如是等等，也许可以让又一部长篇小说滋生叶芽，生成太树了。又如在本书中浓墨渲染的“夫概谋反”，见之于史籍，仅“夫概潜归，自立为王”而已。而作者在构筑小说的过程中，则必须从“人”的角度，去深入考察夫概的行为，把它作为一段性格的历史，从小说的整体出发，将其与书中能联系的人物，连缀起来，探求在其谋反篡位过程中，君王，将军，大夫，男人，女人之间人物关系的裂变，特别是书中主人公孙武将军由此可能或可以产生的命运遭遇。源自“夫概潜归，自立为王”的历史，经过蛇灰蚓线的铺垫，云断山连的描绘，反投在主人公孙武身上和心上，牵连于孙武爱妾、妻子命运，走笔于两代吴王、大夫、佞臣之间，好宽阔的天地！有血好洒，有情好述，有泪可抛，有生死之叹，有往事之忆，有红粉知己之海誓山盟……正是小说家可以逞能的好地方。

历史有时因种种原因，也会有若干空白。比如，我们在史籍中看到，吴王阖闾时代的太子，名为终累。后来，终累不明不白地为夫差所代替了。在吴越槜李之战后，太子夫差即位为王。应该说，这里，历史的空白，也是作者钻空子的好去处。关于两位太子之间的明争暗斗，关于隐伏着杀机的宫廷，历史既然腾出了地方让小说家去闪展腾挪，小说作者自然不该轻易放过。历史有时给予我们的是大概念，如纵观古代史，从春秋时代的吴国功臣伍子胥被杀，越国功臣文种之死，到汉刘邦杀死名将韩信，都明明白白地告诉我们古代帝王颇有些相同的用人之道和时时散发着血腥味的君臣关系。文种的哀叹，“飞鸟尽，良弓藏，狡兔死，走狗烹”，正是喷溅着血泪的感叹和总结。民间俗话说的“伴君如伴虎”，不只是形象的概括，也是理性的升华。本书主人公孙武自身的历史，他的屡建奇功和最后的不知所终，他倡导的“不战而屈人之兵”的最高谋略境界与君王穷兵黩武实践的矛盾，都雄辩地证实了他与吴王夫差的关系破裂和最后命运不佳。这种君与臣之间关系的认识与把握，亦是虚构和创造的好的契机。据此，小说中才演绎出了吴王阖闾的那一段话：

“你怀疑他，也要用他。你用他，给他戴上嚼子；你给他戴上嚼子，再赐他些俸禄；你赐他俸禄，再削平他的气焰。你便是砍了他的脑壳，也要用楠木之棺椁，金玉宝器之陪葬，厚厚地埋葬他，如此这般，大王之所以为大王，寡人之所以为寡人也。”

历史，就这样启迪和点化着我们这些弄历史小说的后人。自然，作小说毕竟不是写史，即便是写历史，今人也不可能重回到司马迁时代，不再有他那般的目光和心境。司马迁也是在写史的同时评断历史，并且，司马氏的评断，随处可见溅血之情笔。我们当然也可以在创作历史小说的过程中，融入此时此刻的见解，理解，扬抑，爱恨。融入赞叹和叹息。但是，我们只可评断，不可修改历史的大结构。即便在语言的选择和运用上，也不可造次。假如让春秋战国时代的先人朗诵妇孺皆知的唐诗宋词，或满嘴是时下流行的官话，如果不是荒诞作品，便是作者的荒诞、无知、浅薄了。你可以赞叹那个时代的某某红粉佳人装扮入时，却不可以把“时装”二字挂到古人嘴巴上。在这一点上，本人简直如履薄冰。比如，“纸上谈兵”这句成语虽源于战国时代，见于汉代《史记》，本人也未敢搬来便用。“纸”字，原指缣帛，后来成为书写用纸的通称，本书所描写的春秋时代，书写乃是在竹简之上的，思忖再三，只敢用“简上谈兵”，没敢用“纸上谈兵”。这不仅仅是个分寸问题，而且相关于小说的整体氛围和文化品位。这部小说的语体选择是比较困难的，作品中，凡叙述，描写，心理分析之文字，相对恣肆，但绝不“超越时代”，不越轨，不犯规，而人物对话，则小心翼翼地掌握着尺度，入典入诗，以春秋时代为限，后世诗意虽有借鉴，但不化开，不敢挪用……

怎么可能不累？

跳舞，只能在规范好的场子里。

三

司马迁的《史记》，确实堪称史家之离骚，绝唱。这位两千年前的传记文学和报告文学的开山鼻祖，笔力沉雄，泰山北斗。他的《史记》是大海，真正的博大精深，而我，也许只是个失败的粟米雕刻匠人。他让我们只能对他仰视，为此椎颈劳损，也无法不保持如此态势。

可以对司马氏说点儿什么吗?

噤若寒蝉!

可是，心里有话，骨鲠在喉，不吐不快。生为关东鲁人，有话咽回去，将患肝郁不舒。所以，拱手长揖，参拜三次，之后，姑妄言之:

先生，您的传记文学作品《孙武》，学生反复拜观，可否建议大师再做些修改，补充些素材?

我自己把自己吓了一跳。

先生其实应该为堪称兵圣的孙武单独作传的。

平心而论，司马迁的《孙子传》，是一篇特写，不能称作“传”的，因为用于作传的素材不够详实。文中除详写“吴宫教战杀妃”的军事寓言外，孙武作为伟大军事家的业绩，轻轻带过，草草收兵。仅“阖闾知孙子能用兵，卒以为将，西破强楚，入郢，北威齐、晋，显名诸侯，孙子与有力焉”三十余字。而且，叙述角度还不是从孙武切入的，乃是说吴王阖闾显名诸侯，孙武出了力，如此而已。

就“吴宫教战”这一段落来说，是一则传奇，寓言。说是孙武演兵，因后宫女子懈怠，为整肃军纪，怒而杀妃，吴王惊骇阻止，孙武对吴王曰“将在军，君命有所不受”。这句“将在军，君命有所不受”的名言，见诸司马迁所著《司马穰苴传》。司马穰苴是孙武本家叔叔，齐景公任命司马为将军，任宠臣庄贾为监军。庄贾有恃无恐，延误了会合时间，在司马穰苴整饬军队之后姗姗而来，司马将军将庄贾斩首示众，之后，对持有节符要求赦免庄贾的齐王使者道：“将在军，君命有所不受。”司马将军杀宠臣，孙武将军杀宠姬，而孙武不过步司马将军后尘，后人读过这两篇文章的印象大略如此。“吴宫教战”，远不能概括和表现作为历代兵圣之孙武的气度、风骨、韬略、业绩，也不能举一反三证实《孙子兵法》对于安国全军的重要意义。同时，我们也有理由质疑：费尽移山心力，杀掉胞兄取而代之的吴王阖闾，究竟是什么因由使他把演兵拜将这样的大事做成后宫之戏？究竟是什么因由使他戏弄将军孙武——而且是在读过十三篇兵法之后？我们知道，吴王阖闾是一位有作为的君王，从前为将，在吴楚长岸之战（公元前525年），吴楚鸡父之战（公元前519年）等战争中，屡建奇功，显示了非凡的指挥才能和治军智慧。阖闾亦是个熟知兵法战略的军事家，不会不知《孙子兵法》之妙用；吴王阖闾又是一位开明的政治家，他广纳贤士，楚人伍子胥、伯嚭、华登都在投奔到吴国之后，受到重用，他不大可能独对齐国贵胄之后孙武如此轻慢，甚至以“后宫统领”戏之；阖闾处心积虑褫夺王位数年之久，一朝王袍加身，立意兴邦，《左传·哀公元年》称他“食不二味，居不重席，室不崇坛，器不彤镂，宫室不观，舟车不饰，衣服财用，择不取弗。”《国语·楚语下》说他“朝夕勤志，恤民之羸，闻一善若惊，得一士若赏。”这位戒奢求俭，从善如流，求贤若渴，励精图治的君王阖闾，究竟是什么因由使他变成了一个把治军演兵当成佳人闲戏的浑浑噩噩的昏君？是什么因由？

自然，如果我们仅仅把“吴宫教战”看作是一则传闻，轶事，一则寓言，便可另当别论了。

传记，是为一个人之生平作传。这篇《孙子传》除详尽的一则军事寓言外，孙武的生卒年月均已略去，孙武的重要军事活动无具体描摹，只有虚写。特别是孙武的归宿，仅四字“孙武既死”，“既死”是何意，不得而知。大约是司马迁手中的素材不够详实，也只好付诸阙如了。

这倒正是本书作者要深谢司马迁大师之处，谢谢他老人家给后人留下了些许空白，谢谢他为我们留下了驰骋想象和文思的天地，我们才可能有更多的合情入理的虚构，有更多的笔墨去创造。就是对“吴宫教战”这一段轶闻，本书作者也进行了再创造，对其前因后果，重新铺排了一番。历史小说创作的快乐之鸟，大抵就起飞在这些历史的缝隙之间。

四

孙武，人称“兵圣”，所著《孙子兵法》，堪为“兵经”。他首先纳中国古代军事思想之大成，划时代地奠定了中国古典军事理论体系，揭示了战争的客观规律并成功地进行了军事实践。他参与指挥的豫章之战、柏举之战、雍澨之战，其战线之长，规模之浩大，战略战法之诡奇，令当代世界军事家们瞠目结舌。

孙武，又是一个理想主义者。

我所尊敬的孙子兵法研究专家吴如嵩说，孙子以“不战而屈人之兵”为核心的“伐谋”“伐交”的“全胜”战略，是决定着军事战略的制定和实施的高层次战略。吴如嵩先生的见解极是，从战略学的角度紧紧扣住了孙子军事思想的精髓。笔者以为，“不战而屈人之兵”这战略之上的战略，无可辩驳地证明了孙武在战争与和平的高屋建瓴的认识上，明显地超前，是他的理想，是一个梦。纵观孙武所处的春秋时代，虽然在他之前，有过一阵“弭兵运动”和齐桓公以炫耀兵武之术制止局部战争的先例，究其实，齐桓公本人也终究是个好战、善战的君王。那个年代，是一个从奴隶社会向封建社会过渡的大动荡、大变革时代，是一个诸侯并起、烽烟不绝的好战的时代。其时，二百四十年里约有五百次军事行动。《史记》记载，春秋弑君三十六，亡国五十二。又云，仅齐桓公便兼并了三十五个国家，楚国吞噬了二十六个小国。诸侯无不幻想称霸，民间家藏《孙子兵法》者亦数不胜数，甚至可以说那个年代的人重诺轻死。诸侯之间为一匹马，一块玉，一支剑，即可兴师征伐。战争是绝对不可避免的，“不战”是绝对不可能的。就孙武所依托的吴国来说，两代君王阖闾和夫差，均是好兵喜战，野心勃勃。吴楚之间，竟然有一年内连打七仗的记录。如果说，相对开明的吴王阖闾，还能在一定的时间内听进孙武的意见，推迟伐楚的总攻时日六年，在六年内一面休养生息，另一面，也没有停止使用兵戎，疲楚误楚，小战不止。到了夫差时代，昏聩的君王则完全听不进孙武的意见了。他败了越王，却又养虎遗患，让越王十年教训，十年生聚，卷土重来。他劳师远征，好大喜功，急于称霸，率军攻伐齐国。这时候，深谋远虑的伍子胥，与夫差在伐齐与否的大战略上发生了分歧，被赐用属镂之剑割断了脖颈，尸体装进皮革口袋，投入大江。孙武呢？他的军事思想核心是“不战而屈人之兵”，他所主张的“不战”，与夫差的“好战”“滥战”，岂可水火相融？

孙武的悲剧，也许，就在于他的伟大的军事核心思想“不战而屈人之兵”。他的理想，他的梦，是注定要毁灭并且殃及他自身的。

我们在追寻历史踪迹的时候，惊讶地发现，在夫差兴兵伐齐，著名的艾陵之战中，上军下军右军……都已经没有孙武二字。因此，推断这时孙武与夫差之间，君臣分裂、反目，决非臆断。史家对伍子胥力主伐越、劝止攻齐的事件，言之凿凿，而对孙武是否参与伍氏的直谏，没有任何记载。据《汉书·刑法志》称，“孙、吴、商、白之徒，皆身诛戮于前，而功灭亡之后”，这段没头没尾的话，至少从一个方面证明了孙武归宿堪悲。孙武悲剧的因由何在？史家在吴国君臣间攻越还是伐齐的历史大辩论中，没有涉及孙武，我们也有理由推断，孙武，是为了他的最高战略，最高军事理想——即“不战而屈人之兵”，触怒君王，招致祸殃的。

作为小说家，必然也必须对作品中的历史人物做有别于历史家的考察。必得考察人物的性格历史、心路历程和感情脉冲。作者注意到，“不战而屈人之兵”以及“兵凶战危”的和平思想，在孙武呕心沥血所著兵法“十三篇”中，显明而重要。“不战”“慎战”，应该是他的初衷。而在孙武的军事实践，或者说人生实践中，指挥与参战都成为他青壮年时期的主要履历了。他指挥的战争，无论从战争的密度和战争的规模、战场的广度，都是空前的。那个时代，就连不言战事的孔夫子，起初也怀着出将入相的梦想，孙武离开齐国，奔赴新兴于五湖之滨的吴国，杀妃求将，也是基于这样的梦想，一逞才情，施展抱负，实践兵法，这是不必讳言的。于是，孙武投身于振兴吴国的战争之中，戎马生涯近三十载！频繁而残酷的战场，既证实了他的谋略，同时也异化了他的性灵，战争以超常的速度改变着人。小说中，在孙武目睹和亲历一场前所未有的血腥之后，在孙武涉嫌谋反上下断头台之后，在人生——包括爱妾妻儿屡遭不幸，坎坷纷至沓来的时候，回眸以往，检点形骸，开始回归，回到“初衷”，也是必然的。他终于清醒地看到，不但“不战而屈人之兵”是他精心构筑的梦，“以战止战”“慎战”，也难于说动君王而实现了。

至于孙武的最后归宿，本书作者未从《汉书·刑法志》所说的那样，惨遭杀戮。那样，不仅作者脆弱的心灵难于承受，对于展示孙武的最高思想境界恐也无补，也很容易把读者的心神领到昏庸君王诛杀良将的大路上去。同时，作者也不能苟同孙武“飘然而去”的假说。作者曾见过一个重要的场合立着一幅重要的图演孙武一生的壁画，孙武最后的人生场面，是在一处田园，孙武袒腹半躺于椅子之上，旁边还有侍女摇着长扇，十分地“飘然”，飘逸，自在，自得，自足。窃以为，这是一种善意的而且是美丽的想象。根据对历史蛇灰蚓线的追索，根据孙武人生和命运的发展规律推断，孙武只能是“痛苦归隐”。归隐，对于孙武来讲，只能是无奈，是失望，是悲愤和痛苦的。我们的兵圣，出世的飘然，逍遥游的自得，与他无缘。

笔者所描摹的孙武人生的最后一个画面，是在黄河入海口牧羊。彼时，当年叱咤风云的将军已经咬断了舌头，再也不与时人对话，永远寂寞的兵家圣贤，由唯一渐渐老去的妇人相伴，率领羊群做着“战争”之戏。

战争可以化为游戏么？

战争就是被驱赶的羊群之戏么？

而那些黑的羊，白的羊，演绎的，究竟是河图，洛书？还是一坪围棋？

不知道。

写到这儿的时候，我哭了。

五

两点说明：

吴都创始于吴太伯，周三里二百步，外城郭三百余，国铜器有“攻吴”字样。其时，吴都城亦称“吴城”，距苏州不远。

后世吴王寿梦筑吴城亦在苏州以南。

吴都（吴城）几经迁徙后，地名没有改变，吴王阖闾所筑吴城，临近姑苏山，其所在即今之苏州。

这里说的三座吴国都会吴城，非指一代，地域亦多少有区别。本书称姑苏城，一是与前区别，二是因其临近姑苏，又在姑苏，三是希望更多地唤起当今读者的地域感觉，觉得亲切。

第二，太湖，古称笠泽，五湖，书中称为太湖，从今。

六

终于做完了这部长篇小说，并且连后记也记完了，长长地吐了一口气，立即忙不迭地抻开宣纸，执毛笔作了一幅长长的《八骏图》。

为什么？

不为什么。

这便是我的休息的方式，换脑筋的方式。

一共画了八匹马，便自诩为弼马温，自号斋名“嘶鸣堂”，还顺口胡诌了一首“诗”，题在画上。“诗”云——

话说这雪落漠野万壑平，残月遁云中。且听那寂寥长天唱大风，乌骓咴咴鸣。直惹得，樵楼上，更鼓儿乱敲，宿乌儿就惊，沙弥急撞钟，佳人梦难成。思想起，半生踏遍天涯路，四方撕开俺嘶鸣，风入四蹄轻。食些个枯草，宿些个老营，夏天里喘落满天星，冬日间热汗凝为冰。何暇看闲花野草？几曾有对月酩酊？数不尽的荒村驿站，解不脱的鞭辔缰绳，不记得来时路，疏淡了故乡情。凭人笑痴傻，任人说魔症，便是妒妇唾骂背后冷，俺也是淡淡一笑耳边风，唯叹路不平。虽说是千岩万壑雨未定，秋云起处响暮钟，笃信那，明儿天有晴，前方正是杏花闹薰风，柳暗花又明。不改这番歹症候，夜夜续演旧时梦。何妨再淋些个豪雨，情愿再迎着那北风，做一个好情种，明明白白一个死硬，万里抖长鬃！

七

唐代进士，官拜秘书省校书郎的诗人朱庆馀，在京都应进士考试时，诚惶诚恐而又踌躇满志地将自己的诗作藏于袖中，去给当时已享有盛名的诗人张籍看。张籍读了朱庆馀的诗作之后，引为知音，大加赏赞，便要了朱庆馀的新旧诗作二十六章，也藏于袖中，极力推荐。时人因为张籍名气大，纷纷传抄传唱，不久，朱庆馀便登科及第了。

如此这般，一千一百六十余年前诗人朱庆馀的方式，今日仍很流行。无疑，这是一种自我推销和自我推荐的捷径。外面的风很大，若想飞上云头，自然，在无风的书斋是很难的。

本人拙于“外事”，又未敢贸然去叩张籍王籍或者刘籍的门，因此，这里的货色便直陈市场了；序跋呢，也是自己来做的，不假他人之力，唯献己之绵薄，如此而已。

当年，张籍读朱庆馀诗后，感喟良久，曾作一诗，以志褒奖，诗云：

越女新妆出镜心，自知明艳更沈吟，
齐纨未是时人贵，一曲绫歌抵万金。

本人虽不揣丑陋，确也自知不敢言“明艳”二字。至于“一曲绫歌抵万金”，更是想也不敢奢想的。而今，一曲值万金者，唯流行歌手而已，我等做些严肃历史小说的文人，一路唱到黄昏，不求什么“金玉满堂”，唯求不愧我心而已，俗话道“九儒十丐”，能排名在乞丐的前面，已经是幸甚乐甚了。

倒是朱庆馀在谒见张籍时，作了一首诗。这首诗作拿来表达本人此刻即将面对读者诸君的心境，却是十分地贴切：

洞房昨夜停红烛，待晓堂前拜舅姑，
妆罢低声问夫婿，画眉深浅入时无？

十分有趣的是，唐代大历十年进士、官拜陕州司马、称得起戎马书生的王建，曾有一首描摹新婚嫁娘心理的风俗诗，与朱庆馀异曲同工：

三日入厨下，洗手做羹汤，
未谙姑食性，先遣小姑尝。

如今，小说即将面世，我亲爱的读者们、我的师长和朋友们——我的小姑和娘舅们，真是不知道诸位的口味是怎样的？味道还好么？口感还好么？是辣？是酸？是甜？是不是放多了盐？

敬请诸位品尝，并留下珍贵的意见。

再拜。

[全文完]

上架建议：历史小说
ISBN 978-7-5155-1837-4
9 787515 518374 >
定价：69.00 元